국어는 꿈틀

비문학 독서

구성과 특징

1 완성도 높은 지문과 문제

수준 높은 기출 지문과 문제로
비문학 독서의 수능 출제 패턴을 완벽하게 익힌다!

◆ 전국연합학력평가(교육청)와 수능모의평가(한국교육과정평가원)에 출제된 지문 중 67개 선별

◆ 주제 통합, 인문, 예술, 사회, 과학·기술의 5단원으로 구성

◆ 그동안 출제되었던 지문 경향을 꼼꼼하게 분석하여, 단원별로 세부 출제 분야를 구분하여 제시

2 독해력을 키우는 독해 훈련 문제

핵심을 꿰뚫는 연습 문제를 풀며
지문의 내용을 정리하고 독해력을 키운다!

◆ 지문의 내용을 올바로 독해했는지 점검할 수 있는 '독해 훈련 문제' 배치

◆ '정답과 해설'에 독해 훈련 문제 정답 제시

◆ 지문의 흐름과 핵심 내용을 반영하여 구성했기 때문에, 독해 훈련 문제를 풀지 못하면 지문을 제대로 독해한 것이 아님

3 문제 해결력을 기르는 변형 문제

기출문제를 응용한 창의적 변형 문제로
어떤 문제에도 대처할 수 있는 해결력을 기른다!

◆ 기출 지문을 토대로 집필진이 새롭게 문제를 출제

◆ 기출문제를 창의적으로 변형하여 출제한 '실력 UP 변형 문항' 배치

◆ '변형 문제'와 '기출문제'를 함께 풀면 지문 독해력과 문제 해결력을 높이는 데 효과적임

4 수능 적응력을 키우는 기출문제

기출문제를 풀며 수능에 대한 적응력을 키우고
다양한 문제 해법을 익힌다!

◆ 교육청과 평가원에 출제되었던 문제 중에서 엄선한 '수능 정복 기출 문항' 배치

◆ 기출문제를 틀렸거나 기출문제의 내용이 잘 이해되지 않으면, 변형 문제와 비교하며
풀면서 잘못 이해하고 있는 것은 없는지 확인

---

5 독해력을 점검하는 지문 해제

지문 해설과 문단별 중심 내용, 주제 등을 보며
지문을 잘못 이해한 부분이 있는지 점검한다!

◆ 지문을 제대로 독해했는지 확인할 수 있도록 구성

◆ 지문의 주요 내용을 알차게 정리한 '지문 해결 전략' 제시

◆ 각 문단의 핵심 내용을 요약한 '문단별 중심 내용'과 '주제' 제시

◆ '독해 훈련 문제'의 정답 제시

---

6 문제 해결 과정을 점검하는 문제 해설

풀이 요령과 오답을 피하는 방법을 익히면서
실전 감각을 확 끌어올린다!

◆ 정답의 이유를 꼼꼼하게 해설

◆ 오답의 이유를 설명하고 실전에서 오답을 피할 수 있는 방법 제시

◆ 문제 해결의 실마리 및 정답과 오답의 근거가 지문의 어떤 부분과 관련되어 있는지
제시

이 책의 차례

I 주제 통합

실전 문제 01	서양 철학	(가) 후설의 철학 / (나) 메를로퐁티의 철학	12
실전 문제 02	동양 철학	(가) 상도와 권도에 대한 맹자의 견해 / (나) 척화론과 주화론의 주장	15
실전 문제 03	경제 / 법	(가) 독점 기업의 이윤 추구 과정 / (나) 공정 거래법의 이해	18
실전 문제 04	미학	(가) 미적 실재론과 미적 반실재론 / (나) 미적 수반론의 수용과 관련된 논쟁	21
실전 문제 05	서양 철학	(가) 상상력에 대한 흄의 견해 / (나) 상상력에 대한 칸트의 견해	24
실전 문제 06	행정 · 정책	(가) 정책 딜레마의 해결을 위한 두 모형 / (나) 중앙 정부의 재정 지원 방법	27

II 인문

실전 문제 01	서양 철학	지식의 범주에 대한 경험주의 철학자들의 견해	32
실전 문제 02	서양 철학	니체의 도덕관	34
실전 문제 03	서양 철학	가다머의 '선이해'와 '지평 융합'	36
실전 문제 04	서양 철학	데리다의 주체 개념 비판	38
실전 문제 05	서양 철학	들뢰즈의 의미 이론	40
실전 문제 06	논리학	정합설에서 '정합적이다'의 의미	42
실전 문제 07	논리학	삼단 논법의 타당성 판단	44
실전 문제 08	동양 철학	맹자의 '의' 사상	46
실전 문제 09	동양 철학	정약용의 유학 사상	48
실전 문제 10	동양 철학	양주와 한비자의 사상	50
실전 문제 11	역사	랑케와 드로이젠의 역사 인식	52
실전 문제 12	역사	냉전의 기원	54
실전 문제 13	심리학	방어 기제의 유형과 역할	56
실전 문제 14	심리학	인간의 효율적 사고 과정을 돕는 '범주화'	58
실전 문제 15	심리학	인간의 '기억'	60
실전 문제 16	심리학	사후 과잉 확신 편향 현상	62

III 예술

실전 문제 01	미술	르네상스 시기의 선 원근법과 공기 원근법	66
실전 문제 02	미술	바로크 회화의 개척자 카라바지오	68
실전 문제 03	미술	추사 김정희의 묵란화	70
실전 문제 04	미술	미술 사조의 변천	72
실전 문제 05	미술	화가의 의도를 부각하기 위한 조형의 원리	74
실전 문제 06	음악	마테존의 음악수사학	76
실전 문제 07	음악	불확정성을 추구하는 '우연성 음악'	78
실전 문제 08	건축	휜 나무를 사용한 한국 전통 건축	80
실전 문제 09	건축	로마네스크 양식과 고딕 양식	82
실전 문제 10	영화 · 사진	영화의 '시퀀스'에 대한 이해	84
실전 문제 11	영화 · 사진	예술성 있는 사진을 추구한 '회화주의 사진'	86

| 실전 문제 **12** | 미학 | 사르트르의 이미지 이론 | 88 |
| 실전 문제 **13** | 미학 | 단순함과 간결함을 추구하는 '미니멀리즘' | 90 |

IV 사회

실전 문제 **01**	경제	소비자의 제품 선택 경향을 설명하는 '맥락 효과'	94
실전 문제 **02**	경제	국고채의 금리 결정 방식	96
실전 문제 **03**	경제	파레토 최적	98
실전 문제 **04**	경제	인센티브 계약의 두 가지 방식	100
실전 문제 **05**	경제	시장 구조의 구분을 위한 지표, 시장 집중률	102
실전 문제 **06**	경제	위험을 줄이기 위한 주식 투자 전략	104
실전 문제 **07**	경제	절대 소득 가설과 항상 소득 가설	106
실전 문제 **08**	경제	경제적 행동의 심리학적 해석, 행동 경제학	108
실전 문제 **09**	법	불법 행위를 억제하기 위한 금전적 제재 수단	110
실전 문제 **10**	법	인간관계의 회복을 지향하는 '회복적 사법'	112
실전 문제 **11**	법	현대 민주주의 사회에서 의회의 역할	114
실전 문제 **12**	광고·언론	상업 광고의 규제	116
실전 문제 **13**	행정·정책	공공 임대 주택과 주택 바우처 제도	118
실전 문제 **14**	행정·정책	소비자 권익을 위한 국가의 정책	120
실전 문제 **15**	행정·정책	국민을 보호하기 위한 '경찰 작용'	122
실전 문제 **16**	사회·문화	기술의 발달에 따른 사회 변화	124

V 과학·기술

실전 문제 **01**	물리학	완전 탄성 충돌과 완전 비탄성 충돌	128
실전 문제 **02**	물리학	원자 모형에 대한 탐구	130
실전 문제 **03**	물리학	빛의 굴절과 관련된 재미있는 자연 현상	132
실전 문제 **04**	생명 과학	신생아의 체온 유지	134
실전 문제 **05**	생명 과학	어지러움과 몸의 평형	136
실전 문제 **06**	생명 과학	웅화반 식물이 씨앗을 퍼뜨리는 과정	138
실전 문제 **07**	지구 과학	광물의 결정 구조와 면각 일정의 법칙	140
실전 문제 **08**	지구 과학	번개와 천둥	142
실전 문제 **09**	지구 과학	'조석 간만의 차'는 왜 생기나	144
실전 문제 **10**	화학	기체 분자의 속력 분포에 관한 맥스웰의 이론	146
실전 문제 **11**	화학	남극 빙어는 왜 얼어 죽지 않을까	148
실전 문제 **12**	정보·통신 기술	컴퓨터 CPU 스케줄링	150
실전 문제 **13**	정보·통신 기술	오류가 발생한 데이터의 검출과 복구	152
실전 문제 **14**	정보·통신 기술	평생 변하지 않는 정보의 활용, 지문 인식 시스템	154
실전 문제 **15**	산업·의학 기술	친환경을 지향하는 하이브리드 자동차	156
실전 문제 **16**	산업·의학 기술	전도성 고분자를 이용한 능동적 약물 방출 시스템	158

나의 **학습 계획**

[1단계] 공부 계획 세우기

❶ '차례'를 보며 전체 분량을 확인하고, 30일 플랜과 20일 플랜 중 자신의 학습 능력과 상황에 따라 지킬 수 있는 플랜을 고른다.

❷ 자신이 정한 플랜에 따라 학습 계획표에 '공부할 날'을 기록한다.

❸ '비문학 독서 공부법 7계명'을 읽고 구체적인 학습법을 명심한다.

❹ 학습 계획에 따라 꾸준하게 실천한다.

> **찾아가기**
> ▶ 차례(p.4~5)
> ▶ 학습 계획표(p.7)
> ▶ 비문학 독서 공부법 7계명(p.8)
>
> **Tip** 자신의 실력을 정확히 모를 수 있다. 그럴 때는 시간을 재며 하나의 지문과 문제를 풀어보고, 이를 바탕으로 전체 공부 계획을 세운다.

[2단계] 공부하기

❶ 그날 공부할 분량을 확인하고 학습을 시작한다.

❷ 실제 시험을 보듯 빠르게 지문을 읽고 문제를 푼다. 그다음에 '독해 훈련 문제'의 답을 작성한다.

❸ 채점을 한다. 틀린 문제는 다시 풀 것이므로 정답을 표시하지 않는다.

❹ '독해 훈련 문제'의 답과 지문 해제를 보며 지문을 제대로 독해했는지 확인한다. '정답과 해설'을 보면서 맞은 이유와 틀린 이유를 확인한다.

❺ 위와 같은 방식으로 그날 공부할 분량을 차례로 학습하고 학습 계획표에 학습 결과를 기록한다.

> **찾아가기**
> ▶ 본문 : 주제 통합 | 인문 | 예술 | 사회 | 과학 · 기술
> ▶ 정답과 해설
> ▶ 빈출 어휘 미리 보기(p.9)
> ▶ 학습 계획표(p.7)
>
> **Tip** '빈출 어휘 미리 보기'를 통해 시험에 자주 나오는 어휘를 확인하고, 그 어휘의 사전적 의미와 용례를 익혀 둔다.

[3단계] 복습하기

❶ 틀린 문제의 개수에 따라 전체 교재의 복습 계획을 수립한다.

❷ 지문을 다시 읽은 다음, 틀렸던 문제를 풀고 채점을 한다.

❸ 또다시 틀린 문제가 있다면, 지문의 내용을 문단별로 요약해 보고 '정답과 해설'을 꼼꼼하게 읽어 본다.

❹ 위와 같은 방식으로 그날 공부할 분량을 차례로 학습한다.

> **찾아가기**
> ▶ 틀린 문제
> ▶ 정답과 해설
>
> **Tip** 오답 노트를 만들어 틀린 문제를 시간이 날 때마다 살펴본다. 자신만의 풀이법을 익히고 비슷한 유형의 다른 문제에 적용해 본다.

[4단계] 취약 부분 점검하기

❶ 학습 계획대로 잘 실천했는지 점검하고 자신의 실력을 진단해 본다.

❷ 취약한 영역이 주제 통합, 인문, 예술, 사회, 과학 · 기술 중 어느 영역인지 확인한다.

❸ 취약한 부분이 어휘력인지, 독해력인지, 문제 풀이 능력인지 확인한다.

❹ 점검 결과에 따라 앞으로의 수능 비문학 독서 학습 계획을 수립한다.

> **찾아가기**
> ▶ 학습 계획표(p.7)
>
> **Tip** 다양한 기출문제를 풀어보고 지문마다 문단의 중심 내용을 요약해 보는 훈련을 반복한다. 또 어휘 사전을 만들어 모르는 어휘가 나올 때마다 사전적 의미와 그 용례를 적어 둔다.

공부할 날			학습 내용	틀린 개수	소요 시간	복습이 필요한 문제
1일차 [	월	일]	주제 통합 01, 02	개 / 14개	분 초	
2일차 [	월	일]	주제 통합 03, 04	개 / 12개	분 초	
3일차 [	월	일]	주제 통합 05, 06	개 / 12개	분 초	
4일차 [	월	일]	인문 01, 02	개 / 12개	분 초	
5일차 [	월	일]	인문 03, 04	개 / 10개	분 초	
6일차 [	월	일]	인문 05, 06	개 / 10개	분 초	
7일차 [	월	일]	인문 07, 08	개 / 11개	분 초	
8일차 [	월	일]	인문 09, 10	개 / 12개	분 초	
9일차 [	월	일]	인문 11, 12, 13	개 / 14개	분 초	
10일차 [	월	일]	인문 14, 15, 16	개 / 12개	분 초	
11일차 [	월	일]	예술 01, 02, 03	개 / 13개	분 초	
12일차 [	월	일]	예술 04, 05, 06	개 / 14개	분 초	
13일차 [	월	일]	예술 07, 08, 09	개 / 14개	분 초	
14일차 [	월	일]	예술 10, 11	개 / 9개	분 초	
15일차 [	월	일]	예술 12, 13	개 / 9개	분 초	
16일차 [	월	일]	사회 01, 02	개 / 8개	분 초	
17일차 [	월	일]	사회 03, 04	개 / 10개	분 초	
18일차 [	월	일]	사회 05, 06	개 / 10개	분 초	
19일차 [	월	일]	사회 07, 08, 09	개 / 16개	분 초	
20일차 [	월	일]	사회 10, 11, 12	개 / 13개	분 초	
21일차 [	월	일]	사회 13, 14	개 / 11개	분 초	
22일차 [	월	일]	사회 15, 16	개 / 9개	분 초	
23일차 [	월	일]	과학 · 기술 01, 02	개 / 10개	분 초	
24일차 [	월	일]	과학 · 기술 03, 04	개 / 9개	분 초	
25일차 [	월	일]	과학 · 기술 05, 06	개 / 9개	분 초	
26일차 [	월	일]	과학 · 기술 07, 08	개 / 9개	분 초	
27일차 [	월	일]	과학 · 기술 09, 10	개 / 9개	분 초	
28일차 [	월	일]	과학 · 기술 11, 12	개 / 9개	분 초	
29일차 [	월	일]	과학 · 기술 13, 14	개 / 10개	분 초	
30일차 [	월	일]	과학 · 기술 15, 16	개 / 10개	분 초	

공부할 날			학습 내용	틀린 개수	소요 시간	복습이 필요한 문제
1일차 [	월	일]	주제 통합 01, 02, 03	개 / 20개	분 초	
2일차 [	월	일]	주제 통합 04, 05, 06	개 / 18개	분 초	
3일차 [	월	일]	인문 01, 02, 03	개 / 17개	분 초	
4일차 [	월	일]	인문 04, 05, 06	개 / 15개	분 초	
5일차 [	월	일]	인문 07, 08, 09	개 / 17개	분 초	
6일차 [	월	일]	인문 10, 11, 12	개 / 15개	분 초	
7일차 [	월	일]	인문 13, 14, 15, 16	개 / 17개	분 초	
8일차 [	월	일]	예술 01, 02, 03, 04	개 / 18개	분 초	
9일차 [	월	일]	예술 05, 06, 07	개 / 13개	분 초	
10일차 [	월	일]	예술 08, 09, 10	개 / 14개	분 초	
11일차 [	월	일]	예술 11, 12, 13	개 / 14개	분 초	
12일차 [	월	일]	사회 01, 02, 03, 04	개 / 18개	분 초	
13일차 [	월	일]	사회 05, 06, 07, 08	개 / 21개	분 초	
14일차 [	월	일]	사회 09, 10, 11, 12	개 / 18개	분 초	
15일차 [	월	일]	사회 13, 14, 15, 16	개 / 20개	분 초	
16일차 [	월	일]	과학 · 기술 01, 02, 03	개 / 15개	분 초	
17일차 [	월	일]	과학 · 기술 04, 05, 06	개 / 13개	분 초	
18일차 [	월	일]	과학 · 기술 07, 08, 09	개 / 13개	분 초	
19일차 [	월	일]	과학 · 기술 10, 11, 12	개 / 14개	분 초	
20일차 [	월	일]	과학 · 기술 13, 14, 15, 16	개 / 20개	분 초	

비문학 독서 공부법 7계명

1 **지문을 체계적으로 분석하는 훈련을 한다.**

- 최근 수능과 모의평가에 출제되는 긴 지문은 상당한 정보량을 자랑한다. 따라서 지문을 정확하게 독해하여 필요한 정보를 빠르게 선별할 수 있는 능력이 요구되고 있다.
- '독해 훈련 문제'의 확인 문제와 '정답과 해설'의 지문 해제를 통해 지문을 정확하게 독해했는지 확인한다. 지문을 잘못 독해한 부분이 있으면, 지문의 내용이 충분히 이해될 때까지 꼼꼼하게 읽어 본다.

 매일매일 일정한 분량을 꾸준하게 공부한다.

- 비문학 독서의 실력을 기르는 가장 좋은 방법은 매일 자신의 학습 능력에 맞는 분량의 문제를 꾸준히 푸는 것이다.
- 주어진 학습 계획표를 활용하여 자신의 학습 능력과 상황에 맞게 적절한 학습 계획을 수립한다.

3 **제한 시간 안에 푸는 연습을 한다.**

- 충분히 맞힐 수 있는 문제도 시간이 부족해 풀지 못하는 경우가 많다.
- 지문마다 스스로 제한 시간을 설정하고 실전처럼 문제를 푸는 훈련을 하는 것이 좋다.

4 **그림과 도표에 주목한다.**

- 지문이나 〈보기〉에 등장하는 그림과 도표는 글의 내용을 보충해 주는 수단으로, 지문 이해를 돕는 중요한 단서가 된다.
- 그림이나 도표를 본문과 대응시키며 독해하면, 문제 풀이 시간을 단축하고 지문 이해도를 향상시킬 수 있다.

5 **기출문제를 통해 출제 유형을 파악한다.**

- 국어 영역에서 평가하고자 하는 내용은 크게 달라지지 않지만, 그 평가를 위한 문제의 유형은 해마다 조금씩 달라진다. 이러한 출제 유형에 익숙해지지 않으면 실전에 임했을 때 당황할 수 있다.
- 기출문제와 변형 문제를 함께 수록하였으므로, 기출문제를 통해 출제 유형을 파악하고 변형 문제를 통해 이를 응용해 보도록 한다.

 지문에 답의 근거가 있다는 점을 명심한다.

- 수능에서 다양하게 해석될 여지가 있는 문제는 출제되지 않는다. 답의 근거는 지문, 문제의 발문, 〈보기〉, 선택지 안에 있다는 점을 기억한다.
- 문제를 반복해서 풀다 보면 지문에 답의 근거가 있다는 사실을 몸으로 익힐 수 있다.

 문제를 틀렸다면 왜 틀렸는지 확인한다.

- 문제를 틀렸다는 것은 지문을 잘못 해석했거나, 문제의 발문 또는 선택지를 잘못 이해했다는 뜻이다.
- 왜 그 문제를 틀렸는지 이유를 알아야 다음에 같은 실수를 반복하지 않을 수 있다.

빈출 어휘	사전적 의미	문장의 예
가설(假說)	어떤 사실을 설명하거나 어떤 이론 체계를 연역하기 위하여 설정한 가정.	하나의 가설이 타당한 이론으로 정립되는 과정을 분석하고 있다.
간과(看過)하다	큰 관심 없이 대강 보아 넘기다.	소쉬르는 언어 기호보다 더 근원적인 차원으로서의 '의미'를 간과하고 있군.
검증(檢證)하다	검사하여 증명하다.	대상과 관련한 가설에 대해 실험을 통해 검증하고 있다.
고안(考案)하다	연구하여 새로운 안을 생각해 내다.	고딕 양식에서는 로마네스크 양식에서 사용되던 둥근 아치형의 천장을 뾰족하게 솟아오른 형태로 고안해 냈다.
교부(交付)하다	내어주다.	중앙 정부는 지방 정부에 지원금을 교부하였다.
담합(談合)	경쟁 입찰을 할 때에 입찰 참가자가 서로 의논하여 미리 입찰 가격이나 낙찰자 따위를 정하는 일.	시내 주유소의 휘발유 가격이 동시에 비슷한 수준으로 인상되자 관계 당국이 담합 여부에 대한 조사에 나섰다.
답습(踏襲)	예로부터 해 오던 방식이나 수법을 좇아 그대로 행함.	추사체라는 필법을 새롭게 창안했다는 것은 전통의 답습에 머무르지 않았음을 의미하는군.
대두(擡頭)되다	어떤 세력이나 현상이 새롭게 나타나게 되다.	조선 후기는 기존의 신분 제도에 따른 지배 질서가 약화되면서 새로운 질서가 대두되는 시기였다.
도출(導出)하다	판단이나 결론 따위를 이끌어 내다.	현대 민주주의에서는 구성원 간의 사회적 합의를 도출해 내기 위해 의회의 역할이 강조된다.
상충(相衝)	맞지 아니하고 서로 어긋남.	기업과 근로자 사이의 이해 상충은 근로자의 노력을 반영하는 보상을 통해 완화할 수 있는 문제이다.
수렴(收斂)하다	의견이나 사상 따위가 여럿으로 나뉘어 있는 것을 하나로 모아 정리하다.	의회에서는 국민들의 여론을 수렴하여 입법에 반영하기 위해 폭넓은 여론 조사를 실시했다.
수반(隨伴)되다	어떤 일과 더불어 생기다.	경쟁이 활발해지면 생산량 증가와 가격 인하가 수반되어 소비자의 만족이 더 커지는 배분적 효율이 발생한다
유력시(有力視)되다	가능성이 많다고 보이다.	특히 '폴리피롤'이라는 전도성 고분자의 활용이 유력시되고 있다.
육성(育成)하다	길러 자라게 하다.	니체는 도덕의 목적이 주체를 주인적 존재로 육성하는 것이라고 보았다.
이타적(利他的)	자기의 이익보다는 다른 이의 이익을 더 꾀하는 것.	행동 경제학은 인간이 때로는 이타적인 행동을 하고 비합리적인 행동을 하는 존재라는 점을 인정한다.
입증(立證)되다	어떤 증거 따위가 나와 증명되다.	대폭발 이론이 입증되면서 과학자들은 우주가 과거에 어떤 속도로 팽창했고 앞으로 어떻게 팽창해 종말을 맞게 될 것인지에 관심을 갖게 되었다.
저해(沮害)하다	막아서 못 하도록 해치다.	집단 이기심은 사회 발전을 저해할 요인으로 작용한다.
절충(折衷)하다	서로 다른 사물이나 의견, 관점 따위를 알맞게 조절하여 서로 잘 어울리게 하다.	두 이론을 절충하여 새로운 이론의 가능성을 제시하고 있다.
초래(招來)하다	일의 결과로서 어떤 현상을 생겨나게 하다.	특히 항암제나 호르몬제와 같은 약물은 정상 조직에 작용할 경우 심각한 부작용을 초래할 수도 있다.
추출(抽出)하다	전체 속에서 어떤 물건, 생각, 요소 따위를 뽑아내다.	가설들의 공통점을 추출하여 사회 현상의 해결 방안을 제시하고 있다.
축적(蓄積)하다	지식, 경험, 자금 따위를 모아서 쌓다.	고고학은 유물로부터 얻은 정보를 축적하여 다양한 해석을 시도한다.
통념(通念)	일반적으로 널리 통하는 개념.	스타이컨과 로댕은 모두 당대의 예술적 통념에서 벗어나려는 경향을 보였다.
통시적(通時的)	어떤 시기를 종적으로 바라보는 것.	시장의 질서 유지를 위한 국가 정책을 통시적으로 살펴보고 있다.
투영(投影)하다	어떤 일을 다른 일에 반영하여 나타내다.	묵란화는 그림의 소재에 관념을 투영하여 형상화한 것이다.
편협(偏狹)하다	한쪽으로 치우쳐 도량이 좁고 너그럽지 못하다.	도덕적 자유주의자는 자신의 이익만을 생각하는 편협한 입장에서 벗어나 객관적이고 공평한 지점에서 상위 원리를 만들 수 있다고 본다.

두 개의 지문을 묶어 문제를 구성한다. 인문 영역의 지문을 묶는 경우가 많지만, 사회나 예술 영역의 지문을 묶거나 때로는 서로 다른 영역의 지문을 묶기도 한다. 두 지문을 묶으면서 자연스럽게 지문 길이가 길어지고 문항 수가 많아지며, 단독 지문에 비해 독해가 까다로운 경우가 많다. 먼저 두 지문의 내용을 아우르는 키워드가 무엇인지 확인하는 것이 좋다.

주제 통합

[1~7] 다음 글을 읽고 물음에 답하시오.

(가)

우리는 친구들과 같은 사진을 보고도 서로 다르게 인식하는 경우가 있다. 또한 배고플 때와 달리 배부를 때는 빵 가게를 인식하지 못할 때도 있다. 이처럼 동일한 대상에 대해서도 사람이나 상황에 따라 인식이 다를 수 있는데, '후설'은 우리가 대상의 의미를 파악하는 과정을 통해 이러한 현상을 설명하고 있다. 후설은 우리의 의식은 대상과 독립적으로 존재하는 것이 아니라, 어떤 대상을 구체적으로 지향하며, 이를 통해 대상과의 관계에서 어떤 의미를 형성하는 성질을 지니고 있다고 말한다. 이 성질을 의식의 '지향성'이라고 하는데, 의식이 대상을 향하지 않으면 우리는 그 대상을 인식하지 못한다는 것이다.

한편 우리의 의식이 대상을 만나 의미를 형성할 때는 시간과 공간의 영향을 받게 된다. 왜냐하면 의식이 의미를 형성하는 과정은 한 번으로 끝나는 것이 아니라 시간의 흐름에 따라 반복되고, 공간도 대상과 함께 인식되어 의미 형성에 영향을 주기 때문이다. 후설에 따르면 이렇게 의식이 대상을 만나서 의미를 형성하는 과정이 반복되고 그것이 누적되면 자기만의 '지평'을 갖게 된다. ㉠'지평'이란 우리가 인식하는 대상과 그 대상을 둘러싼 배경을 말한다. 우리가 친구의 뒷모습을 보고 단번에 알아볼 수 있는 것은 이전부터 알았던 친구에 대한 다양한 정보를 고려했기 때문이다. 사람은 개인마다 경험이 다르기 때문에 대상에서 형성하는 의미도 달라져 그 결과 서로 다른 지평을 갖게 되고, 지평이 넓어질수록 개인의 인식 범위는 확장된다. 그리고 인식의 주체는 지평을 바탕으로 다양한 상황에서 의미를 파악할 수 있다고 본 것이다.

전통 철학에서는 의식과 독립적으로 대상이 존재하고, 주체성을 가진 인간, 즉 주체가 대상을 객관적으로 파악함으로써 의미가 얻어진다고 보았다. 하지만 후설은 주체가 지평에 따라 대상에서 형성하는 의미가 달라지므로 대상을 객관적으로 파악하는 것은 불가능하다고 보았다. 이처럼 후설은 의미가 대상으로부터 객관적으로 얻어지는 것이 아니라 의식과 지평을 지닌 주체에서 비롯된다고 본 것이다.

(나)

ⓐ자전거를 한번 배우고 나면 오랫동안 쉬었다 하더라도 쉽게 다시 탈 수 있다. 마치 몸 자체가 자전거 타기에 관한 지식을 내재한 듯 느껴진다. 이때 자전거 타기를 배운 것은 나의 의식일까? 몸일까? 전통 철학은 의식과 신체는 독립되어 있고 의식이 객관적 세계를 인식한다고 보았는데, '메를로퐁티'는 이를 비판하며 신체를 통해 세계를 지각할 수 있다고 말한다. 그에 의하면 신체, 즉 몸은 의식과 결합하여 있는 '신체화된 의식'이라고 규정한다.

메를로퐁티는 몸이 세상과 반응하는 것을 '지각'이라고 했는데, 그는 후설의 지향성 개념을 수용하여 몸이 지향성을 지니고 있어 세상을 지각할 수 있다고 보았다. 늘 집에 방치되어 있던 자전거도 우리 몸이 지향함으로써 지각되고 의미가 생긴다는 것이다. 그렇다면 몸에 의한 지각은 어떻게 이루어질까? 그는 몸이 '현실적 몸의 층'과 '습관적 몸의 층'으로 이루어져 있다고 규정하였다. 여기서 현실적 몸의 층이란 몸이 새로운 세상을 지각하는 경험이며, 이런 경험이 우리 몸에 배면 습관적 몸의 층을 형성하게 된다고 보았다. 이렇게 형성된 습관적 몸의 층은 몸에 내재되어 세상과 반응할 때 다시 영향을 미치며, 우리를 다양한 상황에 적응할 수 있게 한다. 이러한 몸의 대응 능력을 ㉡'몸틀'이라 하며, 몸틀은 지각 경험들이 시

(가)

1문단
1 의식이 구체적 지향을 통해 대상과의 관계에서 어떤 의미를 형성하는 성질을 나타내는 말은?

2문단
2 의식이 의미를 형성하는 과정이 반복되면서 갖게 되는 것으로, 인식하는 대상과 그 대상을 둘러싼 배경을 의미하는 말은?

3문단
3 대상의 의미에 대해 전통 철학과 차별되는 후설의 견해는?

(나)

1문단
1 메를로퐁티가 전통 철학을 비판하며 내세운 주장은?

2문단
2 메를로퐁티가 규정한 두 가지 몸의 층은?

3 지각 경험들이 누적되어 형성되는 것으로, 메를로퐁티가 몸의 지각 원리를 설명하기 위해 도입한 개념은?

간이 흐르면서 누적됨으로써 형성된다. 예를 들어 자전거 타기를 배우는 경우, 처음에는 자전거와 반응하며 현실적 몸의 층을 형성하게 되고, 자전거를 타는 연습이 반복되면 새로운 운동 습관을 익히며 몸틀을 재편하게 된다. 이와 같이 메를로퐁티는 몸틀을 통해 몸의 지각 원리를 설명한다.

한편 메를로퐁티는 몸이 '애매성'을 지니고 있다고 말한다. 예를 들어 나의 오른손과 왼손이 맞잡고 있을 때, 내 몸은 잡고 잡히는 이중적이며 모호한 상황을 경험한다. 이 경우 어떤 것이 지각의 주체인지 혹은 지각의 대상인지 분명하게 말하기 어렵다. 또 내가 언짢은 표정을 한 상태에서 밝은 미소를 띤 상대방의 얼굴을 봤을 때, 나는 상대방의 밝은 모습에 동화되면서 동시에 상대방은 나의 언짢은 모습에 얼굴이 경직되는 듯한 변화를 보이게 된다. 이처럼 구체적 삶에서 우리가 경험하는 몸의 지각은 대부분 주체와 대상이 서로 얽혀 있고 명확하게 구분되지 않는다는 것이다. 즉 메를로퐁티는 몸을 지각의 주체로만 보지 않고 지각의 대상이 될 수도 있다고 보았다.

3 문단
4 메를로퐁티가 몸이 '애매성'을 지니고 있다고 말한 이유는?

실력 UP 변형 문항

01 기출 04 연계
㉠, ㉡에 대한 이해로 적절하지 않은 것은?

① ㉠은 대상의 객관적 파악을 어렵게 한다.
② ㉠은 동일한 지향성을 지닌 사람에게 대상을 동일하게 인식하게 한다.
③ ㉡은 몸의 반응과 습관에 초점을 맞추어 대상을 이해한다.
④ ㉡은 재편 과정을 거치며 주체로 하여금 다양한 상황에 적응할 수 있게 한다.
⑤ ㉠과 ㉡은 모두 시간이 흐르면서 개인의 경험이 누적됨으로써 형성된다.

02 기출 05 연계
ⓐ의 이유에 대한 메를로퐁티의 생각으로 가장 적절한 것은?

① 자전거를 배웠다는 의식이 몸의 경험과 독립적으로 존재하기 때문이다.
② '신체화된 의식'이 방치되어 있던 자전거를 새롭게 지향하게 되었기 때문이다.
③ '현실적 몸의 층'이 자전거를 다시 타야 한다는 새로운 상황에 대한 인식을 주었기 때문이다.
④ 자전거를 타는 연습이 반복되면서 '현실적 몸의 층'이 '습관적 몸의 층'으로 재편되었기 때문이다.
⑤ 자전거를 배운 후 몸에 내재된 새로운 '몸틀'이 자전거를 배우기 전의 '몸틀'과 조화를 이루었기 때문이다.

03 기출 07 연계
이 글을 바탕으로 〈보기〉의 두 상황을 이해한 내용으로 적절하지 않은 것은? [3점]

> ▶ 보기 ◀
>
> ⓐ 여러분이 어떤 도시로 여행을 떠난다고 생각해 보세요. 미리 그 도시의 문화나 역사를 공부한다면, 실제 여행을 갔을 때 그 도시가 더욱 친근하게 느껴질 것입니다. 여기에 거리를 돌아다니면서 대표 음식을 맛보는 등의 경험이 더해지면 그 도시에 대한 이해가 한층 깊어질 것입니다.
>
> ⓑ 자, 이번에는 요가를 배우는 상황을 생각해 보세요. 처음 요가를 배울 때는 매우 어색하고 불편할 것입니다. 하지만 반복되는 연습을 통해 여러분의 몸은 새로운 운동 패턴을 익히고, 요가 동작을 자연스럽게 수행할 수 있게 됩니다.

① ⓐ: 후설은 여행자의 '지평'에 따라 방문한 도시에 대한 이해도가 달라질 수 있다고 생각하겠군.
② ⓐ: 메를로퐁티는 방문한 도시에서의 경험이 누적되어 여행자의 '몸틀'을 형성하고, 이는 여행자가 그 도시를 이해하는 데에 영향을 미친다고 생각하겠군.
③ ⓑ: 후설은 시간이 지남에 따라 요가 동작을 자연스럽게 수행할 수 있게 된 것이 '지평'이 넓어졌기 때문이라고 생각하겠군.
④ ⓑ: 메를로퐁티는 요가를 처음 배울 때 불편하게 느끼는 것은 지각의 주체와 대상이 명확하게 구분되지 않기 때문이라고 생각하겠군.
⑤ ⓐ, ⓑ: 후설과 메를로퐁티는 모두 주체가 대상인 '도시'나 '요가'를 지향하지 않으면 대상의 의미가 형성되지 않는다고 생각하겠군.

04

⊙, ⓒ에 대한 이해로 가장 적절한 것은?

① ⊙은 대상으로부터 의미를 객관적으로 파악할 수 있게 한다.

② ⓒ은 시간이 흐르더라도 변하지 않는다.

③ ⊙은 ⓒ과 달리 의미를 형성하는 과정에서 의식의 쓰임이 나타나지 않는다.

④ ⓒ은 ⊙과 달리 다양한 상황에 대해서도 그 의미를 파악할 수 있게 한다.

⑤ ⊙과 ⓒ은 모두 이전의 경험이 쌓이면서 형성된다.

05

ⓐ의 이유에 대한 메를로퐁티의 견해로 가장 적절한 것은?

① 몸의 경험은 연습의 양과 상관없이 누적되기 때문이다.

② 몸이 자전거 타기를 통해 습관적 몸의 층을 형성했기 때문이다.

③ 자전거를 배우기 전과 후의 몸틀에 변화가 없었기 때문이다.

④ 몸의 지각은 현실적 몸이 의식과 독립적으로 작용한 결과이기 때문이다.

⑤ 새로운 운동 습관이 내재될 경우 몸틀이 재편되어 자전거를 다시 배워야 하기 때문이다.

06

다음은 (가)와 (나)를 읽은 학생이 작성한 학습 활동지의 일부이다. ㄱ~ㅁ에 들어갈 내용으로 적절하지 <u>않은</u> 것은?

학습 항목	학습 내용	
	(가)	(나)
도입 문단의 내용 제시 방식 파악하기	ㄱ	ㄴ
⋮	⋮	⋮
글의 내용 전개 방식 이해하기	ㄷ	ㄹ
두 글을 통합적으로 비교하기	ㅁ	

① ㄱ : '인식'과 연관된 상황을 언급하며 이에 대한 특정 철학자의 주장을 제시하였음.

② ㄴ : 일상의 경험을 바탕으로 의문을 제기하며 특정 철학자가 사용한 개념을 제시하였음.

③ ㄷ : '인식'과 관련하여 특정 철학자가 사용한 개념을 정의한 뒤 그 개념을 바탕으로 대상의 의미를 파악하는 과정을 제시하였음.

④ ㄹ : '지각'의 주체를 상반된 시각으로 바라보는 특정 이론들을 제시하고 각각의 이론이 지닌 한계와 의의를 제시하였음.

⑤ ㅁ : 특정 철학자들의 주장에 나타나는 공통점과 그 주장이 전통 철학과 어떤 차이를 지니고 있는지를 파악할 수 있었음.

07

이 글을 바탕으로 〈보기〉를 이해한 내용으로 적절하지 <u>않은</u> 것은?

> **⟶ 보기 ⟵**
>
> 어느 날 산속에 피어 있는 꽃을 가리키며 제자가 스승에게 물었다. "이 진달래꽃은 깊은 산속에서 저절로 피었디 지곤 하니 그것이 제 마음과 무슨 상관이 있습니까? 사물은 제 마음과 상관없이 존재한다고 생각합니다." 그러자 스승은 "그대가 이 꽃을 보기 전에 이 꽃은 그대의 마음에 없었지만, 그대가 와서 이 꽃을 보는 순간 이 꽃의 모습은 그대의 마음에서 일시에 분명해진 것이네."라고 말하였다.

① 후설은 '제자'가 꽃의 이름이 진달래꽃임을 알고 있는 것에 대해 그의 지평이 작용했다고 생각하겠군.

② 후설은 사물이 마음과 상관없이 존재한다고 말하는 '제자'와 달리 의식과 대상이 서로 독립적으로 존재하는 것은 아니라고 생각하겠군.

③ 메를로퐁티는 '제자'가 꽃을 지각하는 동시에 꽃으로 인해 그에게 변화가 생겼다는 '스승'의 말에 동의하겠군.

④ 메를로퐁티는 꽃을 봄으로써 꽃의 모습이 마음에서 분명해진 것이라고 생각하는 '스승'과 달리 몸의 지각과 상관없이 의식이 독립적으로 세계를 인식한다고 생각하겠군.

⑤ 후설과 메를로퐁티는 모두 꽃을 보기 전까지 꽃은 마음에 없었다고 말한 '스승'과 마찬가지로 주체가 대상을 지향하지 않으면 대상의 의미가 형성되지 않는다고 생각하겠군.

[1~7] 다음 글을 읽고 물음에 답하시오.

(가)

도덕적 규범을 구체적인 현실에 적용하여 실천할 때, 보편성과 특수성 사이에서 선택의 문제에 부딪히게 된다. 유학에서는 이런 문제를 '상도(常道)'와 '권도(權道)'로 설명하고 있다. 상도는 일반 상황에서의 원칙론으로서 지속적으로 지켜야 하는 보편적 규범이고, 권도는 특수한 상황에서의 상황론으로서 그 상황에 일시적으로 ⓐ대응하는 개별적 규범이다.

도(道)는 인간 존재의 형이상학적 원리와 인간이 생활 속에서 따라야 하는 행위 규범을 동시에 담는 개념이다. 상도는 도를 인간의 도덕적 원리로 연결한 인(仁), 의(義), 예(禮)와 같은 기본적이고 보편적인 도덕규범이다. 상도를 근거로 상황 변화에 알맞게 대응할 때 도가 올바르게 구현될 수 있는데, 이때 권도가 필요할 수 있다.

맹자는 권도를 일종의 도덕적 딜레마 상황에서 ⓑ해법으로 제시한다. 맹자는 "남녀 간에 주고받기를 직접 하지 않음은 예(禮)이고, 형제의 부인이 물에 빠지면 손으로 구하는 것은 권(權)이다."라고 하였다. 남녀 간에 손을 잡지 않는 것은 상도에, 형제의 부인을 손으로 구하는 것은 권도에 해당하는데, 여기서 권도는 특수한 상황에서 부득이 한 번만 사용하는 것으로, 높은 경지의 상황 판단력을 요한다. 상황의 위급한 정도 등을 고려하여 가능한 모든 방안 중 스스로 선택한 것이 생명을 살릴 수 있는 유일한 방법이라고 판단될 때에만 권도가 합당성을 인정받을 수 있기 때문이다. 이런 의미에서 권도의 합당성은 실행의 동기와 사건의 결과를 바탕으로 평가할 수 있는 것이다.

위의 맹자의 말에서는 권도에 해당하는 규범이 상도인 '예'의 내용과 반대되는 것으로 표현되어 있어, 권도가 상도에 반하거나 또는 예가 아니라는 오해가 있을 수 있다. 그러나 맹자의 관점에서 상도와 권도는 상황에 대처하는 방법은 달라도 결국 모두 도이다. 권도는 도를 굽힌 것이 아니라 도를 구현하는 과정에서의 방법의 차이일 뿐이다. 위의 상황에서 남녀 간에 손을 잡는 행위 자체는 상도에 맞지 않는 것이지만, 그 행위는 결국 생명을 구하여 도를 실천한 올바른 결정이라는 것이다.

맹자는 현실 상황에 맞는 행위로서 권도를 강조하지만 동시에 상도를 권도의 기반으로 보며 매우 중시했다. 왜냐하면 인간이 자신의 본질인 상도를 따르면 옳고 그름이 분명해지기 때문이다. 그래서 맹자는 상도의 토대 위에서 권도를 활용하도록 하였다.

(나)

병자호란 당시 청이 조선에 제시한 강화 조건은 조선이 ⓒ고수해 왔던 명에 대한 의리, 곧 대명의리를 부정하는 내용으로 채워져 있었다. 이에 ㉠척화론자들은 대명의리를 지켜야 하므로 청과의 화친은 불가하다고 하였다. 당대인들은 조선과 명을 군신(君臣)이자 부자(父子)의 의리가 있는 관계로 보았고, 특히 임진왜란 때 명의 지원을 받은 후 대명의리는 누구도 부정할 수 없는 보편적 규범으로 인식되었다. 척화론자들은 불의로 보존된 나라는 없느니만 못하다고까지 하면서 척화론을 고수하였다. 이때 이들이 우려한 것은 명의 ⓓ문책이라기보다는 대명의리라는 보편적 규범의 포기에 따르는 도덕 윤리의 붕괴였다고 할 수 있다. 척화론은 실리의 문제를 초월한 의리의 차원에서 당시뿐 아니라 후대에도 광범위한 지지를 받았다.

반면 ㉡최명길 등의 주화론자들은 나라를 보전하기 위해 청의 강화 조건을 받아들여야 한다고 주장하였다. 최명길도 대명의리가 정론(正論)임을 인정하였고, 강화가 성립된 후에도

독해 훈련 문제

(가)

1문단

1 유학에서 보편성과 특수성의 문제를 설명하기 위해 도입한 개념 두 가지는?

2문단

2 보편적 도덕규범인 상도가 있어도 권도가 필요한 이유는?

3문단

3 권도의 합당성을 평가하는 기준 두 가지는?

4문단

4 형제의 부인이 물에 빠졌을 때 손으로 구하는 행위는 어떤 도덕적 규범을 실천한 것인가?

5문단

5 맹자가 생각하는 상도와 권도의 올바른 관계는?

(나)

1문단

1 척화론자들이 청과의 화친이 불가하다고 주장한 이유는?

2 당대인들이 본 조선과 명의 관계는?

대명의리를 계속 강조하였다. 그럼에도 그는 여러 논거를 들어 청과의 화친이 합당한 판단임을 주장했다. 우선 그는 척화론자들의 '나라의 존망을 헤아리지 않는 의리'를 비판하였다. 중국 후진의 고조는 제위에 오를 때, 이민족 거란이 세운 요나라의 힘을 빌리며 신하가 되기를 자처했다. 그런데 다음 황제 때에 신하 경연광이 요의 신하라고 칭하는 것을 그만두자는 강경론을 주도하였고, 결국 이로 인해 요가 침입해 후진은 멸망하였다. 이에 대해 유학자 호안국은 천하 인심이 오랑캐에게 굽힌 것을 불평하고 있었으니 한번 후련히 설욕하고자 한 심정은 이해할 만하지만 정치적 대처 면에서 나라를 망하게 한 죄는 ⓔ속죄될 수 없다고 경연광을 비판했다. 최명길은 이 호안국의 주장을 인용하며 신하가 나라를 망하게 하면 그 일이 바르다 해도 죄를 피할 수 없다고 하였다. 그리고 최명길은 조선이 명으로부터 중국 내의 토지를 받은 직접적인 신하가 아니라 해외에서 조공을 바치는 신하일 뿐이기 때문에 명을 위해 멸망까지 당할 의리는 없으며 조선의 임금은 백성과 사직을 보전할 책임도 있다고 주장하였다. 또한 《춘추》에 따르면 신하는 먼저 자기 자신의 임금을 위해야 하므로, 조선의 신하가 명을 위하여 조선을 망하게 하면 안 되는 것이 마땅한 의리라고 하였다.

2 문단
3 최명길이 호안국의 주장을 인용하며 척화론자들에 대해 비판한 것은?

4 최명길이 조선은 명을 위해 멸망까지 당할 의리가 없다고 주장한 까닭은?

실력 UP 변형 문항

01

(가)의 내용과 일치하지 않는 것은?

① 유학에서 '상도'는 지속적인 도덕규범에, '권도'는 일시적인 도덕규범에 해당한다.

② 유학에서는 도를 '상도'라는 형이상학적 원리와 '권도'라는 행위 규범으로 나누어 생각했다.

③ 맹자는 '권도'의 타당성 여부를 행위에 대한 실행의 동기와 사건의 결과를 바탕으로 평가했다.

④ 맹자는 '상도'와 '권도'는 동일한 목표인 도를 실천하는 데에 있어서 모두 중요한 규범이라고 생각했다.

⑤ 유학에서는 올바른 도의 구현을 위해 보편적 원칙을 근거로 상황 변화에 알맞은 대응이 필요함을 강조했다.

02 기출 05 연계

(나)에서 최명길이 호안국의 주장을 인용한 의도로 가장 적절한 것은?

① 다른 나라의 힘에 의존하여 나라를 지키려고 하는 척화론자들을 비판하기 위해

② 지나친 명분에만 빠져 나라의 존망을 생각하지 않는 척화론자들을 비판하기 위해

③ 보편적 규범을 무시하고 특수한 상황론에 빠져 현실 인식이 결여된 척화론자들을 비판하기 위해

④ 명과의 의리만 강조할 뿐 청에 설욕할 현실적 대안을 제시하지 못하는 척화론자들을 비판하기 위해

⑤ 이민족의 침입에 맞서 싸우지는 않고 조선의 신하로서 자존심마저 버린 척화론자들을 비판하기 위해

03 〔기출 06 연계〕

(가)를 바탕으로 (나)의 ㉠, ㉡에 대해 보인 반응으로 적절하지 않은 것은? [3점]

① ㉠이 대명의리라는 당대의 보편적 규범을 고수한 것은 유학에서의 상도를 강조한 것으로 볼 수 있어.

② ㉠이 청과의 화친을 통해 나라를 보존하는 것이 의롭지 않다고 여긴 것은 도덕규범에 있어 원칙론을 중시했기 때문이야.

③ ㉡이 특수한 상황을 고려해 청의 강화 조건을 받아들여야 한다고 주장한 것은 유학에서의 권도가 적용된 것으로 볼 수 있어.

④ ㉡이 대명의리를 계속 강조하면서도 청과의 화친을 받아들이자고 한 것은 상도에 기반을 두면서 권도를 실천한 것으로 이해할 수 있어.

⑤ ㉠과 ㉡이 서로 다른 선택을 한 것은 도덕적 딜레마 상황에서 각자가 유일하다고 판단되는 해법을 제시한 것으로 이해할 수 있어.

수능 정복 기출 문항

[고3 교육청 기출]

04

(가)의 맹자와 〈보기〉의 칸트에 대해 이해한 것으로 가장 적절한 것은?

> ──────▶ 보기 ◀──────
>
> 칸트는 언제나 지켜져야 하는 보편적이고 객관적인 실천 기준으로서의 도덕규범을 제시하였다. 가령 칸트는 '거짓말을 하지 않아야 한다.'라는 도덕규범이 양심을 통해 모든 사람에게 객관적이고 보편타당한 것으로 받아들여질 수 있으므로 거짓말을 하면 안 된다고 주장하였다. 그에 따르면 선의의 거짓말도 옳지 않은데, 진실을 말해야 할 의무는 결과에 상관없이 항상 존재하기 때문이다.

① 맹자는 칸트와 달리, 도덕규범을 통해 어떤 행위를 판단할 때 결과를 고려해선 안 된다고 보았다.

② 칸트는 맹자와 달리, 상황에 따라 어떤 도덕규범을 지켜야 할지를 판단하는 능력이 중요하다고 보았다.

③ 칸트는 맹자와 달리, 어떤 특수한 상황에서도 보편적인 도덕규범에서 벗어난 행위를 해서는 안 된다고 보았다.

④ 맹자와 칸트는 모두, 보편적인 도덕규범보다 현실 상황에 맞는 행위가 더 중요하다고 보았다.

⑤ 맹자와 칸트는 모두, 생활 속에서 도덕규범을 어김으로써 결과적으로 더 본질적인 가치를 얻게 될 때도 있다고 보았다.

05

호안국의 주장을 다음과 같이 정리할 때, ㉮에 들어갈 내용으로 가장 적절한 것은?

> ──────▶ 보기 ◀──────
>
> _____㉮_____ 결과적으로 나라를 망하게 한다면 비판을 받아 마땅하다.

① 이민족이 세운 나라의 힘에 의존함으로써

② 이민족의 나라에 자존심 없이 신하를 자처함으로써

③ 이민족의 침입에 대해 설욕할 생각을 하지 않음으로써

④ 이민족의 침입을 막을 수 있는 국력을 갖추지 못함으로써

⑤ 이민족의 나라라고 해서 현실적인 고려 없이 적대함으로써

06

(가)를 바탕으로 (나)의 ㉠, ㉡에 대해 보인 반응으로 적절하지 않은 것은? [3점]

① ㉠이 불의한 방법으로 나라를 보존하는 것에 반대한다고 한 것은 도덕규범에 있어 상황론보다 원칙론을 강조한 것으로 볼 수 있어.

② ㉠이 포기할 수 없는 것으로 여긴 대명의리는 당대인들에게 일반 상황에서 지속적으로 지켜야 할 보편적인 규범으로 받아들여졌다고 볼 수 있어.

③ ㉡이 《춘추》의 내용을 언급하며 신하가 지켜야 할 의리를 논한 것은 실행 동기를 따지지 않고 도덕규범을 현실에 적용한 논의로 볼 수 있어.

④ ㉡이 대명의리가 정론임을 인정하면서도 청과 화친하는 것이 합당하다고 한 것은 상도의 토대 위에서 권도를 활용하고자 한 것으로 볼 수 있어.

⑤ ㉡이 나라의 보전을 위해 청의 강화 조건을 받아들여야 한다고 주장한 것은 그 방법이 유일하다고 판단되는 위급한 상황에서 권도를 사용하고자 한 것으로 볼 수 있어.

07

ⓐ∼ⓔ의 사전적 의미로 적절하지 않은 것은?

① ⓐ: 어떤 일이나 사태에 맞추어 태도나 행동을 취함

② ⓑ: 해내기 어렵거나 곤란한 일을 푸는 방법

③ ⓒ: 차지한 물건이나 형세 따위를 굳게 지킴

④ ⓓ: 자신의 잘못에 대하여 스스로 깊이 뉘우치고 자신을 책망함

⑤ ⓔ: 지은 죄를 물건이나 다른 공로 따위로 비겨 없앰

[1~6] 다음 글을 읽고 물음에 답하시오.

(가)

⊙'완전 경쟁 시장'은 많은 수의 수요자와 공급자 사이에 동질적인 상품이 거래되는 시장으로, 다른 기업의 시장 진입을 막는 진입 장벽이 없어 누구나 들어와 경쟁할 수 있는 시장 구조를 말한다. 이에 반해 ⓒ'독점 시장'은 비슷한 대체재가 없는 재화를 한 기업이 독점적으로 공급하는 극단적인 시장으로, 자원의 희소성이나 기술적 우월성 등으로 인해 진입 장벽이 존재하는 시장 구조를 말한다.

완전 경쟁 시장에서는 경쟁자가 다수이기 때문에 개별 공급자와 수요자가 가격에 영향을 미치기 어렵다. 이때 기업은 '가격 수용자'로서 시장에서 결정된 가격을 그대로 받아들일 수밖에 없고, 시장 가격으로 원하는 물량을 얼마든지 판매할 수 있다. 또한 제품을 한 단위 더 판매함으로써 추가로 얻게 되는 한계 수입은 일정하며, 가격과 거래량도 수요와 공급이 일치하는 지점에서 결정된다. 반면에 독점 시장에서 기업은 '가격 결정자'로서 시장 가격을 조정할 힘을 가지며, 이를 통해 이윤을 극대화할 수 있다. 따라서 독점 기업은 더 높은 가격을 받으면서 더 적은 제품을 생산할 수 있는 시장 지배력을 가진다. 그렇다면, 독점 기업은 이윤 극대화를 위한 가격과 생산량을 어떻게 결정할까?

[A] ┌ 시장의 유일한 공급자인 독점 기업이 생산량을 줄이면 시장 가격이 상승하고, 반대의 경우 시장 가격이 하락한다. 가령 독점 기업이 생산한 제품 한 단위를 100만 원에 판매할 경우, 생산량을 한 단위 더 늘려 두 단위를 판매한다면 가격을 이전보다 낮춰야 다 팔 수 있다. 이때의 가격을 90만 원이라 한다면 총수입은 180만 원이 되고, 제품을 한 단위 더 판매했을 때 추가로 얻는 한계 수입은 80만 원이 된다. 즉, 독점 기업이 생산량을 늘리면 종전 판매 가격도 함께 낮춰야 하기 때문에, 독점 기업의 한계 수입은 가격보다 항상 낮다. 이때 독점 기업은 이윤 극대화를 위해 한계 수입과 더불어 한계 비용을 고려한다. 한계 비용은 제품을 한 단위 더 생산할 때 추가로 드는 비용을 말한다. 만일 한계 수입이 한계 비용보다 높으면 생산량을 증가시키고, 반대의 경우 생산량을 감소시킴으로써 한계 수입과 한계 비용이 일치하는 지점에서 최적 생산량을 결정한다. 이후 독점 기업은 이윤 극대화를 위해 수요자들의 최대 지불 용의를 고려하여 최적 생산량을 판매할 수 있는 최고 가격을 찾아낸다. 즉, 해당 생산량에서 수요자가 최대로 지불할 수 있는 금액이 최종 시장 가격으로 결정되는 것이다. 이처럼 독점 시장에서 기업은 시장 가격의 상승을 유발하여 수요자에게 부정적 영향을 끼치고, 시장의 비효율성을 유발할
└ 수 있다.

(나)

공정 거래법이라고도 불리는 '독점 규제 및 공정 거래에 관한 법률'에서는 사업자의 독과점 자체를 금지하지는 않으나, 시장 지배적 지위 남용과 부당한 공동 행위 등 경쟁 제한 행위로 인하여 일정한 폐해가 초래되는 경우에는 이를 규제하는 '폐해 규제주의'를 취하고 있다.

시장 지배적 지위 남용은 거래 상대방으로부터 독점적 이익을 과도하게 얻어내는 '착취 남용'과 현실적·잠재적 경쟁 사업자의 사업 활동을 방해하거나 배제하는 '방해 남용'으로 나눌 수 있다. 먼저, 착취 남용은 정당한 이유 없이 상품 가격이나 용역 대가를 변경하거나, 출고량 조절로 시장 가격의 상승이나 하락에 중대한 영향을 끼친 경우를 말한다. 다음으로 방해

(가)

1 문단
1 비슷한 대체재가 없는 재화를 한 기업이 독점적으로 공급하는 극단적인 시장은?

2 문단
2 완전 경쟁 시장에서 판매하는 제품의 가격과 거래량은 어떻게 결정되는가?

3 문단
3 독점 기업이 최적 생산량을 결정할 때 고려하는 두 가지는?

4 독점 기업은 제품의 최종 시장 가격을 어떻게 결정하는가?

(나)

1 문단
1 경쟁 제한 행위로 인한 폐해를 막기 위해 공정 거래법에서 취하고 있는 원칙은?

2 문단
2 시장 지배적 지위 남용의 두 가지 유형은?

남용은 시장 지배적 사업자와 경쟁 관계에 있는 다른 사업자의 사업 활동을 부당하게 방해하거나, 신규 경쟁 사업자의 시장 진입을 배제하여 경쟁 제한의 폐해를 초래하는 것이다. 대표적으로는 '약탈적 가격 설정'과 '배타 조건부 거래'가 있다. 약탈적 가격 설정은 상품 또는 용역을 통상적인 가격에 비하여 부당하게 낮은 대가로 공급하거나 높은 대가로 구매하여 경쟁 사업자를 배제하는 것이다. 그리고 배타 조건부 거래는 다른 경쟁 사업자와 거래하지 않는 조건으로 거래 상대방과 거래하는 행위를 말한다. 이 경우 시장 지배적 사업자의 일방적, 강제적 요구뿐만 아니라 거래 상대방과 합의하여 결정한 경우도 모두 포함된다.

공정 거래법에서는 사업자의 부당한 공동 행위 또한 제한하고 있다. 흔히 '카르텔'이라고 불리는 부당한 공동 행위는 동일 업종의 복수 사업자가 경쟁의 제한을 목적으로 가격, 생산량, 거래 조건, 입찰 내용 등을 합의하여 형성하는 독과점 형태를 말한다. 이때 합의는 명시적 합의뿐만 아니라 묵시적 합의 모두를 포함한다. 이러한 담합*은 사업자 간에 은밀하게 이루어지는 경향이 많아 위법성을 입증하기가 어렵다. 따라서 입증 부담을 경감하고 규제의 실효성을 높이기 위해 둘 이상의 사업자 간에 경쟁 제한적인 합의만 있다면, 비록 그것이 실행되지 않았다 하더라도 부당한 공동 행위가 성립한 것으로 본다.

공정 거래법을 위반하면 공정 거래 위원회는 해당 사업자에게 시정 조치를 명하거나, 금전적 제재 수단으로 과징금을 부과할 수 있다. 이를 통해 과도한 경제력의 집중을 방지하고, 국민 경제의 균형 있는 발전을 도모하고 있다.

* 담합: 서로 의논해서 합의함

●● 정답과 해설 4쪽

3 다른 경쟁 사업자와 거래하지 않는 조건으로 거래하는 행위를 이르는 말은?

3 문단

4 부당한 공동 행위의 입증 부담을 줄이고 규제의 실효성을 높이기 위해 공정 거래법에서 사용한 방법은?

4 문단

5 공정 거래법을 위반했을 때 가해지는 제재는?

실력 UP 변형 문항

01

⊙, ⓒ에 대한 이해로 적절하지 <u>않은</u> 것은?

① ⊙에서는 어떤 기업이나 시장에 들어와 경쟁할 수 있지만, ⓒ에서는 기업들의 시장 진입이 자유롭지 않다.

② ⊙에서는 개별 기업이 시장에서 결정된 가격을 수용하지만, ⓒ에서는 독점 기업이 시장 가격을 조절할 수 있다.

③ ⊙에서는 수요와 공급이 일치하는 지점에서, ⓒ에서는 한계 수입이 한계 비용보다 높은 지점에서 생산량이 결정된다.

④ ⊙에서는 많은 수의 기업이 동질적인 재화를 공급하지만, ⓒ에서는 한 기업이 대체재가 없는 재화를 독점적으로 공급한다.

⑤ ⊙에서는 개별 기업의 생산량이 시장 가격에 영향을 미치기 어렵지만, ⓒ에서는 독점 기업의 생산량이 시장 가격에 영향을 미친다.

02 기출 06 연계

(가)와 (나)를 참고할 때, ㉮~㉲에 들어갈 말을 바르게 짝지은 것은?

> ▶ 보기 ◀
>
> 독점 기업은 한계 수입이 한계 비용보다 (㉮) 생산량을 감소시켜 최적 생산량을 결정하는데, 이 최적 생산량에서 (㉯)의 최대 지불 금액을 시장 가격으로 결정한다. 이는 시장 가격의 상승을 유발하여 시장의 비효율성을 초래할 수 있다. 독점 기업이 정당한 이유 없이 시장 가격의 상승에 영향을 끼치는 (㉰)을 통해 시장의 비효율성을 초래할 경우, 공정 거래법에서는 폐해 규제주의의 원칙에 따라 이를 규제한다.

	㉮	㉯	㉰
①	높으면	수요자	시장 지배적 지위 남용
②	높으면	공급자	부당한 공동 행위
③	낮으면	수요자	시장 지배적 지위 남용
④	낮으면	공급자	부당한 공동 행위
⑤	낮으면	수요자	시장 지배적 지위 남용

03

(나)를 바탕으로 〈보기〉를 이해한 내용으로 적절하지 <u>않은</u> 것은?

[3점]

> ► 보기 ◄
>
> [사례 1] 통신 시장을 독점하고 있는 A사는 정당한 이유 없이 통신 요금을 높게 책정하여 이득을 취하다 공정 거래 위원회에서 과징금을 부과받았다.
>
> [사례 2] 온라인 쇼핑몰 1위 업체인 B사는 경쟁업체인 C사와 거래를 하지 않는 조건으로 자사 입점 업체들의 수수료를 할인해 주었다가 공정 거래 위원회에 적발되었다.
>
> [사례 3] 건설업체인 D사는 신축 공사 입찰에서 다른 건설업체인 E사와 입찰 가격을 묵시적으로 합의한 끝에 최종 사업체로 선정되었지만, 이에 대해 공정 거래 위원회는 시정 조치를 명하였다.

① [사례 1]에서 공정 거래 위원회는 A사가 착취 남용을 통해 부당하게 이득을 추구했다고 보았겠군.

② [사례 2]에서 공정 거래 위원회는 B사가 시장 지배적 지위 남용을 통해 경쟁업체인 C사의 사업 활동을 부당하게 배제했다고 보았겠군.

③ [사례 2]에서 공정 거래 위원회는 B사와 입점 업체들의 상호 합의에 의해 방해 남용인 배타 조건부 거래가 발생했다고 판단했겠군.

④ [사례 3]에서 D사와 E사의 합의가 묵시적인 형태로 이루어졌다고 할지라도 경쟁 제한 행위의 위법성은 인정되겠군.

⑤ [사례 3]에서 D사와 E사가 입찰 담합을 약속하고도 실제 입찰 과정에서 이를 실행하지 않았다면 부당한 공동 행위는 없었던 것이 되겠군.

수능 정복 기출 문항

[고2 교육청 기출]

04

(가)와 (나)에 대한 설명으로 가장 적절한 것은?

① (가)는 시장 구조를 바라보는 다양한 관점을 제시하고 있고, (나)는 공정 거래법에 대한 상반된 관점을 제시하고 있다.

② (가)는 시장에서 독점이 필요한 이유를 밝히고 있고, (나)는 부당한 독점 행위를 해결하기 위한 사례를 서술하고 있다.

③ (가)는 균등한 소득 분배를 위한 경제학적 대책을 제안하고 있고, (나)는 경쟁을 제한하기 위한 대책을 제시하고 있다.

④ (가)는 독점 기업의 이윤 추구 방법을 설명하고 있고, (나)는 공정한 거래를 저해하는 행위들을 유형별로 제시하고 있다.

⑤ (가)는 독점이 시장에 끼치는 부정적 영향을 언급하고 있고, (나)는 독점 행위를 규제하는 제도의 문제점을 서술하고 있다.

05

[A]를 바탕으로 〈보기〉를 이해한 내용으로 적절하지 <u>않은</u> 것은?

[3점]

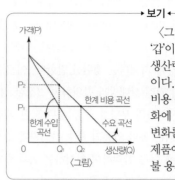

> ► 보기 ◄
>
> 〈그림〉은 가상의 독점 기업 '갑'이 생산하는 제품의 가격과 생산량을 그래프로 나타낸 것이다. 한계 수입 곡선과 한계 비용 곡선은 수량 한 단위의 변화에 따른 총수입과 총비용의 변화를 보여 주고, 수요 곡선은 제품에 대한 수요자의 최대 지불 용의를 나타낸다.

① '갑'은 이윤을 최대로 높이기 위한 최적 생산량 수준을, 한계 수입 곡선과 한계 비용 곡선이 교차하는 Q_1 지점으로 결정할 것이다.

② '갑'이 생산량을 Q_1에서 Q_2로 늘리면서 제품의 가격을 P_2에서 P_1으로 낮춰 공급하더라도, 독점으로 얻고 있던 이윤은 유지될 것이다.

③ '갑'의 생산량이 Q_1보다 적으면 한계 수입이 한계 비용보다 높으므로, 이윤을 높이려면 생산량을 Q_1 수준까지 증가시켜야 할 것이다.

④ '갑'의 생산량이 Q_1이고 공급할 제품의 가격이 P_2라면, 해당 기업이 제품을 판매할 때 얻게 되는 단위당 이윤은 P_2-P_1이 될 것이다.

⑤ '갑'은 이윤 극대화를 위해 수요자의 최대 지불 용의 수준을 고려하여 공급할 제품의 최종 시장 가격을 P_1이 아닌 P_2로 결정할 것이다.

06

(가)와 (나)를 참고할 때, Ⓐ~Ⓒ에 들어갈 말을 바르게 짝지은 것은?

> ► 보기 ◄
>
> 독점 기업이 제품의 가격을 한계 비용보다 (Ⓐ) 설정하면, 한계 비용보다 지불 용의가 낮은 수요자들의 (Ⓑ)가 일어나 결과적으로 상호 이득이 될 수 있었던 거래의 기회가 줄어들게 된다. 이에 공정 거래법에서는 시장 진입 제한을 막고, 기업 간 경쟁을 (Ⓒ)하여 독점으로 인한 경제적 손실을 해소하고자 한다.

	Ⓐ	Ⓑ	Ⓒ
①	높게	소비 감소	촉진
②	높게	소비 감소	억제
③	높게	소비 증가	억제
④	낮게	소비 감소	억제
⑤	낮게	소비 증가	촉진

[1~6] 다음 글을 읽고 물음에 답하시오.

(가)

　미학에서 우아함, 장엄함 등 소위 미적 속성이라 간주되는 것들에 관한 논쟁 중 하나는 대상에 대하여 어떤 미적 판단을 진술할 때 그 진술이 가리키는 속성, 즉 미적 속성이 대상에 실재하느냐에 관한 것이다. 이에 대한 대표적인 견해로는 미적 실재론과 미적 반실재론이 있다.

　㉠미적 실재론에 따르면 미적 속성은 대상에 실재한다. 이는 어떤 미적 속성에 대한 미적 판단이 객관적으로 참일 때, 그 미적 속성이 실재한다는 의미이다. 예를 들어, 미적 실재론은 우리가 베토벤의 '운명 교향곡'에 대해 장엄하다는 미적 판단을 내리는 데 모두의 의견이 일치하는 경우 '운명 교향곡'의 실제 속성 중 하나가 장엄함이며 우리 모두 그것을 지각하는 데 성공했기 때문이라고 본다. 그런데 우리 중 일부가 '운명 교향곡'을 두고 무기력하다는 미적 판단을 내릴 수도 있을 것이다. 이에 대해 미적 실재론은 우리 중 일부가 그들이 가진 난청과 같은 지각적 문제 혹은 미적 감수성의 부족 때문에 '운명 교향곡'의 실제 속성을 보는 데 실패했기 때문이라고 설명한다.

　㉡미적 반실재론은 대상에 객관적으로 존재하는 미적 속성을 인정하지 않는다. 미적 판단은 대상에 객관적으로 존재하는 속성을 알아차리는 것이 아니라 감상자의 주관적 반응에 관한 것이라고 본다. '운명 교향곡'에 대한 미적 판단이 일치하는 이유는 우리가 모두 비슷한 미적 감수성을 형성했고, 그 결과 그 음악에 비슷하게 반응했기 때문이라는 것이다. 즉 미적 판단의 일치가 일어난 것은 비슷한 감수성을 가진 사람들이 비슷한 방식으로 반응했기 때문이라고 본다. 미적 반실재론은 미적 판단의 불일치가 발생하는 이유를 미적 감수성이 서로 다른 사람들이 대상에 대해 각기 다르게 반응하기 때문이라고 설명한다.

　미적 실재론과 미적 반실재론은 이러한 입장 차이에도 불구하고 미적 판단이 정당화가 요구되는 진술이라고 생각한다는 점에서 서로 의견이 일치한다. '운명 교향곡'에 대한 미적 판단을 정당화해 보라는 요구를 받았을 때 어느 입장도 이유를 댈 수 없다고 대답하지는 않는다. 미적 판단에 관한 진술은 일종의 명제라는 점에서 그것을 뒷받침하는 합리적인 이유가 제시될 필요가 있다는 생각에 동의한다는 것이다.

(나)

　'수반'이라는 개념은 어떤 속성들과 다른 속성들 사이의 관계를 설명하는 용어인데, 윤리학 분야에서 논의되기 시작하여 다른 분야로 확산되었다. 수반론에 따르면 도덕적 속성과 비도덕적 속성(자연적 속성)에 관해서 다음과 같이 설명될 수 있다. 예를 들어, "공자는 선한 사람이다."라고 말하면서 공자와 동일한 상황에 처해 있고 그와 동일하게 행동하지만 선한 사람이 아닌 그런 사람이 있다는 주장은 하기 어렵다는 것이다. 즉 도덕적 속성은 비도덕적 속성에 의존하기 때문에 비도덕적 속성에서 동일한 두 개인은 도덕적 속성에서도 동일하다.

　이러한 논의의 영향을 받아 미학에서도 미적 속성과 비미적(非美的) 속성 사이에 미적 수반이 존재한다고 보는 미학자들이 나타났다. 시블리에 따르면 미적 속성은 감상자가 미적 감수성을 발휘해야 지각할 수 있는 속성이고, 비미적 속성은 시각과 청각 등의 지각 능력을 발휘하면 충분히 지각할 수 있는 속성이다. 미적 수반이란 한 작품의 미적 속성이 그 작품의

(가)

1문단
1 미적 속성이 대상에 실재하느냐에 관한 대표적인 견해 두 가지는?

2문단
2 어떤 미적 속성에 대한 미적 판단이 객관적으로 참일 때 그 미적 속성이 실재한다고 보는 견해는?

3문단
3 객관적으로 존재하는 미적 속성을 인정하지 않고, 미적 판단은 감상자의 주관적 반응이라고 보는 견해는?

4문단
4 미적 실재론과 미적 반실재론이 모두 동의하는 점은?

(나)

1문단
1 어떤 속성들과 다른 속성들 사이의 관계를 설명하는 용어는?

2문단
2 한 작품의 미적 속성이 그 작품의 비미적 속성에 의존하는 관계를 의미하는 개념은?

비미적 속성에 의존하는 관계라고 할 수 있다. 즉 미적 수반론은 비미적 속성의 차이 없이는 미적 속성의 차이도 없다고 본다.

미적 수반론은 미적 판단의 정당화 문제에 대하여 미적 실재론자들에게 단서를 제공할 수 있다는 점에서 의의가 있다. 예를 들어, 어떤 미적 실재론자는 '운명 교향곡'은 장엄하다는 미적 판단을 정당화하는 데 수반 관계를 이용할 수 있다. 장엄함이 느린 리듬이나 하강하는 멜로디 등의 비미적 속성에 수반하는데, 그 비미적 속성이 '운명 교향곡'에서 발견된다는 것이다. 하지만 미적 수반론을 수용하는 미적 실재론자는 미적 판단의 해소 불가능한 불일치 문제를 설명하기 어렵다. 해소 불가능한 불일치란 대상의 미적 속성을 판단하는 문제에서 감상자들 사이에 심각한 불일치가 있고, 그 불일치가 감상자들이 지각 능력, 지식, 미적 감수성 등이 부족하지 않음에도 발생하는 경우를 말한다. 미적 판단의 해소 불가능한 불일치는 미적 실재론자들이 미적 수반론을 흔쾌히 수용하기 어려움을 보여 준다. 미적 수반론은 미적 실재론자들에게 이런 곤혹스러운 문제를 제기하기 때문이다.

미적 반실재론 입장에서는 미적 판단의 해소 불가능한 불일치는 자연스러운 현상이다. 그러므로 이러한 현상이 발생한다는 점을 들어 미적 반실재론자들은 미적 수반론을 받아들이기 어렵다고 할 것이다. 그런데 미적 수반론을 수용하지 않는 반실재론자는 미적 판단의 정당화가 어떤 방식으로 가능한지 설명하기 쉽지 않게 된다. 각자마다 다른 미적 판단이 각각 참일 수 있다면 극단적인 주관주의가 되는 수밖에 없기 때문이다. 그래서 어떤 미적 반실재론자들은 미적 수반론을 주목할 만한 가치가 있는 것으로 보기도 한다.

3 문단
3 미적 실재론에서 미적 수반론을 수용했을 때 얻는 효과는?

4 미적 실재론에서 미적 수반론을 수용했을 때의 한계는?

4 문단
5 미적 반실재론에서 미적 수반론을 수용하지 않았을 때 발생하는 문제는?

실력 UP 변형 문항

01
'운명 교향곡'에 대한 ⊙, ⓒ의 견해로 적절하지 않은 것은?

① ⊙은 '운명 교향곡'에 대한 미적 판단의 불일치는 누군가의 지각적 오류나 미적 감수성의 부족 때문이라고 본다.

② ⊙은 '운명 교향곡'에 대한 장엄하다는 미적 판단이 객관적으로 참이라면 그러한 속성이 '운명 교향곡'에 실재한다고 본다.

③ ⓒ은 '운명 교향곡'에 대한 미적 판단은 대상에 실재하는 미적 속성을 성공적으로 지각해야 가능하다고 본다.

④ ⓒ은 '운명 교향곡'에 대한 미적 판단이 일치했다면 비슷한 감수성을 가진 사람들이 비슷하게 반응했기 때문이라고 본다.

⑤ ⊙과 ⓒ은 모두 '운명 교향곡'에 대해 미적 판단을 내릴 때 합리적인 이유가 제시될 필요가 있다고 본다.

02 [기출 05 연계]
(나)의 '미적 수반론'에 대한 이해로 가장 적절한 것은?

① 미적 수반론에서는 비미적 속성이 동일하더라도 미적 속성은 다를 수 있다고 본다.

② 미적 수반론에서는 감상자가 지각 능력을 발휘하면 어떤 작품의 미적 속성을 지각할 수 있다고 본다.

③ 미적 실재론자들은 미적 수반론을 활용하면 미적 판단의 해소 불가능한 불일치 문제를 설명할 수 있다고 본다.

④ 미적 수반론을 수용하는 미적 실재론자들은 느린 리듬 등의 비미적 속성에 수반하여 장엄함을 느꼈다면, 장엄함이 그 음악의 미적 속성이라고 본다.

⑤ 미적 수반론을 부정하는 미적 반실재론자들은 미적 판단의 불일치가 해결할 수 없는 문제라고 본다.

03 기출 06 연계

(가)와 (나)를 바탕으로 〈보기〉에 대해 보인 반응으로 적절하지 않은 것은? [3점]

→ 보기 ◄

샤갈의 〈나와 마을〉은 고향에 대한 그리움을 형상화한 작품으로 알려져 있다. 화면의 양쪽에 염소의 머리와 사람의 얼굴이 그려져 있고, 저 멀리 마을의 교회와 집들이 보인다. 그리고 그 앞에는 일하는 농부와 여인이 등장한다. 고향의 여러 요소들이 원, 삼각형, 사각형 등의 기하학적 형태로 표현되어 있다. 이 작품을 본 소감으로 영수는 신비로움을, 호철은 복잡함을 제시했다.

① 영수가 시블리의 의견을 받아들인다면, 신비로움이나 복잡함 등이 작품의 미적 속성에 해당한다고 생각하겠군.

② 영수가 미적 실재론자라면, 호철이 작품의 미적 속성인 신비로움을 지각하는 데 실패했다고 판단할 경우 그를 미적 감수성이 부족한 사람이라고 생각하겠군.

③ 영수가 미적 수반론을 지지하는 미적 실재론자라면, 신비로움이라는 미적 속성이 기하학적 구성 등의 비미적 속성에 수반하며 그 비미적 속성이 작품에서 발견된다고 생각하겠군.

④ 호철이 미적 반실재론자라면, 영수와 자신의 미적 판단이 다른 것은 작품에 내재되어 있는 미적 속성을 서로 다르게 지각했기 때문이라고 생각하겠군.

⑤ 호철이 미적 수반론을 부정하는 미적 반실재론자라면, 작품을 보고 복잡함이라는 미적 판단을 내렸을 때 그것이 왜 정당한지를 설명하기가 어렵다고 생각하겠군.

수능 정복 기출 문항

[고3 교육청 기출]

04

(가), (나)에 대한 설명으로 가장 적절한 것은?

① (가)는 미적 속성을 구분하기 위한 기준을 제시하고 그 구분이 미학 논쟁에서 중요한 까닭을 강조하고 있다.

② (나)는 미적 판단의 정당화와 관련된 문제를 언급하며 서로 충돌되는 견해를 절충하여 새로운 결론을 도출하고 있다.

③ (가)는 통시적으로 두 이론의 논쟁 과정을 보여 주고 있고, (나)는 공시적으로 두 이론이 지역에 따라 달리 전개되는 양상을 보여 주고 있다.

④ (가)는 서로 다른 견해들의 차이점과 공통점을 설명하고 있고, (나)는 서로 다른 견해들이 특정 이론을 어떻게 받아들일 수 있는지를 설명하고 있다.

⑤ (가)와 (나)는 모두 이론가들의 영향 관계를 바탕으로 그들이 미적 판단의 기준을 통합하는 과정을 설명하고 있다.

05

수반론에 대한 이해로 가장 적절한 것은?

① 비도덕적 속성이 동일한 두 사람 중에서 한 사람은 선하지만 다른 사람은 선하지 않는 경우란 존재하기 어렵다고 본다.

② 도덕적 속성이 일정하게 유지되는 사람은 서로 다른 상황에 놓이더라도 동일한 도덕적 행동을 반복해야 한다고 본다.

③ 어떤 사람이 자신이 처한 상황에 따라 도덕적 속성이 달라진다면 그 사람은 도덕적 수준이 낮은 것이라고 본다.

④ 도덕적 속성은 비도덕적 속성이 발현되고 실현되기 위한 기반과 필요한 조건을 제공한다고 본다.

⑤ 두 사람이 비도덕적 속성에서 동일하더라도 그들의 도덕적 속성은 다를 수 있다고 본다.

06

(가)와 (나)를 바탕으로 〈보기〉에 대해 보인 반응으로 적절하지 않은 것은? [3점]

→ 보기 ◄

길동과 장금은 미술관을 방문하여 화가 몬드리안의 작품 '빨강, 파랑, 노랑의 구성'을 감상하였다. 이 작품은 직선들의 교차를 통해 형성된 수많은 직사각형으로 구성되어 있다. 이 다양한 크기의 직사각형들 중 일부는 선명한 원색으로 채색되어 있다. 길동은 이 작품을 본 소감으로 생동감을, 장금은 지루함을 제시했다.

① 길동이 시블리의 입장을 따른다면, 생동감이나 지루함은 작품의 미적 속성으로 색이나 직선들은 작품의 비미적 속성으로 구분하겠군.

② 장금이 미적 반실재론자라면, 길동과 자신은 미적 감수성이 다르므로 길동과 자신의 소감이 다른 것은 자연스러운 현상이라고 말하겠군.

③ 장금이 미적 수반론을 부정하는 미적 반실재론자라면, 자신과 길동의 미적 판단이 다른 이유를 비미적 속성에서의 차이 때문이라고 설명하겠군.

④ 길동이 미적 수반론을 지지하는 미적 실재론자라면, 생동감이 직선들의 교차 등의 비미적 속성에 수반하는데 그 비미적 속성이 작품에서 발견된다고 설명하겠군.

⑤ 길동이 미적 실재론자라면, 자신이 작품의 미적 속성인 생동감을 지각하는 데 성공했다고 판단할 경우 장금을 지각 능력이나 미적 감수성이 부족한 사람이라고 생각하겠군.

[1~6] 다음 글을 읽고 물음에 답하시오.

(가)

철학에서는 상상력을 무엇으로 여기며, 그 역할을 어떻게 규정하고 있을까? 상상력을 철학에서 핵심적인 주제로 생각한 흄은 상상력을 신체적이며 선천적인 기능으로 바라본 기존의 관점과 달리 정신적이며 후천적인 기능으로 규정한 최초의 철학자로 평가된다. 흄은 인간의 정신적 활동인 '지각'을 '인상'과 '관념'으로 구분한다. 인상은 감각과 같이 대상에 대한 경험의 직접적인 재료이고, 관념은 인상을 마음속에 떠올리며 생겨나는 이미지이다. 여기서 흄은 인상을 통해 이미지를 재생시키는 능력을 '상상력'이라 보았다. 상상력은 관념을 토대로 대상을 이해하고 생각하는 우리에게 가장 기초적인 능력인 것이다.

흄은 인상을 관념의 형태로 재생시키는 능력으로 상상력과 함께 '기억'을 제시한다. 기억과 상상력의 차이는 인상과 관념의 차이와 마찬가지로 생생함의 정도에서 비롯되는데, 기억이 상상력보다 인상을 더욱 생생하게 재생한다. 그래서 기억에 의해 재생된 관념은 상상력에 의해 재생된 관념보다 훨씬 생생하고, 강렬하다. 또한 기억이 최초 인상들을 받아들일 때와 동일한 순서로 재생이 이루어지는 것과 달리 상상력은 순서와 상관없이 자유롭게 재생이 이루어진다. 기억에 의해 재생된 관념은 특정한 시간과 장소에서 받아들인 특정한 인상에 대한 관념이지만, 상상력에 의해 재생된 관념은 각각의 인상들이 생긴 시간의 순서나 각 인상들의 공간적 배열까지도 원래 받아들일 때의 그것과는 다르게 재생된 관념인 것이다. 즉, 상상력은 기억과 달리 관념들을 결합하거나 분리할 수 있다. 상상력이 인상을 만들어 낼 수는 없지만, 인상들로부터 만들어진 관념들을 자율적으로 재정리할 수 있는 것이다.

그러나 흄은 이러한 상상력의 자율성에 일정한 제약이 따른다고 본다. '관념 연합의 원리', 즉 선천적인 것이 아니라 경험에서 습득된 유사성, 인접성, 인과성을 제시하면서, 상상력은 이러한 연합의 원리에 의해 관념들을 결합시키는 것이라 설명한다. 상상력이 관념들을 결합시킬 때 임의로 이루어지는 것이 아니라 유사한 관념들끼리, 시공간적으로 인접해 있거나 인과 관계에 있는 관념들끼리 결합이 이루어진다는 것이다. 흄에게 임의로 결합된 관념은 무의미한 환상에 불과하다.

또한 흄은 상상력이 가지고 있는 항상성이라는 특성으로 인해 대상에 대한 인상들 간의 단절을 넘어 동일성을 확보할 수 있다고 말한다. 하나의 대상이 지속적으로 존재한다는 것은 그 대상이 동일성을 유지한다는 것을 의미하는데, 이러한 동일성이 상상력에 의하여 확보된다는 것이다. 아침에 일어나 보는 하늘이 밤사이에 소멸했다가 새로 창조된 것이 아니라고 생각하는 것은 항상성에 의한 것으로 이해할 수 있다.

(나)

칸트는 흄과 달리 상상력을 선험적인 차원에서 탐구하였다. 칸트에 의하면 인간의 인식 능력은 감성, 상상력, 지성, 이성이라는 4가지로 구분된다. '감성'은 대상에 의해 우리에게 감각적으로 주어진 것을 오감(五感)을 통해 받아들이는 능력이다. '지성'은 개념을 형성하고, 그 개념에 근거하여 주어진 상황에 대해 판단을 내리는 능력을 말한다. '상상력'은 서로 이질적인 능력인 감성과 지성을 연결하는 능력으로, 감성의 내용을 지성에, 지성의 내용을 감성에 전달한다. 상상력이 감성의 내용을 지성으로 전달할 때 결합이 이루어지는 반면, 상상력에 의해 지성의 내용이 감성으로 전달될 때 도식화가 일어난다. '이성'은 추론하는 능력으로,

(가)

1 문단

1 인상을 통해 이미지를 재생시키는 능력을 상상력이라고 본 철학자는?

2 문단

2 기억과 상상력 중 인상을 더욱 생생하게 재생하는 것은?

3 재생의 순서와 관련하여 기억과 대비되는 상상력의 특징은?

3 문단

4 흄이 상상력의 자율성에 제약이 따른다고 본 이유는?

4 문단

5 대상에 대한 인상들 간의 동일성을 확보할 수 있도록 하는 상상력의 특성은?

(나)

1 문단

1 칸트가 구분한 인간의 인식 능력 4가지는?

2 인간의 인식 능력 중 감성과 지성의 매개자 역할을 하는 것은?

다양한 분야에서 감성, 상상력, 지성에 의해 축적된 수많은 지식들을 영혼이나 우주 또는 신이라는 이념으로 수렴하여 체계화한다. 이처럼 칸트는 인간의 인식 능력을 감성, 상상력, 지성, 이성으로 구분하고 각각의 기능들이 어떻게 작동하고 이어지는지 그 원리를 분석하면서 감성과 지성의 매개자인 상상력의 역할을 강조하였다. 상상력이 없다면 인식이 성립할 수 없다고 본 것이다.

칸트는 상상력을 결합과 도식화의 측면에서 ㉠'재생적 상상력'과 ㉡'생산적 상상력'으로 구분한다. 재생적 상상력은 오감을 통해 느껴지는 다양한 감각들을 재생하여 결합하는 능력으로, 먼저 무질서하고 다양한 감각들을 훑어본 다음 훑어본 것을 재생하여 결합하는 과정으로 이루어진다. 이를 '종합'이라고도 하는데, 서로 다른 시간들에서 경험한 것을 하나의 통일된 것으로 결합하게 한다. 가령 내가 사과를 보았을 때 오감으로 느껴지는 다양한 감각들을 훑어보고 모아서 그 사과를 하나의 상(像)으로 결합해 내는 경우는 재생적 상상력에 의해서 종합이 일어난 것이다.

생산적 상상력은 도식(Schema)을 능동적으로 만드는 능력이다. 도식은 감각에 영향을 받지 않으며, 경험 이전에 있으면서 그 경험을 인식하게 하는 선험적 형식을 말한다. 이러한 도식은 추상적인 개념을 구체적인 감각과 연결하여 이해할 수 있게 해 준다. 나아가 생산적 상상력은 도식을 창조할 수 있는데, 이를 통해 개념을 정확하게 이해할 수 있을 뿐만 아니라 자유롭게 응용할 수도 있게 된다. 이처럼 칸트는 흄이 경험적인 차원에서 연구하였던 상상력을 선험적인 차원에서 탐구함으로써 흄의 한계를 넘어선 것이다.

2 문단

3 오감을 통해 느껴지는 다양한 감각들을 재생하여 결합하는 능력은?

3 문단

4 추상적인 개념을 구체적인 감각과 연결하여 이해할 수 있게 하는 도식을 만드는 능력은?

실력 UP 변형 문항

01
(가)에서 알 수 있는 흄의 견해로 적절하지 않은 것은?

① 상상력에 의해 재생된 관념은 기억에 의해 재생된 관념보다 생생하지 않다.
② 상상력은 인상들로부터 만들어진 관념을 받아들인 순서에 맞게 재정리한다.
③ 하나의 대상이 지속성을 유지할 수 있는 것은 상상력이 가지고 있는 항상성 때문이다.
④ 상상력은 시공간적으로 인접해 있거나 인과 관계에 있는 관념들을 연관 지어 결합시킨다.
⑤ 인간의 지각은 경험의 직접적 재료인 인상과 이를 떠올리며 생겨나는 이미지인 관념으로 이루어져 있다.

02 기출 05 연계
(나)의 감성, 상상력, 지성, 이성에 대한 이해로 적절하지 않은 것은?

① 꽃의 냄새를 맡고 향기롭다고 느끼는 것은 감성을 통해 이루어진다.
② 개념에 근거하여 어떤 상황에 대해 판단을 내리는 것은 지성을 통해 이루어진다.
③ 파란 하늘을 보고 빛의 산란 때문이라고 생각하는 것은 이성을 통해 이루어진다.
④ 감성의 내용을 지성에, 지성의 내용을 감성에 전달하는 것은 상상력을 통해 이루어진다.
⑤ 개념을 형성하는 것은 지성을 통해, 다양한 지식들을 수렴하여 체계화하는 것은 이성을 통해 이루어진다.

03

㉠과 ㉡에 대한 설명으로 적절하지 <u>않은</u> 것은?

① ㉠은 오감으로 느껴지는 다양한 감각들을 하나의 통일된 것으로 결합하는 능력이다.

② ㉡은 추상적인 개념을 이해할 수 있는 선험적 형식을 만드는 능력이다.

③ ㉠은 ㉡과 달리 감성과 이성을 이어 주는 매개적 기능을 한다.

④ ㉠은 ㉡과 달리 무질서한 감각들을 결합하기 전에 훑어보는 과정이 필요하다.

⑤ ㉡은 ㉠과 달리 도식을 창조해 개념을 자유롭게 응용할 수 있게 한다.

[고3 교육청 기출]

04

(가)와 (나)에 대한 설명으로 가장 적절한 것은?

① (가)와 (나)는 모두 특정 개념에 대한 여러 학자의 견해를 병렬적으로 소개하고 있다.

② (가)와 (나)는 모두 특정 개념을 기존과 다르게 바라보았던 학자의 견해를 설명하고 있다.

③ (가)와 달리 (나)는 특정 개념을 다른 개념과 비교하면서 두 개념의 장단점을 분석하고 있다.

④ (가)와 달리 (나)는 특정 개념을 정의한 뒤 구체적인 사례와 관련지어 그 개념의 의의와 한계를 제시하고 있다.

⑤ (나)와 달리 (가)는 특정 개념을 바라보는 철학적 관점의 형성 배경과 긍정적 영향에 주목하여 서술하고 있다.

05

(나)에 따라 감성, 상상력, 지성, 이성의 개념을 적용하여 이해한 것으로 적절하지 <u>않은</u> 것은?

① 아이스크림을 한입 먹었을 때 차갑다고 느끼는 것은 감성을 통해 이루어지겠군.

② 물리학, 천문학 분야의 수많은 지식들을 우주라는 이념으로 수렴하여 체계화하는 것은 이성을 통해 이루어지겠군.

③ 어느 날 밤 갑자기 지붕을 내려치는 듯한 빗소리가 들렸을 때, 태풍이 가까이 와서 폭우가 내리기 시작했다고 판단하는 것은 지성을 통해 이루어지겠군.

④ 귤, 감, 포도를 바라보며 받아들인 다양한 감각들을 지성으로 전달하는 것은 상상력을 통해, 그 후 과일이라는 개념을 형성하는 것은 지성을 통해 이루어지겠군.

⑤ 장미꽃을 바라보면서 색, 크기, 모양 등의 다양한 감각들을 느끼는 것은 감성을 통해, 그 장미꽃이 빨간색이라는 지식을 축적하는 것은 이성을 통해 이루어지겠군.

06

〈보기〉는 이 글과 관련된 철학자들의 견해를 재구성한 것이다. 이 글을 읽은 학생이 〈보기〉에 대해 보인 반응으로 적절하지 <u>않은</u> 것은? [3점]

▶ 보기 ◀

㉮ 이미지 없이는 아무것도 이해할 수 없기에 이미지를 재생해서 보존하는 상상력은 매우 중요하다.

㉯ 상상력은 인간의 정신 능력에서 놀라운 창조성을 지닌 능력으로, 인간이 이룩한 문화는 모두 상상력의 산물이다.

㉰ 상상력은 사물의 닮은 이미지를 만들어 내기 때문에 감각에 포함된 능력이다. 감각은 사물의 그림자를 만들어 내는 능력이기 때문이다.

㉱ 인간의 모든 경험은 감각이 대상과 접촉함으로써 획득되고, 상상력은 인간의 모든 사고의 연계를 가능하게 하는 기능을 수행한다. 상상력의 기능을 배제한 인간의 인식 과정은 있을 수 없다.

① 흄은 상상력에 의해 재생된 이미지를 통해 대상을 이해한다는 ㉮의 견해에 동의하겠군.

② 칸트는 상상력이 무언가를 창조할 수 있는 능력이라고 파악한 ㉯의 견해에 동의하겠군.

③ 칸트는 상상력을 감각에 포함된 능력이라 판단한 ㉰의 견해에 동의하겠군.

④ 흄은 감각을 통해 경험을 얻게 된다는 ㉱의 견해에 동의하겠군.

⑤ 흄과 칸트는 모두 인간의 인식 과정에서 상상력의 역할을 필수적이라고 파악한 ㉱의 견해에 동의하겠군.

[1~6] 다음 글을 읽고 물음에 답하시오.

(가)

식품처럼 개인 차원에서 소비하는 사용재와 달리 공원처럼 여러 사람의 공동 소비를 위해 생산된 재화나 서비스를 공공재라 한다. 공공재에 대한 정의는 다양하지만 공급 주체에 따라 규정되는 것은 아니며 재화나 서비스 자체의 성격에서 규정된다. 정부의 공공재 정책은 공익을 목적으로 하는데, 이 공익이 무엇인가에 대해서는 실체설과 과정설이 있다. 실체설은 사회에서 합의된 절대적 가치, 예를 들어 인권 등을 공익이라 보는 입장이다. 과정설은 공익과 특정 실체의 연결을 부정하고 공익을 발견해 나가는 의사 결정 과정에서의 적절한 절차를 중시한다.

어떤 공익이 다른 공익과 서로 공존하기 어렵거나 적절한 절차를 거치더라도 대립되는 의견이 서로 대등할 경우 정책 딜레마에 빠지기 쉽다. 정책 딜레마는 비교 불가능한 가치나 대안에 대해, 어느 하나의 대안을 선택하면 선택되지 않은 대안이 주는 기회 손실이 크기 때문에 선택이 곤란한 상황을 말한다. 이런 상황이 지속될 경우 정책 집행의 지연이나 논란이 심화되어 사회 전체 비용이 증가한다. 그래서 정부는 정책 딜레마 상황에서 벗어날 수 있는 방법을 꾸준히 탐색해 왔다.

㉠'합리 모형'은 정책 목표와 수단 사이에 존재하는 인과 관계의 적절성 등을 확보하여 딜레마 상황에서 최적의 대안을 선택할 수 있다고 설명한다. 충분한 시간, 예산, 정보 등이 의사 결정자들에게 주어지면 모든 가능한 대안을 검토할 수 있으므로 합리적으로 결정할 수 있다는 것이다. ㉡'만족 모형'은 합리 모형이 전제하는 상황은 오지 않기 때문에 최적 수준의 결정보다는 만족할 만한 수준에서의 결정을 강조한다. 선택 상황에 놓인 의사 결정자들의 신속한 결정은 그 결정의 도덕적 속성이나 논리적 속성과는 무관하게 정책 결정의 불확실성을 제거하여 사회에 긍정적으로 작용한다고 본다. 어떤 결정을 하든지 능률적인 방향으로 자원을 배분할 수 있는 시장의 역할을 기대하는 것이다.

정책 딜레마의 지속은 사회 전체의 비용을 급격히 증가시킨다. 충분한 예산과 정보가 갖춰질수록 검토해야 할 시간은 무한대로 늘어나기 때문에 현실에서는 딜레마 지속으로 인한 비용 역시 대폭 증가한다. 이런 점에서 만족 모형은 주어진 시간과 예산이 부족하여 어쩔 수 없이 받아들여지는 결정이 아니라 딜레마 상황의 지속에 빠지지 않으려는 의사 결정자들의 전략으로 채택될 수 있다.

(나)

지방 정부는 자주적 재원인 지방세원 이외에도 중앙 정부로부터 재정 지원을 받아 해당 지역에 공익 실현을 위한 공공재를 제공한다. 재정 지원에는 여러 형태가 존재하는데, 지급 방식에 따라 ⓐ정액 지원금과 ⓑ정률 지원금으로 나눌 수 있다. 정액 지원금은 지역 주민의 공공재 지출과 상관없이 일정 금액을 지원하는 데 반해, 정률 지원금은 공공재의 단위당 비용에 대한 일정 비율의 형태로 지원된다. 두 지원금은 공공재에 대한 지역 주민의 소비에 서로 다른 영향을 끼친다. 〈그림〉은 어느 지역 주민이 소비할 수 있는 공공재의 양(Q)과 사용재의 양(P)을 나타낸 것이다. 이 지역 주민이 보유한 경제적 자원, 예컨대 소득을 통해 선택할 수 있는 공공재와 사용재의 조합을 의미하는 예산선은 선분 AB로 나타나 있다. 그리고 이 지역 주민의 공공재와 사용재에 대한 선호는 I로, 재정 지원에 따라 변화된 선호는 I'로 나

독해 훈련 문제

(가)

1문단

1 공익을 발견해 나가는 의사 결정 과정에서의 적절한 절차를 중시하는 입장은?

2문단

2 정책 딜레마에 빠졌을 때 나타나는 문제점은?

3문단

3 정책 딜레마 상황에서 최적의 대안을 선택할 수 있다고 보는 모형은?

4 정책 딜레마 상황에서는 신속한 결정이 사회에 더 긍정적으로 작용한다고 보는 모형은?

4문단

5 합리 모형으로 정책 딜레마를 해결하기 어려운 이유는?

(나)

1문단

1 중앙 정부의 재정 지원 방식 중, 지역 주민의 공공재 지출과 상관없이 일정 금액을 지원하는 방식은?

2 중앙 정부의 재정 지원 방식 중, 공공재의 단위당 비용에 대한 일정 비율의 형태로 지원하는 방식은?

타나 있다. 지방 정부가 지역 주민이 원하는 바를 충실히 반영한다는 것을 전제할 때, 이 지역에서 선택하게 될 공공재와 사용재의 조합은 균형점 E로 나타나 있다.

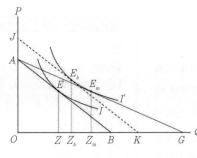

이런 조건에서 일정한 크기의 정액 지원금은 결국 지역 주민의 소득의 크기가 증가한다는 것을 의미한다. 정액 지원금은 공공재 소비든 사용재 소비든 어디든 사용될 수 있기 때문이다. 그래서 이 정액 지원금을 받은 후의 예산선은 원래의 예산선이 바깥쪽으로 평행 이동해 만들어진 선분 JK가 된다. 〈그림〉에는 정액 지원금을 받은 후의 균형점이 E_b로 나타나 있다. 이론적으로 정액 지원금은 지역 주민의 소득 증가와 동일한 효과를 내기 때문에 각 지역의 기본적 재정 기반을 보완하는 것과 동시에 지역 간 재정 격차를 조정할 수 있다.

한편 정률 지원금은 공공재 공급 보조율에 따라 예산선의 기울기를 변하게 한다. 〈그림〉에서 원래의 예산선은 선분 AB였는데, 정률 지원금으로 인해 예산선은 선분 AG로 변한다. 이렇게 정률 지원금이 지급되면 그 지역이 선택하게 되는 균형점은 E_m이 된다. 이 경우 그 지역이 선택하는 공공재의 양이 증가되는 것으로 나타나 있다. 결국 가격 보조의 의미를 갖는 정률 지원금은 지방 정부가 더 많은 공공재를 생산하도록 유도하는 데 정액 지원금보다 더 효과적이라는 것을 알 수 있다.

앞서 언급했듯 이론적으로는 정액 지원금이 지역 주민의 소득 증가와 동일한 효과를 갖는다. 그런데 실증 연구에 따르면 정액 지원금이 교부되었을 때가 직접적으로 소득이 증가했을 때보다 공공재의 추가적 생산을 더 촉진시키는 경우가 있다. 이러한 현상을 '끈끈이 효과'라 한다. 따라서 어떤 정책이 공익 실현 목적에 더 적절한 것인가에 대해 의사 결정자들은 숙고할 수밖에 없다.

2문단

3 〈그림〉에서 정액 지원금을 받은 후의 예산선을 나타내는 것은?

4 지방 정부가 정액 지원금으로 얻을 수 있는 효과 두 가지는?

3문단

5 정액 지원금과 정률 지원금 중, 지방 정부가 더 많은 공공재를 생산하도록 유도하는 데 더 효과적인 것은?

4문단

6 직접적으로 소득이 증가했을 때보다 정액 지원금이 교부되었을 때 공공재의 추가적 생산을 더 촉진시키는 현상은?

실력 UP 변형 문항

01 〈기출 01 연계〉

(가)를 이해한 내용으로 가장 적절한 것은?

① 공공재에 대한 정의는 재화나 서비스의 성격보다 누가 공급하는지에 따라 규정된다.

② 과정설과 달리 실체설에서는 공익이 특정 실체와 연결되어 있다는 사실을 부정한다.

③ 의사 결정자들이 적절한 절차를 거친다면 정책 딜레마 상황에 빠지지 않을 수 있다.

④ 주어진 시간이 부족할 때 의사 결정자들은 어쩔 수 없이 합리 모형보다 만족 모형을 선택할 수밖에 없다.

⑤ 관련 예산과 정보를 충분히 확보한다고 해서 정책 딜레마가 지속되는 상황을 해결할 수 있는 것은 아니다.

02

(나)의 Ⓐ, Ⓑ에 대한 설명으로 적절하지 않은 것은?

① Ⓐ는 Ⓑ와 달리 지역 간의 재정 격차를 줄이는 효과를 줄 수 있다.

② Ⓐ와 달리 Ⓑ는 일정 비율의 형태로 지원되어 가격 보조의 의미를 갖는다.

③ Ⓐ와 Ⓑ가 지원되면 지역 주민의 공공재와 사용재에 대한 선호가 달라질 수 있다.

④ Ⓐ가 지원되면 Ⓑ가 지원될 때보다 지방 정부로 하여금 더 많은 공공재를 생산하도록 유도할 수 있다.

⑤ Ⓐ가 지원되면 지역 주민의 소득이 직접적으로 증가했을 때보다 공공재의 생산을 더 촉진시킬 수 있다.

03

(가)의 ㉠, ㉡ 입장에서 (나)를 이해한다고 할 때, 이에 대한 설명으로 적절하지 않은 것은? [3점]

① ㉠: 중앙 정부의 정책 목표에 따라 지원금 지급 방식이 달라질 수 있기 때문에 딜레마 상황에서도 최적의 대안을 찾기 위해 노력해야 한다.

② ㉠: 지원금 지급 방식에 따른 효과에 대해 충분한 정보를 가지고 있지 않다면 딜레마 상황이 지속되더라도 시간과 예산을 추가로 투입하여 정보를 수집해야 한다.

③ ㉡: 딜레마 상황을 해소하려면 지원금 지급 방식에 대한 도덕적 가치보다 지원금 지급 방식에 따른 실증 효과를 인과적으로 도출하는 것이 더 중요하다.

④ ㉡: 어떤 재정 지원을 하든 시장에서 능률적으로 자원을 배분할 수 있기 때문에 신속하게 지원금 지급 방식을 선택하여 딜레마 상황에서 벗어나야 한다.

⑤ ㉡: 딜레마 상황에서 정책의 효과에 대해 완전한 정보를 갖기까지는 많은 시간이 걸릴 수 있으므로 만족할 만한 수준에서 재정 지원 형태를 결정해야 한다.

수능 정복　기출 문항

[고3 교육청 기출]

04

(가)를 이해한 내용으로 적절하지 않은 것은?

① 정책이 추구해야 할 목적으로 사회적으로 합의된 절대적 가치를 중시하는 것은 실체설이다.

② 과정설은 어떤 특정 이익도 적절한 절차를 따랐을 경우 공익으로 간주될 수 있다는 특징이 있다.

③ 다양한 이해관계가 존재하는 사회에서는 공공재 정책을 둘러싸고 다양한 의견이 존재할 수 있다.

④ 마을에서 운영하는 도서관이 모든 시민이 함께 이용하는 성격을 띤다면 공공재라고 할 수 있다.

⑤ 공익의 실체가 분명하고 정부 관료들이 준수해야 할 적절한 절차가 있다면 정책 딜레마 상황에 놓이지 않는다.

05

(나)의 <그림>을 이해한 내용으로 적절하지 않은 것은?

① 정액 지원금과 정률 지원금이 모두 없다면 점 E가 해당 지역에서 선택될 공공재와 사용재의 균형이다.

② 정률 지원금이 지급될 때의 균형점에서보다 정액 지원금이 지급될 때의 균형점에서 이 지역 주민의 사용재 소비가 더 크다.

③ 공공재의 소비는 정액 지원금이 지급되면 지급 이전보다 선분 ZZ_b만큼 늘어나고, 정률 지원금이 지급되면 지급 이전보다 선분 ZZ_m만큼 늘어난다.

④ 정률 지원금이 지급되면 이 지역 주민의 공공재 소비 부담이 지급 이전보다 일정 비율로 감소하게 되므로 예산선이 선분 AB에서 선분 AG로 이동한다.

⑤ 점 E_b에서의 공공재 소비 수준은 점 E_m에서의 공공재 소비 수준보다 낮으므로 정률 지원금이 지급되면 Z_b에서 Z_m만큼 소득 금액이 감소하는 효과를 갖는다.

06

(나)와 <보기>를 관련지어 이해한 내용으로 가장 적절한 것은? [3점]

> ▶ 보기 ◀
>
> ○○ 지역 주민 소득이 10억 원 늘어났을 때에는 1억 원 정도만이 추가적으로 공공재 소비에 투입되는 데 비해, 해당 지방 정부에 10억 원의 정액 지원금이 교부되었을 때에는 2억 원이 추가적으로 공공재 소비에 투입되었다.
> (단, 공공재 소비에 투입되지 않은 것은 모두 사용재 구입에 소비되었다고 가정한다.)

① <보기>의 사례는 지방 정부의 공공재 생산 유도에 지역 주민 소득의 직접 증가보다 정액 지원금이 더 효과적임을 보여 주는군.

② <보기>의 사례는 중앙 정부가 지방 정부에 정액 지원금을 교부했음에도 불구하고 끈끈이 효과가 나타나지 않을 수 있다는 것을 보여 주는군.

③ <보기>의 사례는 지원금의 80%가 지역 주민의 사용재 소비 증가에 기여한다는 것이므로 이 지역의 기본적 재정 기반을 약화시킬 수 있음을 보여 주는군.

④ <보기>의 사례는 사용재 소비에 투입되지 않고 공공재 소비에 투입된 지원금 2억 원은 지역 주민 소득 증가에 기여할 수 없다는 것을 보여 주는군.

⑤ <보기>의 사례는 공공재의 단위당 비용에 대해 일정 비율로 중앙 정부와 지방 정부가 나누어 부담한다는 것이므로 끈끈이 효과가 나타나는 현상을 보여 주는군.

서양 철학, 동양 철학, 논리학, 역사, 심리학 등 인간과 세계의 본질을 탐구하기 위한 여러 학문을 대상으로 한다. 상대적으로 철학, 그중에서도 서양 철학의 출제 비중이 높은 편이다. 인문 영역의 지문은 관념적이고 추상적인 대상을 다루고 있어 지문의 내용이 까다로운 경우가 많다. 지문에 제시된 철학자들의 관점이나 견해를 정확하게 이해하는 것이 핵심이다.

인문

[1~6] 다음 글을 읽고 물음에 답하시오.

　　우리는 무엇을 알 수 있으며, 어떻게 알 수 있을까? 17~18세기의 경험주의 철학자들은 이에 대한 답을 경험에서 찾으려 하였다. 하지만 그들은 경험을 통해 알 수 있는 지식의 범주에 대해서는 의견을 달리했다.

　　로크는 경험하기 전에 정신에 내재하는 타고난 관념을 인정하지 않았는데, 우리는 경험을 통해서만 지식을 획득한다고 보았기 때문이다. 그는 우리가 태어났을 때의 정신은 그 어떤 관념도 없는 백지와 같은 상태인데 경험을 통해 물질에 대한 감각을 지각함으로써 관념이 생긴다고 보았다. 그리고 이 관념이 지식을 형성한다고 보았다. 이러한 사고 과정을 통해 로크는 물질을 지식의 ⊙근원으로 여겨야 한다는 결론을 이끌어 내었다. 로크는 물질의 실재(實在)를 인정하고 여기에서 비롯되는 감각, 관념 등의 사고 과정과 그 과정을 ⓒ주관하는 정신의 실재도 인정하였다.

　　버클리는 로크의 인식 분석이 오히려 물질의 실재를 부정하게 된다고 주장했다. 버클리는 우리가 경험적으로 지각하는 것은 물질 그 자체가 아니라 '감각의 다발'일 뿐이라고 했다. 예컨대 우리가 먹는 밥은 우선 시각, 후각, 촉각, 다음에는 미각, 다음에는 체내의 포만감일 뿐이다. 만일 우리에게 감각이 없다면 우리에게 밥이라는 물질이 존재하지 않는다는 것이다. 결국 우리가 ⓒ인식하는 밥은 감각의 다발 또는 기억의 다발이므로 정신의 상태라는 것이다. 이렇게 되면 우리가 알 수 있는 유일한 실재는 정신만이 남게 된다.

　　흄은 버클리가 외부의 물질을 부정한 방식을 그대로 우리 내부의 정신에 적용하여 사고 과정을 주관하는 정신도 부정하였다. 우리는 물질에 대한 경험으로부터 비롯된 감각, 기억, 개별적 관념만 지각할 수 있을 뿐이고 사고 과정을 주관하는 정신을 지각할 수 없기 때문이다. 사고 과정을 주관하는 정신은 실체가 없기 때문에 지각의 대상이 될 수 없다고 하였다. 결국 흄은 우리가 인식할 수 있는 대상을 감각, 기억, 개별적인 관념 등의 영역으로 ②한정하였다.

　　[A] 　흄은 여기에서 더 나아가 과학적 지식마저도 알 수 없다고 하였다. 과학적 지식은 관찰과 실험을 통해 얻은 개별적 사실로부터 인과 관계나 법칙을 찾아내어 체계화한 결과이다. 우리는 과학적 추리를 할 때마다 자연이 한결같다는 점을 가정하고 있는데, 그 가정은 경험하지 않은 미래의 일이기 때문에 알 수가 없다는 것이다. 우리는 인과 관계나 법칙을 지각할 수 없고 다만 경험의 직접적인 대상인 특정 사건과 그런 사건의 연속만을 지각할 수 있을 뿐이라는 것이다.

　　결국 흄에게 필연성을 갖고 있는 지식은 수학 공식만이 남는다. 수학 공식이 항상 참된 이유는 동어 반복—술어가 이미 주어에 ⑩포함되어 있는 것—이기 때문이다. 3×3=9는 3×3과 9가 동일한 것을 다르게 표현한 것이기 때문에 필연적 지식이다. 따라서 지식은 수학적 지식과 직접적 경험에 엄격히 한정되어야 한다고 보았다.

◆ 독해 훈련 문제 ◆

1 문단

1 17~18세기 경험주의 철학자들이 의견을 달리했던 부분은?

2 문단

2 로크가 우리가 인식할 수 있다고 인정한 것은?

3 문단

3 버클리가 우리가 알 수 있는 유일한 실재로 인정한 것은?

4 문단

4 흄이 우리가 인식할 수 있는 대상으로 인정한 것은

5 문단

5 흄이 과학적 지식을 알 수 없다고 한 까닭은?

6 문단

6 흄이 지식의 범주에 포함시키고 있는 것은?

실력 UP 변형 문항

01 《기출 05 연계》
이 글에 대한 이해로 적절하지 <u>않은</u> 것은?

① 로크는 경험 이전의 타고난 관념을 부정하였다.
② 로크는 감각을 지각함으로써 생기는 관념을 부정하였다.
③ 버클리는 로크가 인정한 물질의 실재를 부정하였다.
④ 흄은 버클리가 인정한 정신의 실재를 부정하였다.
⑤ 흄은 과학적 지식의 필연성을 부정하였다.

02
이 글을 바탕으로 〈보기〉의 상황을 분석한 내용으로 적절하지 <u>않은</u> 것은? [3점]

→ 보기 ←

철수는 식탁 위에 놓인 사과 2개를 보았다. 빨간 사과 1개를 먹었을 때 단맛을 느꼈고, 푸른 사과 1개를 먹었을 때 신맛을 느꼈다. 이를 통해 철수는 사과의 색깔로 맛을 짐작할 수 있다는 지식을 얻게 되었다.

① 로크의 입장에서 철수의 지식의 근원은 2개의 사과이다.
② 버클리의 관점에서 사과는 철수의 시각과 미각을 통해 인식된 결과이다.
③ 로크와 흄은 철수가 직접적 경험을 통해 법칙을 지각하게 되었다고 볼 것이다.
④ 로크는 사과를 물질 자체로 인정하겠지만, 버클리는 사과를 철수의 정신 상태로 인정할 것이다.
⑤ 흄은 철수가 자신의 경험을 토대로 또 다른 사과 1개의 맛을 추론한 결과를 필연적이라고 보지 않을 것이다.

03
㉠~㉢의 사전적 의미로 적절하지 <u>않은</u> 것은?

① ㉠: 사물이 비롯되는 근본이나 원인
② ㉡: 어떤 일을 책임을 지고 맡아 관리함
③ ㉢: 사물을 분별하고 판단하여 앎
④ ㉣: 여럿 가운데서 어떤 것을 뽑아 정함
⑤ ㉤: 어떤 사물이나 현상 가운데 함께 들어 있거나 함께 넣음

수능 정복 기출 문항

[고3 교육청 기출]

04
이 글의 표제와 부제로 가장 적절한 것은?

① 지식의 범주 – 경험주의 철학자들의 견해 차이를 중심으로
② 물질과 정신의 관계 – 경험주의 철학자 버클리를 중심으로
③ 인과 관계의 필연성 – 수학과 과학의 차이점을 중심으로
④ 경험의 의의 – 경험주의 철학에 대한 비판을 중심으로
⑤ 인식의 과정 – 서양 철학사의 흐름을 중심으로

05
이 글의 내용과 일치하지 <u>않는</u> 것은?

① 로크는 지식의 근원인 물질의 실재를 인정하였다.
② 로크는 감각, 관념 등의 사고 과정을 주관하는 정신의 실재를 인정하였다.
③ 버클리는 물질에 대한 감각은 물질이 아니라 정신의 영역에 속한다고 생각하였다.
④ 버클리는 경험적으로 지각하지 않아도 물질의 실재를 인식할 수 있다고 생각하였다.
⑤ 흄은 사고 과정을 주관하는 정신은 실체가 없기 때문에 지각할 수 없다고 생각하였다.

06
[A]를 참고할 때, 〈보기〉의 ㉮에 대한 흄의 견해로 적절한 것은?
[3점]

→ 보기 ←

지금까지 관찰한 결과 겨울에는 날씨가 추웠다. 자연은 한결같은 것이므로 ㉮겨울이 되면 항상 날씨가 추울 것이다.

① 한결같은 현상이므로 과학적 지식이다.
② 인과 관계로부터 추론한 사건의 연속이다.
③ 알 수 없는 가정으로부터 추론한 결과이다.
④ 관찰과 실험을 통해 얻은 개별적 사실이다.
⑤ 과학적 추리의 대상이므로 인식의 대상이다.

[1~6] 다음 글을 읽고 물음에 답하시오.

서구에서 전통적인 도덕은 보편타당하고 절대적인 도덕적 가치를 탐구하여 사회 구성원들이 마땅히 따라야 하는 도덕적 명제를 제시하였다. 그러나 이러한 서구의 전통적 도덕관을 비판하고 나선 니체는 ㉮도덕적 가치와 도덕적 삶에 대한 새로운 입장을 밝혔다.

우선 니체는 주체를 도덕의 중심에 두고자 하여 인간을 ㉠주인적 개인과 ㉡노예적 개인으로 구분하였다. 인간의 내면에는 다양한 욕구들이 존재하고 서로 ⓐ충돌하게 된다. 인간의 행위는 그 결과에 의해 나타나게 되는데 주인적 개인은 강한 의지로 자기 내면의 욕구를 ⓑ제어하고 욕구들 사이의 갈등을 조정할 수 있다. 니체는 주인적 개인이 이와 같이 자기 지배력을 지니고 자신이 세운 삶의 원칙에 따라 능동적으로 행동하는 것을 '좋음'이라고 평가하였다.

반면 노예적 개인은 주인적 개인과 대립적인 성향을 지니고 있다. 이들은 무리를 짓고 그에 의존하기 때문에 무리의 평균적 가치를 따르며 자기를 제어하는 의지가 없기 때문에 욕구를 지배할 수 없다. 이런 노예적 개인을 니체는 병들었다고 하였으며 이들의 행위를 '나쁨'이라고 평가하였다.

니체가 제시하는 도덕의 최종 목적은 도덕의 주체를 주인적 개인으로 ⓒ육성하는 데에 있는데 그러기 위해서는 노예적 개인이 양심을 회복하는 것이 필요하다. 니체는 양심을 건강한 주인적 개인에게 있는 것으로 외적 강제 없이 자신이 설정한 법칙에 따라 약속을 하고, 그 약속에 책임을 지는 것으로 보았다.

그러나 노예적 개인은 자기 지배력이 깨진 상태이기 때문에 자기 스스로에게 한 약속을 지키지 못한다. 이런 경우 노예적 개인은 약속을 ⓓ위반한 것에 대한 고통을 느끼는 경우가 있는데 이를 니체는 양심의 가책이라고 보았다. 또한 이런 고통은 노예적 개인에게 자신이 지켜야 했던 약속이 무엇인지 알게 한다. 그러나 노예적 개인이 양심의 가책을 느낀다고 해서 양심이 자연스럽게 회복되는 것은 아니다. 양심의 회복을 위해서는 훈육이나 양육과 같은 교육이 필요하며 건강한 주인적 개인으로 거듭나려는 자신의 결단과 의지가 필요하다. 이를 통해 노예적 개인이 건강한 자기 지배력을 회복하면 주인적 개인이 된다는 것이다.

이처럼 니체는 도덕의 핵심을 주체의 문제로 돌려놓았다. 도덕은 보편타당한 것으로 따라야 하는 규범이 아니라 개인의 주체적 의지가 나타나는가에 있다. 외적으로 주어진 규범이나 가치를 ⓔ추종하는 것이 아니라 스스로 주체적인 의지를 발휘하여 판단하고 행동하는 것이 도덕인 것이다. 예술가가 재료를 가지고 자신의 작품을 만들어 가듯이 개인 역시 자기의 삶을 그렇게 만들어 갈 수 있는 것이다.

✔독해 훈련 문제

1문단

1 전통적 도덕관을 비판하면서 새로운 도덕관을 밝힌 철학자는?

2문단

2 자기 지배력을 지니고 원칙에 따라 능동적으로 행동하는 인간을 가리키는 말은?

3문단

3 무리의 평균적 가치를 따르며 자기 제어 의지가 없는 인간을 가리키는 말은?

4문단

4 니체가 제시한 도덕의 최종 목적을 달성하기 위해 노예적 개인이 할 일은?

5문단

5 자신과의 약속을 지키지 못한 노예적 개인이 느끼는 고통을 이르는 말은?

6 노예적 개인이 양심을 회복하기 위해서 필요한 것은?

6문단

7 니체의 관점에서 도덕이란?

01

㉮에 대한 이해로 적절하지 않은 것은?

① 주체의 의지가 있는가에 따라 평가를 달리한다.
② 외적인 요인보다는 내적인 제어 능력을 중시한다.
③ 보편타당한 규범의 주체적 수용 태도를 강조한다.
④ 도덕적 인간이 되기 위해 교육이 필요하다고 본다.
⑤ 자신의 욕구를 지배하지 못하는 사람을 병들었다고 여긴다.

02 기출 06 연계

이 글을 바탕으로 〈보기〉에 대해 이해한 내용으로 가장 적절한 것은? [3점]

▶ 보기 ◀

방과 후에 진수는 몸이 불편해 보이는 할아버지께서 짐을 들고 계단을 내려가는 것을 보고, 할아버지를 도와 드리는 것이 옳다고 생각했다. 그렇지만 친구와의 약속도 있는데다 다른 사람들도 무심히 지나치고 있기에, 결국 할아버지를 외면하고 약속 장소로 향했다. 약속 장소에 도착한 진수는 자신의 잘못된 행동을 자책하면서 다음부터는 몸이 불편한 어르신들을 보면 꼭 도와 드리겠다고 다짐했다. 이후 진수는 몸이 불편한 어르신들을 보면 부축해 드리거나 짐을 들어 드렸다.

① 진수는 자기 지배력이 없기 때문에 자신의 행동을 바꾸고 있는 것이군.
② 진수가 잘못된 행동을 자책한 것은 양심을 회복한 것으로 볼 수 있겠군.
③ 진수가 나중에야 옳은 행동을 실천하게 된 것은 '나쁨'으로 평가할 수 있겠군.
④ 진수는 자신이 설정한 법칙에 따른 약속을 지켜나가면서 무리의 평균적 가치에서 벗어났군.
⑤ 진수는 마땅히 따라야 하는 공동체적 가치를 받아들였기 때문에 주인적 개인으로 볼 수 있겠군.

03

문맥상 ⓐ~ⓔ를 바꿔 쓰기에 적절하지 않은 것은?

① ⓐ: 부딪치게
② ⓑ: 억누르고
③ ⓒ: 키우는
④ ⓓ: 어긴
⑤ ⓔ: 따라잡는

04

이 글을 통해 알 수 있는 내용으로 적절하지 않은 것은?

① 인간의 내면에는 다양한 욕구들이 충돌하고 있다.
② 서구의 전통적 도덕은 보편적인 규범을 제시하였다.
③ 니체는 주체 의지 유무에 따라 도덕적 평가를 다르게 했다.
④ 노예적 개인이 양심의 가책을 느끼면 자연스럽게 양심은 회복된다.
⑤ 니체는 도덕의 목적이 주체를 주인적 존재로 육성하는 것이라고 보았다.

05

㉠과 ㉡에 대한 이해로 적절한 것은?

① ㉠과 달리 ㉡은 보편적인 가치를 부정한다.
② ㉡과 달리 ㉠은 자신이 세운 원칙에 따른다.
③ ㉡과 달리 ㉠은 외적으로 주어진 규범을 준수한다.
④ ㉠은 무리에 의존하지만 ㉡은 무리를 배척한다.
⑤ ㉠은 욕구를 부정하지만 ㉡은 욕구를 긍정한다.

06

〈보기〉의 상황을 '니체'가 평가한다고 가정할 때, 반응으로 적절하지 않은 것은? [3점]

▶ 보기 ◀

A, B는 어려움에 처한 사람들을 돕겠다는 마음가짐으로 요양원에 봉사 활동을 다녔다. 어느 날 이들은 봉사 활동을 다녀오는 길에 교통사고 현장을 목격하였다. A는 자신의 마음가짐에 따라 부상자들의 이송을 도왔다. B는 피곤하고 귀찮아 다른 사람들의 눈치를 보다가 지나가는 사람들을 따라 자리를 피하였고, 그날 밤 B는 어려움에 처한 사람들을 외면한 자신이 부끄러워 잠을 이루지 못했다.

① A는 자신의 행동 원칙을 능동적으로 실천했으므로 '좋음'으로 평가할 것이다.
② A가 주체적으로 타인을 도운 것은 절대적 가치를 따른 것으로 평가할 것이다.
③ A는 자신과의 약속에 책임을 지려는 의지의 소유자로 '양심'이 있다고 평가할 것이다.
④ B가 자신과의 약속을 지키지 못하고 고통을 느끼는 것은 '양심의 가책'이라고 평가할 것이다.
⑤ B가 교육을 받고 양심을 회복하려는 의지를 가진다면 A와 같이 자기 지배력을 가진 존재로 변할 수 있다고 평가할 것이다.

[1~5] 다음 글을 읽고 물음에 답하시오.

우리는 세계를 어떻게 이해하게 되는가? 우리가 어떤 것을 이해할 때 아무것도 모르는 상태에서 새로운 이해에 ㉠도달하는 것은 불가능하며, 이해를 위해서는 이해의 배경이 되는 지식이 필요하다. 현대 해석학의 거장인 가다머는 '선이해'와 '지평 융합'의 개념을 도입하여 세계에 대한 이해를 설명하고 있다.

㉯선이해란 어떤 대상에 대해 미리 판단하는 일종의 선입견을 의미한다. 이성적인 이해를 중시했던 계몽주의 학자들은 선입견을 올바른 이해를 가로막는 잘못된 생각이라 보았다. 그들에 따르면 선입견은 개인의 권위나 속단에서 비롯된 비이성적인 것이다. 이와 달리 가다머는 세계에 대한 이해를 위해서는 선입견이 반드시 필요하다고 주장하였다. 그가 제시하는 선입견이란 개인적 차원에서 임의로 만들거나 제거할 수 있는 ㉡편협한 사고가 아니라, 문화나 철학, 역사와 같이 과거로부터 전승되어 온 전통에 의해 형성된 사고를 뜻한다. 이러한 선입견은 이해의 기본 조건으로, 우리가 세계를 이해할 수 있도록 ㉢인도하는 역할을 한다.

그렇다면 선이해를 기본 조건으로 하는 이해의 과정은 어떠한가? 가다머는 이를 '현재 지평'과 '역사적 지평'이 결합되는 '지평 융합'이라는 개념으로 설명하고 있다. 그가 말하는 현재 지평이란 인식의 주체가 선이해를 바탕으로 형성한 이해로, 이해 주체의 머릿속에 형성된 지식이나 신념 등과 관련이 있다. 반면 역사적 지평이란 과거로부터 ㉣축적되어 온 이해의 산물로, 텍스트를 통해 전해 내려오는 수많은 지식들이 대표적인 예이다. 이해의 과정이란, 서로 다른 두 지평이 만나 새로운 지평을 형성해 나가는 과정이다. 현재 지평은 역사적 지평과의 융합을 통해 상호 작용하면서 끊임없이 수정되고 확장되어 나간다. 따라서 두 지평이 융합된 결과 형성된 지평은 주체가 기존에 가졌던 현재 지평과 다른 새로운 것이 된다.

이와 같은 이해의 과정으로서 지평 융합은 일회적으로 끝나는 것이 아니라 반복적으로 이루어진다. 즉, 주체가 가진 현재 지평은 역사적 지평과 융합하여 새로운 지평이 되고, 이것이 다음 이해의 선이해로 작용하며 또 다른 이해로 이어지는 과정을 반복한다. 이와 같은 순환 과정을 고려할 때, 이해는 결과가 아니라 언제나 도상(途上)에 있다고 볼 수 있다. 결국 가다머가 말하는 세계에 대한 이해는 완성된 것이 아니라 과정에 있는 것이며, 고정된 것이 아니라 끊임없이 ㉤변화하고 확장되어 가는 것이다.

◆독해 훈련 문제◆

1 문단

1 가다머가 세계에 대한 이해의 과정을 설명하기 위해 도입한 개념은?

2 문단

2 계몽주의 학자들이 선입견을 올바른 이해를 가로막는 잘못된 생각으로 본 이유는?

3 가다머가 제시한 선입견의 의미는?

3 문단

4 가다머가 말한 역사적 지평이란?

5 가다머는 이해의 과정을 어떻게 설명하고 있는가?

4 문단

6 가다머가 생각하는 지평 융합의 특징은?

01

㉮에 대한 '가다머'와 '계몽주의 학자들'의 견해로 적절하지 <u>않은</u> 것은?

① 가다머는 ㉮를 현재 지평을 바탕으로 형성된 이해로 본다.

② 가다머는 ㉮를 세계를 이해하기 위한 기본 조건으로 인식한다.

③ 가다머는 ㉮를 과거로부터 이어져 온 전통에 의해 형성된 사고로 본다.

④ 계몽주의 학자들은 ㉮를 세계에 대한 올바른 이해를 가로막는 생각으로 간주한다.

⑤ 계몽주의 학자들은 ㉮를 개인적 차원에서 임의로 만들어 낸 편협한 사고로 본다.

02 기출 05 연계

가다머가 제시한 '이해의 과정'에 따라 '정의'라는 주제에 대해 생각한다고 할 때, 적절하지 <u>않은</u> 것은? [3점]

① 내가 가지고 있는 '선이해'는 '정의'라는 주제에 대해 보다 깊이 이해할 수 있도록 인도하는 역할을 하겠군.

② 내가 신념을 바탕으로 개인의 능력에 따라 대우받는 것이 '정의'라고 생각했다면, 이는 '현재 지평'에 해당하겠군.

③ 내가 '정의'에 대한 이해를 넓히기 위해 철학자 존 롤스가 쓴 〈정의론〉을 읽었다면, 이는 '역사적 지평'에 해당하겠군.

④ 내가 가지고 있던 '정의'에 대한 생각이 〈정의론〉을 읽으면서 수정되고 확장되었다면, 이는 '지평 융합'에 해당하겠군.

⑤ 내가 기회가 균등하게 주어지는 것이 '정의'라고 다시 생각하게 되었다면, 이는 새로 형성된 역사적 지평에 해당하겠군.

03

문맥상 ㉠~㉤과 바꿔 쓰기에 적절하지 <u>않은</u> 것은?

① ㉠: 이르는

② ㉡: 치우친

③ ㉢: 이끄는

④ ㉣: 이어져

⑤ ㉤: 바뀌고

04

이 글의 논지 흐름을 정리해 보았다. ( ) 안에 들어갈 내용으로 가장 적절한 것은?

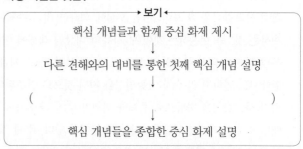

┌─ 보기 ─┐

핵심 개념들과 함께 중심 화제 제시

↓

다른 견해와의 대비를 통한 첫째 핵심 개념 설명

↓

( )

↓

핵심 개념들을 종합한 중심 화제 설명

└───────┘

① 둘째, 셋째, 넷째 핵심 개념에 대한 설명

② 첫째 핵심 개념과 둘째 핵심 개념의 관계 설명

③ 관련 있는 개념들을 통한 둘째 핵심 개념 설명

④ 첫째 핵심 개념과 대비되는 둘째 핵심 개념 설명

⑤ 둘째 핵심 개념을 통한 첫째 핵심 개념의 보충 설명

05

'가다머'의 관점에서 〈보기〉를 이해한 내용 중, 가장 적절한 것은?

[3점]

┌─ 보기 ─┐

민수는 ⓐ인간은 본성적으로 악하다는 생각을 갖고 있었다. 그러다 우연히 인간의 본성에 대한 ⓑ동양 철학자들의 논의를 정리한 텍스트를 읽고, ⓒ인간은 선악의 양면을 모두 가지고 있다는 생각을 하게 되었다. 이후 민수는 인간 본성에 관한 ⓓ서양 철학자들의 논의를 다룬 텍스트를 읽고, ⓔ인간 본성에 대해 좀 더 깊은 이해를 하게 되었다.

└───────┘

① 민수가 ⓐ라는 현재 지평을 갖게 된 것은 역사적 지평과의 지평 융합이 없었기 때문이다.

② 민수는 ⓒ와 ⓓ의 지평 융합을 통해 ⓐ를 긍정적으로 인식하게 된다.

③ 민수에게 ⓑ, ⓒ, ⓓ, ⓔ는 동일한 시점에 모두 역사적 지평으로 작용한다.

④ 민수의 현재 지평은 ⓑ, ⓓ와 순차적으로 지평 융합하면서 확장되어 간다.

⑤ 민수는 ⓔ에 이르러 세계에 대한 이해를 완성하게 된다.

[1~5] 다음 글을 읽고 물음에 답하시오.

독일의 철학자 후설(Edmund Husserl)이 말하는 '의식 주체'는 서양 근대 철학의 형이상 학적 사고방식을 잘 보여 준다. 후설에 의하면 의식 주체는 다른 것의 도움 없이 스스로 존재하는 것, 즉 현존하는 것이며, 사유의 대상인 객체에 비해 우월하며 본질적이다. 이와 같은 맥락에서 의식 주체인 정신은 곧 '나'의 본질로, 그 자체로 완전하고 절대적이며 어떤 상황에서도 변하지 않는 자기 동일성을 지닌 것으로 간주된다. 그런데 이러한 관점은 이원 대립적 사고방식을 바탕으로 주체와 객체가 우열 관계 내지 착취 관계에 있다고 보아 객체에 대한 주체의 지배를 정당화한다는 데 문제가 있다. 주체 개념의 정립이 17, 18세기 자본주의의 소유 이론과 맞물려 있다는 것은 우연이 아니다.

이와 같은 이원 대립과 위계의 가치 질서를 만들어 낸 후설의 의식 주체를 비판하는 입장에서, 데리다(Jacques Derrida)는 차연이라는 개념을 개진한다. '차연'을 뜻하는 신조어 '디페랑스(différance)'는 '차이(差異)'와 '연기(延期)'의 의미를 지닌다. 예를 들어 사전에서 ㉠어떤 단어(A)의 의미를 설명하기 위해 ㉡또 다른 단어(B)를 사용하는 경우가 있는데, 이때 단어의 의미는 고정되는 것이 아니라 또 다른 단어와의 차이에 의해 그 의미가 구별되면서 끊임없이 연기된다. 이와 마찬가지로 데리다에게 주체란 그 자체로 완전하고 절대적인 의미를 갖고 있는 것이 아니라, 다른 대상들과의 차이에 의해 의미가 드러나고 그 의미에 대한 최종 해석은 계속 연기되는 것이다.

데리다가 말하는 차연은 단순히 의식 주체에 대한 대립 개념이 아니라, 의식 주체의 절대적 위상 속에 은폐되어 있는 객체의 가치를 밝히는 새로운 개념이다. 데리다가 의식 주체 개념에 문제를 제기하는 이유는 형이상학적 전통 철학에서는 주체가 다른 것들과의 관계 속에서 그 의미가 드러난다는 것을 은폐하고 그 자체로 고정불변의 가치를 지닌다고 믿었기 때문이다. 또한 그 믿음으로 인해 형이상학적 전통 철학은 차이와 다양성으로 이루어진 세계를 절대 주체를 중심으로 재편하려는 욕망을 합리화했기 때문이다.

이러한 차연 개념을 통해 데리다가 주장하는 바는 자기 동일성을 지닌 주체란 허구이자 환상에 불과하므로 이를 해체해야 한다는 것이다. 데리다는 절대적 진리나 절대적 주체의 부재를 확인하고, 주체는 다른 것들과의 차이에 의해 구성되는 것이지 자기 동일성을 지닌 우월한 대상이 아니라는 것을 강조한다. 데리다는 그 어느 것에도 특권을 부여하지 않음으로써 형이상학적 전통 철학에서 전제하고 있는 절대적 진리의 '있음'을 '없음'으로 대체했다. 그의 사상은 대상마다 나름의 가치를 지니고 있다는 것을 강조함으로써 닫힌 세계에서 열린 세계로 나아가는 계기를 마련해 주며 다원적 사고에 대한 가능성을 제시해 준다는 점에서 그 의의를 찾을 수 있다.

✓독해 훈련 문제

1 문단

1 후설이 객체에 비해 우월하고 본질적이라고 보는 것은?

2 '의식 주체' 관점의 문제점은?

2 문단

3 데리다가 후설의 '의식 주체'를 비판하기 위해 개진한 개념은?

4 데리다의 '차연' 개념이 지니고 있는 의미 두 가지는?

3 문단

5 데리다의 '차연' 개념에서 새롭게 밝히고 있는 것은?

6 데리다가 '의식 주체' 개념에 문제를 제기하는 이유는?

4 문단

7 데리다 사상의 의의는?

실력 UP │ 변형 문항

01 〈기출 04 연계〉

㉠, ㉡에 대한 이해로 적절하지 <u>않은</u> 것은?

① ㉠은 그 자체로 절대적 의미를 갖지 못한다.

② ㉠과 마찬가지로 ㉡도 나름의 가치를 지니고 있다.

③ ㉠이 지닌 자기 동일성은 ㉡과의 구별을 통해 구성된다.

④ ㉠의 의미를 밝히기 위해서는 ㉡ 이외의 단어가 요구된다.

⑤ ㉠은 ㉡과의 차이에 의해 그 의미가 구별되며 최종 해석이 연기된다.

02 〈기출 05 연계〉

이 글을 읽은 학생이 〈보기〉에 대해 반응한 내용으로 적절하지 <u>않</u>은 것은? [3점]

> ► 보기 ◄
>
> 데카르트가 "나는 생각한다. 고로 존재한다."고 주장하면서, 신(神)의 섭리를 중심에 두었던 중세의 이념에서 벗어나 인간의 이성을 중시하는 근대의 문이 활짝 열렸다. 근대에는 신의 뜻보다 인간의 이성에 의한 판단이 모든 것의 중심으로 전환된 것이다. 그런데 여기서 말하는 이성적 인간이란 어디까지나 유럽의 남성들을 가리키는 것이었다. 여성이나 유럽이 아닌 나라의 사람들은 여전히 비이성적이고 미개한 대상으로 치부되었다. 이러한 근대적 사고는 여성에 대해, 유럽 이외의 나라들에 대해, 그리고 자연에 대해 불평등한 시각을 토대로 한다는 점에서 중세적 틀에서 완전히 벗어나지는 못하였다.

① 데리다는 근대의 '이성적 인간'이 허구이기 때문에 해체해야 한다고 주장하겠군.

② 형이상학적 전통 철학은 여성이나 유럽이 아닌 나라의 사람들, 자연에 대한 이성적 인간의 우위를 인정하겠군.

③ 데리다는 여성이나 유럽이 아닌 나라의 사람들에게도 유럽의 남성들과 마찬가지로 특권을 부여해야 한다고 주장하겠군.

④ 데리다는 유럽의 남성만을 절대적인 주체로 바라봄으로써 은폐되었던 다양한 대상들이 가지고 있는 가치를 밝히려고 하겠군.

⑤ 형이상학적 전통 철학의 입장에서 보면, 유럽의 남성들은 다른 대상들의 도움 없이도 스스로 존재할 수 있는 의식 주체라고 할 수 있겠군.

수능 정복 │ 기출 문항

03

이 글에서 언급된 내용으로 적절하지 <u>않은</u> 것은?

① 정신에 대한 후설의 인식

② 데리다의 사상이 갖는 의의

③ 의식 주체 개념이 지닌 문제점

④ 형이상학적 사고방식의 정립 계기

⑤ 주체의 자기 동일성에 대한 데리다의 견해

04

이 글의 차연 에 대한 이해로 가장 적절한 것은?

① 주체의 의미는 고정되지 않으며 다른 것들과의 관계 속에서 구성된다.

② 객체는 주체로부터 비롯되고 주체와의 본질적인 차이에 의해 의미가 결정된다.

③ 주체가 지닌 절대적 지위는 나머지 다른 것들을 구별하는 확고한 기준이 된다.

④ 주체가 그 자체로 완전해지기 위해서는 어떤 상황에서도 변하지 않아야 한다.

⑤ 주체의 의미를 변별하기 위해서는 의미의 모호성을 유발하는 요소들을 제거해야 한다.

05

데리다의 관점에서 〈보기〉에 대해 평가한 내용으로 적절하지 <u>않은</u> 것은? [3점]

> ► 보기 ◄
>
> 식민주의란 약육강식을 근간으로 삼는 차별적 이데올로기이다. 이는 힘이 센 나라(종주국)가 자신보다 약한 나라(식민국)를 무력으로 침략하여 물적·인적 자원을 약탈하고, 그곳을 지배하는 행위를 정당화한다. 서양 근대 철학은 이러한 식민주의의 이념적 뒷받침이 되었다.

① 식민국이 스스로 열등성을 극복할 수 있어야 식민주의를 해체할 수 있겠군.

② 종주국은 식민국과 대등하지 않다는 것을 근거로 식민 지배를 합리화하겠군.

③ 식민주의는 종주국을 절대적 주체로 설정하면서 식민국의 가치를 은폐하려는 이데올로기이군.

④ 종주국의 무력 침략은 종주국을 중심으로 세계를 재편하려는 욕망을 드러낸 것이라고 할 수 있겠군.

⑤ 식민주의의 문제는 상대적 차이를 지닌 나라들의 관계를 위계질서를 지닌 것으로 바라보는 것이겠군.

[1~4] 다음 글을 읽고 물음에 답하시오.

나폴레옹의 대관식에 참석한 한 정치인이 "나폴레옹의 머리에 왕관이 얹혔다."라는 표현을 했을 때, 대관식에 참여한 누군가는 이를 나폴레옹의 머리 위에 왕관이 올라가는 물리적인 현상 그 자체로 받아들일 수도 있지만, 그 언어 표현을 여러 가지 의미로 판단할 수 있다. 인간은 자연 그대로의 현상이 아니라 언어와 그 의미 등 인위성이 개입된 모든 것들을 포괄하는 문화를 형성한다. 이것이 인간과 다른 자연물들의 결정적인 차이이다. 문화의 바탕이 되는 의미라는 것을 정의하는 이론은 다양하다. 하지만 자연과 문화를 모두 포괄하는 세계의 지속적인 변화와 생성을 전제로 이에 따른 다양한 양상을 탐구한 들뢰즈는, 일반적인 의미 이론들과는 다른 새로운 차원으로 의미의 개념을 규정한다.

의미의 개념을 규정하는 일반적인 의미 이론들에는 다음과 같은 것들이 있다. 실증주의를 바탕으로 하는 ㉠지시 이론에 따르면, 의미는 언어 기호가 특정 대상을 지시할 때 성립한다. 앞의 예에서, '나폴레옹', '왕관' 등이 지시하는 외부 대상이 의미인 것이다. 현상학을 바탕으로 하는 ㉡현시 이론은, 언어를 표현하거나 수용하는 주체가 언어 기호의 지시 대상을 통해 주관적으로 뜻을 만들어 내는데, 이를 의미라고 규정한다. 이에 따르면, "나폴레옹의 머리에 왕관이 얹혔다."라는 언어 표현의 의미는 그 말을 한 정치인의 생각에 따라 결정될 것이다. 구조주의를 바탕으로 하는 ㉢기호 작용 이론은 언어 기호들의 구조 속에서 의미가 결정된다고 본다. 언어 기호들의 구조, 즉 문법적 체계가 언어 표현 이전에 이미 존재하고, 이 구조를 형성하는 요소들 사이의 관계에 의해서 의미가 규정된다. 이에 따르면, '왕관이'에서 주격 조사 '-이'가 '왕관'을 문장의 주어로 만들어 주기 때문에 '왕관'은 얹히는 주체로 의미가 확정된다.

㉣들뢰즈의 의미 이론에서 '의미'는 이러한 일반적인 의미 이론에서 설명하는 것과는 다르다. 앞의 세 이론들은 의미를 문화의 차원을 중심으로 설명하려 하지만, 들뢰즈는 자연과 문화의 차원을 포괄하는 좀 더 근원적인 차원에서 의미의 개념을 규정한다. 들뢰즈가 말하는 '의미'를 이해하기 위해서는 그가 규정한 '사건'의 개념을 먼저 이해해야 한다. '사건'이란, 인간이 세계에 존재한다는 것을 전제로 자연의 변화와 생성이라는 현상 그 자체에서 발생하는 그 무엇이고, 들뢰즈는 이를 '의미'라고 지칭한다. 들뢰즈는 이 '의미' 그 자체는 규정된 것이 아니지만 '문화적 장(場)'이 '의미' 규정의 기준이 된다고 말한다. '문화적 장'이란 정치, 역사, 예법 등 인간의 삶에 이미 형성되어 있는 모든 것을 뜻하는데, '사건'으로서의 규정되지 않은 '의미'는 이 '문화적 장'에 편입될 때 비로소 규정된 '의미'가 된다.

그렇다면 "나폴레옹의 머리에 왕관이 얹혔다."라는 언어 표현 및 그것이 드러내는 현상은 들뢰즈에게 어떻게 해석될 수 있을까? 나폴레옹의 머리에 왕관이 얹히면서 생기는 물리적인 현상은 자연의 변화와 생성에 해당한다. 그 현상에서 발생하는 '사건'이자 규정되지 않은 '의미'는, 황제 즉위의 예법과 관련된 '문화적 장'을 기준으로 보면 "나폴레옹이 황제가 되었다."라는 '의미'로 규정된다. 그리고 유럽 정치라는 '문화적 장'을 기준으로 보면 "유럽의 정치적 질서가 재편되었다."라는 '의미'로 규정된다.

◆ **독해 훈련 문제** ◆

1 문단

1 세계의 지속적인 변화와 생성을 전제로 다양한 양상을 탐구한 철학자는?

2 문단

2 지시 이론에서 말하는 '의미'는?

3 기호 작용 이론에서 '왕관'이 얹히는 주체로 의미가 확정될 수 있는 이유는?

3 문단

4 일반적 의미 이론들과 비교했을 때 들뢰즈의 의미 이론이 지닌 특징은?

5 들뢰즈가 생각한 의미 규정의 기준은?

4 문단

6 유럽 정치라는 문화적 장을 기준으로 보았을 때 들뢰즈에게 "나폴레옹의 머리에 왕관이 얹혔다."의 의미는?

[고2 교육청 기출]

01

이 글을 통해서 알 수 <u>없는</u> 것은?

① 들뢰즈는 일반적인 의미 이론들과 차별되는 새로운 관점에서 의미를 규정하고 있다.

② 기호 작용 이론이 언어 기호들의 구조를 전제하고 있는 것처럼, 들뢰즈의 의미 이론은 특정한 '문화적 장'을 전제로 하고 있다.

③ 지시 이론에서는 의미가 하나의 지시 대상을 나타내는 반면, 들뢰즈의 의미 이론에서는 의미가 여러 가지로 규정될 수 있다고 본다.

④ 현시 이론이 의미를 만들어 내는 주관적 요소를 강조하는 것과 달리, 들뢰즈의 의미 이론은 의미를 형성하는 객관적 요소를 강조한다.

⑤ 일반적인 의미 이론에서는 문화적 차원에서, 들뢰즈의 의미 이론에서는 자연과 문화를 포괄하는 근원적인 차원에서 의미를 설명하려 한다.

03

〈보기〉에 대해서 ㉠~㉣과 관련지어 설명한 내용으로 적절하지 <u>않</u>은 것은?

> ─ 보기 ─
>
> 콜럼버스의 배에 타고 있던 선원이 배에서 육지로 내려간 콜럼버스를 보고, "콜럼버스의 발이 신대륙의 해변에 최초로 닿았다."라고 말했다. 인간의 도전 정신을 중시하는 선원은 이 장면을 보며 경이로움을 느꼈다. 한편 콜럼버스의 신대륙 발견은 당시 유럽 사회에서 큰 파장을 불러일으켰다.

① ㉠에 따르면, '콜럼버스'와 '신대륙' 등이 지시하는 외부의 대상들이 중요하게 여겨질 수 있을 것이다.

② ㉡에 따르면, 선원이 한 말의 의미 규정을 위해서 '도전 정신'을 중시하는 선원의 생각이 중요하게 고려될 수 있을 것이다.

③ ㉡에 따르면, 선원이 한 말의 의미를 규정할 때 '닿았다'라는 언어 기호보다는 그것이 드러내는 물리적 현상 자체가 더 강조될 수 있을 것이다.

④ ㉢에 따르면, 문장 속에서 '해변'이 '발이 닿는 장소'라는 의미로 규정되기 위해서는 '-에'라는 조사의 역할이 필요할 수 있을 것이다.

⑤ ㉣에 따르면, 콜럼버스의 발이 신대륙의 해변에 닿은 현상에서 발생한 의미는 '유럽 사회'라는 문화적 장에 의해서 규정될 수 있을 것이다.

02 기출 04 연계

이 글의 '들뢰즈'와 〈보기〉의 '비트겐슈타인'을 비교하여 이해한 내용으로 가장 적절한 것은? [3점]

> ─ 보기 ─
>
> 비트겐슈타인은 낱말들은 그 자체로 명확하지 않으며 맥락에 따라 의미가 바뀔 수 있다고 보았다. 어떤 낱말도 명백하게 정의할 수 없으므로, 그것이 사용되는 언어의 맥락에서 만들어지는 저마다의 특별한 의미가 중요하다는 것이다. 예를 들어 집을 지을 때 벽돌을 쌓아야 한다는 의미로 말하는 '벽돌'과 건물 위에서 떨어지는 벽돌을 피해야 한다는 의미로 말하는 '벽돌'은, 같은 낱말이지만 서로 다른 의미로 쓰이고 있다.

① '비트겐슈타인'은 '들뢰즈'가 사용하는 '문화적 장'이라는 개념에 동의하지 않겠군.

② '들뢰즈'는 '비트겐슈타인'의 맥락 개념에 따르면 의미가 단일하게 규정될 수 있다고 보겠군.

③ '들뢰즈'와 '비트겐슈타인'은 모두 의미 자체를 이미 규정된 것으로 보지 않겠군.

④ '들뢰즈'와 '비트겐슈타인'은 모두 의미를 형성하는 언어 기호들의 구조를 중시하겠군.

⑤ '들뢰즈'와 '비트겐슈타인'은 모두 어떤 언어 표현의 의미를 정확하게 밝히는 것이 불가능하다고 보겠군.

04

이 글의 '들뢰즈'의 관점에서 〈보기〉의 Ⓐ에 대해 보일 수 있는 반응으로 가장 적절한 것은? [3점]

> ─ 보기 ─
>
> 구조주의 언어학자인 Ⓐ소쉬르는 언어가 외부 세계를 참조하지 않고도 의미를 가지고 있다고 본다. 언어 기호의 형식적 차이가 언어의 의미를 생겨나게 하고 이것은 사회적 약속에 의해서 통용된다.

① Ⓐ는 언어 기호가 '사건'과 유사하다는 것을 간과하고 있군.

② Ⓐ는 언어 기호 발생 이전의 자연의 변화와 생성을 중시하고 있군.

③ Ⓐ는 언어 기호보다 더 근원적인 차원으로서의 '의미'를 간과하고 있군.

④ Ⓐ는 언어 기호보다 그것을 사용하는 주체의 주관성을 중시하고 있군.

⑤ Ⓐ는 언어 기호의 문법적 체계가 언어 표현에서 갖는 중요성을 간과하고 있군.

[1~6] 다음 글을 읽고 물음에 답하시오.

어떤 명제가 참이라는 것은 무슨 뜻인가? 이 질문에 대한 답변 중 하나가 정합설이다. 정합설에 따르면, 어떤 명제가 참인 것은 그 명제가 다른 명제와 정합적이기 때문이다. 그러면 ㉠'정합적이다'는 무슨 의미인가? 정합적이라는 것은 명제들 간의 특별한 관계인데, 이 특별한 관계가 무엇인지에 대해 전통적으로는 '모순 없음'과 '함축', 그리고 최근에는 '설명적 연관' 등으로 정의해 왔다.

먼저 '정합적이다'를 모순 없음으로 정의하는 경우, 추가되는 명제가 이미 참이라고 인정한 명제와 모순이 없으면 정합적이고, 모순이 있으면 정합적이지 않다. 여기서 모순이란 "은주는 민수의 누나이다."와 "은주는 민수의 누나가 아니다."처럼 ㉮동시에 참이 될 수도 없고 또 동시에 거짓이 될 수도 없는 명제들 간의 관계를 말한다. '정합적이다'를 모순 없음으로 정의하는 입장에 따르면, "은주는 민수의 누나이다."가 참일 때 추가되는 명제 "은주는 학생이다."는 앞의 명제와 모순이 되지 않기 때문에 정합적이고, 정합적이기 때문에 참이다. 그런데 '정합적이다'를 모순 없음으로 이해하면, 앞의 예에서처럼 전혀 관계가 없는 명제들도 모순이 발생하지 않는다는 이유 하나만으로 모두 정합적이고 참이 될 수 있다는 문제가 생긴다.

이 문제를 해결하기 위해서 '정합적이다'를 함축으로 정의하기도 한다. 함축은 "은주는 민수의 누나이다."가 참일 때 "은주는 여자이다."는 반드시 참이 되는 것과 같은 관계를 이른다. 명제 A가 명제 B를 함축한다는 것은 ㉡'A가 참일 때 B가 반드시 참'이라는 의미이다. '정합적이다'를 함축으로 이해하면, 명제 "은주는 민수의 누나이다."가 참일 때 이와 무관한 명제 "은주는 학생이다."는 모순이 없다고 해도 정합적이지 않다. 왜냐하면 "은주는 학생이다."는 "은주는 민수의 누나이다."에 의해 함축되지 않기 때문이다.

그런데 '정합적이다'를 함축으로 정의할 경우에는 참이 될 수 있는 명제가 ⓐ과도하게 제한된다. 그래서 '정합적이다'를 설명적 연관으로 정의하기도 한다. 명제 "민수는 운동 신경이 좋다."는 "민수는 농구를 잘한다."는 명제를 함축하지는 않지만, 민수가 농구를 잘하는 이유를 그럴듯하게 설명해 준다. 그 역의 관계도 마찬가지이다. 두 경우 각각 설명의 대상이 되는 명제와 설명해 주는 명제 사이에는 서로 설명적 연관이 있다고 말한다. 설명적 연관이 있는 두 명제는 서로 정합적이기 때문에 그중 하나가 참이면 추가되는 다른 하나도 참이다. 설명적 연관으로 '정합적이다'를 정의하게 되면 함축 관계를 이루는 명제들까지도 포괄할 수 있는 장점이 있다. 함축 관계를 이루는 명제들은 필연적으로 설명적 연관이 있기 때문이다. '정합적이다'를 설명적 연관으로 정의하면, 함축으로 이해하는 것보다는 많은 수의 명제를 참으로 추가할 수 있다.

그러나 설명적 연관이 정확하게 어떤 의미인지, 그리고 그 연관의 긴밀도가 어떻게 측정될 수 있는지는 아직 완전히 해결되지 않은 문제이다. 이 문제와 관련된 최근 연구는 확률 이론을 활용하여 정합설을 발전시키고 있다.

✓독해 훈련 문제

1 문단

1 정합설에서 '정합적이다'의 의미를 설명하기 위한 세 가지 방법은?

2 문단

2 모순 없음으로 정의할 때 '정합적이다'의 의미는?

3 '정합적이다'를 모순 없음으로 정의할 때 발생하는 문제는?

3 문단

4 '정합적이다'를 함축으로 정의할 때, 명제 A가 명제 B를 함축한다는 것의 의미는?

4 문단

5 '정합적이다'를 함축으로 정의할 때 발생하는 문제는?

6 '정합적이다'를 설명적 연관으로 정의할 때의 장점은?

5 문단

7 '정합적이다'를 설명적 연관으로 정의할 때 발생하는 문제는?

실력 UP 변형 문항

01 기출 04 연계

㉠의 의미에 대한 설명으로 적절하지 않은 것은?

① 모순 없음으로 정의하는 경우 두 명제가 양립하지 못한다면 그 명제들은 정합적이지 않다.

② 모순 없음으로 정의하는 경우 논리적 연관이 없는 명제들도 참이 될 수 있다는 문제가 있다.

③ 함축으로 정의하는 경우 참이 될 수 있는 명제가 지나치게 제한된다는 문제가 있다.

④ 함축으로 정의할 때 참인 명제들은 설명적 연관으로 정의할 때에도 반드시 참이 된다.

⑤ 설명적 연관으로 정의하는 경우 설명의 대상이 되는 명제와 설명해 주는 명제는 필연적으로 연관되어 있다.

02 기출 05 연계

㉡의 사례로 가장 적절한 것은?

	명제 A	명제 B
①	모든 인간은 죽는다.	소크라테스는 죽는다.
②	현서는 노래를 잘한다.	현서는 여자이다.
③	대한민국의 수도는 서울이다.	대한민국의 표준어는 서울말이다.
④	생명의 존귀함은 절대적이다.	생명의 존귀함은 개인마다 다르다.
⑤	팔색조는 우리나라 천연기념물이다.	팔색조는 희귀한 새이다.

03

문맥상 ⓐ와 바꿔 쓰기에 가장 적절한 것은?

① 가볍게

② 알맞게

③ 힘겹게

④ 지나치게

⑤ 까다롭게

수능 정복 기출 문항

[평가원 기출]

04

이 글의 내용과 일치하지 않는 것은?

① 정합설에서 참 또는 거짓을 판단하는 기준은 명제들 간의 관계이다.

② 정합설에서 이미 참이라고 인정한 명제와 어떤 새로운 명제가 정합적이면, 그 새로운 명제도 참이다.

③ '정합적이다'를 모순 없음으로 이해했을 때 참이 아닌 명제는 함축으로 이해했을 때에도 참이 아니다.

④ 함축 관계에 있는 명제들은 설명적 연관이 있는 명제들일 수는 있지만 모순 없는 명제들일 수는 없다.

⑤ '정합적이다'를 설명적 연관으로 이해한다고 해도 연관의 긴밀도 문제 때문에 정합설은 아직 한계가 있다.

05

㉮의 사례로 적절한 것은?

① 민수는 은주보다 키가 크다. – 민수는 은주보다 키가 크지 않다.

② 민수는 농구를 좋아한다. – 민수는 농구보다 축구를 좋아한다.

③ 그것은 민수에게 이익이다. – 그것은 민수에게 손해이다.

④ 오늘은 화요일이 아니다. – 오늘은 수요일이 아니다.

⑤ 민수의 말이 옳다. – 은주의 말이 틀리다.

06

〈보기〉의 명제를 참이라고 할 때, 이 글을 바탕으로 추론한 내용으로 적절하지 않은 것은? [3점]

> ► 보기 ◄
>
> • 우리 동네 전체가 정전되었다.

① '정합적이다'를 모순 없음으로 이해하면, "우리 동네에는 솔숲이 있다."를 참인 명제로 추가할 수 있다.

② '정합적이다'를 함축으로 이해하면, "우리 집이 정전되었다."를 참인 명제로 추가할 수 있다.

③ '정합적이다'를 설명적 연관으로 이해하면, "예비 전력의 부족으로 전력 공급이 중단됐다."를 참인 명제로 추가할 수 있다.

④ '정합적이다'를 함축으로 이해하면, "우리 동네에는 솔숲이 있다."를 참인 명제로 추가할 수 없다.

⑤ '정합적이다'를 설명적 연관으로 이해하면, "우리 집이 정전되었다."를 참인 명제로 추가할 수 없다.

[1~6] 다음 글을 읽고 물음에 답하시오.

　　삼단 논법이란 두 개의 전제와 하나의 결론, 즉 세 단계의 명제로 구성된 추리 방식을 말한다. 전제가 모두 참일 때 거짓인 결론이 ⓐ도출될 수 없는 추론 형식을 타당하다고 한다. 논리학에 있어 타당성은 추론 절차의 올바름을 뜻하며, 이는 명제의 참·거짓과는 관계가 없다. 전통 논리학에서는 삼단 논법을 이루는 세 명제들의 성질과 관계를 분석하여 타당한 추리의 형식을 체계화하였다.

　　삼단 논법의 타당성을 결정하는 요소들 중 하나는 주연(周延)이다. 주연은 명제에서 주어 개념이나 술어 개념이 그 대상의 전부를 ⓑ지칭하느냐 아니냐를 구별하기 위해서 사용하는 용어이다. 명제 안에서 어떤 개념이 그 대상의 전부를 지칭하도록 사용되었을 때 '주연되었다'고 하고 그 대상의 일부분만 지칭하도록 사용되었을 때 '부주연되었다'고 한다. 다음 삼단 논법의 예를 보자.

　　대전제: 모든 남학생들은 축구팬이다.
　　소전제: 모든 이 학교의 학생들은 남학생들이다.
　　결　론: 그러므로 모든 이 학교의 학생들은 축구팬이다.

　　삼단 논법의 세 명제는 세 개념의 관계를 나타낸다. 위 삼단 논법에는 '남학생들', '축구팬', '이 학교의 학생들'이라는 세 개념이 등장한다. 이 중 결론의 주어 개념인 '이 학교의 학생들'을 소개념이라 하고, 소개념이 들어 있는 전제를 소전제라고 한다. 그리고 결론의 술어 개념인 '축구팬'을 대개념이라 하고, 대개념이 들어 있는 전제를 대전제라고 한다. 또 두 전제에 공통적으로 등장하여 소개념과 대개념의 ⓒ매개 역할을 하는 '남학생들'을 매개념이라고 한다. 여기서 대전제의 '남학생들'은 이 세상의 모든 남학생들을 지칭하므로 주연되었다. 그런데 소전제의 '남학생들'은 이 세상의 모든 남학생들 중에서 '이 학교의 학생들'인 남학생만을 지칭하므로 부주연되었다. 따라서 위 삼단 논법에서 매개념인 '남학생들'은 대전제에서 주연되고 소전제에서 부주연되었다고 할 수 있다.

　　주연과 관련하여 삼단 논법의 ⓓ타당성을 판단하는 한 가지 법칙은 ㉠'타당한 삼단 논법에서는 매개념이 적어도 한 번은 주연되어야 한다.'는 것이다. 매개념은 대전제와 소전제에서 공통적으로 등장하기 때문에 같은 대상을 지칭하는 것처럼 보여도 각각에서 부주연되었을 때 지칭하는 범위가 서로 다를 수 있다. 즉, 두 전제에서 각각 대상의 서로 다른 부분을 지칭하고 있다면 결론이 타당하게 도출될 수 없는 것이다. 이러한 경우를 '매개념 부주연의 오류'라고 하며, 그 예는 다음과 같다.

　　대전제: 어떤 남학생들은 축구팬이다.
　　소전제: 모든 이 학교의 학생들은 남학생들이다.
　　결　론: 그러므로 모든 이 학교의 학생들은 축구팬이다.

　　위 삼단 논법에서 두 전제에 공통적으로 등장하는 매개념은 Ⓐ'남학생들'이다. 그런데 대전제의 '남학생들'은 '어떤 남학생들'이므로 전체 남학생들의 일부만을 지칭한다. 소전제의 '남학생들' 역시 '이 학교의 학생들'인 남학생만을 의미하므로 남학생들의 일부만을 지칭하고 있다. 즉, 매개념이 두 전제에서 다 부주연되었다. 따라서 '모든 이 학교의 학생들은 축구팬이다.'라는 결론은 논리적으로 타당하지 않은 것으로 ⓔ판명된다.

◆✔독해 훈련 문제 ◆

1 문단
1 논리학에서 타당성이 의미하는 바는?

2 문단
2 명제에서 주연을 통해 판단할 수 있는 것은?

3 문단
3 옆의 예시에서 매개념은?

4 옆의 예시에서 대전제와 소전제의 '남학생들' 중 부주연된 것은?

4 문단
5 타당한 삼단 논법에서 매개념이 적어도 한 번은 주연되어야 하는 이유는?

5 문단
6 옆의 예시에서 결론이 논리적으로 타당하지 않은 이유는?

실력 UP 변형 문항

수능 정복 기출 문항

01 기출 05 연계

Ⓐ에 대한 이해로 적절하지 않은 것은?

① 대전제와 소전제에서 다 부주연되었다.

② 소개념과 대개념의 매개 역할을 하고 있다.

③ 결론의 타당성을 판단할 수 있는 근거를 제공한다.

④ 대전제와 소전제에서 대상의 일부만을 지칭하고 있다.

⑤ 대전제와 소전제에서 동일한 소집단을 가리키고 있다.

04

이 글과 일치하지 않는 것은?

① 삼단 논법에서 대개념은 대전제와 결론에 등장한다.

② 삼단 논법은 세 단계의 명제로 구성된 추리 방식이다.

③ 삼단 논법에서 결론은 주어 개념과 술어 개념으로 이루어져 있다.

④ 삼단 논법에서 추론 형식의 타당성은 전제가 참인지 거짓인지에 따라 결정된다.

⑤ 삼단 논법에서 '주연'과 '부주연'은 개념이 지칭하는 대상의 범위에 관한 용어이다.

02 기출 06 연계

이 글을 읽고 〈보기〉를 이해한 내용으로 적절하지 않은 것은? [3점]

> ► 보기 ◄
>
> 대전제: 모든 동물은 생물이다.
> 소전제: 그 농장의 염소는 동물이다.
> 결　론: 그러므로 그 농장의 염소는 생물이다.

① 대전제에서 '동물'은 주연되었다.

② 결론의 술어인 '생물'은 대개념에 해당한다.

③ 매개념이 두 전제에서 한 번 주연되었으므로 결론은 타당하다.

④ 소전제의 '그 농장의 염소'를 '모든 염소'로 바꾸면 소전제의 '동물'은 주연된다.

⑤ 대전제의 '모든'을 '어떤'으로 바꾸면 두 전제가 다 부주연되어 결론이 타당하게 도출되지 않는다.

05

㉠의 이유로 가장 적절한 것은?

① 매개념이 두 전제에서 모두 주연되면, 매개념이 소전제와 결론에서 지칭하는 부분이 서로 다를 수 있기 때문이다.

② 매개념이 두 전제에서 모두 주연되면, 매개념이 대전제와 소전제에서 서로 다른 부분을 지칭할 수 있기 때문이다.

③ 매개념이 두 전제에서 모두 부주연되면, 매개념이 대전제와 결론에서 지칭하는 부분이 서로 다를 수 있기 때문이다.

④ 매개념이 두 전제에서 모두 부주연되면, 매개념이 대전제와 소전제에서 지칭하는 부분이 같아질 수 있기 때문이다.

⑤ 매개념이 두 전제에서 모두 부주연되면, 매개념이 대전제와 소전제에서 지칭하는 부분이 다를 수 있기 때문이다.

06

이 글을 읽고 〈보기〉를 이해한 내용으로 적절하지 않은 것은? [3점]

> ► 보기 ◄
>
> 대전제: 어떤 합리적인 사람은 사업가다.
> 소전제: 모든 철학자는 합리적인 사람이다.
> 결　론: 그러므로 모든 철학자는 사업가다.

① '철학자'는 결론의 주어 개념이므로 소개념이다.

② '합리적인 사람'은 두 전제에 모두 등장하는 개념이므로 매개념이다.

③ 소전제의 '합리적인 사람'은 합리적인 사람의 일부만을 지칭하므로 부주연되었다.

④ 매개념이 두 전제에서 모두 부주연되었으므로 결론은 타당하지 않다.

⑤ 결론을 '어느 철학자도 사업가가 아니다.'로 바꾸면 추론이 타당하게 된다.

03

ⓐ~ⓔ의 사전적 의미로 적절하지 않은 것은?

① ⓐ: 밖으로 흘러 나가거나 흘려 내보냄

② ⓑ: 어떤 대상을 가리켜 이르는 일

③ ⓒ: 둘 사이에서 양편의 관계를 맺어 줌

④ ⓓ: 사물의 이치에 맞는 옳은 성질

⑤ ⓔ: 어떤 사실을 판단하여 명백하게 밝힘

[1~5] 다음 글을 읽고 물음에 답하시오.

전국 시대(戰國時代)의 사상계가 양주(楊朱)와 묵적(墨翟)의 사상에 경도되어 유학의 영향력이 약화되고 있다고 판단한 맹자(孟子)는 유학의 수호자를 자임하면서 공자(孔子)의 사상을 계승하는 한편, 다른 학파의 사상적 도전에 맞서 유학 사상의 이론화 작업을 전개하였다. 그는 공자의 춘추 시대(春秋時代)에 비해 사회 혼란이 가중되는 시대적 환경 속에서 사회 안정을 위해 특히 '의(義)'의 중요성을 강조하였다.

맹자가 강조한 '의'는 공자가 제시한 '의'에 대한 견해를 강화한 것이었다. 공자는 사회 혼란을 치유하는 방법을 '인(仁)'의 실천에서 ⓐ찾고, '인'의 실현에 필요한 객관 규범으로서 '의'를 제시하였다. 공자가 '인'을 강조한 이유는 자연스러운 도덕 감정인 '인'을 사회 전체로 확산했을 때 비로소 사회가 안정될 것이라고 보았기 때문이다. 이때 공자는 '의'를 '인'의 실천에 필요한 합리적 기준으로서 '정당함'을 의미한다고 보았다.

맹자는 공자와 마찬가지로 혈연관계에서 자연스럽게 드러나는 도덕 감정인 '인'의 확산이 필요함을 강조하면서도, '의'의 의미를 확장하여 '의'를 '인'과 대등한 지위로 격상하였다. 그는 부모에게 효도하는 것은 '인'이고, 형을 공경하는 것은 '의'라고 하여 '의'를 가족 성원 간에도 지켜야 할 규범이라고 규정하였다. 그리고 나의 형을 공경하는 것에서 시작하여 남의 어른을 공경하는 것으로 나아가는 유비적 확장을 통해 '의'를 사회 일반의 행위 규범으로 정립하였다. 나아가 그는 '의'를 개인의 완성 및 개인과 사회의 조화를 위해 필수적인 행위 규범으로 설정하였고, 사회 구성원으로서 개인은 '의'를 실천하여 사회 질서 수립과 안정에 기여해야 한다고 주장하였다.

또한 맹자는 '의'가 이익의 추구와 구분되어야 한다고 주장하였다. 이러한 입장에서 그는 사적인 욕망으로부터 비롯된 이익의 추구는 개인적으로는 '의'의 실천을 가로막고, 사회적으로는 혼란을 야기한다고 보았다. 특히 작은 이익이건 천하의 큰 이익이건 '의'에 앞서 이익을 내세우면 천하는 필연적으로 상하 질서의 문란이 초래될 것이라고 역설하였다. 그래서 그는 사회 안정을 위해 사적인 욕망과 결부된 이익의 추구는 '의'에서 배제되어야 한다고 주장하였다.

맹자는 '의'의 실현을 위해 인간에게 도덕적 행위를 할 수 있는 근거와 능력이 있음을 밝히는 데에도 관심을 기울였다. 그는 인간이라면 누구나 도덕 행위를 할 수 있는 선한 마음이 선천적으로 내면에 갖춰져 있다는 일종의 ㉠도덕 내재주의를 주장하였다. 그는, 인간은 자기의 행동이 옳지 못함을 부끄러워하고 남이 착하지 못함을 미워하는 마음을 본래 가지고 있는데, 이러한 마음이 의롭지 못한 행위를 하지 않도록 막아 주는 동기로 작용한다고 보았다. 아울러 그는 어떤 것이 옳고 그른 것인지 판단할 수 있는 능력도 모든 인간의 마음에 갖춰져 있다고 하여 '의'를 실천할 수 있는 도덕적 역량이 내재화되어 있음을 제시하였다.

맹자는 '의'의 실천을 위한 근거와 능력이 인간에게 갖추어져 있음을 제시한 바탕 위에서, 이 도덕적 마음을 현실에서 실천하는 노력이 필요하다고 역설하였다. 그는 본래 갖추고 있는 선한 마음의 확충과 더불어 욕망의 절제가 필요하다고 보았으며, 특히 생활에서 마주하는 사소한 일에서도 '의'를 실천해야 함을 강조하였다. 나아가 그는 목숨과 '의'를 함께 얻을 수 없다면 "목숨을 버리고 의를 취한다."라고 주장하여 '의'를 목숨을 버리더라도 실천해야 할 가치로 부각하였다.

독해 훈련 문제

1 문단
1 맹자가 '의'의 중요성을 강조한 까닭은?

2 문단
2 공자가 '인'의 실현에 필요한 객관 규범으로 제시한 것은?

3 문단
3 맹자가 주장한 '의'의 궁극적 의미는?

4 문단
4 맹자가 '의'의 실천을 위해 배제되어야 한다고 주장한 것은?

5 문단
5 인간에게 '의'를 실천할 수 있는 능력이 선천적으로 갖춰져 있다는 맹자의 주장은?

6 문단
6 맹자가 생각한 '의'의 가치는?

실력 UP 변형 문항

수능 정복 기출 문항

[평가원 기출]

01

이 글의 '맹자'에 대한 설명으로 적절하지 <u>않은</u> 것은?

① 일상생활에서 '의'를 실천하는 것이 필요하다고 보았다.

② 사회 혼란을 극복하기 위해서는 '인'이 중요하다고 보았다.

③ 사적인 욕망으로 이익을 추구하면 '의'를 실천할 수 없다고 보았다.

④ 사람은 누구나 '의'를 실천할 수 있는 도덕적 역량을 갖추고 있다고 보았다.

⑤ 공자의 견해를 받아들이면서도 '의'가 '인'과 대등한 지위를 지닌다고 보았다.

02 기출 04 연계

〈보기〉와 같은 상황이 생기게 되는 이유를 ㉠의 관점에서 바르게 추론한 것은?

▶ 보기 ◀

한 승객이 붐비는 지하철을 타려다 객차와 승강장 사이의 틈새에 다리가 끼어버리는 사고가 발생하였다. 매우 위태로운 상황이었지만, 즉시 많은 시민들이 달려들어 객차를 기울게 한 다음 승객을 구해냈다. 승객에게 도움을 준 시민들은 상황이 모두 마무리되자 조용히 그 자리를 떠났다.

① 남을 돕고자 하는 마음이 이미 마음속에 갖추어져 있기 때문이다.

② '의'를 실천하지 않아 받게 될 다른 사람들의 비난이 두려웠기 때문이다.

③ 옳고 그름에 대한 학습을 통하여 의로운 행동을 이미 체득했기 때문이다.

④ 뛰어난 성인들의 삶의 행적을 본받으려는 마음이 내면에 잠재되어 있기 때문이다.

⑤ 인간의 본성에는 개인의 이익을 추구하고자 하는 마음이 내재화되어 있기 때문이다.

03

ⓐ의 문맥적 의미와 가장 가까운 것은?

① 나는 은행에서 십만 원을 <u>찾았다</u>.

② 그는 자기 이익과 안일만을 <u>찾는다</u>.

③ 길을 잃은 아이가 가족을 <u>찾고</u> 있다.

④ 그 형사는 사건 해결의 실마리를 <u>찾았다</u>.

⑤ 시간이 흐르자 시장은 다시 생기를 <u>찾았다</u>.

04

㉠에 해당하는 것으로 가장 적절한 것은?

① 세상의 올바른 이치가 모두 나의 마음속에 갖추어져 있으니, 수양을 통해 이것을 깨달으면 이보다 큰 즐거움은 없다.

② 바른 도리를 행하려면 분별이 있어야 하니, 분별에는 직분이 중요하고, 직분에는 사회에서 통용되는 예의가 중요하다.

③ 인간이 지켜야 할 도덕은 지혜와 덕이 매우 뛰어난 성인들이 만든 것이지 인간의 성품으로부터 생겨난 것이 아니다.

④ 군자에게 용기만 있고 의로움이 없으면 어지러움을 일으키게 되고, 소인에게 용기만 있고 의로움이 없으면 남의 것을 훔치게 된다.

⑤ 저 사람이 어른이기 때문에 내가 그를 어른으로 대우하는 것이지, 나에게 어른으로 대우하고자 하는 마음이 원래부터 있어서 그런 것이 아니다.

05

이 글의 '맹자'와 〈보기〉의 '묵적'을 이해한 내용으로 적절하지 <u>않은</u> 것은? [3점]

▶ 보기 ◀

'묵적'은 인간이 이기적인 존재이기 때문에 자기 자신과 자기 집단만의 이익을 추구하여 개인 간의 갈등과 사회의 혼란이 생긴다고 보았다. 그는 '의'를 개인과 사회 전체의 이익을 충족하는 것으로 보아, '의'를 통해 이러한 개인과 사회의 혼란을 해결할 수 있다고 하였다. 모든 사람을 차별 없이 똑같이 서로 사랑하면 '의'가 실현되어 사회의 혼란이 해소될 것이라고 본 것이다. 아울러 그는 이러한 '의'의 실현이 만물을 주재하는 하늘의 뜻이라고 하여 '의'를 실천해야 할 당위성을 강조하였다.

① '맹자'와 '묵적'은 모두 '의'라는 개념을 사용하지만, 그 의미를 다르게 보았다.

② '맹자'는 '의'와 이익이 밀접하게 관련된다고 보았고, '묵적'은 '의'와 이익을 명확히 구분되는 것으로 보았다.

③ '맹자'는 이익의 추구를 사회 혼란의 원인이라고 보았고, '묵적'은 이익의 충족을 통해 사회 혼란을 해결할 수 있다고 보았다.

④ '맹자'는 인간의 잘못에 대한 수치심을 '의'를 실천하게 하는 동기로 보았고, '묵적'은 '의'의 실천을 하늘의 뜻에 따르는 것으로 보았다.

⑤ '맹자'는 '의'의 실천이 개인과 사회의 조화를 위해 필요하다고 보았고, '묵적'은 '의'의 실천이 개인과 사회의 이익을 충족하는 데 필요하다고 보았다.

[1~6] 다음 글을 읽고 물음에 답하시오.

가 정약용 유학 사상의 핵심은 주체의 자유 의지를 도입했다는 것이다. 하지만 그가 ⊙측은지심(惻隱之心)처럼 인간이 선천적으로 지니고 있는 ⓐ도덕 감정을 부정한 것은 아니다. 다만 주체의 자율적 의지나 결단을 통해서만 도덕 감정도 의미를 지닐 수 있다는 점을 지적한 것이다.

나 선천적인 도덕 감정을 긍정한다는 점에서 정약용은 주희의 논의를 수용한다고 볼 수 있지만, 그것 자체를 선이라고 보지 않는다는 점에서 그는 주희로부터 벗어나 있다. 어린아이가 우물에 빠지려고 할 때 인간에게는 항상 측은지심이라는 동정심이 생기는데, 주희는 이 측은지심이 인간 본성의 실현이라고 강조한다. 따라서 그에게는 측은지심이 마지막 결과이고 인간 본성이 원인이 되는 셈이다. 이와 달리 정약용은 측은지심을 결과라고 생각하지 않는다. 오히려 인간의 윤리적 행위의 처음 원인이라고 생각한다. 그가 주희로부터 근본적으로 달라지는 부분이 바로 이 지점이다.

다 정약용은 인간의 마음을 세 가지 차원에서 볼 수 있다고 주장한다. 본성, 권형, 행사가 그것이다. 우선 본성은 인간만이 가진 도덕 감정으로 천명지성(天命之性), 즉 '선을 즐거워하고 악을 부끄러워하는' 윤리적 경향을 말한다. 권형은 마치 소용돌이치는 물과 같이 선과 악이 섞여 있는 갈등상태에서, 주체적 선택과 결단을 할 수 있는 자유 의지를 말한다. 행사는 주체가 직접 몸을 움직여서 자신의 선택을 행하는 것이다. 즉 선을 좋아하는 경향에 따른 실천을 말한다. 그러나 인간은 육체의 제약을 가지고 살아가는 유한한 존재이고 욕망에 흔들리기 쉽기 때문에, 본성이 아무리 선을 좋아하더라도, 실제로 선을 행하는 것이 그리 쉽지 않다.

라 가령 우물에 빠진 아이를 구하기 위해 내가 죽을 수도 있는 상황에서 아이를 구하려는 의지를 포기하지 않을 수 있을까? 과연 내가 죽는다면 선과 악이 무슨 의미가 있느냐고 하면서, 아이를 구하는 것을 포기할 수도 있지 않을까? 정약용은 이런 상황에서도 아이를 구하고자 하는 마음을 도덕 감정으로서의 본성이 그대로 기능하는 '도심(道心)'이라 부르고, 그렇지 않은 마음을 자신의 육체적 안위를 우선시하는 '인심(人心)'이라 부른다. 이와 같은 도심과 인심 중에서 주체는 확고하게 도심을 따라야 한다고 그는 강조한다.

마 정약용은 측은지심과 같은 도덕 감정 자체를 문제 삼지는 않았다. 다만 그 감정은 윤리적으로 선을 행할 수 있도록 한다는 데 의미가 있으며, 그 도덕 감정이 실천에까지 이어져야 한다는 것을 강조한 것이다. 그러므로 유학 전통에서 정약용이 차지하고 있는 위상은 주체의 실천과 관련된 자유 의지를 강조했다는 데에서 찾을 수 있다. 그는 이를 통해 주희가 강조한 내면적 수양을 넘어, 유학을 실천적 책임의 윤리학으로 바꿀 수 있었던 것이다.

◆ 독해 훈련 문제 ◆

가 문단
1 정약용 유학 사상의 핵심은?

나 문단
2 선천적 도덕 감정에 대해, 주희와 차별되는 정약용의 입장은?

다 문단
3 정약용이 주장하는 마음의 세 가지 차원 중, 선을 좋아하는 경향에 따른 실천을 의미하는 것은?

라 문단
4 도심과 인심 중, 주체가 따라야 한다고 정약용이 강조한 것은?

마 문단
5 유학 전통에서 정약용이 차지하고 있는 위상은 어디에서 찾을 수 있는가?

실력 UP 변형 문항

01

이 글에 대한 설명으로 가장 적절한 것은?

① 정약용의 사상에 대한 사회적 통념을 비판하고 있다.

② 정약용의 사상이 가지는 한계에 대해 분석하고 있다.

③ 정약용의 사상에 대한 상반된 관점들을 비교하고 있다.

④ 정약용의 사상이 형성되는 역사적 과정을 소개하고 있다.

⑤ 정약용의 사상이 지닌 핵심 내용과 의의를 설명하고 있다.

04

[가]~[마]의 중심 화제로 적절하지 않은 것은?

① [가]: 정약용 유학 사상의 핵심 내용

② [나]: 정약용 유학 사상의 발전 과정

③ [다]: 정약용이 주장하는 마음의 세 가지 차원

④ [라]: 주체가 따라야 할 마음에 대한 정약용의 입장

⑤ [마]: 유학의 전통에서 정약용이 차지하고 있는 위상

02 기출 05 연계

㉠에 대한 정약용의 견해로 옳지 않은 것은?

① 그 자체로 선이라고 볼 수는 없다.

② 내면적 수양을 통해 발현될 수 있다.

③ 인간이 선천적으로 지니고 있는 감정이다.

④ 주체의 의지와 결단을 통해 의미를 갖는다.

⑤ 인간이 윤리적 행위를 하게 되는 처음 원인이다.

05

ⓐ에 대해, 주희와 차별되는 정약용의 견해로 옳은 것은?

① 선천적으로 타고나는 것이다.

② 주체가 자유 의지를 갖게 만든다.

③ 주체의 실천으로 이어질 때 의미가 있다.

④ 선과 악 사이에서 항상 선을 택하게 한다.

⑤ 선을 즐거워하고 악을 부끄러워하는 마음이다.

03 기출 06 연계

〈보기〉의 상황을 정약용의 관점에서 이해한 내용으로 적절하지 않은 것은? [3점]

→ 보기 ←

• A는 TV에서 내전으로 인해 삶의 터전을 잃고 난민으로 전락한 사람들을 보며 안타까운 마음을 느꼈다.

• B는 술에 취해 지하철 선로에 떨어진 노인을 발견했다. B는 위험을 무릅쓰고 노인을 구해야 할지 말아야 할지 고민하다가, 마침내 결단을 내렸다.

① A가 도움이 필요한 사람들을 보고 안타까운 마음을 느낀 것은 '본성'에 의한 것이다.

② A가 난민들을 돕기 위해 기부나 자원봉사를 한다면 '행사'가 이루어진 것으로 볼 수 있다.

③ B가 지하철 선로에 떨어진 노인을 발견한 것은 '권형'의 차원과 관련된다고 볼 수 있다.

④ B가 자신의 육체적 안위를 우선시해 노인을 구하지 않는다면 '인심'에 따른 행위로 볼 수 있다.

⑤ B가 자신에게 닥칠 수 있는 위험을 무릅쓰고 노인을 구한다면 '도심'에 따른 행위로 볼 수 있다.

06

정약용의 관점에서 〈보기〉의 상황에 대해 해석한 내용으로 적절하지 않은 것은?

→ 보기 ←

화재로 건물 전체가 붕괴될 상황에서 대피하던 '갑', '을'은 무너진 건물 잔해에서 부상당한 '병'을 발견한다. 두 사람은 '병'을 보고 안타까운 마음이 들지만, 잠시 후 건물 붕괴를 알리는 사이렌이 울리자 갈등에 빠진다. '갑'은 결국 생존자를 구하는 것이 불가능하다고 판단하여 대피하고, '을'만이 생존자를 구하기 위해 남는다.

① '갑'과 '을'이 대피하던 중에 부상당한 '병'을 발견한 것은 도덕 감정에 따른 '행사'가 이루어진 것으로 볼 수 있다.

② '갑'과 '을'이 부상당한 '병'을 보고 안타까운 마음이 든 것은 본성적으로 선을 좋아하는 경향이 나타난 것이다.

③ '갑'과 '을'이 사이렌을 듣고 난 후, 갈등 속에서 결단에 이르는 과정은 '권형'의 차원과 관련된다고 볼 수 있다.

④ '을'이 자기 생명을 우선시하게 되는 육체의 제약을 극복하고 생존자를 구하기 위해 남은 것은 '도심'에 따른 선한 행위이다.

⑤ '갑'이 자신의 생명을 더 중요하게 생각하고 대피한 것은 '인심'에 따른 행위로 볼 수 있다.

[1~6] 다음 글을 읽고 물음에 답하시오.

중국의 전국 시대는 주 왕실의 봉건제가 무너지고 열국들이 중국 천하를 ⓐ할거하면서 끝없는 전쟁으로 패권을 다투던 혼란과 분열의 시기였다. 이때 등장한 제자백가 철학은 전국 시대라는 난세를 극복하고 더 나은 세상을 세우기 위한 사회적 필요와 인간에 대한 치열한 사유로부터 비롯되었다. 그렇다면 당대 사상가들은 국가 또는 공동체의 질서 회복과 개인의 삶의 관계를 어떻게 모색하였을까?

전국 시대의 주류 사상가로서 담론을 ⓑ주도했던 양주는 인간은 기본적으로 자신만을 위한다는 위아주의(爲我主義)를 주장했다. Ⓐ이는 사회의 모든 제도와 문화를 인위적인 허식으로 보고 자신의 생명을 완전하게 지키며 사는 것이 인생에서 가장 중요하다는 생각이다. 얼핏 보면 양주의 이러한 사상이 극단적인 이기주의로 보일 수도 있으나, 이는 군주를 정점으로 하는 국가 체제를 부정하고 개인의 중요성을 강조하였다는 점에서 의미 있는 관점이다. 일반적으로 무질서한 사회의 원인을 국가나 국가 지향적 이념의 부재로 여기는 데 반해, 양주는 '바람직한 사회를 위해서 삶을 희생하라'는 국가 지향적 이념을 문제 삼은 것이다. 그는 강력한 공권력을 독점한 국가에 의해 개인의 삶이 일종의 수단으로 전락할 수 있다는 점을 통찰하고, 개인은 사회 규범이나 국가 지향적 이념에 사로잡혀 개인을 희생하지 말고 자신들의 삶의 절대적 가치를 ⓒ자각해야만 한다고 역설했다.

반면, 한비자는 ㉮강력한 법치주의(法治主義)로 무장한 국가의 중요성과 절대 군주론을 주장했다. 한비자는 군주가 법의 화신이 되어 엄한 법으로 다스려야 국가의 혼란을 치유할 수 있다고 믿었던 것이다. 또한 법의 실질적인 효과를 위해 법은 반드시 성문법 형식으로 만들어져 백성들 사이에 두루 알려져야 하며, 그렇게 만들어진 법은 상하 귀천을 ⓓ막론하고 공정하게 집행되어야 한다고 보았다. 한비자는 인간을 자신의 이익을 추구하는 이기적 존재로 간주하였기 때문에 강력한 공권력으로 상벌 체계를 확립하면 상을 얻기 위해 법을 지키게 될 것이라고 확신했다. 그렇게 된다면, 법치를 통해서 국가는 강력해지고, 동시에 백성들도 국가로부터 보호를 얻어 자신의 이득을 확보할 수 있다는 것이다. 결국 한비자가 생각하는 법치의 진정한 의의는 백성을 보호하고 이롭게 하는 것이었다.

이렇듯 양주는 국가와 같은 외적 존재가 개인의 삶에 ⓔ개입하는 것을 부정한 반면, 한비자는 공평무사한 정신으로 질서를 확립하여 백성의 고통을 해결하는 군주 정치를 최선으로 여겼다.

독해 훈련 문제

1 문단

1 중국 전국 시대의 혼란을 극복하기 위하여 등장한 철학은?

2 문단

2 인간은 자신만을 위한다고 생각하는 양주의 사상은?

3 양주가 주장한 위아주의 사상의 긍정적 의의는?

3 문단

4 한비자가 국가의 혼란을 치유할 수 있다고 믿은 사상은?

5 한비자가 생각하는 법치의 진정한 의의는?

4 문단

6 양주와 한비자 중 개인의 삶에 대한 국가의 개입을 옹호할 만한 사상가는?

실력 UP 변형 문항

수능 정복 기출 문항

01

이 글로 미루어 알 수 <u>없는</u> 것은?

① 양주는 개인의 삶의 가치를 중요하게 여겼다.

② 한비자는 백성들의 자율적인 법 실천을 강조했다.

③ 양주와 한비자의 사상은 혼란한 사회 상황 속에서 등장했다.

④ 양주와 한비자는 모두 인간이 자신의 이익을 중시한다고 생각했다.

⑤ 양주와 한비자는 국가와 개인의 삶의 관계에 대해 서로 다른 입장을 지녔다.

02 기출 04 연계

이 글의 '양주'와 '한비자'가 〈보기〉의 상황에 대해 평가한다고 할 때, 적절하지 <u>않은</u> 것은? [3점]

> ▶ 보기 ◀
>
> 중국의 요충지에 위치했던 정(鄭)나라는 춘추 전국 시대에 이웃 제후국의 침략과 잦은 정변으로 혼란을 겪고 있었다. 재상을 맡은 자산은 불안정한 국가 상황을 극복하기 위해 형법의 성문화를 통해 법체계를 확립하는 개혁 조치를 단행하였다. 임의적인 법 제정과 집행을 막음으로써 귀족 세력의 지배력이 약화되었으며, 법과 관련한 교육을 실시함으로써 백성들의 위상은 높아졌다. 자산의 개혁 조치에 따라 정나라는 부국강병을 이룰 수 있었다.

① 양주는 법과 같은 사회 제도가 인위적인 허식이라는 점을 자산이 간과하고 있다고 볼 것이다.

② 양주는 자산의 개혁 조치에 따라 국가 지향적 이념과 개인의 가치가 조화를 이루게 되었다고 볼 것이다.

③ 양주는 정나라가 부국강병을 이루었다고 할지라도 개인의 삶은 수단으로 전락할 위험성이 있다고 볼 것이다.

④ 한비자는 자산의 개혁 조치에 따라 정나라의 혼란이 치유될 것이라고 볼 것이다.

⑤ 한비자는 공정하게 법이 집행되고 상벌 체계가 확립되면 자산이 추구하는 법치가 효과를 거둘 것이라고 볼 것이다.

03 기출 05 연계

㉑의 궁극적인 이유로 가장 적절한 것은?

① 강력한 왕권을 확립하여 사회의 혼란을 극복하기 위해서

② 다양한 백성의 요구를 통합하여 국가의 질서를 바로잡기 위해서

③ 국가를 강력하게 하여 백성을 보호하고 그들을 이롭게 하기 위해서

④ 백성들로 하여금 자신들의 삶이 가치 있다는 것을 깨닫게 하기 위해서

⑤ 자신의 이익만을 꾀하는 백성들을 바르게 이끌어 국가의 지속성을 유지하기 위해서

04

이 글의 '양주'와 '한비자'가 〈보기〉의 밑줄 친 인물들에 대해 평가한다고 할 때, 가장 적절한 것은? [3점]

> ▶ 보기 ◀
>
> 은나라의 신하였던 <u>백이와 숙제</u>는 유가적 관점에서 나라와 군주에 대한 충성과 절의의 대명사로 추앙받고 있다. 주나라의 무왕이 주종 관계를 무시하고 은나라 주왕을 죽여 천하를 평정하자, 백이와 숙제는 무왕이 군주에 대한 인의(仁義)를 배반한 신하라고 비판하였다. 백이와 숙제는 도리를 저버린 무왕이 지배하는 주나라의 곡식을 먹지 않겠다고 수양산에 은둔해 지내다가 굶어 죽었다.

① 양주는 사회가 추구하는 가치 규범에 얽매여 개인의 삶을 잃었다는 점에서 부정적으로 볼 것이다.

② 양주는 나라와 백성은 안중에도 없이 무책임하게 현실을 도피한 극단적인 개인주의자들로 볼 것이다.

③ 한비자는 개인적인 판단에 근거하여 군주를 억압하였다는 점에서 긍정적으로 볼 것이다.

④ 한비자는 개인적 이익을 추구한 것에 대해 강력한 공권력으로 제재할 수 있다고 볼 것이다.

⑤ 양주와 한비자 모두 부당한 국가 권력과 시류에 휩쓸리지 않은 무욕의 처신을 높이 인정하여 본보기로 삼을 만하다고 볼 것이다.

05

Ⓐ의 이유로 가장 적절한 것은?

① 국가 지향적 이념 추구가 개인의 삶을 위협한다고 보았기에

② 당대 정치가들이 난세를 극복하기에는 능력이 부족하다고 보았기에

③ 법과 제도만으로는 인간의 다양한 욕구를 충족할 수 없다고 보았기에

④ 전쟁으로 인한 제도의 혼란이 국가의 권위를 유지하기 어렵다고 보았기에

⑤ 획일화된 문화와 사회 제도가 국가 체제 유지에 효율적이지 않다고 보았기에

06

문맥상, ⓐ~ⓔ를 바꿔 쓰기에 적절하지 <u>않은</u> 것은?

① ⓐ: 나누어 차지하면서

② ⓑ: 이끌었던

③ ⓒ: 스스로 깨달아야만

④ ⓓ: 꼼꼼히 따지고

⑤ ⓔ: 끼어드는

[1~4] 다음 글을 읽고 물음에 답하시오.

'역사적 사실'은 과거에 일어난 개체적 사건 그 자체를 의미하기도 하고, 역사가에 의해 주관적으로 파악된 과거의 사실만을 의미하기도 한다. 역사가의 역사 연구 태도는 이러한 '역사적 사실'에 대한 두 가지의 개념 중 무엇을 강조하느냐에 따라 달라진다.

[A] 랑케는 역사적 사실을 '신(神)의 손가락'에 의해 만들어진 자연계의 사물과 동일시했다. 그는 각 시대나 과거의 개체적 사실들은 그 자체로 완결된 고유의 가치를 지녔으며, 이는 시간의 흐름을 초월해 존재한다고 믿었다. 그래서 역사가가 그것을 마음대로 해석하는 것은 신성한 역사를 오염시키는 것이라 여기고, 과거의 역사적 사실을 있는 그대로 기술하는 것이 역사가의 몫이라고 주장했다. 이를 위해 역사가는 사료에 대한 철저한 고증과 확인을 통해 역사를 인식해야 하며, 목적을 앞세워 역사를 왜곡하지 말아야 한다고 보았다.

이에 반해 드로이젠은 역사적 사실이란 어디까지나 역사가의 주관적 인식에 의해 학문적으로 구성된 사실이라는 점을 강조했다. 그래서 그는 역사를 단순히 과거 사건들의 집합으로 보지 않았으며, 역사가의 임무는 과거 사건들을 이해하고 해석하여 하나의 지식 형태로 구성하는 것이라고 보았다. 그리고 객관적 사실을 파악하기 위한 사료 고증만으로는 과거에 대한 부분적이고 불확실한 설명을 찾아낼 수 있을 뿐이라고 했다.

하지만 드로이젠이 역사가의 주관적 인식을 강조했다고 하더라도, 역사가가 임의로 과거의 사실을 이해하고 해석한다고 본 것은 아니다. 그는 역사가가 과거의 개체적 사실들 가운데 일부를 역사적 사실로 인식하는 과정에서, 역사가의 주관이 개입하기 이전에 결정적으로 작용하는 '범주*로서의 역사'가 있다고 보았다. 즉 범주로서의 역사라고 하는 것이 역사가의 역사 인식을 선험적으로 규정한다고 본 것이다. 이때, 역사 인식의 범주를 형성하는 것은 '인륜적 세계'이다. 인간은 태초부터 주어진 자연의 세계보다는 인간의 의지와 행위에 의해 만들어진 인륜적 세계에 살고 있다. 따라서 역사는 이와 같은 인륜적 세계 속에서 일어나며 또한 그것과의 연관 속에서만 파악될 수 있다는 것이다.

요컨대 드로이젠은 랑케의 객관적 역사 인식과 달리 역사 인식의 주관성을 주장하면서도, 선험적으로 주어진 인륜적 세계가 역사가의 역사 인식과 해석을 결정한다고 보았다. 따라서 그의 주관주의적 역사 인식론은 결코 상대주의로 나아가지 않았다.

* 범주: 사물의 개념을 분류할 때 그 이상 일반화할 수 없는 가장 보편적이고 기본적인 최고의 유개념(類概念)

독해 훈련 문제

1 문단

1 '역사적 사실'에 대한 두 가지의 개념 중 랑케가 강조한 것은?

2 문단

2 랑케가 생각하는 바람직한 역사 연구 태도는?

3 문단

3 드로이젠이 생각한 역사가의 임무는?

4 문단

4 드로이젠이 역사 인식의 범주를 형성한다고 본 것은?

5 문단

5 드로이젠의 역사 인식론이 상대주의로 나아가지 않은 이유는?

01

이 글을 통해 알 수 있는 내용으로 적절하지 않은 것은?

① 역사적 사실에 대한 인식의 차이는 역사가의 역사 연구 태도에 영향을 준다.

② 랑케는 과거의 개체적 사건들이 지닌 고유한 가치는 변하지 않는다고 보았다.

③ 랑케는 역사 연구에 있어 역사가의 주관적 해석이 개입되는 것을 경계하였다.

④ 드로이젠은 사료를 충분히 고증해야 역사를 정확하게 설명할 수 있다고 보았다.

⑤ 드로이젠은 범주로서의 역사가 역사가의 역사 인식을 선험적으로 규정한다고 보았다.

02 ◁기출 04 연계▷

이 글을 바탕으로 〈보기〉를 이해한 내용으로 적절하지 않은 것은?

[3점]

> ► 보기 ◄
>
> (가) 투키디데스는 〈펠로폰네소스 전쟁사〉를 쓴 고대 그리스의 역사가이다. 그는 있었을 법한 이야기들 대신 근거가 명확하게 있는 사실만을 다루었다. 아울러 주관을 배제하고 객관적으로 사건을 다루려고 했다. 이로써 역사는 비로소 옛날이야기에서 벗어나 사실의 기록이 된다.
>
> (나) 영국의 역사학자 콜링우드는 다음과 같이 말했다. "역사가의 마음속에서 행해지는 과거의 재구성은 경험적인 증거에 의거한다. 그러나 재구성 그 자체는 경험적 과정이 아니며, 또한 사실의 단순한 나열이 아니다. 오히려 재구성 과정은 사실의 선택 및 해석을 지배하는 것이며, 바로 이것이야말로 사실을 역사적 사실로 만드는 것이다."

① 랑케는 (가)의 '투키디데스'가 역사가의 몫을 다했다고 생각하겠군.

② 랑케는 (나)와 같이 사실을 단순하게 나열하면 역사를 왜곡할 위험성이 있다고 생각하겠군.

③ 드로이젠은 (가)와 같이 객관적으로 사실을 기록하는 것만으로는 역사를 충분히 설명할 수 없다고 생각하겠군.

④ 드로이젠은 (나)의 콜링우드에게 있어 역사적 사실이란 주관적으로 파악된 과거의 사실을 의미한다고 생각하겠군.

⑤ 드로이젠은 (나)의 콜링우드가 '재구성 과정'을 거친다고 해도 임의로 과거의 역사를 해석하는 것은 아니라고 생각하겠군.

03

[A]에 나타난 '랑케'의 관점에서 비판할 수 있는 사례로 가장 적절한 것은?

① 원나라의 문화적 영향을 분석하기 위해 주변 국가의 어휘들을 어휘군별로 분류하였다.

② 고려 시대 귀족 문화의 특성을 알아보기 위해 관리들의 장신구와 생활용품 등을 수집하였다.

③ 고구려, 백제, 신라의 역학 관계를 규명하기 위해 영토 경계를 나타내는 비석의 문구를 채록하였다.

④ 과거에 일시 편입시킨 영토에 대한 지배권 회복을 주장하기 위해 러일 전쟁 전후에 체결된 국제 조약 자료를 선별하였다.

⑤ 조선 시대 농민 계층의 생활상을 파악하기 위해 임진왜란 전후의 토지 제도 변천 과정을 보여 주는 사료를 정리하였다.

04

이 글의 '드로이젠'과 〈보기〉의 '신사학파'를 비교한 내용으로 가장 적절한 것은? [3점]

> ► 보기 ◄
>
> 미국의 신사학파는 역사적 사실의 존재 방식은 영원한 실재가 아니라 변화 그 자체이며, 모든 역사가는 자신의 관심과 자기 시대의 관점에 따라 과거 사실들을 해명한다고 보았다. 즉 그들은 역사 서술의 출발점을 역사가의 현재 인식이라고 보았다.

① '드로이젠'은 '신사학파'와 달리 역사가의 주관적 역사 인식을 중요한 가치로 인식하고 있군.

② '신사학파'는 '드로이젠'과 달리 역사가의 역사 인식이 상대적인 관점에서 이루어진다고 보고 있군.

③ '신사학파'는 '드로이젠'과 달리 불변하는 현실이 역사 인식의 범주를 형성하고 있다고 주장하고 있군.

④ '드로이젠'과 '신사학파'는 모두 인륜적 세계를 상정하여 역사가의 역사 인식을 설명하고 있군.

⑤ '드로이젠'과 '신사학파'는 모두 역사 인식이 제대로 이루어지려면 역사적 사실의 존재를 부정해야 한다고 주장하고 있군.

[1~5] 다음 글을 읽고 물음에 답하시오.

　　제2차 세계 대전이 끝나고 나서 미국과 소련 및 그 동맹국들 사이에서 공공연하게 전개된 제한적 대결 상태를 냉전이라고 한다. 냉전의 기원에 관한 논의는 냉전이 시작된 직후부터 최근까지 계속 진행되었다. 이는 단순히 냉전의 ⓐ발발 시기와 이유에 대한 논의만이 아니라, 그 책임 소재를 묻는 것이기도 하다. 그 연구의 결과를 편의상 세 가지로 나누어 볼 수 있다.

　　가장 먼저 나타난 ㉠전통주의는 냉전을 유발한 근본적 책임이 소련의 팽창주의에 있다고 보았다. 소련은 세계를 공산화하기 위한 계획을 수립했고, 이 계획을 실행하기 위해 특히 동유럽 지역을 시작으로 적극적인 팽창 정책을 수행하였다. 그리고 미국이 자유 민주주의 세계를 지켜야 한다는 도덕적 책임감에 기초하여 그에 대한 봉쇄 정책을 추구하는 와중에 냉전이 발생했다고 본다. 그리고 미국의 봉쇄 정책이 성공적으로 수행된 결과 냉전이 ⓑ종식되었다는 것이 이들의 입장이다.

　　여기에 비판을 가한 ㉡수정주의는 기본적으로 냉전의 책임이 미국 쪽에 있고, 미국의 정책은 경제적 동기에서 비롯했다고 주장했다. 즉, 미국은 전후 세계를 자신들이 주도해 나가야 한다고 생각했고, 전쟁 중에 급증한 생산력을 유지할 수 있는 시장을 얻기 위해 세계를 개방 경제 체제로 만들고자 했다. 그러므로 미국 정책 수립의 ⓒ기저에 깔린 것은 이념이 아니라는 것이다. 무엇보다 소련은 미국에 비해 국력이 미약했으므로 적극적 팽창 정책을 수행할 능력이 없었다는 것이 수정주의의 기본적 입장이었다. 오히려 미국이 유럽에서 공격적인 정책을 수행했고, 소련은 이에 대응했다는 것이다.

　　냉전의 기원에 관한 또 다른 주장인 ㉢탈수정주의는 위의 두 가지 주장에 대한 절충적 시도로서 냉전의 책임을 일방적으로 어느 한쪽에 부과해서는 안 된다고 보았다. 즉, 냉전은 양국이 추진한 정책의 '상호 작용'에 의해 발생했다는 것이다. 또 경제를 중심으로만 냉전을 보아서는 안 되며 안보 문제 등도 같이 고려하여 파악해야 한다고 보았다. 소련의 목적은 주로 안보 면에서 제한적으로 추구되었는데, 미국은 소련의 행동에 과잉 반응했고, 이것이 상황을 악화시켰다는 것이다. 이로 인해 냉전 책임론은 크게 후퇴하고 구체적인 정책 형성에 대한 연구가 ⓓ부각되었다.

　　그러나 이와 같은 절충적 시각의 연구 성과는 일견 무난해 보이지만, 잠정적일 수밖에 없었다. 역사적 현상은 복합적인 요인들로 구성되지만, 중심적 경향성은 존재하고 이를 파악하여 설명하는 것이 역사 연구의 ⓔ본령 중 하나이기 때문이다.

독해 훈련 문제

1 문단

1 제2차 세계 대전 후 미국과 소련 및 그 동맹국들 사이에서 전개된 제한적 대결 상태를 뜻하는 개념은?

2 문단

2 전통주의에서 바라보는 냉전의 원인은?

3 문단

3 수정주의에서 바라보는 냉전의 원인은?

4 문단

4 탈수정주의에서 바라보는 냉전의 원인은?

5 문단

5 탈수정주의와 같은 절충적 시각의 연구가 지닌 한계는?

실력 UP 변형 문항

[평가원 기출]

수능 정복 기출 문항

01 기출 04 연계

이 글을 읽고 답을 할 수 있는 질문이 <u>아닌</u> 것은?

① 냉전의 기원에 관한 논의에는 어떤 내용들이 다루어지는가?

② 전통주의에서는 냉전의 책임이 누구에게 있다고 보는가?

③ 수정주의에서는 다른 두 입장의 견해에 대해 어떻게 반박하고 있는가?

④ 탈수정주의가 나타난 이후 구체적 정책 연구가 부각된 이유는 무엇인가?

⑤ 탈수정주의 입장에는 어떠한 문제점이 있는가?

04

이 글을 통해 알 수 있는 내용으로 적절하지 <u>않은</u> 것은?

① 전통주의에 따르면 소련의 팽창 정책은 공산주의 이념에 입각하여 수행된 것이었다.

② 수정주의에 따르면 미국의 경제적 동기가 냉전을 만들어 낸 가장 중요한 요인이었다.

③ 수정주의에 따르면 미국의 봉쇄 정책은 소련의 공격적 팽창 정책에 대한 대응이었다.

④ 탈수정주의 출현 이후 냉전의 책임 소재에 대한 연구보다 구체적 정책 연구가 강조되었다.

⑤ 탈수정주의는 절충적 성향을 가져 역사적 현상의 중심적 경향성을 포착하는 데 한계를 보였다.

02 기출 05 연계

㉠~㉢에 해당하는 사례를 〈보기〉의 (가)~(다)에서 찾아 바르게 짝지은 것은? [3점]

► 보기 ◄

(가) 종전 이후에 소련은 국제적 합의를 통해 핵무기를 통제하는 일을 거부한 미국의 의도를 의심하였다. 반면 미국은 1946년 그리스에서 봉기가 일어나자 소련이 배후에서 조종하였다고 보았다. 양국의 상호 불신은 점점 깊어졌다.

(나) 소련은 공산주의 이념의 확산을 위해 동유럽에서 그들의 영향력을 강화시켜 나갔다. 미국은 동유럽을 서유럽 침공에 대한 관문으로 여겨 소련을 의심하기 시작했다.

(다) 미국은 마셜 플랜을 통해 소련과 동유럽 사회주의 국가들을 자본주의 경제 체제로 편입시키려 하였다. 이러한 미국의 정책은 소련을 긴장시켰다.

	㉠	㉡	㉢
①	(가)	(나)	(다)
②	(가)	(다)	(나)
③	(나)	(가)	(다)
④	(나)	(다)	(가)
⑤	(다)	(가)	(나)

05

〈보기〉의 (가)~(다)와 부합하는 것을 ㉠~㉢ 중에서 골라 바르게 짝지은 것은?

► 보기 ◄

(가) 이 시기 미국과 소련은 각기 자국의 방어를 위한 조치를 취했다. 그러자 양국은 상대방의 조치를 위협적인 행동으로 받아들여 대응 조치를 더욱 강화함으로써 자국의 안보가 더 위태롭게 되는 이른바 안보 딜레마 상황에 빠져 있었던 것으로 보인다.

(나) 미국의 대응이 미약하거나 부재한 곳에서는 소련이 분쟁을 일으켰다. 따라서 미국이 좀 더 일찍 그리고 적극적으로 봉쇄 정책을 추구했다면, 동유럽이 소련의 영향 아래 들어가는 것을 막을 수 있었을 것이다.

(다) 제2차 세계 대전 직후인 1947년 미국은 세계 철강 총생산량의 54%, 소련은 12%를 차지했으며, 에너지 소비량의 경우는 미국이 49%, 소련이 12%였다. 이런 예들은 국력 면에서 미국이 소련보다 압도적 힘의 우위를 지녔다는 것을 알려 준다.

	(가)	(나)	(다)
①	㉠	㉢	㉡
②	㉡	㉠	㉢
③	㉡	㉢	㉠
④	㉢	㉠	㉡
⑤	㉢	㉡	㉠

03

ⓐ~ⓔ의 사전적 의미로 적절하지 <u>않은</u> 것은?

① ⓐ: 움직이거나 작용하기 시작함

② ⓑ: 한때 매우 성하던 현상이나 일이 끝나거나 없어짐

③ ⓒ: 어떤 것의 바닥이 되는 부분

④ ⓓ: 어떤 사물을 특징지어 두드러지게 함

⑤ ⓔ: 근본이 되는 강령이나 특질

[1~5] 다음 글을 읽고 물음에 답하시오.

　　바라는 욕구가 있지만 그것이 원만히 충족되지 못하는 경우에 우리는 긴장하거나 불편함을 느낀다. 이것이 우리가 흔히 말하는 스트레스이다. 운 좋게 스트레스가 저절로 해소될 수도 있지만 매번 이러한 요행을 바랄 수는 없으므로 우리는 스트레스를 해소할 수 있는 적절한 방법을 강구해야 한다.

　　스트레스를 효과적으로 해소하려는 것을 '대처'라고 하는데, 여기에는 두 가지 방법이 있다. 하나는 '문제 중심적 대처 방법'이고, 다른 하나는 '정서 중심적 대처 방법'이다. 전자는 스트레스를 일으키는 상황을 적극적으로 변화시키거나 문제 상황을 직접 해결하기 위한 여러 가지 방법을 생각한 후 가장 적합한 방법을 선택하여 스트레스 상황을 없애는 방법이다. 반면 후자는 문제를 직접 해결하기보다는 스트레스 상황을 인식하는 방법을 바꾸어 스트레스를 해소하는 방법이다.

　　특히, 후자의 방법을 ㉠'방어 기제(defense mechanism)'라고 부른다. 방어 기제는 무의식적으로 사실을 왜곡함으로써 불안을 줄이고 자아를 보호하려는 것이다. 방어 기제에는 고통스러운 생각을 의식에 떠오르지 않도록 하는 '억압', 불안을 일으키는 생각과 반대로 행동하거나 불안이 없다고 생각하는 '부인', 사회적으로 용납되지 않는 감정이나 행동에 대해 논리적으로나 사회적으로 그럴 듯한 이유를 붙여 자신의 행동을 정당화하고 보호하는 '합리화' 등이 있다. 합리화에는 몇 가지 유형이 있다. 어떤 목표를 달성하기 위해 노력했으나 실패했을 때, 원래 그 목표 달성을 원하지 않았다고 생각하는 '신 포도형', 현재의 불만족스러운 상황을 자신이 가장 원했던 것이라고 믿는 '달콤한 레몬형', 자신의 능력에 대해 허구적 신념을 가짐으로써 실패의 원인을 정당화하는 '망상형' 등이 그것이다. 이러한 방어 기제는 거짓말이나 변명과 달리 무의식적으로 이루어진다.

[A] ┌ 　　한편 방어 기제는 스트레스 상황에 대처하기 위해 사용하는데, 이를 사용한다고 해서 그 사람을 미숙하다고 볼 수는 없다. 때에 따라서는 문제 중심적 대처 방법보다 더 효과적으로 스트레스를 해소할 수도 있다. 방어 기제는 대체로 실패에 따른 부정적 정서를 완화하여 긴장과 불안을 줄여 주기 때문이다. 그러나 방어 기제를 사용한다 하더라도 스트레스를 주는 상황 자체를 바꾸지는 못한다. 방어 기제는 사실을 왜곡하고 자기를 기만하며 고통스런 상황을 일시적으로 벗어날 수 있게 할 뿐이다. └

독해 훈련 문제

1 문단

1 스트레스가 생기는 이유는?

2 문단

2 적합한 해결 방법을 선택하여 스트레스 상황을 없애는 대처 방법은?

3 상황을 인식하는 방법을 바꾸어 스트레스를 해소하는 대처 방법은?

3 문단

4 방어 기제의 유형 중, 불안을 일으키는 생각과 반대로 행동하거나 불안이 없다고 생각하는 방법은?

5 합리화의 유형 중, 현재의 불만족스러운 상황을 자신이 가장 원했던 것이라고 믿는 방법은?

4 문단

6 때때로 방어 기제가 문제 중심적 대처 방법보다 더 효과적으로 스트레스를 해소할 수 있는 이유는?

실력 UP 변형 문항

01
이 글의 전개 방식으로 가장 적절한 것은?

① 대상의 변화 과정을 통시적으로 살펴보고 있다.
② 중심 화제를 유형별로 분류하여 설명하고 있다.
③ 현상의 원인을 다양한 측면에서 분석하고 있다.
④ 구체적인 사례를 들어 개념의 의미를 밝히고 있다.
⑤ 전문가의 견해를 바탕으로 내용의 신뢰성을 높이고 있다.

02 기출 05 연계
㉠에 대한 이해로 적절하지 않은 것은?

① 욕구가 원만히 충족되지 못하는 상황에 대처하기 위해 필요하다.
② 최적의 방법을 찾아서 스트레스를 주는 상황을 없애는 방법이다.
③ 긴장과 불안을 주는 문제 상황을 근본적으로 해결하지는 못한다.
④ 무의식적으로 사실을 왜곡함으로써 자아를 보호하기 위한 것이다.
⑤ 때에 따라 문제 중심적 대처 방법보다 스트레스를 완화하는 데 더 효과적이다.

03 기출 04 연계
이 글을 바탕으로 〈보기〉를 이해한 내용으로 적절하지 않은 것은? [3점]

▶ 보기 ◀

(가) 미희는 패션 디자이너가 되고자 노력했지만 아이디어가 부족하여 뜻을 이루지 못하자, 원래 패션 디자이너가 아니라 패션모델이 꿈이었다고 말했다.
(나) 서울에서 지방으로 좌천된 영철은, 지방이 공기가 좋고 물가도 낮아 서울보다 더 살기가 좋다고 자랑하였다.

① (가)의 미희는 패션 디자이너가 되지 못하자 '신 포도형'으로 자신을 합리화한 것이다.
② (나)의 영철은 지방 좌천으로 인한 부정적 정서를 '달콤한 레몬형'으로 완화하고 있다.
③ (가)의 미희와 (나)의 영철은 '정서 중심적 대처 방법'을 사용하여 부정적 상황에 대처하고 있다.
④ (가)의 미희와 (나)의 영철은 정신적으로 미숙하기 때문에 합리화의 방법으로 스트레스를 해소하고 있다.
⑤ (가)의 미희와 (나)의 영철은 문제 상황 자체를 바꾸지 못했기 때문에 고통스런 상황에서 완전히 벗어난 것은 아니다.

수능 정복 기출 문항

04
이 글을 바탕으로 〈보기〉를 이해한 내용으로 적절하지 않은 것은? [3점]

▶ 보기 ◀

(가) 은희는 공부를 열심히 하려고 하는데, 아파트로 이사 온 후 위층의 소음 때문에 고통을 겪고 있다. 위층에 사는 어린아이가 뛰어다니는 소리 때문에 주말과 저녁 시간에는 공부를 거의 할 수가 없다.
(나) 철수는 음료수 자동판매기에 동전을 넣고 마시고 싶은 음료수 버튼을 눌렀다. 그런데 음료수가 나오지 않았다. 동전 반환 버튼을 눌렀지만 동전도 나오지 않아 화가 났다.

① (가)의 은희와 (나)의 철수는 바라는 욕구가 충족되지 못해서 스트레스를 받고 있다.
② (가)의 은희가 성적 저하의 원인을 위층의 소음 때문이라고 변명했다면, 이는 무의식적으로 대처한 것이다.
③ (가)의 은희가 위층 주인에게 소음이 발생되지 않도록 조심해 달라고 말했다면, 이는 '문제 중심적 대처 방법'을 선택한 것이다.
④ (나)의 철수가 원래부터 음료수를 그다지 먹고 싶지 않았다고 위안 삼았다면, 철수는 '신 포도형'으로 합리화한 것이다.
⑤ (나)의 철수가 자동판매기 관리자에게 전화를 걸어 음료수를 받았다면, 철수는 스트레스를 일으킨 상황을 해결한 것이다.

05
[A]를 통해 추리할 수 있는 내용으로 가장 적절한 것은?

① 방어 기제로는 스트레스를 주는 상황을 근본적으로 해결할 수 없다.
② 스트레스를 해소하기 위해서는 사실을 왜곡하는 것을 피할 수 없다.
③ 방어 기제로 스트레스를 해소하는 것은 사회적인 윤리 기준에서 벗어나는 것이다.
④ 정신적으로 성숙한 사람은 방어 기제보다 문제 중심적 대처 방법을 더 선호한다.
⑤ 육체적인 고통을 치유하는 데에는 문제 중심적 대처 방법보다 방어 기제가 더 효과적이다

[1~4] 다음 글을 읽고 물음에 답하시오.

일상에서 우리는 별개의 대상을 같은 이름으로 지칭하는 경우가 있다. 이것은 그것들이 무엇인가 공통점을 지니고 있다고 생각하기 때문이다. 예컨대 옆집에서 키우는 '진돗개'와 우리 집에서 키우는 '치와와'를 생김새의 차이에도 불구하고 모두 '개'라고 부른다면, '개'라는 이름이 뜻하는 그 무엇, 즉 '개'라는 개념이 포함하고 있는 속성을 '진돗개'와 '치와와'가 공유하는 것으로 보아 둘 모두를 '개'의 범주에 포함시킨 것이다. 이는 개념이 범주화의 기능을 한다는 것을 보여 준다.

그렇다면 개념과 범주는 무엇일까? 개념은 특정한 사물이나 사건, 상징적인 대상들의 공통된 속성을 추상화하여 종합화한 보편적 관념을 말하고, 범주는 같은 성질을 가진 부류나 범위라고 말할 수 있다. 개념은 내포(內包)와 외연(外延)으로 구성되어 있다. 내포는 개념이 적용되는 범위에 속하는 여러 사물이 공통적으로 가지고 있는 어떤 필연적 성질 전체를 가리킨다. 예를 들어 생물이라는 말의 경우 '생명을 가지고 생활 현상을 영위하는 존재'가 내포가 된다. 반면 외연은 그 개념이 지시할 수 있는 대상 전체의 범위를 가리킨다. 생물이라는 말의 외연은 생물이라는 개념이 지시할 수 있는 대상 전체, 곧 동물, 식물 등이 된다. 이는 외연이 범주화와 관련이 있음을 보여 준다.

범주화란 특정한 사례가 특정한 범주의 구성원인지의 여부를 결정하는 것, 그리고 특정한 개념이 다른 개념의 부분 집합인지를 결정하는 것이다. 범주화는 위계적으로 이루어지는데, 예를 들어 하위 범주인 '작은북'은 상위 범주인 '북'의 부분 집합이 되며, '북'은 보다 높은 상위 범주인 '타악기'의 부분 집합이 되는 식이다. 이러한 범주화는 인간이 사물과 현상을 변별하고, 이해하고, 추론하고, 기억하는 데 많은 도움을 준다. 만일 사람이 새로운 경험을 할 때마다 그 경험을 개별적인 속성에 기초해서 독특한 것으로 지각한다면 엄청나게 다양한 경험에 압도당할 것이며, 접하는 것들의 대부분을 기억할 수 없을 것이다. 또한 접하는 모든 대상들을 그 이전에 경험한 어떤 것과도 같지 않은 속성을 지닌 것으로 인식한다면 경험에 의미를 부여할 수 없으며, 그 경험으로부터 도움을 받을 수 없게 된다.

범주화는 주위에서 일어나는 사물이나 현상들을 의미 있는 단위로 분할하여 이해하고 설명하며, 그 사물이나 현상들과 관련 있는 이후의 일들을 예상할 수 있게도 해 준다. 예를 들어 '침엽수'가 침 모양의 잎사귀를 가지고 있으며, 건조와 추위에 강하다는 것을 알고 있는 사람이 가을에 여행을 가서 침 모양의 잎사귀를 가진 나무를 본다면, 그는 그 나무를 침엽수로 범주화하여 그 나무가 겨울의 매서운 추위에도 잘 견딜 것이라고 예상할 수 있을 것이다.

범주화는 인류가 오랫동안 지식을 축적해 온 방법으로 유용한 도구이지만 범주화에 기초해 판단하는 것에 익숙해지다 보면 성급하게 범주화하여 오판에 이르는 경우가 발생할 수 있다. 그러므로 판단의 오류를 줄이기 위해서는 여러 요소를 고려하여 범주화할 수 있어야 한다.

독해 훈련 문제

1 문단

1 글쓴이가 생각하는 개념의 주된 기능은?

2 문단

2 특정한 사물이나 사건, 대상들의 공통된 속성을 추상화하여 종합화한 보편적 관념을 이르는 말은?

3 내포와 외연 중, 범주화와 관련이 있는 것은?

3 문단

4 '북'을 기준으로 했을 때, '작은북' 및 '타악기'와의 관계는?

5 범주화의 역할은?

4 문단

6 범주화의 유용성은?

5 문단

7 범주화를 할 때 생길 수 있는 문제점은?

실력 UP 변형 문항

01 기출 03 연계
이 글을 통해 알 수 있는 내용으로 적절하지 <u>않은</u> 것은?

① 특정한 대상들의 공통된 속성을 추상화하여 종합화하면 개념을 만들 수 있다.

② 어떤 개념은 다른 개념의 하위 범주이면서 동시에 상위 범주이기도 하다.

③ 범주화를 하기 위해서는 해당하는 개념의 내포와 외연을 종합해야 한다.

④ 범주화를 통해 어떤 현상과 관련된 앞으로의 일을 예상할 수도 있다.

⑤ 성급하게 범주화를 하다 보면 판단에 오류가 생길 수 있다.

02 기출 04 연계
이 글을 바탕으로 〈보기〉를 이해한 내용으로 적절하지 <u>않은</u> 것은? [3점]

> ► 보기 ◄
>
> (가) 평소에 철수는 스포츠에 관심이 많고, 민수는 전혀 관심이 없었다. 두 사람에게 각각 '두산 베어스, FC 서울, 전북 현대, 부산 KCC, 울산 현대모비스, 삼성 라이온즈'라고 적힌 단어 카드를 보여 주며 외워 보라고 한 뒤에, 외울 때까지 걸린 시간을 측정했다. 철수는 각 단어를 '야구팀', '축구팀', '농구팀'으로 나누어 외웠지만, 민수는 각 단어들의 관계를 고려하지 않고 외웠다.
>
> (나) 영희는 포유류의 특성을 몰랐다. 그래서 고래가 물속에 살고 있고 지느러미를 가지고 있기 때문에 어류에 속한다고 생각했다. 하지만 과학 선생님은 고래가 폐로 호흡하고 젖을 먹여 새끼를 키우기 때문에 포유류에 속한다고 설명해 주셨다.

① (가)에서 철수는 단어를 더 큰 상위 범주로 묶어 외우는 방법을 선택했군.

② (가)에서 민수는 단어를 의미 있는 단위로 분할하여 이해하지 못했군.

③ (가)에서 철수와 민수의 기억력이 비슷하다면, 철수가 민수보다 단어를 외우는 데 걸리는 시간이 더 길 것이라고 추측할 수 있겠군.

④ (나)에서 영희는 외형적인 모습에만 주목하여 성급하게 범주화했기 때문에 오판에 이르게 되었군.

⑤ (나)에서 과학 선생님은 어류와 구분되는 포유류의 속성을 이해하고 있었기 때문에 고래를 바르게 범주화할 수 있었겠군.

수능 정복 기출 문항

[고3 교육청 기출]

03
이 글에서 다루고 있는 내용이 <u>아닌</u> 것은?

① 범주화의 다양한 종류

② 범주화의 위계적 성격

③ 내포와 외연의 의미

④ 개념의 범주화 기능

⑤ 범주화의 유용성

04
이 글을 참고하여 〈보기〉를 해석한 내용으로 적절하지 <u>않은</u> 것은? [3점]

> ► 보기 ◄
>
> ㄱ. A는 곤충이 다리가 세 쌍이며 거미는 다리가 네 쌍이라는 것을 몰랐다. 그래서 거미를 보고 거미와 곤충의 유사한 모습에만 주목해 거미가 곤충에 속한다고 말했다. 곤충과 거미의 차이점을 알고 있는 B는 그 말을 듣고 거미는 곤충이 아니라고 A에게 알려 주었다.
>
> ㄴ. 유아들과 청소년들을 대상으로 사과, 개, 장미, 소, 국화, 포도 그림을 보여 주며 어떤 그림을 봤는지를 외워 보라고 했다. 유아들은 그림들 간의 관계를 고려하지 않고 외운 반면, 청소년들은 그림들을 '과일', '꽃', '가축'으로 나누어 외웠다.
>
> ㄷ. C는 수업 시간에 영상물을 통해 기도가 막혔을 때의 응급 처치 방법을 배웠다. 친구들과 저녁 식사를 하던 중 한 친구가 갑자기 목을 부여잡고 제대로 숨을 쉬지 못하는 상황이 발생하자, C는 영상물에서 본 상황과 유사하다고 생각하여 응급 처치를 시행하였다. 그 덕분에 그 친구는 무사했다.

① ㄱ에서 A는 거미가 지니고 있는 곤충과의 유사한 모습에 주목하여 범주화했겠군.

② ㄱ에서 B는 거미의 개념과 관련해 곤충과 구별되는 거미의 속성을 이해하고 있었기 때문에 A가 잘못 범주화한 것을 바로잡아 줄 수 있었겠군.

③ ㄴ에서 그림의 개수가 더 많아지면 '유아들'이 제시된 그림들을 모두 기억하는 데 겪는 어려움이 더 커질 수 있겠군.

④ ㄴ에서 '청소년들'은 '사과, 개, 장미, 소, 국화, 포도' 각각의 그림 속 대상이 지닌 독특한 고유의 특성에 주목해 외웠겠군.

⑤ ㄷ에서 C는 '친구'가 숨을 못 쉬게 된 것을 기도가 막혔을 때의 증상으로 범주화했기 때문에 영상물을 본 경험으로부터 도움을 받을 수 있었겠군.

[1~4] 다음 글을 읽고 물음에 답하시오.

　　인간의 인지 활동은 기억을 바탕으로 이루어진다. 감각 기관을 통해 들어온 정보를 아주 짧은 시간 동안 유지하는 최초의 기억을 '감각 기억'이라 한다. 이 기억은 주의를 기울이지 않으면 금세 사라지지만, 주의를 기울이면 '단기 기억'으로 전이된다. 그리고 단기 기억은 암기나 메모 등의 정교화 단계를 거치면 머릿속에 오랫동안 남아 있는 '장기 기억'이 된다. 그리고 장기 기억은 다시 감각 기억이나 단기 기억을 형성하는 데 영향을 미친다. 이처럼 세 가지 기억은 제각기 독립적인 것이 아니라 지속적으로 상호 작용하는 관계에 있다.

　　장기 기억은 자신이 기억하고 있음을 의식하느냐 그렇지 않느냐에 따라 크게 둘로 나눌 수 있다. 전자에는 '의미 기억'과 '일화 기억'이 있으며, 후자에는 '절차 기억', '점화', '조건 형성'이 있다. 의미 기억은 범주화 과정을 거쳐 형성되는 개념적 지식과 관련된다. 다양한 학술 용어들을 기억하고 있는 것이 그 사례이다. 일화 기억은 특정 시공간이나 사건에 관한 기억으로, 종종 여러 가지 심상이 동반되기도 한다. 어떤 부모가 자식의 결혼식 날에 자식의 성장 과정을 회상하다가 갓 태어난 아이를 처음 품에 안던 순간을 떠올렸다면 이것은 일화 기억에 속한다.

　　절차 기억은 자전거 타기나 악기 연주 등과 같이 연습을 통해 습득되는 기술과 관련이 있다. 이러한 기술은 수행 과정에 필요한 정보를 기억하고 있다는 것을 의식하지 못한 상태에서도 능숙하게 발휘된다. 점화는 어떤 대상에 대한 경험이 이전 경험에 대한 기억을 불러일으키는 것이다. 가령 고향 어귀에서 버스를 내리자 예전 고향에서 살던 기억이 되살아났다고 한다면, 이는 고향에 도착해서 보게 된 나무나 집 등이 단서가 되어 이전의 기억들을 환기시켰기 때문이다. 한편 반복된 연합 경험이 기억을 남기는 것을 조건 형성이라 한다. 그 대표적인 사례로 파블로프의 실험을 들 수 있다. 개에게 먹이를 줄 때마다 종소리를 울리면 개는 종소리와 먹이가 연합 관계에 있다는 것을 기억하게 된다.

　　이러한 기억은 부호화, 저장, 인출의 세 단계를 거쳐 형성된다. 부호화 단계는 기억하기 쉬운 형태로 정보를 등록하는 과정이고, 저장 단계는 부호화된 정보를 머릿속 저장소로 이동시키는 과정이다. 인출 단계는 저장된 정보를 꺼내거나 상기하는 과정을 말한다. 이 중 어느 단계에서든 이상이 생기면 기억 실패 혹은 망각으로 이어지게 된다.

　　따라서 기억을 잘하기 위해서는 정보에 질서를 부여하여 효과적으로 부호화해야 한다. 자동적으로 부호화되는 불쾌한 사건이나 흥미로운 사실과 달리, 낯설거나 복잡한 정보를 부호화하기 위해서는 상당한 집중력과 노력이 필요하다. 수업 시간에 학습한 내용을 효과적으로 기억하기 위해 학습 내용을 필기하거나 요약해야 하는 것도 그 때문이다.

독해 훈련 문제

1문단

1 인간의 기억을 세 가지로 나누면?

2문단

2 다양한 학술 용어들을 기억하고 있는 것과 관련된 장기 기억은?

3 특정 시공간이나 사건에 관한 것으로 여러 가지 심상이 동반되기도 하는 장기 기억은?

3문단

4 의식하지 못한 상태에서도 어떤 기술을 능숙하게 발휘하는 것과 관련된 장기 기억은?

5 장기 기억 중 조건 형성의 대표적 사례로 꼽을 수 있는 것은?

4문단

6 기억 형성 과정 중 어느 단계에 이상이 생겼을 때의 결과는?

5문단

7 기억을 잘하기 위한 방법은?

01

이 글의 내용과 일치하지 않는 것은?

① 감각 기억, 단기 기억, 장기 기억은 서로 영향을 주고받으며 작용한다.

② 우리의 기억 중에는 자신이 기억하고 있음을 의식하지 못하는 것도 있다.

③ 기억이 형성되는 단계에 이상이 생기면 기억 실패나 망각으로 이어질 수 있다.

④ 불쾌하거나 낯선 정보를 잘 기억하기 위해서는 필기나 요약 등의 노력이 필요하다.

⑤ 우리는 반복된 연습을 통해 어떤 기술을 의식하지 못한 상태에서도 능숙하게 발휘할 수 있다.

02 기출 04 연계

이 글을 바탕으로 〈보기〉에 대해 설명한 내용으로 적절하지 않은 것은?

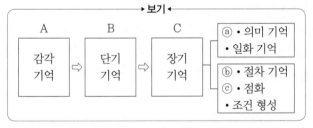

───► 보기 ◄───

A → B → C

A	B	C	
감각 기억	단기 기억	장기 기억	ⓐ • 의미 기억 • 일화 기억
			ⓑ • 절차 기억 ⓒ • 점화 • 조건 형성

① A와 B는 주의를 기울여서 저장을 하면 C로 전이된다.

② 국어 시간에 배웠던 문법 용어를 떠올리는 것은 ⓐ와 관련된다.

③ 피아노를 칠 때 건반을 보지 않고도 능숙하게 치는 것은 ⓑ와 관련된다.

④ 자신이 졸업한 학교의 교복을 입은 학생을 보고 학창 시절의 기억이 떠오른 것은 ⓒ와 관련된다.

⑤ C에서 기억을 잘하려면 정보에 질서를 부여하려는 노력이 필요하다.

03

이 글의 서술 전략에 해당하는 것을 〈보기〉에서 골라 바르게 묶은 것은?

───► 보기 ◄───

ㄱ. 화제를 분류하여 내용을 체계적으로 제시하고 있다.

ㄴ. 구체적인 사례를 제시하여 독자의 이해를 돕고 있다.

ㄷ. 유추의 방법을 통해 개념을 알기 쉽게 전달하고 있다.

ㄹ. 화제의 여러 의미를 비교하여 공통점을 드러내고 있다.

① ㄱ, ㄴ 　　② ㄱ, ㄷ 　　③ ㄴ, ㄷ

④ ㄴ, ㄹ 　　⑤ ㄷ, ㄹ

04

이 글을 바탕으로 〈보기〉에 대해 이해한 내용으로 적절하지 않은 것은? [3점]

───► 보기 ◄───

꿈에서 본 장면이 떠오름

좋아하는 노래가 떠오름

친구와 대화한 기억을 떠올림

관련 용어들을 떠올림

['인간의 잠재의식'에 관한 보고서를 작성하는 모습]

① 보고서를 쓸 때 잠재의식과 관련된 용어들을 떠올리는 것은 '의미 기억'에 해당한다.

② 친구와 보고서에 관해 대화를 나누었던 기억을 떠올리는 것은 '일화 기억'에 해당한다.

③ 보고서를 쓸 때 자판을 보지 않고도 능숙하게 타자를 치는 것은 '절차 기억'에 해당한다.

④ 관련 서적의 내용이 단서가 되어 꿈에서 본 어떤 장면이 떠오른 것은 '점화'에 해당한다.

⑤ 특정 단어를 입력하면서 자신이 예전에 좋아했던 노래가 떠오른 것은 '조건 형성'에 해당한다.

[1~4] 다음 글을 읽고 물음에 답하시오.

사후 과잉 확신 편향이란 어떤 일의 결과를 알고 난 후에 마치 처음부터 그 일의 결과가 그렇게 나타나리라는 것을 알고 있었던 것처럼 믿게 되는 현상을 의미한다. 주변에서 발생한 일에 대하여 실제로는 그 일을 예측할 수 없었음에도 불구하고 예측할 수 있었다고 믿는 것이 이 편향을 구성하는 핵심 요소이다. 우연에 의해 설명될 수 있는 역사적 사건들이 결과가 알려지고 난 후에는 대개 필연적인 사건들로 해석되는 것도 이 편향의 결과이다. 이 편향 때문에 사람들은 '나는 처음부터 그렇게 될 줄 알고 있었다.'라고 착각하게 된다.

사후 과잉 확신 편향의 발생 원인에 대한 설명은 ㉠동기적 설명과 ㉡인지적 설명으로 나뉜다. 동기적 설명은 우선 '통제감'에 대한 추구와 관련된다. 통제감이란 '자신이 주변에서 발생하는 사건들을 이해하고 설명할 수 있으며 미래의 일을 예측할 수 있다고 믿는 생각'을 의미한다. 이러한 통제감을 확인하려는 동기가 작용하기 때문에 사후 과잉 확신 편향이 발생한다고 보는 것이다. 또 다른 동기적 설명에서는 자신을 지적인 모습으로 제시하고 싶어 하는 자기 과시의 동기를 원인으로 들고 있다. 사람들은 자신이 사건의 결과를 예측할 수 있을 정도로 능력이 있는 사람으로 보이고 싶어 하는 동기가 있기 때문에 사후 과잉 확신 편향이 발생한다고 보는 것이다.

인지적 설명은 '잠입적 결정론'으로도 알려져 있는데, 동기적 설명에 비해 더 강한 지지를 받아 왔다. 이 이론에서는 어떤 일의 결과가 사람들의 정신적 표상에 '잠입'한다고 본다. 즉 결과를 알고 나면 결과에 대한 정보가 즉각적이고 자동적으로 사람들의 표상에 통합된다는 것이다. 이 새로운 표상은 선행 사건과 가능한 결과들에 대한 인과 관계 모형을 변화시켜, 주어진 결과와 선행 사건의 인과 관계를 강화시키지만 일어나지 않은 결과와 선행 사건의 인과 관계는 약화시킨다. 결과적으로 사후에 갖게 되는 표상에서는 일어난 결과만이 존재하게 되고 가능했던 다른 결과들은 존재하지 않게 된다. 따라서 다른 결과들에 대한 사고는 거의 이루어지지 않고, 일어난 결과와 관련된 사고만을 하게 된다.

이러한 인지적 설명에 의하면, 사람들은 어떤 일의 결과가 알려지면 왜 그러한 일이 발생했는지를 설명하려고 하는데 이때 그러한 설명을 쉽게 만들어 낼 수 있을수록 사후 과잉 확신이 강하게 나타난다고 본다. 사후 과잉 확신의 발생에는 인과 추리가 깊이 관여하고 있으며 사후 과잉 확신의 크기는 사후 설명의 용이성에 의해 결정된다고 보는 것이다.

사후 과잉 확신 편향은 판단 및 의사 결정의 정확성과 질을 왜곡시킬 가능성이 많다. 그렇기 때문에 판단과 의사 결정에서 중요한 편향으로 다루어지고 있으며, 감소시키기가 매우 어려운 것으로 알려져 있는데, 현재 그것을 어떻게 하면 감소시킬 수 있는지에 관한 연구가 활발하게 이루어지고 있다.

독해 훈련 문제

1 문단
1 사후 과잉 확신 편향을 구성하는 핵심 요소는?

2 문단
2 사후 과잉 확신 편향의 발생 원인을 통제감을 확인하거나 자기 과시를 하기 위한 것으로 설명하는 이론은?

3 문단
3 사후 과잉 확신 편향의 발생 원인을 어떤 일의 결과가 사람들의 정신적 표상에 잠입하기 때문이라고 보는 이론은?

4 문단
4 인지적 설명에 의할 때, 사후 과잉 확신의 크기를 결정하는 것은?

5 문단
5 사후 과잉 확신 편향의 문제점은?

실력 UP 변형 문항

수능 정복 기출 문항

[고3 교육청 기출]

01

㉠, ㉡에 대한 이해로 적절하지 <u>않은</u> 것은?

① ㉠은 ㉡과 달리 사후 과잉 확신 편향을 감소시키기가 어렵다고 보고 있다.

② ㉠은 ㉡과 달리 미래를 예측할 수 있다는 믿음을 확인하려는 과정에서 사고가 편향된다고 보고 있다.

③ ㉡은 ㉠과 달리 사후 과잉 확신의 발생에 인과 추리가 크게 작용한다고 보고 있다.

④ ㉡은 ㉠과 달리 사후 설명의 용이성에 따라 사후 과잉 확신의 정도가 달라진다고 보고 있다.

⑤ ㉠, ㉡은 모두 사후 과잉 확신 편향의 발생 원인에 대하여 설명하는 이론이지만 ㉡이 더 많은 지지를 받고 있다.

02 기출 04 연계

이 글을 바탕으로 〈보기〉에 대해 해석한 내용으로 적절하지 <u>않은</u> 것은? [3점]

▶ 보기 ◀

Ⓐ A 언론사가 B 대학의 영화과 학생들에게 영화 '사도'의 흥행 가능성에 대해 인터뷰한 결과, 대부분의 학생들은 영화가 너무 익숙한 내용을 다루고 있어 흥행하지 못할 것이라고 전망하였다.

⇩

Ⓑ 이준익 감독의 '사도'는 영조와 사도 세자에 관한 역사적 사실보다는 아들과 아버지 사이의 갈등을 심도 깊게 그려 관객 수 620만을 돌파하며 흥행에 성공하였다.

⇩

Ⓒ A 언론사에서 B 대학의 영화과 학생들에게 영화 '사도'가 흥행한 이유에 대해 다시 물었다. 많은 학생들은 비록 익숙한 내용이지만 세대 간의 소통과 화합의 이야기를 훌륭하게 담아 냈고, 배우의 연기도 뛰어났기 때문에 자신의 예측대로 흥행에 성공할 수 있었다고 답하였다.

① Ⓑ의 결과가 알려진 후 학생들이 Ⓒ와 같이 반응한 것은, 처음부터 그런 결과가 나타날 것임을 자신들이 확신하고 있었다고 착각하는 것이군.

② Ⓐ로 볼 때 학생들은 Ⓑ와 같은 결과를 예측할 수 없었음에도 불구하고, Ⓒ와 같이 흥행 결과가 필연적이었던 것처럼 사실을 왜곡하여 말하고 있군.

③ 동기적 설명에 의하면, 학생들이 Ⓑ의 결과를 알기 전에 Ⓐ와 같은 전망을 한 것은 미래의 일을 자신이 예측할 수 있다고 생각하는 통제감에 기인한 것이군.

④ 동기적 설명에 의하면, 학생들이 Ⓐ의 사실을 잊고 Ⓒ와 같이 대답한 것은 남들에게 자신을 능력 있는 사람으로 보이고 싶어 하는 자기 과시의 동기가 작용한 것이군.

⑤ 인지적 설명에 의하면, Ⓐ와는 다르게 Ⓒ와 같은 반응을 보인 것은 Ⓑ의 결과가 학생들의 정신적 표상에 자신들도 모르게 곧바로 통합되었기 때문이군.

03

'사후 과잉 확신 편향'에 대한 설명으로 적절하지 <u>않은</u> 것은?

① 사후 설명이 용이할수록 사후 과잉 확신 편향은 더 약하게 나타난다.

② 사후 과잉 확신 편향을 감소시키는 것은 매우 어려운 것으로 알려져 있다.

③ 사후 과잉 확신 편향에 대한 인지적 설명은 잠입적 결정론으로도 알려져 있다.

④ 사후 과잉 확신 편향은 올바른 판단과 의사 결정을 어렵게 할 가능성이 많다.

⑤ 사후 과잉 확신 편향의 결과로, 우연에 의해 설명될 수 있는 역사적 사건들이 필연적인 사건들로 해석될 수 있다.

04

이 글을 참고하여 〈보기〉에 대해 보인 반응으로 적절하지 <u>않은</u> 것은? [3점]

▶ 보기 ◀

㉮ 심리학자인 피쇼프는 1972년 닉슨의 중국 방문을 앞두고 실험 대상자들에게 닉슨이 마오쩌둥을 만나 회담을 성공적으로 끝낼 수 있을지 예측하게 했는데, 많은 사람들이 결과를 부정적으로 예측했다.

⇩

㉯ 닉슨과 마오쩌둥의 만남이 성사되었고 회담이 성공적으로 이루어져 양국은 적대 관계를 청산하기로 했다.

⇩

㉰ 닉슨이 돌아온 후, 피쇼프는 같은 사람들에게 방문 결과를 어떻게 예측했었는지 다시 물었다. 많은 사람들이 자신이 회담 결과를 낙관적으로 예측했었다고 기억했다. 회담이 실패할 것이라고 예상했던 사람들조차 자신은 회담이 성공할 가능성이 크다고 예측했던 것으로 기억했다.

① 동기적 설명에 따르면, ㉮에서 회담 결과를 부정적으로 예측했던 사람들은 미래를 예측할 수 있다고 믿는 생각이 약해 ㉰에서 실제 일어난 결과에 더 많이 의존해 답했겠군.

② 동기적 설명에 따르면, 통제감을 확인하거나 자신을 과시하려는 동기를 지닌 실험 대상자들이 있었기 때문에 ㉰와 같은 실험 결과가 나타난 것이겠군.

③ 인지적 설명에 따르면, ㉰의 피쇼프의 물음에 대해 실험 대상자들이 답할 때 ㉯의 회담 결과가 실험 대상자들의 인과 관계 모형을 변화시켰을 수 있겠군.

④ 인지적 설명에 따르면, ㉮에서 회담 결과를 부정적으로 예측했던 사람들 중에는 ㉯의 회담 결과에 관한 정보가 자신이 지닌 정신적 표상에 통합된 사람들이 있겠군.

⑤ ㉰에서 사후 과잉 확신 편향을 보인 실험 대상자들은 ㉯의 회담 결과를 알고 난 후 마치 처음부터 ㉯와 같은 결과가 나타날 것이라고 알고 있었던 것처럼 믿은 사람들이겠군.

미술, 음악, 건축, 영화, 사진 등의 장르는 물론 미학 이론까지 대상으로 한다. 구체적인 예술 작품에 대해 설명하거나, 특정 예술가의 작품 경향 및 예술 사조를 다룬 지문이 자주 출제된다. 특히 미학 이론은 독해하기에 까다로운 내용을 다루고 있어 문제 해결이 쉽지 않은 경우가 많다. 지문에서 설명하고 있는 예술적 특징을 구체적인 작품이나 사례에 적용할 수 있어야 한다.

예술

[1~4] 다음 글을 읽고 물음에 답하시오.

르네상스는 신 중심의 시각에서 벗어나 인간 중심의 문화를 추구하는 분위기를 조성하였다. 미술계에서도 이러한 추세에 영향을 받아 현실을 인간의 눈에 보이는 대로 그리려는 노력이 다양하게 전개되었다. 그래서 미술사에서는 사실적인 미술의 시작을 15세기 르네상스로 본다.

현실을 있는 그대로 화면에 재현하려면 3차원의 현실을 2차원의 캔버스로 변환해야 하는데, 그 변환 기법이 '선 원근법'이다. 15세기 이전의 화가들도 원근법을 사용했지만, 이때의 원근법은 기하학에 바탕을 둔 선 원근법이 아니라 경험적 원근법이었다. 그들은 거리가 멀어지면 크기가 얼마나 작게 보이는지 정확하게 계산하지 않았기 때문에 그림에 어색한 부분이 많았다. 반면 15세기의 선 원근법은 기하학에 바탕을 두고 정확한 비례를 계산해서 그리는 기법이다. 화가들은 선 원근법을 사용하여 비로소 현실의 공간을 정확한 비례에 따라 화폭에 재현할 수 있었다.

그들은 다음과 같은 방법으로 선 원근법을 익혔다. 우선 화가와 대상 사이에 격자무늬가 그어진 투명한 창인 그리드를 세우고, 화가의 눈 앞에는 구멍이 뚫린 기구인 파인더를 놓는다. 화가는 파인더의 구멍을 통해 그리드 너머로 보이는 대상을 책상 위의 모눈종이에 옮겨 그린다. 화가는 그림이 다 끝날 때까지 눈을 떼면 안 된다. 눈을 움직이면 바라보는 위치가 달라져 선 원근법의 적용이 어렵기 때문이다. 그리드는 정확한 상을 얻는 데에는 유용했지만 사용하기에는 불편했다. 화가들은 이런 연습을 장기간 한 후에야 그리드를 세우지 않고 대상을 선 원근법에 따라 그릴 수 있었다.

선 원근법에 따라 그림을 그리던 화가들은 거리가 멀어질수록 사물의 형태나 색채가 흐릿해지는 데에도 주목하였다. 이것은 대기 중의 공기 즉, 수분과 먼지가 빛을 난반사하기 때문에 생기는 현상이다. 화가들은 이러한 특징을 감안하여 세밀한 붓질로 물체의 윤곽을 문질러 흐릿하게 처리하였는데 이것을 '공기 원근법'이라 한다. 이 방법은 가까운 것은 진하고 선명하게, 먼 것은 흐리고 엷게 표현하여 공간의 사실감을 한층 높여 주었다.

㉠당시의 화가들은 현실을 사실적으로 재현하기 위해 선 원근법, 공기 원근법 외에도 해부학, 명암법 등을 전문적인 교육 기관에서 배워야 했다. 그런데 화가들의 이러한 고된 상황은 카메라 옵스큐라의 출현으로 개선될 여지가 있었다. 카메라 옵스큐라는 어두운 방의 한 부분에 구멍을 뚫어 밖의 풍경이 구멍을 통해 들어와 맞은편 막에 상을 맺게 하는 장치이다. 화가들은 그 막에 종이를 대고 맺힌 상을 베끼기만 하면 밖의 풍경을 그대로 재현할 수 있었다. 이 장치는 초기에는 너무 커서 이용에 불편했지만 나중에는 갖고 다닐 수 있을 정도로 작아져 많은 화가들이 이용했다. 당시의 그림 중에는 놀랄 만큼 정교한 것이 있는데, 그것은 화가의 실력이 늘어서이기도 하겠지만 카메라 옵스큐라의 사용과 무관하지 않다.

독해 훈련 문제

1 문단
1 15세기 르네상스를 사실적인 미술의 시작으로 보는 이유는?

2 문단
2 르네상스 시기 이전에 사용된 경험적 원근법의 한계는?

3 선 원근법이란?

3 문단
4 선 원근법을 익히기 위해 화가들이 사용한 것은?

4 문단
5 공기 원근법의 효과는?

5 문단
6 카메라 옵스큐라의 의의는?

[고3 교육청 기출]

01

이 글을 통해 알 수 있는 내용으로 적절하지 <u>않은</u> 것은?

① 선 원근법은 르네상스 문화의 영향을 받아 태동되었다.

② 화가들이 선 원근법에 따라 그림을 그리려면 많은 연습이 필요했다.

③ 카메라 옵스큐라를 사용하기 위해서는 전문적인 교육을 받아야 했다.

④ 공기 원근법을 사용한 화가들은 멀리 있는 사물의 윤곽을 흐릿하게 처리하였다.

⑤ 15세기 이전의 화가들은 원근법을 사용할 때 비례를 정확하게 계산하지 않았다.

03

이 글을 바탕으로 〈보기〉를 이해한 내용으로 적절하지 <u>않은</u> 것은?

→ 보기 ←

그림의 책상 위에 놓인 그리드는 르네상스 시기 어느 화가가 풍경을 눈에 보이는 대로 그리기 위해 사용한 것이다.

① 그리드는 기하학적 방법을 회화에 응용하기 위해 만들어진 것이겠군.

② 그리드를 이용하여 먼 곳의 풍경을 진하고 선명하게 표현할 수 있었겠군.

③ 그리드를 사용하여 3차원의 현실을 있는 그대로 화면에 재현하려 했겠군.

④ 그리드를 사용할 때 불편한 점이 있었겠지만 정확한 상을 얻기 위해 그것을 감수했겠군.

⑤ 그리드의 사용 외에도 공기 원근법, 해부학, 명암법 등을 사용하면 풍경을 보다 사실적으로 재현할 수 있었겠군.

02 기출 03 연계

이 글을 바탕으로 〈보기〉를 감상한 내용으로 적절하지 <u>않은</u> 것은?

[3점]

→ 보기 ←

르네상스 시기의 대표적인 화가인 레오나르도 다빈치는 원근법에도 조예가 깊었다. 그는 사물이나 풍경은 거리가 멀어질수록 색채가 흐려지고 푸른빛을 띠게 된다는 사실을 알게 되었다. 〈모나리자〉는 이러한 사실을 이용해 원근감을 표현한 작품으로, 인물 뒤의 풍경을 흐릿하게 묘사하고 있다.

① 〈모나리자〉는 현실을 있는 그대로 재현하기 위해 원근감을 고려하였군.

② 〈모나리자〉에 사용된 표현 기법은 공간의 사실감을 높이는 데 기여하고 있군.

③ 〈모나리자〉는 먼 곳의 풍경을 흐리고 엷게 표현하는 공기 원근법을 적용한 것이군.

④ 〈모나리자〉는 대기 중의 수분과 먼지가 빛을 난반사하는 특징을 감안하여 그렸겠군.

⑤ 〈모나리자〉는 정확한 비례를 계산했기 때문에 풍경의 윤곽선을 흐릿하게 처리한 것이군.

04

〈보기〉의 '고갱'이 ㉠을 비판한다고 할 때, 가장 적절한 것은?

→ 보기 ←

19세기 화가 고갱은 미술이 단순히 눈으로 본 것을 그리는 정도라면 그림을 그릴 필요가 없다고 주장했다. 그는 마음의 눈으로 화가의 순수한 감정과 정신을 그려 나갔다.

① 선명하고 강렬한 색채가 드러나야 사실적인 미술이 될 수 있습니다.

② 내면의 불안이나 공포에 주목해야 현실을 화면에 똑같이 옮길 수 있습니다.

③ 대상을 새로운 눈으로 바라보기 위해서는 과학적 사고에 중점을 두어야 합니다.

④ 자연보다는 인간의 문명에 초점을 맞춰 그 성과를 드러내는 그림을 그려야 합니다.

⑤ 현실을 그대로 재현하기보다는 마음의 눈으로 화가의 내면 세계를 표현해야 합니다.

[1~4] 다음 글을 읽고 물음에 답하시오.

가 17세기 이후 등장한 바로크 미술은, 이상적이고 안정감 있는 아름다움을 추구하였던 르네상스 미술과는 달리 사실적이고 극적인 면을 추구하여 정적인 미술에 생동감을 불어넣었다. 이러한 바로크 미술을 이끌었던 독창적인 화가가 바로 카라바지오였다.

나 그는 종래의 이상화된 인간상을 거부하고 세속적이고 현실감 넘치는 인물 유형을 창조하여 사실주의의 새로운 지평을 열었다. 그는 종교화를 그릴 때에도 성자들을 보통 사람처럼 묘사하면서 신성한 장면을 평범한 일상에서 일어난 듯이 그렸다. 당시 매우 혁신적이었던 그의 시도는 그림에서 이상화된 성자의 모습을 만나기를 원했던 대중들에게 반감을 불러일으키기도 했다. 하지만 마구간에서 태어나 평생 떠돌며 설교를 했던 예수의 모습을 상상해 본다면, 소박한 의복을 입은 범인(凡人)의 모습이었을 것이다. 또한 그의 제자들도 마찬가지였을 것이다.

다 그리고 그는 그림을 그릴 때 하나의 장면을 있는 그대로 묘사하려고 하였다. 사도들이 부활한 예수를 만나 놀라는 장면을 묘사한 작품 〈엠마오의 저녁 식사〉에는 뒤로 밀려난 의자와 놀라서 크게 벌린 팔, 테이블 밖으로 떨어질 듯한 과일 접시 등이 사실적으로 묘사되면서 보는 이로 하여금 그림의 이야기 속에 함께 있는 것처럼 느낄 수 있게 하였다.

라 또한 그는 '강렬한 빛'을 효과적으로 사용하였다. '테너브리즘'이라는 명암 대조법을 처음으로 사용하여 빛과 어두움을 대비시켜 공간의 깊이감과 인물의 양감*을 자연스럽게 드러내었다. 이는 선 원근법*보다 더욱 진일보한, 공간을 회화적으로 재현하는 방식이라 할 수 있다. 이러한 그의 방식은 보는 이를 그림 속의 사건으로 끌어들이며, 빛과 어두움의 대비를 통해 감정적인 효과를 더욱 강렬하게 전달하였다. 즉 감상자로 하여금 어두운 무대에 한 줄기 강렬한 조명이 비치는 연극의 한 장면을 보는 듯한 긴장감과 감동을 느끼게 해 주었다. 그리고 그는 빛이 가지고 있는 밝음의 속성을 살려 예수의 신성을 나타내기 위한 방법으로 사용하기도 하였다.

마 이와 같은 카라바지오의 현실을 바라보는 사실주의의 전통과 그가 창안한 빛과 어두움의 강렬한 대비에 의한 효과는 훗날 루벤스, 렘브란트에게 영향을 주어 새로운 화풍을 낳는 창조적 자극이 되었다.

* 양감: 대상물의 부피나 무게에 대한 느낌
* 선 원근법: 한 점을 향해 뻗어 나간 선들에 의해 사물들이 뒤로 물러선 듯한 시각적 효과를 주는 방법

▶ **독해 훈련 문제** ◀

가 문단
1 바로크 미술의 특징은?

나 문단
2 카라바지오가 창조한 인물 유형의 특징은?

다 문단
3 〈엠마오의 저녁 식사〉를 보는 이가 그림의 이야기 속에 함께 있는 것처럼 느끼게 되는 까닭은?

라 문단
4 빛과 어두움을 대비시켜 공간의 깊이감과 인물의 양감을 드러내는 명암 대조법은?

5 카라바지오가 예수의 신성을 나타내기 위해 사용한 방법은?

마 문단
6 카라바지오 미술의 의의는?

실력 UP 변형 문항

수능 정복 기출 문항

[고2 교육청 기출]

01

[가]~[마]에 대한 설명으로 적절하지 않은 것은?

① [가]: 르네상스 미술과 바로크 미술의 차이점을 언급하면서 화가 카라바지오를 소개하고 있다.

② [나]: 카라바지오가 창조한 인물 유형이 대중의 공감을 얻을 수 있었던 이유를 분석하고 있다.

③ [다]: 카라바지오의 작품에 나타난 사실적 경향을 구체적인 사례를 들어 설명하고 있다.

④ [라]: 카라바지오가 그림을 그릴 때 사용한 기법의 특징과 그 효과를 설명하고 있다.

⑤ [마]: 카라바지오의 예술적 시도가 후대에 미친 영향을 덧붙이며 글을 마무리하고 있다.

03

이 글을 통해 알 수 있는 내용으로 적절하지 않은 것은?

① 바로크 미술은 회화에서 극적인 효과를 추구한다.

② 르네상스 미술은 이상적인 아름다움을 추구하는 특징을 보여 준다.

③ 빛과 어두움을 대비하는 카라바지오의 기법은 새로운 화풍을 창조하는 기반이 되었다.

④ 카라바지오는 공간을 회화적으로 재현하는 방식을 착안해 내어 선 원근법에 기초를 마련했다.

⑤ 테너브리즘은 인물의 양감과 공간의 깊이감을 자연스럽게 드러내는 데 효과적인 방법이었다.

02 기출 04 연계

이 글을 바탕으로 〈보기〉를 감상한 내용으로 적절하지 않은 것은?

[3점]

┌─ 보기 ─┐

〈엠마오의 저녁 식사〉는 부활한 예수가 한 여인숙에서 제자들과 저녁 식사를 하던 중, 뒤늦게 그가 예수라는 사실을 알게 된 제자들이 놀라는 장면을 그린 것이다. 다른 종교화와 달리 예수는 수염이 없고 통통한 볼살을 가지고 있는 평범한 모습으로 그려졌으며, 두 명의 제자들과 여인숙 주인의 모습도 마찬가지이다.

└─────┘

① 등장하는 인물들의 표정을 정적으로 묘사하여 엄숙한 분위기를 극대화하고 있군.

② 의도적으로 예수의 얼굴에 강렬한 빛이 비치게 하여 예수의 신성함을 나타내고자 하였군.

③ 성자의 모습을 보통 사람처럼 표현하여 우리 주변에서 일어난 일을 그린 것처럼 보이게 하는군.

④ 전체적으로 빛과 어두움을 대비시켜 감상자에게 연극의 한 장면을 보는 듯한 감동을 느끼게 하는군.

⑤ 의자나 테이블 위의 과일 접시 등을 사실적으로 묘사하여 감상자에게 현장에 함께 있는 것 같은 느낌을 주는군.

04

이 글을 바탕으로 〈보기〉를 감상할 때 적절하지 않은 것은?

┌─ 보기 ─┐

〈마태오의 소명〉은 화려한 복장의 일행과 함께 선술집 탁자의 맨 왼쪽에 앉아 고개 숙여 무언가에 몰두하던 마태오와, 그 반대편에 서서 손을 들어 마태오를 부르고 있는 범인(凡人) 복장의 예수 일행이 만나는 순간을 묘사한 작품이다.

└─────┘

① 예수 일행을 평범한 인간의 모습으로 그린 것은 당시 대중들에게 거부감을 불러일으켰겠군.

② 예수 일행의 머리 위로 흘러드는 강렬한 빛은 예수의 권위와 신성을 드러내기 위한 작가의 의도였겠군.

③ 앉아 있는 마태오의 일행과 서 있는 예수 일행의 모습을 통해 안정적인 아름다움을 표현하려 하였겠군.

④ 벽면에 사선으로 흐르는 빛과 그 빛이 가르는 어두운 공간의 대비는 감상자에게 강렬함과 긴장감을 느끼게 하는 요소가 될 수 있겠군.

⑤ 마태오 일행의 모자 위 장식, 다리에 비스듬히 걸쳐진 칼 등에 대한 세부적인 묘사는 감상자에게 실제 현장을 보는 듯한 느낌을 줄 수 있었겠군.

[1~5] 다음 글을 읽고 물음에 답하시오.

먹으로 난초를 그린 묵란화는 사군자의 하나인 난초에 관념을 투영하여 형상화한 그림으로, 여느 사군자화와 마찬가지로 군자가 마땅히 지녀야 할 품성을 담고 있다. 묵란화는 중국 북송 시대에 그려지기 시작하여 우리나라를 포함한 동북아시아 문인들에게 널리 퍼졌다. 문인들에게 시, 서예, 그림은 나눌 수 없는 하나였다. 이런 인식은 묵란화에도 이어져 난초를 칠 때는 글씨의 획을 그을 때와 같은 붓놀림을 구사했다. 따라서 묵란화는 문인들이 인문적 교양과 감성을 드러내는 수단이 되었다.

추사 김정희가 25세 되던 해에 그린 ㉠〈석란(石蘭)〉은 당시 청나라에서도 유행하던 전형적인 양식을 따른 묵란화이다. 화면에 공간감과 입체감을 부여하는 잎새들은 가지런하면서도 완만한 곡선을 따라 늘어져 있으며, 꽃은 소담하고 정갈하게 피어 있다. 도톰한 잎과 마른 잎, 둔중한 바위와 부드러운 잎의 대비가 돋보인다. 난 잎의 조심스러운 선들에서는 단아한 품격을, 잎들 사이로 핀 꽃에서는 고상한 품위를, 묵직한 바위에서는 돈후한 인품을 느낄 수 있으며 당시 문인들의 공통적 이상이 드러난다.

평탄했던 젊은 시절과 달리 김정희의 예술 세계는 49세부터 장기간의 유배 생활을 거치면서 큰 변화를 보인다. 글씨는 맑고 단아한 서풍에서 추사체로 알려진 자유분방한 서체로 바뀌었고, 그림도 부드럽고 우아한 화풍에서 쓸쓸하고 처연한 느낌을 주는 화풍으로 바뀌어 갔다.

생을 마감하기 일 년 전인 69세 때 그렸다고 추정되는 ㉡〈부작란도(不作蘭圖)〉는 이러한 변화를 잘 보여 준다. 담묵의 거친 갈필*로 화면 오른쪽 아래에서 시작된 몇 가닥의 잎은 왼쪽에서 불어오는 바람을 맞아, 오른쪽으로 뒤틀리듯 구부러져 있다. 그중 유독 하나만 위로 솟구쳐 올라 허공을 가르지만, 그 잎 역시 부는 바람에 속절없이 꺾여 있다. 그 잎과 평행한 꽃대 하나, 바람에 맞서며 한 송이 꽃을 피웠다. 바람에 꺾이고, 맞서는 난초 꽃대와 꽃송이에서 세파에 시달려 쓸쓸하고 황량해진 그의 처지와 그것에 맞서는 강한 의지를 느낄 수 있다. 우리는 여기에서 김정희가 자신의 경험에서 느낀 세계와 묵란화의 표현 방법을 일치시켜, 문인 공통의 이상을 표출하는 관습적인 표현을 넘어 자신만의 감정을 충실히 드러낸 세계를 창출했음을 알 수 있다.

묵란화에는 종종 심정을 적어 두기도 했다. 김정희도 〈부작란도〉에 '우연히 그린 그림에서 참모습을 ⓐ얻었다'고 적어 두었다. 여기서 우연히 얻은 참모습을 자신이 처한 모습을 적절하게 표현하는 것이라 한다면 이때 우연이란 요행이 아니라 오랜 기간 훈련된 감성이 어느 한순간의 계기에 의해 표출된 필연적인 우연이라고 해야 할 것이다.

* 갈필: 물기가 거의 없는 붓으로 먹을 조금만 묻혀 거친 느낌을 주게 그리는 필법

독해 훈련 문제

1문단

1 문인들에게 묵란화의 의미는?

2문단

2 김정희의 〈석란〉이 따르고 있는 양식은?

3 김정희가 〈석란〉을 통해 드러내고자 한 것은?

3문단

4 김정희의 서체와 화풍에 변화가 나타나게 된 계기는?

4문단

5 〈부작란도〉에서 김정희의 강한 의지를 느끼게 하는 것은?

6 〈부작란도〉의 의의는?

5문단

7 〈부작란도〉에 적힌 말 중 '우연'에 대한 글쓴이의 평가는?

01

이 글에 대한 설명으로 가장 적절한 것은?

① 김정희의 작품이 당시의 미술계에 끼친 영향과 그 의의를 설명하고 있다.

② 다른 작가와의 비교를 통해 김정희의 작품 세계에 대한 이해를 돕고 있다.

③ 구체적인 작품을 사례로 제시하며 김정희의 삶과 작품 세계를 조명하고 있다.

④ 시대적 배경을 근거로 제시하며 김정희의 작품에 대한 잘못된 이해를 반박하고 있다.

⑤ 대조적인 성격의 작품을 예로 들어 김정희의 작품이 대중적으로 인기를 끈 요인을 분석하고 있다.

02 기출 05 연계

〈보기〉를 참고하여 ㉠과 ㉡에 대해 이해한 내용으로 적절하지 않은 것은?

> ► 보기 ◄
>
> 화가가 그림을 그리고 나서 별도의 해석을 남겨 놓는 경우는 많지 않을 것이다. 이때 그 그림이 나타내는 의미가 무엇인지를 연구하는 학문이 도상학이다. 예를 들어 레오나르도 다빈치의 〈최후의 만찬〉은 예수가 십자가에 매달리기 전날 밤에 열두 제자와 마지막으로 나눈 저녁 식사를 소재로 한 작품인데, 이러한 배경을 알지 못하면 작품 해석에 오류가 생길 수 있다. 도상학은 특히 작품이 전하고자 하는 메시지가 무엇인지, 즉 작가의 의도가 무엇인지를 복원하는 데 주력한다.

① ㉠에서 가지런하고 완만한 잎새와 소담하고 정갈한 꽃은 평탄하던 시절의 김정희의 삶과 관련이 있을 것이다.

② ㉠에서 나타내고자 한 단아한 품격과 고상한 품위는 김정희가 당대에 추구하던 이상과 관련이 있을 것이다.

③ ㉠에서 ㉡으로의 변화는 김정희가 겪은 장기간의 시련과 관련이 있을 것이다.

④ ㉡에서 바람에 맞서는 한 송이 꽃은 문인 공통의 이상을 회복하려는 김정희의 의지와 관련이 있을 것이다.

⑤ ㉡에서 자신의 처지와 감정을 충실히 드러낸 것은 김정희가 말년에 얻은 예술적 성취와 관련이 있을 것이다.

03

ⓐ의 문맥적 의미와 가장 가까운 것은?

① 아버지는 과로로 인해 병을 얻었다.

② 영수는 친구의 도움에 용기를 얻었다.

③ 그는 지난 번 여행에서 삶의 지혜를 얻었다.

④ 큰형은 지하철역이 가까운 곳에 집을 얻었다.

⑤ 나는 친구에게 공부에 필요한 참고서를 얻었다.

04

이 글의 내용과 일치하지 않는 것은?

① 문인들은 사군자화를 통해 군자의 덕목을 드러내려 했다.

② 묵란화는 그림의 소재에 관념을 투영하여 형상화한 것이다.

③ 유배 생활은 김정희의 서체와 화풍의 변화에 영향을 주었다.

④ 묵란화는 중국에서 기원하여 우리나라에 전래된 그림 양식이다.

⑤ 김정희는 말년에 서예의 필법을 쓰지 않고 그리는 묵란화를 창안하였다.

05

〈보기〉를 바탕으로 할 때, 이 글에 나타난 김정희의 예술 세계에 대해 이해한 내용으로 적절하지 않은 것은? [3점]

> ► 보기 ◄
>
> 예술 작품의 내용은 형식에 담긴다. 그러므로 감상자의 입장에서 보면 형식으로써 내용을 알게 된다고 할 수 있고, 내용과 형식이 꼭 맞게 이루어진 예술 작품에서 감동을 받는다. 따라서 형식에 대한 파악은 예술 작품을 이해하는 데 핵심적인 요소가 된다. 예술 작품의 형식은 그것이 속한 문화 속에서 형성되어 온 것이다. 이 형식을 이해하고 능숙하게 익히는 것은 작가에게도 매우 중요한 일이다. 예술 창작이란 아무것도 없는 것에서 어떤 사물을 창조하는 것이 아니라, 문화적 축적 속에서 새롭게 의미를 찾아 형식화하는 것이기 때문이다. 결국 전통의 계승과 혁신의 문제는 예술에서도 오래된 주제이다.

① 전형적인 방식으로 〈석란〉을 그린 것은 당시 문인화의 전통을 수용한 것이겠군.

② 추사체라는 필법을 새롭게 창안했다는 것은 전통의 답습에 머무르지 않았음을 의미하는군.

③ 〈부작란도〉에서 참모습을 얻었다고 한 것은 의미가 그에 걸맞은 형식을 만난 것이라 할 수 있겠군.

④ 시와 서예와 그림 모두에 능숙했다는 것은 여러 가지 표현 양식을 이해하고 익힌 것이라 할 수 있겠군.

⑤ 〈부작란도〉에서 자신만의 감정을 드러내는 세계를 창출했다는 것은 축적된 문화로부터 멀어지려 한 것이라 할 수 있겠군.

[1~5] 다음 글을 읽고 물음에 답하시오.

미술 사조는 당대의 사회·역사적 배경 및 철학적 사상의 영향을 받아 미술이 가지고 있는 사상이 변해 가는 흐름을 일컫는 말이다. 미술 사조를 통해 미에 대한 인식의 변화와 사조가 나타난 배경과 사상을 함께 생각할 수 있다.

신고전주의는 감성보다 이성을 중시한 합리주의 철학을 바탕으로 18세기 중반부터 19세기 전반에 걸쳐 유럽에서 발생한 미술 사조이다. 신고전주의는 이전의 관능적이며 향락적인 로코코 양식에 반기를 들어 나타났다. 또한, 고대 그리스·로마 미술을 토대로 엄격한 윤리와 도덕성을 추구하고 장엄하고 웅장한 복고적 취향을 반영하여 질서 정연한 통일감과 입체감 있는 형태로 대상을 표현한 것이 이 사조의 특징이다. 신고전주의는 역사와 신화 등에 한정되지 않고 당대의 사건을 다루는 등 자유롭게 주제를 선택하여 고전주의와 차이를 두었다. 형식성을 강조한 신고전주의 그림은 엄격한 구도와 붓 자국 없는 매끈한 화면이 특징이다.

낭만주의는 19세기 전반 신고전주의의 엄격한 형식성에 반발하여 나타난 사조로 객관보다는 주관을, 지성보다는 감성을 중요시하였다. 낭만주의는 현실을 살아가는 인간 감정에 주목하여 격정적으로 역사적 사건을 표현하였다. 낭만주의 미술은 신고전주의의 균형 잡힌 구도에서 벗어나, 비대칭 구도나 사선 구도를 사용하여 극적이고 강렬한 색채로 생동감 있게 표현하였다.

사실주의는 19세기 후반 과학의 발달과 실증주의 사상에 영향을 받아 가식적이지 않은 평범한 세속의 삶을 예술 전반의 본격적인 소재로 나타내며 등장했다. 사실주의 작가들은 낭만주의가 역사적인 사건을 개인의 주관과 상상력을 바탕으로 표현하여 현실을 그대로 다루지 못한다는 것을 비판하였다. 사실주의 대표 화가인 ㉠쿠르베는 Ⓐ"나는 천사를 본 적이 없으므로 천사를 그릴 수 없다."라는 말로 이상이나 환상이 그림이 되는 것에 반대했고 시대를 살아가는 평범한 사람들의 삶을 묘사하는 것이 진정한 예술이라고 주장했다. 사실주의는 사회 현실에서 상처받은 사람들의 모습을 왜곡하거나 과장하지 않고 사진으로 기록하듯 묘사하였다.

이처럼 미술 사조의 변화를 통해 미에 대한 인간의 인식은 고정된 것이 아니라 사회, 역사적 상황이나 인간 의식에 따라 변화해 왔다는 것을 알 수 있다. 따라서 미술은 인간이 살아가는 세계와 인간의 모습을 보여 주기 때문에 수용자는 작품을 통해 세상을 이해하고 삶을 가치 있게 실현해 나갈 수 있다.

◆ 독해 훈련 문제 ◆

1 문단
1 이 글의 중심 화제는?

2 문단
2 신고전주의의 바탕이 된 철학은?

3 신고전주의 그림의 특징 두 가지를 쓰시오.

3 문단
4 낭만주의가 반발한 신고전주의의 특징은?

5 낭만주의 미술에 사용된 색채의 특징은?

4 문단
6 사실주의에서 진정한 예술이라고 생각하는 것은?

5 문단
7 미술 사조의 변화를 통해 알 수 있는 것은?

실력 UP 변형 문항

01

이 글의 내용과 일치하지 <u>않는</u> 것은?

① 신고전주의는 엄격한 기준으로 주제를 선택하였다.
② 신고전주의는 향락적인 예술 경향에 부정적이었다.
③ 낭만주의는 인간의 주관과 감성을 중요하게 여겼다.
④ 사실주의는 평범한 삶의 모습을 드러내고자 하였다.
⑤ 인간의 미의식은 사회, 역사적 상황의 영향을 받는다.

02 기출 04 연계

Ⓐ에 담긴 의미를 가장 잘 이해한 학생은? [3점]

① 경수: 이상과 현실 사이에서 갈등하는 작가의 고뇌가 반영
되어야 한다는 것이군.
② 은희: 현실을 토대로 하여 이상을 추구하는 모습을 작품에
담아야 한다는 것이군.
③ 지영: 평범하게 살아가는 사람들의 이상이 담겨 있는 작품
이 가치가 있다는 것이군.
④ 호영: 이상과 현실이 조화를 이룬 그림을 그리려면 풍부한
상상력이 필요하다는 것이군.
⑤ 철수: 관념적인 이상보다는 구체적인 현실을 그려 내는 것
이 올바른 예술이라는 것이군.

03 기출 05 연계

이 글을 읽고 〈보기〉에 대해 반응한 것으로 적절하지 <u>않은</u> 것은?

▶ 보기 ◀

제리코의 〈메두사호 의 뗏목〉은 강렬한 명암 대비를 통해 생존자들의 공포와 광기를 표현하였다.

앵그르의 〈샤를 7세 대관식의 잔다르크〉는 장엄한 대관식 장면을 붓 자국 없 이 표현하였다.

윈슬러 호머의 〈산 호섬의 어부〉는 산 호를 따고 있는 어 부의 모습을 있는 그대로 표현하였다.

① ㉮는 ㉯에 비해 지성보다 감성에 주목하여 인간의 감정을
표현하고자 했군.
② ㉮는 ㉰에 비해 현실을 바라보는 작가의 주관적 의식이 반
영된 그림이라 할 수 있군.
③ ㉯는 ㉮에 비해 통일감과 입체감 있는 형태로 당대의 사건
을 구현하고 있군.
④ ㉯와 달리 ㉰는 이성을 중시한 합리주의 철학을 바탕으로
그려진 작품이라 할 수 있군.
⑤ ㉮, ㉯, ㉰를 보니 인간의 미에 대한 의식도 변할 수 있음을
확인할 수 있군.

수능 정복 기출 문항

[고2 교육청 기출]

04

㉠의 관점과 가장 가까운 것은?

① 유치진의 희곡 '토막'은 음습한 토막에서 암울한 현실을 살
아가는 서민의 모습을 있는 그대로 보여 주었다.
② 안견의 '몽유도원도'는 안평대군의 꿈을 소재로 꿈속에서
여행한 복사꽃 마을을 비단에 채색하여 묘사하였다.
③ 마그리트의 그림 '레슬러의 무덤'은 평범하고 구체적인 형
상을 낯설고 모순되게 결합하여 환상의 세계를 표현했다.
④ 이근삼의 '원고지'는 인과 관계에 의한 플롯을 거부하고 과
장된 소도구와 무대 장치 등을 보여 준 실험적인 극이다.
⑤ 푸치니의 '투란도트'는 이국적인 중국을 배경으로 중국의
공주 투란도트와 타타르국의 왕자가 수수께끼를 통해 사랑
을 성취하는 내용을 담은 오페라이다.

05

이 글을 읽고 〈보기〉에 대해 반응한 것으로 적절하지 <u>않은</u> 것은?

▶ 보기 ◀

(가)
다비드의 〈호라티우스 형제 의 맹세〉는 로마 건국의 역 사화이다. 삼 형제가 승리를 맹세하는 모습을 균형 잡힌 구도로 붓 자국 없이 표현한 것이 특징이다.

(나)
들라크루아의 〈키오스섬의 학살〉은 그리스 독립 전쟁을 소재로 했다. 역동적인 구도 로 터키 군의 잔혹함과 그리 스인들의 공포감을 강렬한 색채로 생동감 있게 표현한 것이 특징이다.

① (가)는 붓 자국 없이 인물들을 표현하여 인물들의 모습이
매끈하게 드러났군.
② (가)는 삼 형제가 맹세하는 모습을 균형 잡힌 구도를 바탕
으로 질서 정연한 통일감을 드러냈군.
③ (나)는 그리스 독립 전쟁을 소재로 했다는 점에서 화가의
복고적 취향이 반영되어 있군.
④ (나)의 인물들의 모습에는 전쟁의 잔혹함에 대한 화가의 주
관과 상상력이 반영되었겠군.
⑤ (가)와 (나)는 모두 역사적 사건을 소재로 하였지만 (가)는
작품의 형식성을, (나)는 작가의 감성을 드러내는 데에 중
점을 두었다고 볼 수 있군.

[1~4] 다음 글을 읽고 물음에 답하시오.

조형의 원리란 작품에서 요소들을 유기적으로 묶어 어떤 특정한 효과를 얻기 위한 구성 계획을 말한다. 화가는 작품을 창작할 때 자신의 의도를 살려내기 위해서 다양한 조형의 원리를 사용한다.

그중에서 가장 중요한 원리가 바로 통일성의 원리이다. 통일성이란 회화의 다양한 요소들이 하나의 작품 속에서 어떤 연관성을 가지는 것을 의미하며, 이를 통해 각각의 요소들은 의미 있는 하나의 작품을 구성하게 된다. 회화에서 통일성을 부여하는 대표적인 방법으로는 '인접'과 '반복'이 있다. 인접은 각각의 구성 요소들을 서로 가까이 놓거나 중첩시켜 회화에 통일성을 주는 방법이고, 반복은 여러 부분을 서로 연결시키기 위해 어떤 요소를 계속해서 반복시키는 것을 의미한다. 이 경우 같은 사물의 반복뿐만 아니라 회화 속의 색깔, 형태, 각도 등의 반복도 포함한다. 예를 들어, 드가의 작품 '모자 가게'에서는 모자와 꽃 등 원형(圓形)의 소재를 반복적으로 표현함으로써 형태적인 측면에서 전체적인 통일성을 부여하고 있다. 그런데 통일성은 작품에 대한 안정감을 부여하기도 하지만, 자칫 지나치면 감상자의 입장에서 그 작품은 답답하고 밋밋하게 느껴질 수 있다.

화가는 이와 같은 단조로움을 피하고 자신의 의도를 부각시키기 위해 강조라는 원리를 사용한다. 강조란 특정한 부분을 강하게 하여 변화를 주는 것을 의미하며, 이를 통해 작품의 주제를 부각시켜 예술적 감흥을 효과적으로 끌어낼 수도 있다.

회화에서 일반적으로 사용되는 강조의 방법으로는 '대비'에 의한 강조가 있다. 이는 형태나 크기, 명암 등의 대비를 통해 특정 부분을 부각시키는 것인데, 직사각형들 사이에 원형을 그리거나, 어두운 사물 가운데에 밝은 사물을 그리는 것을 예로 들 수 있다. 또 다른 강조의 방법으로는 '분리'에 의한 강조가 있다. 분리에 의한 강조는 어떤 대상이 다른 대상들과 떨어져 있음으로써 부각되는 것이다. 이와 같은 사물 간의 배치를 통해 어떤 대상이 다른 대상들과 형태나 크기, 명암 등이 유사하더라도 그 대상을 부각시킬 수 있다. 따라서 이 방법은 군집과 독립의 대비라고도 할 수 있다. 이때 독립된 대상은 화면의 중심보다 가장자리에 배치되는 경우가 있는데, 감상자는 부각되는 대상만을 바라보다가 자칫 그림 감상을 마치게 될 수도 있다. 이 때문에 화가는 감상자의 시선이 군집으로 이어질 수 있도록 군집과 독립된 대상을 하나의 선으로 묶는 등의 방법을 활용하기도 한다.

그런데 한 작품 안에서 강조의 원리를 지나치게 많이 사용하면 오히려 그 효과는 줄어들 수 있으며, 감상자의 입장에서는 강조의 대상이 작품 속에서 조화를 이루지 못한다고 느낄 수 있다. 그러므로 중요한 것은 [㉠   ]라는 점이다. 설령 어떤 대상을 부각하려 하더라도 주제나 소재, 표현 양식, 기법 등과의 긴밀한 연관성을 고려해야 한다.

독해 훈련 문제

1 문단

1 화가가 작품을 창작할 때 조형의 원리를 사용하는 이유는?

2 문단

2 인접에 의해 통일성을 주는 방법은?

3 반복에 의해 통일성을 주는 방법은?

3 문단

4 강조의 원리를 사용했을 때의 효과는?

4 문단

5 대비를 통한 강조의 방법은?

6 분리를 통한 강조의 방법은?

5 문단

7 강조의 원리를 지나치게 많이 사용했을 때의 문제점은?

01

이 글을 통해 알 수 있는 내용으로 적절하지 않은 것은?

① 작품에서 특정한 부분을 강하게 하여 변화를 주면 주제를 부각시킬 수 있다.

② 작품에 지나치게 통일성을 부여하면 감상하는 사람이 답답함을 느낄 수 있다.

③ 작품의 구성 요소들을 가깝게 혹은 겹치게 배치하면 요소들 간의 연관성을 높일 수 있다.

④ 비슷한 크기의 구성 요소들 속에 다른 크기의 구성 요소를 삽입하면 강조의 효과를 얻을 수 있다.

⑤ 어떤 대상이 다른 대상들로부터 떨어져 있을 때 감상자는 독립된 대상에서 군집으로 자연스럽게 시선을 이동한다.

02 기출 03 연계

이 글을 바탕으로 〈보기〉를 감상했을 때의 반응으로 적절하지 않은 것은? [3점]

→ 보기 ←

에드가 드가,
〈오페라 극장의 오케스트라〉

에드가 드가,
〈발레 수업〉

㉮는 파리 오페라 극장에서 연주하고 있는 연주자들과 무대의 무용수들을 표현한 그림이며, ㉯는 스승의 설명을 듣고 있는 발레리나들의 모습을 표현한 그림이다.

① ㉮에서는 연주자들을 가깝게 배치하여 감상자로 하여금 통일성을 느끼게 하고 있군.

② ㉮에서 연주자들에게 감상자의 시선이 끌렸다면 무용수들과의 명암 대비가 영향을 미쳤겠군.

③ ㉯에서는 발레리나들과 스승을 떨어뜨려 단조로움을 피하고 있군.

④ ㉯에서는 독립되어 있는 스승보다 군집을 이루고 있는 발레리나들에게 감상자의 시선이 집중되겠군.

⑤ ㉮에서 연주자들의 인접 배치, ㉯에서 발레리나와 스승의 분리 배치 등은 모두 화가가 자신의 의도를 살리기 위한 것이겠군.

03

이 글을 바탕으로 〈보기〉를 감상했을 때, 적절하지 않은 것은? [3점]

→ 보기 ←

(가)
토마스 에킨스,
〈애그뉴 임상 강의실〉

(나)
페르난도 보테로,
〈폭포〉

(가)는 흰색 가운을 입은 교수와 뒤에 위치한 의대생들이, 의사와 간호사가 수술하는 장면을 지켜보고 있는 그림이며, (나)는 바위들과 그 사이로 흐르는 시원한 물줄기를 묘사한 그림이다.

① (가)에서 수술하고 있는 사람들로부터 떨어져 홀로 있는 교수는, 군집으로부터 독립된 대상이므로 감상자의 주목을 끌 수 있겠군.

② (가)에서 홀로 있는 교수에게서 수술하고 있는 사람들에게로 감상자의 시선이 이어졌다면, 교수가 기대고 있는 구조물은 대상과 군집을 하나로 묶는 선의 역할을 했다고 볼 수 있겠군.

③ (나)에서 감상자가 통일성을 느꼈다면, 비슷한 형태의 바위들을 반복한 것도 하나의 이유라고 볼 수 있겠군.

④ (가)에서는 수술하고 있는 사람들과 교수에게, (나)에서는 물줄기에 감상자의 시선이 끌렸다면, 주변과의 명암 대비를 통해 각각의 대상이 부각된 것으로 볼 수 있겠군.

⑤ (가)에서는 수술을 지켜보는 의대생들을, (나)에서는 바위들을 가깝게 혹은 겹치게 배치한 것은 감상자가 작품에서 느낄 법한 답답함을 해소시키려는 의도로 볼 수 있겠군.

04

이 글의 내용을 고려할 때, 문맥상 ㉠에 들어갈 내용으로 가장 적절한 것은?

① 강조를 통해 감상자의 고정 관념을 과감하게 깨뜨릴 수 있어야 한다.

② 강조하려는 대상이 전체와의 관계에서 유기적 질서를 갖도록 해야 한다.

③ 강조의 효과가 강한 것과 약한 것의 배치를 다양하게 시도해 봐야 한다.

④ 강조를 통해 작가의 의도를 넘어서는 예술적 효과를 창출할 수 있어야 한다.

⑤ 강조하려는 대상은 작품 속에서 다른 것과는 차별화된 형식을 가질 때 형성된다.

[1~5] 다음 글을 읽고 물음에 답하시오.

가 16세기 이후 바로크 음악에서는 음악이 구체적인 감정을 모방하고 재현할 수 있다는 믿음 아래 '언어'의 기술인 수사학을 음악에 적용하는 음악수사학이 태동하였다. 음악수사학이 도입된 초창기에는 가사를 위주로 작곡을 하여 감정을 표현하는 방식을 따랐지만, 마테존에 와서는 가사 없이 기악곡만으로도 감정을 표현할 수 있다고 생각하였다. 음악수사학을 체계화한 마테존은 청중에게 감정을 효과적으로 전달하기 위해 음형*의 사용을 강조하였다.

나 마테존은 음형을 '선율 음형'과 '장식 음형'으로 나누었다. 선율 음형은 단어 및 문장 차원에서의 수사법을 작곡 과정에 적용한 음형이다. 그리고 장식 음형은 악곡을 실제 연주할 때 연주자의 재량에 의해 결정되는 음형이다. 마테존은 같은 내용이라도 웅변가가 상황에 따라 웅변술을 달리한다는 점에 착안하여 연주가도 실제 연주할 때에는 이미 만들어진 악보에 장식을 더해야 한다고 생각하였다.

다 선율 음형에는 단어 차원의 수사학에 근거한 음형인 '아나포라', 문장 차원의 수사학에 근거한 음형인 '영탄법', '멈춤' 등이 있다. 아나포라는 수사학에서의 두음(頭音) 반복의 원리를 음악에 적용하여 일정 구절의 앞부분을 반복하는 음형이다. 작곡가는 전달하려는 감정을 강조하기 위해 이 음형을 쓴다. 영탄법은 느낌표로 표현된다는 점에 착안하여 두 음 사이의 도약을 통해 감탄을 표현한다. 멈춤은 음을 짧게 끊어 갑작스럽게 단절된 느낌을 주는 음형으로, 영탄법과 함께 격한 감정을 표현한다.

라 장식 음형은 연주자가 실제 연주 과정에서 필요에 따라 임의로 다른 음을 넣어서 연주하면서 구현되는 것이다. 장식 음형으로는 강조하고자 하는 음의 앞이나 뒤에 높거나 낮은 음을 첨가하는 방식으로 이루어지는 '악센트', 인접한 두 음을 빠르게 전환하는 '트릴', 한 음이나 여러 개의 음을 빨리 되풀이하여 연주하는 '트레몰로' 등이 있다. 이 중에서 마테존은 감정의 표현과 밀접한 관련이 있는 악센트를 중시하였다.

마 음악수사학에서는 특정한 음형을 사용하면 기쁨이나 슬픔과 같은 감정을 효과적으로 표현할 수 있다고 보았다. 특히 마테존이 체계화한 음형은 기악의 표현력을 강화하여 기악이 성악과 대등한 위치에 서는 데 큰 역할을 하였다. 18세기 말부터 음악수사학에 대한 관심은 점차 줄어들게 되었지만, 음악수사학자들이 체계화한 음형은 오늘날까지 음악에 대한 상식으로 남아 있다.

* 음형: 연속한 몇 개의 음이 특징 있는 형태를 이루고 있는 모양

독해 훈련 문제

가 문단
1 마테존이 효과적인 감정 전달을 위해 사용을 강조한 것은?

나 문단
2 마테존은 음형을 어떻게 분류하였는가?

다 문단
3 문장 차원의 수사학에 근거한 선율 음형 두 가지는?

4 수사학의 두음 반복의 원리를 적용하여 일정 구절의 앞부분을 반복하는 선율 음형은?

라 문단
5 장식 음형 중에서 인접한 두 음을 빠르게 전환하는 것은?

6 마테존이 장식 음형 중 악센트를 중시한 이유는?

마 문단
7 음악수사학의 의의는?

실력 UP 변형 문항

01 기출 04 연계

이 글의 내용과 일치하지 않는 것은?

① 음악수사학이 도입된 초창기에는 감정을 표현하는 방법으로 가사도 사용되었다.

② 마테존은 음형을 사용하여 청중에게 감정을 효과적으로 전달할 수 있다고 생각했다.

③ 언어의 수사학을 적용한 음악수사학은 기악의 표현력을 강화시켜 기악의 위상을 높였다.

④ 마테존은 작곡가가 작곡 과정에서 활용할 수 있는 중요한 장식 음형으로 악센트를 들었다.

⑤ 음악수사학에 대한 관심은 줄었지만, 음악수사학자들이 체계화한 음형은 오늘날까지 영향을 미치고 있다.

02 기출 05 연계

(다)와 (라)를 참고하여 〈보기〉를 이해한 내용으로 적절하지 않은 것은? [3점]

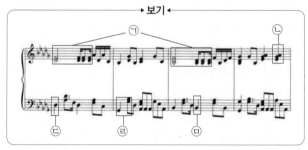

① ㉠은 일정 구절의 앞부분을 반복하고 있으므로 '아나포라'에 해당하겠군.

② ㉡을 32분음표 8개로 나누되, 악보에 제시된 음을 그대로 유지하여 빠르게 연주한다면 '트레몰로'에 해당하겠군.

③ ㉢을 32분음표 8개로 나누되, 8개의 음을 '시'와 '도'로 전환하여 빠르게 연주한다면 '트릴'에 해당하겠군.

④ ㉣을 통해 작곡가가 표현하고자 하는 감정을 찾는다면 감탄에 해당하겠군.

⑤ ㉤을 8분음표 두 개로 나누되, 첫 번째 음은 그대로 두 번째 음은 높게 연주한다면 음이 짧게 끊어지므로 '멈춤'에 해당하겠군.

수능 정복 기출 문항

03

(가)~(마)에 대한 설명으로 적절하지 않은 것은?

① (가)에서는 음악수사학의 태동 배경을 제시하였다.

② (나)에서는 음형을 두 부류로 나누어 설명하였다.

③ (다)와 (라)에서는 (나)의 내용을 상세화하였다.

④ (라)에서는 비유를 통해 장식 음형을 설명하였다.

⑤ (마)에서는 음악수사학의 의의를 제시하였다.

04

이 글로 미루어 알 수 없는 것은?

① 마테존은 장식 음형보다는 선율 음형을 중시하였다.

② 바로크 시대에는 수사학을 음악에 적용하려는 노력이 있었다.

③ 마테존은 기악곡만으로도 감정을 표현할 수 있다고 생각하였다.

④ 마테존은 기악이 성악과 대등한 위치에 서는 데 큰 역할을 하였다.

⑤ 음악수사학에서는 음형을 통해 감정을 효율적으로 표현하고자 하였다.

05

〈보기〉는 음형을 활용하여 습작한 악보와 연주가의 메모이다. 이에 대한 반응으로 적절하지 않은 것은?

① ⓐ에는 일정 구절의 앞부분을 반복하여 감정을 강조하려는 작곡자의 의도가 담겨 있어.

② ⓑ에서 음이 도약하는 것을 보니 가사를 붙인다면 감탄을 드러내는 표현이 적절하겠어.

③ ⓒ는 연주자가 자신의 재량으로 장식 음형의 일종인 트레몰로를 사용한 것이군.

④ ⓐ는 단어 차원, ⓑ는 문장 차원에 근거한 음형이군.

⑤ ⓐ는 작곡 과정에서 고안되는 반면에 ⓒ는 실제 연주에서 구현되었어.

[1~4] 다음 글을 읽고 물음에 답하시오.

'우연성 음악(Aleatoric)'이란 주사위를 뜻하는 라틴어 '알레아(Alea)'에서 유래된 용어로, 서양 음악의 전통적 통념에서 벗어나 작곡이나 연주 과정에 우연성을 도입함으로써 불확정성을 추구하는 음악을 일컫는다. 우연성 음악은 현대 음악이 지나치게 추상화되거나 정밀하게 구성된 음만을 추구한다는 비판에서 출발하였는데, 대표적인 음악가로 케이지와 슈톡하우젠이 있다.

케이지는 인간의 의도가 배제된 무작위(無作爲)의 상태가 가장 자연스러운 상태라고 주장하는 동양의 주역 사상을 접한 후, 작곡에 있어 인위적인 요소들을 제거하면 소리가 자연스럽게 구성될 수 있다고 생각하였다. 그래서 케이지는 작품을 창작하는 과정에 우연의 요소를 도입하여, 음의 높이나 강약 또는 악기나 음악 형식을 작곡가의 의도에 따라 결정하지 않고 동전이나 주사위를 던져 결정하는 방법을 사용하였다.

우연적 방법을 사용한 케이지의 대표적 작품으로는 1951년 작곡된 〈피아노를 위한 변화의 음악〉이 있다. 케이지는 이 곡을 작곡할 때 작품 전체의 형식 구조만을 정해 놓고 세 개의 동전을 던져 음의 고저와 장단, 음가 등을 결정하였다. 다시 말해서 곡의 전체 구조는 합리적 사고에 의해, 세부적인 요소는 비합리적인 우연성에 의해 선택된 것이다.

케이지의 영향을 받은 슈톡하우젠은 음악의 우연성이 통계적 사고를 하는 과정에서 발생한다고 보고, 음악적 요소들의 관계에서 가변성이 형성될 때 다양한 음악적 표현이 가능하다고 생각했다. 기존의 음악처럼 고정된 악보를 제시하여 정해진 연주 방법과 진행 순서로 연주하는 것이 아니라, 단편적인 여러 악구만 제시하고 연주자가 이를 임의로 조합하는 우연성에 의해 연주해도 얼마든지 음악적 표현이 가능하다고 본 것이다.

[가]
슈톡하우젠의 〈피아노 소품 XI〉은 19개의 단편적인 악구로만 구성된, 단 한 페이지의 악보로 된 작품이다. 각 악구의 끝에는 박자, 빠르기, 음의 세기 등과 같은 지시어가 적혀 있는데, 연주자는 악구 중 하나를 선택하여 자신이 생각한 박자, 빠르기, 음의 세기로 연주를 시작하고, 해당 악구의 연주가 끝나면 임의로 선택한 다른 악구로 이동한다. 이때 각 악구의 뒷부분에 다음 악구를 연주하는 방식이 지시되어 있기 때문에, 그 다음 악구는 바로 직전 악구의 지시어대로 연주해야 한다. 그리고 동일한 악구를 두 번째로 다시 연주할 때에는 해당 악구 앞부분의 괄호 안에 적힌 옥타브 변경 지시에 따라 연주한다. 이러한 과정을 반복하다 어느 한 악구를 세 번째로 연주하게 되면 끝난다. 따라서 이 작품은 처음에 선택한 악구를 연달아 세 번 연주하고 끝내는 짧은 연주 방법부터, 모든 악구를 두 번씩 반복한 후 마지막에 임의의 한 악구를 선택하여 끝내는 방법까지 다양한 방식으로 연주할 수 있다.

이러한 우연성 음악은 하나의 작품이 작곡되고 연주되는 과정이 고정된 것이 아니라, 작곡가의 창작 과정과 이를 실현하는 연주자에 의해 다양하게 나타날 수 있다는 것을 보여 주었다. 때문에 음악을 바라보는 고정 관념에서 벗어나 음악의 지평을 넓혔다는 평가를 받고 있다.

독해 훈련 문제

1 문단
1 우연성 음악에서 추구하는 것은?

2 문단
2 케이지가 작품 창작 과정에서 음의 높이나 강약 또는 악기나 음악 형식을 결정할 때 사용한 방법은?

3 문단
3 〈피아노를 위한 변화의 음악〉에서 우연성에 의해 결정된 부분은?

4 문단
4 음악적 요소들의 관계에서 가변성을 형성하기 위해 슈톡하우젠이 사용한 방법은?

5 문단
5 〈피아노 소품 XI〉에서 동일한 악구를 두 번째로 다시 연주할 때는 어떻게 연주해야 하는가?

6 〈피아노 소품 XI〉에서 연주가 끝나는 경우는?

6 문단
7 우연성 음악의 의의는?

실력 UP · 변형 문항

01

이 글의 내용을 참고할 때, 〈보기〉의 작품에 대한 이해로 가장 적절한 것은?

> ▶ 보기 ◀
>
> 케이지의 〈4분 33초〉는 3악장으로 구성되어 있고, 악보에는 음표나 쉼표가 없이 '조용히'(TACET)라는 악상만 쓰여 있는 작품이다. 이 곡은 4분 33초의 연주 시간 동안에 연주자가 아무 연주도 하지 않는다. 대신 청중들끼리 웅성거리며 귓속말로 주고받는 소리, 가끔씩 연주회장 밖에서 들려오는 자동차 경적 소리, 연주회장 내에서 들려오는 마른기침 소리 등 우연적인 소리들이 섞여 빈 공간과 흘러가는 시간을 채우고 있다.

① 서양 음악의 통념에서 벗어나 과도하게 추상화된 음악이다.
② 불확정성을 추구하기 위해 연주 과정에 우연성을 도입하였다.
③ 작품 전체의 구조를 정해 놓고 정해진 방법과 순서에 따라 연주하였다.
④ 소리를 자연스럽게 구성하기 위해 청중들의 자발적인 참여를 유도하였다.
⑤ 음악적 요소들의 관계에 가변성을 부여하여 연주자가 다양한 음악적 표현을 할 수 있도록 하였다.

02 기출 04 연계

〈보기〉는 [가]의 내용을 도식화한 것이다. ⓐ~ⓔ에 대한 반응으로 적절하지 않은 것은?

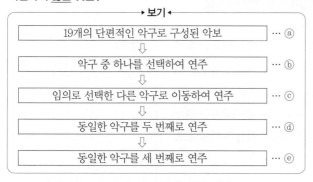

> ▶ 보기 ◀
>
> | 19개의 단편적인 악구로 구성된 악보 | ⋯ ⓐ |
> | ↓ |
> | 악구 중 하나를 선택하여 연주 | ⋯ ⓑ |
> | ↓ |
> | 임의로 선택한 다른 악구로 이동하여 연주 | ⋯ ⓒ |
> | ↓ |
> | 동일한 악구를 두 번째로 연주 | ⋯ ⓓ |
> | ↓ |
> | 동일한 악구를 세 번째로 연주 | ⋯ ⓔ |

① ⓐ: 박자, 빠르기, 음의 세기 등이 적혀 있겠군.
② ⓑ: 연주자가 자신이 원하는 방식으로 연주하겠군.
③ ⓒ: 해당 악구에 적혀 있는 지시어대로 연주해야겠군.
④ ⓓ: 해당 악구 앞부분의 옥타브 변경 지시에 따라 연주해야겠군.
⑤ ⓔ: 전체 연주가 종료되겠군.

수능 정복 · 기출 문항

03

우연성 음악 에 대한 이해로 가장 적절한 것은?

① 작곡가와 연주자의 지위가 동등하다는 것을 강조하였다.
② 작품에 대한 평가는 연주자의 능력에 의해 결정되는 것임을 보여 주었다.
③ 누구나 음악을 작곡하고 연주하는 것이 가능하다는 것을 보여 줌으로써 음악의 지평을 넓혔다.
④ 음악의 창작과 실현에 관한 발상의 전환을 통해 불확정성이 음악의 중요한 요소가 될 수 있음을 보여 주었다.
⑤ 작품의 의미를 제대로 파악하기 위해서는 작곡과 연주에 대한 청중의 배경지식이 중요하다는 것을 강조하였다.

04

[가]에 제시된 방법으로 〈보기〉의 악보를 연주한다고 할 때, 이에 대한 이해로 적절하지 않은 것은? [3점]

> ▶ 보기 ◀
>
> • 첫 악구 연주 방법: B를 선택, 2/4박자, 보통 빠르기로
> • 연주 순서: B → A → E → C → B → A → C → D → A
>
> A (한 옥타브 낮게) / 4/4박자, 느리게
> B (한 옥타브 높게) / 2/4박자, 매우 빠르게
> C (한 옥타브 높게) / 2/4박자, 모든 박 악센트
> D (두 옥타브 낮게) / 2/4박자, 아주 느리게
> E (한 옥타브 낮게) / 3/4박자, 보통 빠르기

① 악구 A는 모두 2/4박자로 연주되는군.
② 악구 B와 D는 모든 박을 악센트로 연주해야 하는 경우가 생기는군.
③ 악구 C는 처음에는 '보통 빠르기'로, 두 번째는 '느리게'로 연주되는군.
④ 악구 D 다음에 A가 아닌 C를 선택해도 연주는 끝나겠군.
⑤ 악구 E는 원래의 음보다 한 옥타브 낮은 음으로 연주되는군.

[1~5] 다음 글을 읽고 물음에 답하시오.

한국 전통 건축의 특징 중 하나는 친자연적이라는 것이다. 친자연적이란 일반적으로는 자연을 있는 그대로 받아들이는 것으로, 건축에서는 자연적인 재료의 가공을 최소화하여 있는 그대로 사용하는 것으로 나타나기도 한다. 이를 단적으로 잘 보여 주는 것이 ㉮<u>휜 나무의 사용</u>이다. 휜 나무는 궁궐에서부터 민가, 불교 건축에서 유교 건축에 이르기까지 두루 사용되었다.

먼저 하회 마을 병산 서원에 있는 만대루에는 휜 나무가 누각의 1층에 해당하는 하단 부분에서는 기둥으로, 2층에 해당하는 상단부에서는 보로 사용되었다. 휜 기둥이 하단을 받치고 상단부에서는 대들보 역할을 하는 것이다. 휜 나무가 기둥과 대들보로 사용되고 있어서 안정감을 위해 나무를 덧대거나 추가적인 구조물을 설치했을 것 같지만, 만대루에는 곧은 기둥이나 휜 기둥들이 과하지도 모자라지도 않게 사용되어 구조적인 안정성과 심미성을 동시에 나타낸다. 병산 서원의 백미로 평가받는 만대루는 이렇게 휜 기둥을 사용하여 자연 재료의 아름다움과 가치를 드러내고 있다.

휜 나무를 ㉠<u>쓴</u> 또 다른 건축물로 개심사의 범종각을 들 수 있다. 범종각에는 누각을 ㉡<u>이루는</u> 기둥 네 개에 모두 휜 나무가 사용되었다. 심하게 휘어져 있는 나무를 네 군데 모두 사용하다 보니 범종각은 금방이라도 쓰러질 듯 보인다. 하지만 곧은 나무를 사용한 누각과 ㉢<u>다르지</u> 않게 널따란 지붕을 거뜬히 잘 받치며 오랫동안 잘 유지되어 왔다. 개심사 범종각의 휜 기둥은 건축물에 율동감을 ㉣<u>주면서</u>, 동시에 자연적인 상태를 받아들이고 더 이상의 치장은 욕심이며 불필요한 것임을 깨닫게 하는 정신적 경계의 역할을 하고 있다. 엄숙한 불교 건축에 휜 나무를 그대로 사용함으로써 자연의 모습, 있는 그대로의 모습을 따르는 것이 이상적 가치라고 알려 준다.

〈만대루〉

〈개심사 범종각〉

만대루와 개심사의 휜 기둥은 자연의 교훈을 깨닫게 한다. 자연이 아름다운 이유는 일부러 무엇을 하지 않아도 그 자체로 모든 것을 다 해 놓았기 때문일 것이다. 자연의 일부인 휜 나무는 부족하거나 모자란 것이 아니라, 그 자체로 하나의 독립적이며 완결된 생명체이다. 그러니 일부러 ㉤<u>꾸미지</u> 않고, 가공하지도 않는 것이 휘어 있는 나무 상태를 존중하는 것이다. 우리는 여기서 곧은 나무든 휘어진 나무든 모양에 상관없이 그 자체로 기둥의 역할을 충분히 해낼 수 있다는 선인들의 믿음과 평등 의식을 깨닫게 된다.

독해 훈련 문제

1 문단

1 휜 나무의 사용을 통해 알 수 있는 한국 전통 건축의 특징은?

2 문단

2 만대루에서 휜 나무의 역할은?

3 만대루에서 구조적인 안정성과 심미성이 동시에 나타나는 이유는?

3 문단

4 개심사 범종각에서 휜 나무가 사용된 부분은?

5 개심사 범종각에 사용된 휜 기둥의 효과 두 가지는?

4 문단

6 만대루와 개심사의 휜 기둥에서 깨달을 수 있는 선인들의 정신은?

실력 UP 변형 문항

01 [기출 03 연계]

이 글의 내용과 일치하지 않는 것은?

① 한국 전통 건축에서는 자연적인 재료의 가공을 선호하지 않는다.

② 만대루에는 상단부뿐만 아니라 하단부에도 휜 나무가 사용되었다.

③ 범종각에 사용된 휜 기둥은 율동감을 주기도 하지만 동시에 정신적 깨달음을 주기도 한다.

④ 범종각은 휜 기둥을 사용하여 곧은 나무를 사용한 건축물과 달리 오랫동안 유지되고 있다.

⑤ 만대루와 범종각에 사용된 휜 기둥에는 휜 나무 자체를 존중하는 선인들의 의식이 반영되어 있다.

02 [기출 04 연계]

이 글의 ㉮와 〈보기〉의 Ⓐ를 비교하여 이해한 내용으로 가장 적절한 것은? [3점]

> ▶ 보기 ◀
>
> 한국 전통 건축의 특징 중 하나는 Ⓐ비대칭 구도이다. 궁궐, 서원, 향교, 한옥 모두 전체 배치를 놓고 보면 좌우 대칭인 경우가 거의 없을 정도로 철저하게 비대칭으로 구성되어 있다. 보편적 현상에 가까운 대칭 구도를 유독 한국 전통 건축에서는 찾아보기 힘든 이유는, 무엇보다도 주변의 자연 지세(地勢)에 순응했기 때문이다. 구릉이 흐르고 계곡이 파이며 때로는 물길이 나 있는 자연 지세에 맞추다 보면, 대칭 구도는 자연히 피할 수밖에 없게 된다. 그러나 이것만이 전부는 아니다. 비대칭에는 좌우 모습이 거울에 비치듯 똑같지는 않지만 전체적으로 보았을 때는 큰 균형감이 느껴지는 경우도 있다. 한국 전통 건축에 나타나는 비대칭이 바로 이런 경우에 해당한다.

① ㉮는 Ⓐ와 달리 한국 전통 건축의 친자연적 성격을 드러내고 있다.

② ㉮는 Ⓐ와 달리 재료의 가공 여부에서 건축의 가치를 발견하고 있다.

③ Ⓐ는 ㉮와 달리 규모가 큰 건축물에만 적용된다.

④ Ⓐ는 ㉮와 달리 현대 건축으로 활발하게 계승되고 있다

⑤ ㉮를 사용한 건축물은 Ⓐ보다 안정감이 뛰어나고, Ⓐ를 이용한 건축물은 ㉮보다 균형감이 뛰어나다.

수능 정복 기출 문항

03

이 글을 통해 알 수 있는 내용으로 적절하지 않은 것은?

① 범종각의 휜 기둥들은 건물에 율동감을 준다.

② 휜 나무는 다양한 우리나라 전통 건축물에 사용되었다.

③ 친자연적 건축관은 한국 전통 건축의 특징 중 하나이다.

④ 만대루에는 안정성을 강화하기 위해 휜 기둥이 사용되었다.

⑤ 휜 기둥에는 자연 상태를 존중하고자 하는 의도가 담겨 있다.

04

이 글과 〈보기〉를 비교한 것으로 가장 적절한 것은? [3점]

> ▶ 보기 ◀
>
>
>
> 1990년대 중반 프랑크 게리가 지은 '프레드 앤 진저 빌딩'은 건물을 받치는 기둥뿐만 아니라 건물 자체도 심하게 찌그러진 모습이다. 이 빌딩은 정형성을 강요하는 기존의 건축 경향을 현실성이 없는 가식이라 비판하는 건축 양식을 대표한다.

① 휜 기둥과 달리 〈보기〉는 종교적 가치를 담고 있다.

② 휜 기둥과 달리 〈보기〉는 의도적으로 기둥을 휘게 만들었다.

③ 〈보기〉와 달리 휜 기둥은 현실에 대한 비판적 의도가 담겨 있다.

④ 〈보기〉는 휜 기둥처럼 정형적인 특징이 나타난다.

⑤ 〈보기〉는 휜 기둥처럼 기존의 건축 경향에 대한 발전적 대안으로 건축되었다.

05

문맥상 ㉠~㉤과 바꿔 쓰기에 적절하지 않은 것은?

① ㉠: 사용(使用)한

② ㉡: 구성(構成)하는

③ ㉢: 상이(相異)하지

④ ㉣: 부과(賦課)하면서

⑤ ㉤: 치장(治粧)하지

[1~5] 다음 글을 읽고 물음에 답하시오.

중세 시대에는 종교 건축 분야에 눈부신 발전이 이루어졌는데 대표적인 것이 로마네스크 양식과 고딕 양식이다. 로마네스크 양식은 당시 농촌 지역에 활발히 세워지던 수도원의 성당에 적용되었다. 로마의 영향을 받아 둥근 아치 형태였던 천장은 석재로 만들어져 매우 무거웠다. 이를 지탱하기 위해 벽도 두껍고 웅장하게 지어졌다. 벽과 천장의 무게로 인해 창을 크게 만들기도 어려웠기 때문에 내부 공간은 채광이 부족해 대체로 어두웠다. 이러한 어두움은 성당의 엄숙한 분위기를 자아내었다.

이러한 ㉮로마네스크 양식이 변형을 거쳐 발전한 것이 ㉯고딕 양식이다. 당시의 철학에서는 신의 존재를 ⓐ입증하고자 노력했는데, 고딕 양식은 이러한 흐름에 영향을 받아 신의 존재를 감각적으로 체험할 수 있는 건축물로 탄생하였다. 하늘에서 쏟아지는 빛이 신의 ⓑ현현이라고 생각한 당대의 사람들은 ㉠고딕 양식을 통해 신비한 빛으로 가득 찬 성당을 건설하고자 했다.

그런데 건물 내부로 들어오는 빛의 양을 늘리기 위해서는 창의 면적이 넓어야 했다. 창을 크게 만들기 위해서는 건물이 높아져야 하는데, 이렇게 되면 무거운 천장과 벽을 지탱하기 어렵다는 문제가 생긴다. 그래서 창문을 크게 만드는 대신, 성당의 벽을 바깥에서 떠받치기 위해 '버트레스'와 '플라잉 버트레스'를 만들어 높아진 건물을 지탱하게 했다. 또한 고딕 양식에서는 로마네스크 양식에서 사용되던 둥근 아치형의 천장을 뾰족하게 솟아오른 형태로 ⓒ고안해 냈다. 이를 '포인티드 아치'라고 하는데, 이러한 형태로 인해 로마네스크 성당보다 높게 지을 수 있게 되었다. 천장이 높아지자 벽 옆면에 길고 큰 창인 '클리어스토리'를 뚫어

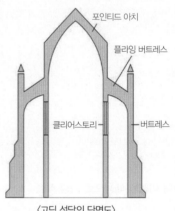

〈고딕 성당의 단면도〉

성당 안으로 많은 빛을 들어오게 하는 것이 가능해지게 되었다. 창에는 다채로운 색채의 '스테인드글라스'를 시공했는데, 빛을 굴절 투과시켜 신비감을 ⓓ부각하였다. 이후 고딕 성당은 더 많은 빛을 받아들이기 위해 끊임없이 더 높은 곳을 지향하게 된다.

로마네스크 양식은 십자군 전쟁이 발발해 어수선한 사회 분위기 속에서 각지의 수도원으로 순례객들이 모여들던 때에 탄생했다. 그들은 웅장하게 지어진 성당을 순례하며 신의 권위와 장엄함을 느꼈다. 한편 고딕 양식은 농촌에서 도시로 삶의 터전을 옮긴 이주민들이 혼란과 불안을 경험하던 시대를 배경으로 한다. 고딕 시대의 이주민들은, 비례의 법칙을 거스르며 하늘 높이 수직으로 솟아올라 빛으로 가득해진 도시의 성당에서 신의 존재를 체험하며 고통스러운 현실을 ⓔ위무받고자 했다. 성당 순례를 통해 신을 느끼며 현실에서의 고통을 해소하고자 했던 로마네스크 시대의 사람들처럼 고딕 시대의 사람들도 신에게 더욱 가까이 가고자 하는 열망으로 현실의 고통을 잊으려 했던 것이다. 결국 로마네스크 양식과 고딕 양식에서 초월적 세계에 대한 중세 사람들의 종교적 열망을 읽어낼 수 있다.

독해 훈련 문제

1 문단

1 로마네스크 양식의 성당이 주로 세워진 곳은?

2 로마네스크 성당의 내부 공간이 어두운 이유는?

2 문단

3 고딕 양식을 통해 건설하고자 했던 성당의 모습은?

3 문단

4 고딕 양식의 성당에서 버트레스와 플라잉 버트레스의 역할은?

5 고딕 성당 안으로 많은 빛을 들어오게 하는 것이 가능해진 까닭은?

4 문단

6 로마네스크 양식이 탄생한 시대적 배경은?

7 고딕 양식이 탄생한 시대적 배경은?

01 〈기출 03 연계〉

㉮와 ㉯를 비교한 내용으로 적절하지 않은 것은?

① ㉮는 석재로 만든 둥근 아치 형태의, ㉯는 뾰족하고 높은 '포인티드 아치' 형태의 천장을 특징으로 한다.

② ㉮는 농촌 지역에 세워진 수도원의 성당에, ㉯는 삶의 터전이 바뀐 현실을 반영하여 도시의 성당에 적용되었다.

③ ㉮는 신의 권위와 장엄함을 느끼며, ㉯는 신의 존재를 체험하며 고통스러운 현실을 잊고자 했던 소망이 반영되어 있다.

④ ㉮의 어두운 내부 공간은 신비한 분위기를, ㉯의 '클리어스토리'에 시공된 '스테인드글라스'는 엄숙한 분위기를 자아내는 역할을 한다.

⑤ ㉮는 무거운 천장을 떠받치기 위해 벽을 두껍게 만든 반면, ㉯는 건물의 벽을 떠받치기 위해 '버트레스'와 '플라잉 버트레스'를 활용했다.

02 〈기출 04 연계〉

이 글과 〈보기〉를 통해 이끌어 낼 수 있는 반응으로 가장 적절한 것은? [3점]

> ▶ 보기 ◀
>
> 르네상스 시대에는 우주나 자연의 규칙적인 형태가 신의 세계를 대변한다고 생각했기 때문에 규칙적인 기하학을 바탕으로 건축물을 만들고자 했다. 특히 원형 건물을 중심으로 동일한 형태의 부속 건물을 규칙적으로 설계한 데서 이를 확인할 수 있다. 따라서 이 시기에 지어진 성당은 어느 방향에서 보아도 동일한 모습이며, 어느 방향에서 성당의 내부에 들어가도 방문자의 시선은 건물의 중심점에 이르게 된다. 당시 사람들은 이 기하학적 중심점에 신이 존재하며, 여기에서 신과 일치되는 경지를 찾고자 했다.

① 로마네스크 성당과 르네상스 성당은 천장의 형태가 비슷하겠군.

② 고딕 성당에 비해 르네상스 성당은 건물의 높이가 더욱 높아졌겠군.

③ 고딕 성당과 르네상스 성당은 모두 기하학적 법칙을 고려하여 건물을 설계했군.

④ 로마네스크 성당에 비해 르네상스 성당은 초월적 세계의 모습을 규칙적인 형태에서 찾으려고 했군.

⑤ 로마네스크 성당, 고딕 성당, 르네상스 성당에는 모두 고통스러운 현실을 개혁하고자 했던 당시 사람들의 열망이 담겨 있군.

03

㉠에 대한 설명으로 적절하지 않은 것은?

① '버트레스'는 성당의 벽을 떠받치기 위한 것이다.

② '클리어스토리'는 천장이 높아지며 설치된 것이다.

③ '클리어스토리'에 '스테인드글라스'가 시공되었다.

④ '포인티드 아치'는 둥근 아치를 뾰족하게 만든 것이다.

⑤ '플라잉 버트레스'는 빛의 양을 조절해 엄숙한 분위기를 자아내고자 생겨났다.

04

이 글과 〈보기〉를 통해 이끌어 낼 수 있는 반응으로 가장 적절한 것은? [3점]

> ▶ 보기 ◀
>
> 끊임없이 수직을 지향하다 비례 법칙을 어기게 된 고딕 양식에 반기를 든 르네상스 양식은 엄격한 비례미를 추구했다. 그런데 유럽에서 종교 개혁이 일어나면서 사회가 혼란에 휩싸이자 건축에서 등장한 사조가 매너리즘이다. 매너리즘은 비례 법칙으로는 혼란한 사회상을 표현할 수 없다고 보고, 르네상스 양식을 거부하며 일탈과 변형을 추구한 것이다. 그래서 매너리즘 건축은 기둥을 애매한 간격으로 세웠고, 아래층보다 위층의 창을 더 웅장하게 만들기도 했다. 또한 건물의 장식은 크기, 형태 등에서 규칙적이지 않은 형상을 나타냈다.

① 고딕 성당은 초월적 존재에 다가가고자 하는 소망이, 매너리즘 건축물은 당시의 혼란한 시대 상황이 반영된 결과 비례의 법칙을 거스르게 된 것이군.

② 고딕 성당이 로마네스크 양식을 변형한 데 비해, 매너리즘 건축물은 르네상스 양식에 대한 모방을 통해 새로운 양식을 추구한 것이군.

③ 고딕 성당에 비해 로마네스크 성당은 건물의 높이를, 매너리즘 건축물은 위층 창의 높이를 높여 웅장함을 나타내려한 것이군.

④ 매너리즘 건축물은 로마네스크 성당과는 달리 무거운 건물을 지탱하기 위해 기둥을 애매한 간격으로 세운 것이군.

⑤ 매너리즘 건축물과 고딕 성당 모두 건물의 크기와 형태를 규칙적 형상으로 만들고자 한 것이군.

05

ⓐ~ⓔ의 사전적 의미로 적절하지 않은 것은?

① ⓐ: 옳고 그름을 이유를 들어 밝힘

② ⓑ: 명백하게 나타나거나 나타냄

③ ⓒ: 연구하여 새로운 안을 생각해 냄

④ ⓓ: 어떤 사물을 특징지어 두드러지게 함

⑤ ⓔ: 위로하고 어루만져 달램

[1~4] 다음 글을 읽고 물음에 답하시오.

영화 촬영 시 카메라가 찍기 시작하면서 멈출 때까지의 연속된 촬영을 '쇼트(shot)'라 하고, 이러한 쇼트의 결합으로 이루어져 연극의 '장(場)'과 같은 역할을 수행하는 것을 '씬(scene)'이라고 한다. 그리고 여러 개의 씬이 연결되어 영화의 전체 흐름 속에서 비교적 독립적인 의미를 지니는 것을 '시퀀스(sequence)'라 일컫는다.

시퀀스는 씬을 제시하는 방법에 따라 '에피소드 시퀀스'와 '병행 시퀀스'로 구분할 수 있다. 먼저 에피소드 시퀀스는 짧은 장면을 연결하여 긴 시간의 흐름을 간단하게 보여 주는 것을 말한다. 예를 들어 특정 인물의 삶을 다룬 영화의 경우, 주인공의 생애를 있는 그대로 재현하는 것은 불가능하므로 특징적인 짧은 장면을 연결하여 인물의 삶을 요약적으로 제시하는 것이 여기에 해당한다.

이와 달리 병행 시퀀스는 같은 시간, 다른 공간에서 일어나는 둘 이상의 별개 사건이 교대로 전개되는 것을 말한다. 범인을 추격하는 영화의 경우, 서로 다른 공간에서 쫓고 쫓기는 형사와 범인의 영상을 교차로 제시하는 방식이 좋은 예이다. 이 방법은 극적 긴장감을 조성할 수 있으며, 시간을 나타내는 특별한 표지가 없더라도 두 개의 사건에 동시성을 부여하여 시각적으로 통일된 단위로 묶을 수 있다.

시퀀스 연결 방법은 크게 두 가지로 나눌 수 있는데, 자연스럽게 연결하는 경우와 그렇지 않은 경우이다. 원래 이미지가 점점 희미해지면서 다른 이미지로 연결되는 디졸브 등의 기법을 사용하면 관객들은 하나의 시퀀스가 끝나고 다음 시퀀스가 시작된다는 것을 자연스럽게 알게 된다. 이러한 ㉠자연스러운 시퀀스 연결은 관객들이 사건의 전개 과정을 쉽게 파악하고, 다음에 이어질 장면을 예상하는 데 도움을 준다. 이와 달리 시퀀스의 마지막 부분에 시공간이 완전히 다른 이미지를 연결하여 급작스럽게 시퀀스를 전환하기도 하는데, 이러한 ㉡부자연스러운 시퀀스 연결은 관객들에게 낯선 느낌을 주고 의아함을 불러일으켜 시퀀스 연결 속에 숨은 의도나 구조를 생각하게 한다.

일반적으로 각 시퀀스의 길이가 길어 시퀀스의 수가 적은 영화들은 느린 템포로 사건이 진행되기 때문에 서사적 이야기 구조를 안정되게 제시하는 데 적합하다. 반면 길이가 매우 짧은 시퀀스를 사용한 영화는 빠른 템포로 사건이 전개되므로 극적 긴장감을 조성할 수 있으며, 특정 이미지를 강조하거나 인물의 심리 상태 등도 효과적으로 제시할 수 있다.

이 밖에도 서사의 줄거리를 분명하고 세밀하게 전달하기 위해 각 시퀀스에서 의미를 완결 지어 관객으로 하여금 작은 단위의 카타르시스를 경험하게 하는 경우도 있고, 시퀀스 전체의 연결 관계를 통해서 영화의 서사 구조를 파악하게 하는 경우도 있다. 따라서 영화에 사용된 시퀀스의 특징을 분석하는 것은 영화의 서사 구조와 감독의 개성을 효과적으로 파악할 수 있는 좋은 방법이다.

독해 훈련 문제

1 문단

1 여러 개의 씬이 연결되어 영화의 흐름 속에서 비교적 독립적인 의미를 지니는 것은?

2 문단

2 에피소드 시퀀스란?

3 문단

3 병행 시퀀스란?

4 문단

4 자연스러운 시퀀스 연결의 효과는?

5 부자연스러운 시퀀스 연결의 효과는?

5 문단

6 시퀀스의 길이가 길어 시퀀스의 수가 적은 영화의 특징은?

6 문단

7 시퀀스 분석의 의의는?

실력 UP 변형 문항

01 〔기출 04 연계〕

이 글의 내용을 다음 시나리오에 적용하여 이해할 때, 적절하지 않은 것은? [3점]

(가)	**S# 11 전방의 초소(밤)** 눈보라가 몰아치는 전방 부대의 초소에서 보초를 서고 있는 수혀. 연지에게서 받은 문자를 생각하며 눈물을 흘리고 있다. "그동안 고마웠어요. 저 교환 학생으로 가요. -연지"
(나)	**S# 12 연지의 방(밤)** 같은 시각, 눈 내리는 창밖을 보던 연지. 슬픈 표정을 지으며 생각에 잠긴다. "나, 군대 간다. 그동안 고마웠다. 잘 살아라. -수혀"(디졸브)
(다)	**S# 13 동아리 광장(낮)** (자막) '3년 전 봄' 대학교 새내기 연지. 동아리 가입 권유를 받다가 다른 사람과 이야기를 하고 있는 수혀에게 다가가 신청서를 달라고 한다.
(라)	**S# 14 도서관(낮)** 나란히 앉아 공부하는 연지와 수혀. 연지가 음료수에 하트(♡)를 그려 수혀에게 건넨다. 수혀, 행복한 표정을 짓는다.
(마)	**S# 15 대학교 근처 음료점(밤)** 동아리 모임에서 회원들이 술에 취한 수혀와 연지의 휴대 전화로 장난 문자를 보낸다. 택시를 타려던 연지, 놀라 휴대 전화를 떨어뜨린다. (맑은 하늘로 군인들의 모자가 치솟는 화면)
(바)	**S# 16 전역식장(낮)** 수혀가 동료들과 함께 전역식을 마치고 모자를 하늘로 던진다. 수혀를 오해했다는 사실을 알고 급히 전역식장으로 간 연지. 수혀와 포옹하고 하늘에서 내려오던 모자가 둘을 덮는다.

① (가)와 (나)를 교대로 전개하여 다른 공간에서 일어나는 사건의 숨은 의도를 생각하게 하고 있다.

② (가)와 (나)가 끝나고 (다)가 시작된다는 것을 관객들이 자연스럽게 알 수 있도록 시퀀스를 연결하고 있다.

③ (다)는 과거 회상임을 알 수 있는 시간 표지를 통해 새로운 시퀀스가 시작되었음을 보여 주고 있다.

④ (다)~(마)는 특징적인 짧은 장면들을 연결하여 인물들의 만남과 이별을 요약적으로 제시하고 있다.

⑤ (마)의 끝부분에 시공간이 완전히 다른 화면을 사용하여 (마)와 (바)를 부자연스럽게 연결하고 있다.

02

㉠과 ㉡에 대한 이해로 가장 적절한 것은?

① ㉠은 ㉡에 비해 영화를 이해하기 위한 관객의 노력이 더 많이 필요하겠군.

② ㉠은 ㉡에 비해 각 시퀀스의 길이가 길어 이야기 구조를 안정되게 제시하는 데 적합하겠군.

③ ㉡은 ㉠에 비해 사건의 전개 과정을 파악하는 데 유리하겠군.

④ ㉡은 ㉠과 달리 디졸브 등의 편집 기법을 활용하여 급작스럽게 전환을 시도하겠군.

⑤ ㉡은 ㉠과 달리 서로 다른 이미지를 연결하여 관객에게 의아함을 불러일으킬 수 있겠군.

수능 정복 기출 문항

03

이 글을 통해 확인할 수 있는 내용이 아닌 것은?

① 시퀀스의 연결 방법과 효과

② 시퀀스의 길이에 따른 특징

③ 영화의 시퀀스를 구성하는 요소와 개념

④ 영화의 발전 과정과 시퀀스의 상관관계

⑤ 씬을 제시하는 방법에 따른 시퀀스의 종류

04

이 글을 바탕으로 다음 시나리오를 분석할 때, 적절하지 않은 것은?

A	**S# 5 서영의 자취방 앞(밤)** 현우의 청혼을 받아들이기 위해 집을 나서는 서영. 현관문을 잠그기 위해 열쇠를 꺼낸다. 그때 주머니에서 현우가 준 반지가 떨어진다.
B	**S# 6 길가, 편의점 앞(밤)** 같은 시각 편의점 앞. 승용차가 멈추고 서영을 만나기 위해 현우가 내린 후, 서영의 집이 있는 골목길로 들어선다.
C	**S# 7 서영의 자취방 앞(밤)** 반지가 떨어진 것을 모르는 서영. 행복한 표정으로 하늘을 올려다본다. 잠시 후 문을 잠그고 집을 나선다.
D	**S# 8 서영의 자취방 앞(밤)** 서영의 자취방 문 앞에서 바닥에 떨어진 반지를 발견한 현우. 슬픈 표정으로 전화기를 꺼내 문자를 보낸다. "대답 잘 들었어요. 잘 지내요." 전화기의 전원을 끈다. (디졸브)
E	**S# 9 사무실 안(낮)** (자막) '2년 후' 활기찬 분위기의 사무실. 사람들이 모여 즐겁게 담소를 나누고 있다. 이들과 동떨어져 홀로 컴퓨터를 바라보며 서류를 정리하는 서영.
F	**S# 10 사무실 안(밤)** (자막) '한 달 후' 퇴근하는 사무실 사람들. 혼자 남은 서영. 여전히 자신의 컴퓨터를 바라보며 서류를 정리하고 있다.

① A와 B는 다른 장소에서 일어나는 사건을 교대로 제시하여 시각적으로 통일된 단위로 묶고 있다.

② A부터 D까지는 '서영'이 '현우'와 헤어지는 사건을 다루고 있다는 점에서 동일한 시퀀스로 볼 수 있다.

③ E에 사용된 자막은 A와 C의 사건에 동시성을 부여하는 시간 표지에 해당한다.

④ D에서 E로 전환되면서 새로운 이야기가 펼쳐진다는 점에서, E는 새로운 시퀀스의 시작에 해당한다.

⑤ E와 F의 연결은 시간의 흐름을 짧은 장면으로 간단하게 보여 주고 있다.

[1~5] 다음 글을 읽고 물음에 답하시오.

사진은 19세기 초까지만 해도 근대 문명이 만들어 낸 기술적 도구이자 현실 재현의 수단으로 인식되었다. 하지만 점차 여러 사진작가들이 사진을 연출된 형태로 찍거나 제작함으로써 자기의 주관을 표현하고자 하는 시도를 하였다. 이들은 빛의 처리, 원판의 합성 등의 기법으로 회화적 표현을 모방하여 예술성 있는 사진을 추구하였다. 이러한 흐름 속에서 만들어진 사진 작품들을 회화주의 사진이라고 부른다.

Ⓐ스타이컨의 ㉠〈빅토르 위고와 생각하는 사람과 함께 있는 로댕〉(1902년)은 회화주의 사진을 대표하는 것으로 평가된다. 이 작품에서 피사체들은 조각가 '로댕'과 그의 작품인 〈빅토르 위고〉와 〈생각하는 사람〉이다. 스타이컨은 로댕을 대리석상 〈빅토르 위고〉 앞에 두고 찍은 사진과, 청동상 〈생각하는 사람〉을 찍은 사진을 합성하여 하나의 사진 작품으로 만들었다. 이렇게 제작된 사진의 구도에서 어둡게 나타난 근경에는 로댕이 〈생각하는 사람〉과 서로 마주보며 비슷한 자세로 앉아 있고, 반면 환하게 보이는 원경에는 〈빅토르 위고〉가 이들을 내려다보는 모습으로 배치되어 있다. 단순히 근경과 원경을 합성한 것이 아니라, 두 사진의 피사체들이 작가가 의도한 바에 따라 하나의 프레임 속에서 자리 잡을 수 있도록 당시로서는 고난도인 합성 사진 기법을 동원한 것이다. 또한 인화 과정에서는 피사체의 질감이 억제되는 감광액을 사용하였다.

스타이컨은 1901년부터 거의 매주 로댕과 예술적 교류를 하며 그의 작품들을 촬영했다. 로댕은 사물의 외형만을 재현하려는 당시 예술계의 경향에서 벗어나 생명력과 표현성을 강조하는 조각을 하고 있었는데, 스타이컨은 이를 높이 평가하고 깊이 공감하였다. 스타이컨은 사진이나 조각이 작가의 주관과 감정을 표현할 수 있으며 문학 작품처럼 해석의 대상도 될 수 있다고 생각했는데, 로댕 또한 이에 동감하여 기꺼이 사진 작품의 모델이 되어 주기도 하였다.

이 사진에서는 피사체들의 질감이 뚜렷이 ㉡살지 않게 처리하여 모든 피사체들이 사람인 듯한 느낌을 주고자 하였다. 대문호 〈빅토르 위고〉가 내려다보고 있는 가운데 로댕은 〈생각하는 사람〉과 마주하여 자신도 〈생각하는 사람〉이 된 양, 같은 자세로 묵상하는 모습을 취하고 있다. 원경에서 희고 밝게 빛나는 〈빅토르 위고〉는 근경에 있는 로댕과 〈생각하는 사람〉의 어두운 모습에 대비되어 창조의 영감을 발산하는 모습으로 나타난다. 이러한 구도는 로댕의 작품도 문학 작품과 마찬가지로 창작의 고뇌 속에서 이루어진 것이라는 메시지를 주고 있다.

이처럼 스타이컨은 명암 대비가 뚜렷이 드러나도록 촬영하고, 원판을 합성하여 구도를 만들고, 특수한 감광액으로 질감에 변화를 주는 등의 방식으로 사진이 회화와 같은 방식으로 창작되고 표현될 수 있는 예술임을 보여 주고자 하였다.

독해 훈련 문제

1문단
1 회화주의 사진에서 추구한 것은?

2문단
2 스타이컨의 작품 〈빅토르 위고와 생각하는 사람과 함께 있는 로댕〉에서 원경에 배치된 것은?

3 스타이컨이 작품의 인화 과정에서 사용한 기법은?

3문단
4 사진과 조각에 대한 스타이컨의 관점은?

4문단
5 〈빅토르 위고와 생각하는 사람과 함께 있는 로댕〉이 주는 메시지는?

5문단
6 스타이컨이 〈빅토르 위고와 생각하는 사람과 함께 있는 로댕〉에 사용한 기법 세 가지는?

실력 UP 변형 문항

수능 정복 기출 문항

01

이 글에서 알 수 있는 내용으로 적절하지 <u>않은</u> 것은?

① 스타이컨과 로댕은 모두 당대의 예술적 통념에서 벗어나려는 경향을 보였다.

② 스타이컨은 두 사진의 피사체를 하나의 프레임 속에 넣어 사실적인 효과를 내고자 하였다.

③ 스타이컨은 질감이 억제되는 감광액을 사용하여 비인격적 대상을 사람인 듯하게 표현하였다.

④ 회화주의 사진이 등장하기 전에는 사진은 예술적 측면보다 기술적 도구로서의 측면이 강했다.

⑤ 스타이컨은 명암의 대비를 통해 조각 작품도 다른 예술과 마찬가지로 고뇌의 결과물임을 전달하고자 하였다.

03

㉠과 관련하여 추론할 수 있는 스타이컨의 의도로 적절하지 <u>않은</u> 것은? [3점]

① 고난도의 합성 사진 기법을 쓴 것은 촬영한 대상들을 하나의 프레임에 담기 위해서였다.

② 원경이 밝게 보이도록 한 것은 〈빅토르 위고〉와 로댕 간의 명암 대비 효과를 내기 위해서였다.

③ 로댕이 〈생각하는 사람〉과 마주 보며 같은 자세로 있게 한 것은 고뇌하는 모습을 보여 주기 위해서였다.

④ 원경의 대상을 따로 촬영한 것은 인물과 청동상을 함께 찍은 근경의 사진과 합칠 때 대비 효과를 얻기 위해서였다.

⑤ 대상들의 질감이 잘 살지 않도록 인화한 것은 대리석상과 청동상이 사람처럼 보이게 하는 효과를 얻기 위해서였다.

04

다음은 학생이 쓴 감상문의 일부이다. 이 글을 바탕으로 할 때, ⓐ~ⓔ 중 적절하지 <u>않은</u> 것은?

> 학습 활동 스타이컨의 작품을 감상하고 글을 써 보자.
>
> 예전에 나는, 사진은 사물을 있는 그대로 재현하는 도구에 지나지 않는다고 생각했고, 사진이 예술 작품이 된다고 생각해 본 적이 없었다. 그런데 스타이컨의 〈빅토르 위고와 생각하는 사람과 함께 있는 로댕〉을 보고, ⓐ사진도 예술 작품으로서 작가의 생각을 표현하는 창작 활동이라는 스타이컨의 생각에 동감하게 되었다. 특히 ⓑ회화적 표현을 사진에서 실현시키려 했던 스타이컨의 노력은 그 예술사적 가치를 인정받아야 할 것이다. 하지만 아쉬운 점도 없지 않다. 당시의 상황에서는 ⓒ스타이컨이 빅토르 위고와 같은 위대한 문학가를 창작의 영감을 주는 존재로 표현할 수밖에 없었을 것이다. 그래도 ⓓ스타이컨이 로댕의 조각 예술이 문학에 종속되는 것으로 표현할 것까지는 없었다고 생각한다. 그렇더라도 ⓔ기술적 도구로 여겨졌던 사진을 예술 행위의 수단으로 활용한 스타이컨의 창작열은 참으로 본받을 만하다.

① ⓐ   ② ⓑ   ③ ⓒ   ④ ⓓ   ⑤ ⓔ

02 기출 04 연계

이 글의 ④와 〈보기〉의 ⑧에 대한 이해로 가장 적절한 것은?

[3점]

> ▶ 보기 ◀
>
> 사진에서 회화적 수법을 부정하고 사진만의 독자적 기술로 있는 그대로를 찍겠다는 입장을 토대로 만들어진 사진들을 스트레이트 포토그래피(Straight Photography)라고 한다. 이 입장을 대표하는 ⑧알프레드 스티글리츠는 렌즈가 본래 갖고 있는 정확하고 정밀한 광학적인 기능을 회복함으로써 사진 본연의 모습을 되찾아야 한다고 생각했다. 그래서 그는 일상에 주목하여, 작업의 대상을 숭고한 것으로부터 일상적인 것으로 전환하였다. 그는 마차를 찍기 위해 눈보라 치는 뉴욕 거리에서 3시간이나 버틴 끝에 〈5번가의 겨울〉이라는 사진을 얻어냈는데, 명암의 배분과 원근 구성이 완벽하고 마차의 모습이 인상적으로 표현되었다는 평가를 받았다.

① ④는 ⑧와 달리 광학적인 요소를 부정했구나.

② ④는 ⑧와 달리 일상적인 모습을 합성 기법을 통해 표현했구나.

③ ⑧는 ④와 달리 피사체의 사실적 재현을 중시했구나.

④ ⑧는 ④와 달리 명암의 배분과 원근 구성을 통해 메시지를 담아내려고 했구나.

⑤ ④와 ⑧는 모두 연출된 형태로 촬영하여 주관을 드러내었구나.

05

ⓛ의 문맥적 의미와 가장 가까운 것은?

① 이 소설가는 개성이 살아 있는 문체로 유명하다.

② 아궁이에 불씨가 살아 있으니 장작을 더 넣어라.

③ 어제까지도 살아 있던 손목시계가 그만 멈춰 버렸다.

④ 흰긴수염고래는 지구에 살고 있는 동물 중 가장 크다.

⑤ 부부가 행복하게 살려면 서로를 존중하고 사랑해야 한다.

[1~5] 다음 글을 읽고 물음에 답하시오.

이미지란 무엇인가? 근대 철학자들은 우리가 현실 세계의 사물을 감각에 의해 지각하여 실재 세계를 구성하듯 이미지도 감각을 바탕으로 한다고 보았다. 여기서 현실 세계는 인간에 의해 지각되기 이전에 이미 객관적으로 존재하는 세계를 의미하고, 실재 세계는 이러한 현실 세계를 인간의 지각에 의해 파악한 세계를 의미한다. 그런데 이미지는 감각을 바탕으로 하지만 그것은 불완전하게 지각된 모사물에 불과하다고 보았다. 따라서 그들은 이미지가 지각의 하위 영역이며 실재 세계에 비해 상대적으로 열등한 것으로 보았다. 그러나 사르트르는 이미지 이론을 통해 상상 세계를 제시하면서 이에 대해 반대하는 입장을 드러냈다.

사르트르는 ⓐ"실재 세계와 상상 세계는 본질적으로 서로 공존할 수 없다."라고 단언하며 이 두 세계는 지각과 상상이라는 인식 방법의 차이에 따라 달리 인식되는 것이라 설명한다. 이는 두 세계가 존재하는 것이 아니라 현실 세계를 지각에 의해 인식하기도 하고 상상에 의해 이미지로 인식하기도 한다는 것을 뜻한다. 결국 사르트르는 현실 세계가 우리의 의식이 지향하는 바에 따라 실재 세계와 상상 세계로 나누어지며 이 둘이 동시에 인식될 수 없다고 주장한다. 따라서 사르트르는 이전까지 실재 세계에 속한 영역이자 열등한 복사물 정도로 ㉠여겨져 왔던 이미지를 실재 세계에서 완전히 독립하여 상상 세계에서 이루어지는 정신 의식으로 규정하였다.

이렇게 사르트르에 의해 실재 세계로부터 독립된 이미지는 인식된 그 순간부터 온전한 전체가 된다는 특징을 지닌다. 지각에 의해 인식된 실재 세계는 세부적 특성이 파악될 때마다 변화하는 것에 비해 이미지는 우리가 아는 만큼만, 혹은 우리가 의도한 만큼만 구성되기 때문에 변하지 않는다는 것이다. 예를 들어 대상을 비추는 조명의 색이 달라지면 실재 세계에서 지각되는 색채는 그에 따라 달라지지만, 이미지는 조명의 색이 달라지더라도 상상 세계에서 항상 같은 색채를 가지게 된다는 것이다. 또한 이미지는 지각에 의해 파악되는 실재 세계의 속성들과 단절되어 상상 세계에서만 나타난다는 특징이 있다. 작년에 외국으로 떠난 친구에 대해 상상할 때, 그와 함께 하던 빈 방을 보며 그의 부재라는 실재 세계는 사라지고, 상상 세계에 이미지화되어 있는 친구의 모습만 떠오른다는 것이다.

이러한 사르트르의 관점에서 예술을 바라본다면, 예술은 늘 변할 수밖에 없는 실재 세계가 아닌 독립된 상상 세계에서 인식되어야 한다. 고전적인 조각의 경우를 예로 들면 예술가는 자신이 지각한 그대로를 완벽하게 표현하려 애쓰지만 실재 세계에서 인식되는 대상은 계속 변화하기 때문에 결국 지각에 의한 재현에는 어려움이 생길 수밖에 없다. 그러나 조각을 상상 세계에서 이미지화하면 의도한 만큼 작품을 변하지 않게 구성할 수 있다. 이때 비로소 예술가가 나타내고자 했던 이미지를 그대로 전달할 수 있다는 것이다. 따라서 사르트르는 변화하는 실재 세계가 아닌 독립된 상상 세계에서 예술을 대해야 한다고 보았던 것이다.

독해 훈련 문제

1 문단

1 근대 철학자들이 이미지가 실재 세계에 비해 열등하다고 생각한 이유는?

2 문단

2 현실 세계가 실재 세계와 상상 세계로 나누어지는 이유는?

3 실재 세계와 상상 세계의 관계는?

3 문단

4 실재 세계로부터 독립된 이미지의 특징 두 가지를 쓰시오.

4 문단

5 사르트르가 예술이 상상 세계에서 인식되어야 한다고 주장하는 이유는?

6 독립된 상상 세계에서 예술을 대했을 때의 긍정적인 효과는?

01

이 글을 바탕으로 예술에 대한 '사르트르'의 관점을 바르게 추론한 것은?

① 실재 세계와 상상 세계가 공존해야 작품에 담긴 이미지가 변하지 않는다.

② 실재 세계를 상상 세계로 바르게 전환해야 작가의 의도가 효과적으로 전달된다.

③ 실재 세계와는 다른 상상 세계의 이미지를 정확히 지각해야 가치 있는 작품이 된다.

④ 실재 세계가 아닌 상상 세계를 작품에 반영해야 작가가 의도한 이미지가 제대로 구현된다.

⑤ 실재 세계와 상상 세계가 조화를 이루어야 작품의 이미지가 감상자에게 긍정적으로 수용된다.

02 기출 04 연계

〈보기〉의 '바슐라르'의 관점에서 이 글의 이미지 이론 을 비판한 내용으로 가장 적절한 것은? [3점]

> ► 보기 ◄
>
> 바슐라르는 지각과 상상은 다른 영역이며, 상상은 세계의 물질성과 교감하는 능력이라고 말한다. 예를 들어 내가 물을 바라보고 물이 있다고 판단했다면, 그것은 물에 대한 지각이지 상상은 아니다. 물에 대한 상상은 물의 내적 에너지에 동조하고 물과 교감하는 것인데, 이때 교감은 물 아닌 또 다른 대상들과 연결되게 한다. 즉 '하늘에서 내리는 비 → 촉촉한 대지 → 생명력 넘치는 나무와 풀 → ……' 등과 같이 의미를 확장시킬 수 있는 것이 교감에 해당한다. 이러한 교감을 통해 우리의 상상은 더욱 풍부해지면서 새로운 의미로 나아가게 된다는 것이 그의 견해이다.

① 지각과 상상은 서로 다른 영역에 속합니다.

② 상상은 지각된 대상의 본질을 찾는 과정입니다.

③ 지각은 상상으로 연결하여 재구성되는 것입니다.

④ 상상은 세계와 연결되어 그 의미가 확장될 수 있습니다.

⑤ 상상에 의해 교감된 대상의 가치를 찾을 수 있어야 합니다.

03

문맥상 ㉠과 바꿔 쓰기에 가장 적절한 것은?

① 간주(看做)되어   ② 결정(決定)되어

③ 단언(斷言)되어   ④ 짐작(斟酌)되어

⑤ 추정(推定)되어

04

이 글의 '사르트르'의 관점에서 〈보기〉를 이해한 것으로 적절하지 않은 것은? [3점]

> ► 보기 ◄
>
>
> 자코메티, 〈도시 광장〉
>
> 이 작품은 인간을 단순화하여 인간의 형상을 앙상한 몰골로 드러냈다. 또한 광장에서 사람들이 엇갈린 방향으로 걸어가는 모습을 이미지화하여 인간의 고독한 삶이라는 의미를 표현하였다. 그리고 감상자와 작품의 거리가 달라지더라도 대상이 전달하는 이미지는 변하지 않는다.

① 작가는 인간의 고독한 삶이라는 의미를 드러내기 위해 상상 세계에서 이미지화했겠군.

② 작가는 나타내고자 했던 이미지를 그대로 전달하기 위해 변화하는 실재 세계를 지각하려고 고민했겠군.

③ 작가가 인간을 단순화하여 조각한 것은 현실 세계를 상상이라는 인식 방법을 통해 이미지로 인식했기 때문이겠군.

④ 작가가 사람들이 엇갈린 방향으로 걷는 모습을 이미지화하였기 때문에 실재 세계의 속성들과 단절되어 나타나겠군.

⑤ 감상자와 작품의 거리가 달라지더라도 전달하는 이미지가 변하지 않는 것은 작가가 의도한 만큼만 이미지를 구성했기 때문이겠군.

05

이 글을 통해 ⓐ의 이유를 추론한 것으로 가장 적절한 것은?

① 실재 세계가 상상 세계로 통합되며 나타날 수 있기 때문이다.

② 의식이 지향하는 바에 따라 나누어지는 두 세계가 동시에 인식될 수 없기 때문이다.

③ 대상이 주는 인상의 강도 차이에 따라 두 세계가 분명히 구분될 수 있기 때문이다.

④ 지각된 대상과 완벽히 일치하는 세계와 지각된 대상과 일치하지 않는 세계가 있기 때문이다.

⑤ 분리된 두 세계는 정신 의식 속에서는 분리되지 않으며, 결국 인과 관계로 묶여 있기 때문이다.

[1~4] 다음 글을 읽고 물음에 답하시오.

　　제2차 대전 이후 전쟁으로 인한 불안, 인간 소외 등 예술적 정서나 의미를 과도하게 표현하려는 예술적 경향이 나타났다. 이에 비해 미니멀리즘(minimalism)은 간결하고 절제된 표현 기법으로 대상의 본질을 표현하려는 예술적 경향을 지닌다.

　　이 사조는 예술 표현이 단순할수록 오히려 현실 세계를 더 쉽게 표현할 수 있다는 '단순성의 원리'와 인간의 지각은 총체적으로 이해된다는 '확장성의 원리'에 바탕을 두고 있다. 이러한 예술 양상은 음악에서는 변함없는 강세 및 빠르기로, 건축에서는 단순한 색채 및 재료의 사용과 기하학적 구성으로 나타난다.

　　이러한 단순성과 확장성의 원리는 특히 조형물에서 잘 나타난다. 미니멀리즘에 의한 조형물의 특징은 다음과 같다. 첫째, 매개의 최소화를 통한 '단순성의 원리'를 지향한다. 매개의 최소화는 작품의 재료, 소재, 형태 등 작품 표현에 사용되는 매개 요소를 변형하거나 가공하지 않고 원재료에 가깝게 사용하는 것을 말한다. 이는 원재료를 그대로 사용하는 구상, 일상의 사물을 그대로 사용하는 오브제 트루베에 의한 구상, 단순한 기하학적 형태에 의한 구상 등으로 표현된다. 작품에서 매개 요소가 최소화되면 감상자가 떠올릴 수 있는 대상은 오히려 더 많아지고, 감상자의 마음속에 잠재하고 있는 이미지를 보편적인 형상으로 떠올리기가 더 쉬워진다. 작품에 사용되는 매개가 적고 단순할수록 감상자는 그것을 즉각적으로 인지할 수 있고, 감상자의 인식 속의 보편적 형상과 일치시키기가 더 쉽다는 것이다.

　　둘째, 미니멀리즘에 의한 조형은 기하 추상에 의한 '확장성의 원리'를 추구한다. 미니멀리즘 조형물이 놓인 공간은 작품의 배경으로만 존재하는 것이 아니다. 작품이 놓인 공간은 감상자로 하여금 작품을 그 작품이 놓인 공간의 관련성 속에서 감상하게 한다. 예를 들어 기하 추상에 의한 미니멀리즘 조형물을 감상할 때, 감상자는 그것을 인지함과 동시에 작품 주위의 배경으로까지 시선이 이동되어 감상이 확대된다. 미니멀리즘 조형물은 기존의 조형물이 설치된 방식과 달리 주로 바닥에 배치된다. 이로써 작품 자체가 놓인 공간과 감상자가 서 있는 장소는 관람만을 위한 전망대가 되는 것이 아니라 예술적 감상을 위한 총체적 공간이 되는 것이다. 즉 '확장성의 원리'는 조형물이 놓인 배경에까지 공간 체험을 확대하여 예술적 환경에 대한 새로운 경험을 하는 것을 말하는 것이다.

독해 훈련 문제

1 문단

1 미니멀리즘이란?

2 문단

2 미니멀리즘의 토대가 되는 두 가지 원리는?

3 문단

3 미니멀리즘 조형에서 매개의 최소화란?

4 단순성의 원리가 구현된 미니멀리즘 조형물의 효과는?

4 문단

5 감상자에게 미니멀리즘 조형물이 놓인 공간의 역할은?

6 확장성의 원리가 구현된 미니멀리즘 조형물의 효과는?

01 기출 03 연계

이 글의 내용과 일치하는 것은?

① 미니멀리즘은 전쟁으로 인한 불안한 심리를 반영한 예술적 경향이다.

② 미니멀리즘 건축은 기하학적 구성으로 현실 세계를 더 쉽게 표현한다.

③ 미니멀리즘 조형물이 놓인 공간은 그 자체로 작품과는 다른 독립적 의미를 형성한다.

④ 작품 표현에 사용되는 매개 요소를 최소화하면 미니멀리즘에 의한 감상의 폭은 제한된다.

⑤ 미니멀리즘 조형은 매개 요소를 변형하여 감상자의 인식 속에 있는 보편적 형상과 일치시킨다.

02 기출 04 연계

이 글을 참고할 때, 〈보기〉의 작품이 감상자에게 미칠 수 있는 효과로 적절하지 않은 것은? [3점]

▶ 보기 ◀

칼 안드레의 〈등가〉는 흔히 볼 수 있는 벽돌 120장을 직사각형의 바닥에 설치한 작품으로, 미니멀리즘의 정수를 보여 준다는 평가와 함께 예술의 한계에 대한 논란을 불러일으키기도 했다.

① 감상자는 단순한 기하학적 형태의 배열로 인해 점차 벽돌로 시선이 고정되겠군.

② 감상자는 가공되지 않은 벽돌을 보면서 그것과 연관된 더 많은 대상을 떠올릴 수 있겠군.

③ 감상자는 벽돌과 공간을 총체적으로 감상하면서 예술적 환경에 대한 새로운 경험을 하게 되겠군.

④ 감상자는 매개 요소가 최소화된 벽돌을 보면서 자신에게 내재되어 있는 보편적 형상과 일치시키기가 쉽겠군.

⑤ 감상자는 벽돌만으로 이루어진 단순한 작품을 보면서 대상의 본질에 대해 생각할 수 있는 기회를 갖게 되겠군.

03

이 글을 통해 알 수 있는 내용으로 적절하지 않은 것은?

① 미니멀리즘 음악은 일정한 강세 및 빠르기를 사용한다.

② 미니멀리즘 조형은 매개 요소를 원재료에 가깝게 사용한다.

③ 오브제 트루베는 미니멀리즘 조형의 한 방법으로 사용된다.

④ 매개 요소가 다양할수록 미니멀리즘에 의한 감상의 폭은 넓어진다.

⑤ 미니멀리즘은 절제된 표현에 의해 본질을 표현하려는 예술적 경향이다.

04

이 글과 관련하여 〈보기〉를 이해한 내용으로 적절하지 않은 것은?

▶ 보기 ◀

〈무제-L빔들〉은 로버트 모리스의 미니멀리즘 경향을 보여 주는 작품으로, 회색 빛깔의 두꺼운 나무로 된 산업 재료 L빔들을 그대로 가져다가 배치하여 작품의 의미를 나타내고 있다.

① L빔들을 바닥에 배치한 것은 일정한 위치에서 작품을 감상하도록 공간을 한정시킨 것이군.

② L빔들과 공간을 총체적으로 인식하는 감상자는 예술적 환경에 대한 새로운 경험을 하겠군.

③ 감상자는 배치되어 있는 L빔들을 감상할 때, 그것을 인지함과 동시에 주위의 배경으로 시선이 확대되겠군.

④ 실제 산업 재료를 그대로 사용하여 매개를 최소화함으로써 감상자로 하여금 더 많은 대상을 떠올리게 하는군.

⑤ 단순한 기하학적 형태를 매개 요소로 사용하여 감상자의 마음속에 잠재된 이미지를 더 보편적인 형상으로 떠올리게 하는군.

경제, 법, 광고 · 언론, 행정 · 정책, 문화 등 사회에서 벌어지는 다양한 현상을 대상으로 한다. 상대적으로 경제와 법 분야의 출제 비중이 높은 편이다. 특히 경제 지문의 경우 생소한 개념을 담고 있는 경우가 많으며, 그 개념을 사례에 적용해 해결해야 하는 고난도 문제가 자주 출제된다. 지문에 제시된 개념을 정확하게 이해하는 것이 문제 해결의 출발점이다.

사회

IV

[1~4] 다음 글을 읽고 물음에 답하시오.

소비자들은 제품을 선택할 때 여러 개의 제품 중 본인이 가장 좋다고 생각하는 제품을 선택한다. 그런데 이때 소비자는 제품을 둘러싼 상황에 영향을 받기 마련이다. 이에 대한 현상을 설명하는 것으로 맥락 효과가 있는데, 맥락 효과의 대표적 유형에는 유인 효과와 타협 효과가 있다.

[A] 유인 효과란 기존에 두 개의 경쟁하는 제품이 있을 때, 새로운 제품의 추가로 인해 기존 제품 가운데 하나는 시장 점유율이 높아지고 다른 하나는 시장 점유율이 떨어지는 현상이다. 예를 들어 시장에 컴퓨터 A와 B가 있는 경우 소비자는 가격과 처리 속도라는 두 가지 속성만을 고려하여 제품을 선택한다고 가정하자. 가격 면에서는 A가 저렴하여 우월하고, 처리 속도 면에서는 B가 빨라 우월하다. 이런 경우 두 제품은 상충 관계에 있다고 하며, 소비자는 제품 선택에 어려움을 겪는다. 이때 B보다 가격과 처리 속도 면에서 열등한 C를 추가하게 되면 B의 시장 점유율이 상승하고 경쟁하던 A의 시장 점유율이 하락하는 현상이 일어난다는 것이 유인 효과이다. 여기에서 C는 유인 대안이라 하고, 유인 대안이 추가되어서 시장 점유율이 하락하는 A는 경쟁 대안, 유인 대안 때문에 시장 점유율이 상승하는 B는 표적 대안이라 한다. 이런 현상이 발생하는 것은 유인 대안의 등장으로 소비자가 표적 대안과 경쟁 대안과의 가격 차이를 상대적으로 적게 느껴 표적 대안을 선택하는 것이 유리하다고 생각하게 만들기 때문이다. 결국 B를 선택한 소비자는 제품에 대한 가치 평가가 달라져 자신의 선택을 합리적인 것으로 생각하기 쉬워진다.

[가] 타협 효과는 시장에 두 가지 제품만 존재하는 상황에서 세 번째 제품이 추가될 때, 속성이 중간 수준인 제품의 시장 점유율이 높아지는 현상을 말한다. 예를 들어 가격이 비싸면서 처리 속도가 우수한 컴퓨터와 가격이 저렴하면서 처리 속도가 떨어지는 컴퓨터가 있을 때, 중간 정도의 가격과 처리 속도를 지닌 컴퓨터가 등장하면 중간 수준인 새로운 제품을 선택하는 소비자가 많아진다. 이러한 현상이 발생하는 원인은 소비자의 성향에 기인한다. ㉠소비자들은 대안에 대한 평가가 어려울 때 보통 비교하고자 하는 속성의 중간 대안을 선택하여 자신의 결정을 합리화하려는 심리가 강하다.

맥락 효과는 이처럼 제품에 대한 소비자의 선택 변화 현상을 상황 맥락과 연관 지음으로써 소비 심리의 양상을 경제학적으로 밝혀냈다는 데 그 가치가 있다. 그리고 최근에는 소비자의 구매 행위를 분석하는 마케팅 분야에서 지속적으로 활용되고 있다.

◀ 독해 훈련 문제 ▶

1 문단
1 소비자가 제품을 선택할 때 제품을 둘러싼 상황에 영향을 받는 현상을 설명하기 위한 개념은?

2 문단
2 유인 효과란?

3 유인 효과가 발생할 때 경쟁 대안, 표적 대안, 유인 대안 중 소비자가 선택하는 것은?

3 문단
4 타협 효과란?

5 타협 효과가 발생하는 이유는?

4 문단
6 맥락 효과의 가치는?

실력 UP 변형 문항

01

이 글을 통해 추론할 수 있는 내용으로 가장 적절한 것은?

① 맥락 효과에는 자신의 선택을 합리화하려는 소비자의 심리가 기저에 깔려 있다.

② 유인 효과가 발생하면 결과적으로 세 제품의 시장 점유율은 비슷해진다.

③ 유인 효과가 발생할 때 소비자는 유인 대안을 선택하는 것이 가장 유리하다고 여긴다.

④ 타협 효과가 발생할 때 소비자는 품질과 가격 면에서 가장 우월한 제품을 선택하게 된다.

⑤ 타협 효과는 시장에 세 번째 제품이 추가될 때 새로운 것을 선호하는 소비자의 성향과 관련되어 있다.

03

[A]를 바탕으로 〈보기〉를 이해한 내용으로 적절하지 않은 것은?

▶ 보기 ◀

소비자들은 품질과 가격을 고려하여 에어컨을 선택한다. 시장에 에어컨 ㉮와 ㉯만 존재하는 상황에서 어느 기업이 자사 에어컨의 시장 점유율을 높이기 위해 ㉰를 출시하였다.

구분	에어컨	㉮	㉯	㉰
정보	품질(점)	90	80	88
	가격(만 원)	22	17	30
선택 비율	최초	48%	52%	
	㉰ 추가	74%	22%	4%

단, 에어컨의 품질은 100을 만점으로 평가하며, 품질과 가격 이외의 다른 속성은 고려하지 않음. 또한 선택 비율이 높아지면 시장 점유율이 상승한다고 가정함

① ㉰가 출시되기 전, ㉮와 ㉯는 품질과 가격 면에서 상충 관계이었겠군.

② ㉰는 시장에서 유인 대안의 역할을 하여 ㉮의 시장 점유율을 높이는 효과를 냈군.

③ ㉰의 출시로 ㉯의 선택 비율이 하락하는 것으로 보아 ㉯는 표적 대안에 해당하겠군.

④ ㉰의 출시로 ㉮와 ㉯ 간의 가격 차이를 상대적으로 적게 느낀 소비자들이 있었겠군.

⑤ ㉰가 시장에 추가로 출시되었을 때, ㉮를 선택한 소비자는 자신의 선택을 합리적인 것으로 생각하기 쉬웠겠군.

02 기출 03 연계

[가]를 바탕으로 〈보기〉를 이해한 내용으로 적절하지 않은 것은?

▶ 보기 ◀

꿈틀 동네 주민들은 가격과 맛을 고려하여 치킨을 시켜 먹는다. 동네에 X와 Y라는 치킨집만 존재하는 상황에서 Z라는 치킨집이 개업을 하였다.

구분	치킨집	X	Y	Z
정보	맛(점)	70	90	80
	가격(천 원)	16	22	19
선택 비율	최초	52%	48%	
	Z 추가	16%	12%	72%

단, 치킨의 맛은 100을 만점으로 평가하며, 가격과 맛 이외의 다른 속성은 고려하지 않음. 또한 선택 비율이 높아지면 동네에서의 시장 점유율이 상승한다고 가정함

① Z가 개업하기 전, 주민들은 치킨집의 선택에 어려움을 겪었겠군.

② Z가 개업하면서 X와 Y의 시장 점유율을 떨어뜨리는 효과를 냈군.

③ 많은 주민들이 비교하고자 하는 속성의 중간 대안인 Z를 선택하고 있군.

④ Z의 개업으로 주민들은 X와 Y의 맛과 가격 차이를 느끼지 못하게 되었겠군.

⑤ Z에서 치킨을 시켜 먹은 주민들은 자신들이 합리적으로 선택했다고 생각하겠군.

04

㉠을 이용한 기업의 사례로 가장 적절한 것은? [3점]

① 의류 회사에서 유행이 지난 의류의 재고를 처리하기 위해 정가의 50%로 할인하여 판매하는 경우

② 자사 과자의 시장 점유율을 경쟁 회사보다 높이기 위해 인기 캐릭터 스티커를 넣어 판매하는 경우

③ 고기능 – 고가 카메라를 출시하여 저기능 – 저가 카메라에 밀려 팔리지 않던 자사 제품을 중기능 – 중가로 만드는 경우

④ 가격이 다소 비싸더라도 향이 독특하면서도 질이 좋은 원료로 만든 커피를 판매하여 고급 커피 시장을 개척하는 경우

⑤ 음료 회사에서 새로 출시한 이온 음료의 매출을 늘리기 위해 제품 광고에 유명 영화배우를 광고 모델로 출연시키는 경우

[1~4] 다음 글을 읽고 물음에 답하시오.

독해 훈련 문제

국채는 정부가 부족한 조세 수입을 보전하고 재정 수요를 충당하기 위해 발행하는 일종의 차용 증서이다. 이 중 국고채는 정부가 자금을 조달하는 주요한 수단이며, 채권 시장을 대표하는 상품이다. 만기일에 원금과 약속한 이자를 지급하는 국고채는 관련 법률에 따라 발행된다. 발행 주체인 정부는 이자 비용을 줄이기 위해 낮은 금리를 선호하며, 매입 주체인 투자자들은 높은 이자 수익을 기대하여 높은 금리를 선호한다. 국고채의 금리는 경쟁 입찰을 통해 결정되는데, 경쟁 입찰은 금리 결정 방법에 따라 크게 '복수 금리 결정 방식'과 '단일 금리 결정 방식'으로 나뉜다.

1 문단

1 국고채의 발행 주체는?

2 국고채의 금리를 결정하는 방법은?

※ 발행 예정액: 800억 원

투자자	제시한 금리와 금액	결정 방식	
		복수 금리	단일 금리
A	4.99% 200억 원	4.99%	
B	5.00% 200억 원	5.00%	
C	5.01% 200억 원	5.01%	모두 5.05%
D	5.03% 100억 원	5.03%	
E	5.05% 100억 원	5.05%	
F	5.07% 100억 원	미낙찰	미낙찰

⊙복수 금리 결정 방식은 각각의 투자자가 금리와 금액을 제시하면 최저 금리를 제시한 투자자부터 순차적으로 낙찰자를 결정하는 방식이다. 낙찰된 금액의 합계가 발행 예정액에 도달할 때까지 낙찰자를 결정하기 때문에 상대적으로 낮은 금리를 제시한 투자자부터 낙찰자로 결정된다. 이때 국고채의 금리는 각각의 투자자가 제시한 금리로 결정된다. 표와 같이 발행 예정액이 800억 원인 경쟁 입찰이 있다면, 가장 낮은 금리를 제시한 A부터 E까지 제시한 금액 합계가 800억 원이므로 이들이 순차적으로 낙찰자로 결정된다. 이때 국고채의 금리는 A에게는 4.99%, B에게는 5.00%, …, E에게는 5.05%로 각기 다르게 적용이 된다.

2 문단

3 복수 금리 결정 방식에서 낙찰자는 어떻게 결정하는가?

4 복수 금리 결정 방식에서 금리는 무엇에 의해 결정되는가?

한편, ⓒ단일 금리 결정 방식은 각 투자자들이 제시한 금리를 최저부터 순차적으로 나열하여 이들이 세시한 금액이 발행 예성액에 노날할 때까지 낙잘자를 결정한다는 점에서는 복수 금리 결정 방식과 같다. 하지만 발행되는 국고채의 금리는 낙찰자들이 제시한 금리 중 가장 높은 금리로 단일하게 결정된다는 점이 다르다. 표와 같이 낙찰자는 A~E로 결정되지만 국고채의 금리는 A~E 모두에게 5.05%로 동일하게 적용되는 것이다. 따라서 단일 금리 결정 방식은 복수 금리 결정 방식에 비해 투자자에게 유리한 방식일 수 있다.

3 문단

5 단일 금리 결정 방식에서 금리는 무엇에 의해 결정되는가?

6 복수 금리 결정 방식과 단일 금리 결정 방식 중 투자자에게 유리한 것은?

하지만 단일 금리 결정 방식은 정부의 이자 부담을 가중시킬 수 있어, 복수 금리 결정 방식과 단일 금리 결정 방식을 혼합한 '차등 금리 결정 방식'을 도입하기도 한다. ⓒ차등 금리 결정 방식이란 단일 금리 결정 방식과 같은 방법으로 낙찰자들을 결정하지만, 낙찰자들이 제시한 금리들 중 가장 높은 금리를 기준으로 삼아 금리들을 일정한 간격으로 그룹화한다는 점이 다르다. 각 그룹의 간격은 0.02%p~0.03%p 정도로 정부가 결정하며, 이때 국고채의 금리는 투자자가 제시한 금리와 관계없이 정부가 각각의 그룹에 설정한 최고 금리로 결정된다. 이는 투자자가 제시한 금리를 그룹별로 차등화함으로써 적정 금리로 입찰하도록 유도하는 효과를 낸다.

4 문단

7 정부의 입장에서 보았을 때 단일 금리 결정 방식의 문제점은?

8 차등 금리 결정 방식이 단일 금리 결정 방식과 다른 점은?

01

㉠, ㉡에 대한 이해로 적절하지 않은 것은?

① ㉠, ㉡ 모두 최저 금리를 제시한 투자자부터 순차적으로 낙찰자를 결정한다.

② ㉠에서 ㉡으로 금리 결정 방식이 바뀐다면, 국고채에 대한 투자자가 늘어날 것이다.

③ ㉠에 비해 ㉡은 정부의 이자 부담을 가중시킬 수 있으므로 정부에 불리한 금리 결정 방식이다.

④ ㉠은 낙찰자마다 다른 국고채 금리가, ㉡은 모든 낙찰자들에게 동일한 국고채 금리가 적용된다.

⑤ ㉠은 투자자가 제시한 금리가, ㉡은 투자자와 관계없이 정부가 제시한 가장 높은 금리가 적용된다.

03

이 글을 바탕으로 〈보기〉의 ⓐ를 설명할 때, 가장 적절한 것은?

> ▶ 보기 ◀
>
> 우리나라는 국채 시장의 발전이 미흡했던 과거에 정부가 국고채를 금융 기관에 강제로 배분하는 방식으로 발행했다. 국채 시장이 발전함에 따라 ⓐ복수 금리 결정 방식을 취해 오다 국고채의 발행을 촉진하고자 단일 금리 결정 방식을 채택해 왔다. 그러다가 2009년부터는 차등 금리 결정 방식을 채택하고 있다.

① 복수 금리 결정 방식에서 발생한 정부의 손실을 보상하려는 계획이다.

② 복수 금리 결정 방식보다 높은 금리로 투자자들을 유인하려는 시도이다.

③ 복수 금리 결정 방식에서 발생한 투자자들의 이자 수익을 환수하려는 방안이다.

④ 단일 금리 결정 방식을 통해 투자자들이 제시한 금리를 차별화하려는 조치이다.

⑤ 단일 금리 결정 방식을 통해 투자자들의 투자 규모를 축소하려는 노력이다.

02 기출 04 연계

㉢을 〈보기〉에 적용한 설명으로 적절하지 않은 것은? [3점]

	국채 ㉮		국채 ㉯	
발행 예정액	1,000억 원		2,000억 원	
그룹화 간격	0.02%p		0.03%p	
입찰 결과	투자자	제시한 금리와 금액	투자자	제시한 금리와 금액
	1	2.02% 100억 원	1	3.00% 400억 원
	2	2.03% 300억 원	2	3.01% 300억 원
	3	2.04% 300억 원	3	3.04% 400억 원
	4	2.05% 200억 원	4	3.06% 400억 원
	5	2.07% 100억 원	5	3.07% 300억 원
	6	2.09% 100억 원	6	3.08% 200억 원
그룹화 결과	1그룹	2.07~2.06%	1그룹	3.08~3.06%
	2그룹	2.05~2.04%	2그룹	3.05~3.03%
	3그룹	2.03~2.02%	3그룹	3.02~3.00%

※ 단, 입찰 단위는 0.01%p 단위로 제시한다.

① ㉮와 ㉯의 투자자 1은 각각의 3그룹으로 낙찰 받는다.

② ㉮는 2.07%를 ㉯는 3.08%의 금리를 기준 삼아 일정한 간격으로 그룹화된다.

③ ㉮의 투자자 2는 2.03%의 금리로, ㉯의 투자자 2는 3.02%의 금리로 낙찰 받는다.

④ ㉮의 투자자 3과 4는 동일한 금리로, ㉯의 투자자 3과 4는 서로 다른 금리로 낙찰 받는다.

⑤ ㉮의 투자자 5와 6은 본인이 제시한 금리보다 낮게, ㉯의 투자자 5와 6은 본인이 제시한 금리로 낙찰 받는다.

04

㉢을 〈보기〉에 적용한 설명으로 가장 적절한 것은? [3점]

> ▶ 보기 ◀
>
> ㄱ. 발행 예정액: 700억 원
> ㄴ. 그룹화 간격: 0.03%p
> ㄷ. 입찰 결과:
>
> | 투자자 | 제시한 금리와 금액 |
> |---|---|
> | ⓐ | 1.98% 100억 원 |
> | ⓑ | 2.00% 100억 원 |
> | ⓒ | 2.02% 200억 원 |
> | ⓓ | 2.05% 100억 원 |
> | ⓔ | 2.06% 200억 원 |
> | ⓕ | 2.07% 200억 원 |
>
> ㄹ. 그룹화 결과: 2.06~2.04%, 2.03~2.01%, 2.00~1.98%
> (단, 입찰 단위는 0.01%p 단위로 제시한다.)

① ⓐ가 속한 그룹은 ⓐ가 제시한 금리로 낙찰 받는다.

② ⓑ와 ⓒ는 같은 금리로 낙찰 받는다.

③ ⓒ는 2.03%의 금리로 낙찰 받는다.

④ ⓓ와 ⓔ 모두 2.05%의 금리로 낙찰 받는다.

⑤ ⓕ는 ⓔ와 다른 그룹으로 낙찰 받는다.

[1~4] 다음 글을 읽고 물음에 답하시오.

이탈리아의 경제학자 파레토는 한쪽의 이익이 다른 쪽의 피해로 이어지지 않는다는 전제 하에, 모두의 상황이 더 이상 나빠지지 않고 적어도 한 사람의 상황이 나아져 만족도가 커진 상황을 자원의 배분이 효율적으로 이루어진 상황이라고 보았다. 이처럼 파레토는 경제적 효용을 따져 최선의 상황을 모색하는 이론을 만들었고, 그 중심에는 '파레토 개선', '파레토 최적'이라는 개념이 있다.

갑은 시간당 500원, 을은 1,000원을 받는 상황 A와, 갑은 시간당 750원, 을은 1,000원을 받는 상황 B가 있다고 가정해 보자. 파레토에 의하면 상황 B가 을에게는 손해가 되지 않으면서 갑이 250원을 더 받을 수 있기에 상황 A보다 우월하다. 즉 상황 A에서 상황 B로 바뀌었을 때 아무도 나빠지지 않고 적어도 한 사람 이상은 좋아지게 되는 것이다. 이때, 상황 A에서 상황 B로의 전환을 파레토 개선이라고 하고, 더 이상 파레토 개선의 여지가 없는 상황을 파레토 최적이라고 한다.

이와 같이 파레토 최적은 서로에게 유리한 결과를 가져오는 선택의 기회를 보장한다는 점에서 의미가 있지만 한계 또한 있다. 예를 들어 갑이 시간당 500원을 받고 을이 시간당 1,000원을 받는 상황에서 갑과 을 모두의 임금이 인상되면 이는 파레토 개선이다. 그러나 만약 갑은 100원이 인상되고 을은 10원이 인상되는 상황과 갑은 10원 인상되고 을이 100원 인상되는 상황 가운데 어느 것을 선택해야 하는지에 대해서 파레토 이론은 답을 제시하지 못한다.

그러나 ㉮이러한 한계에도 불구하고 파레토 최적은 자유 시장에서 유용한 경제학 개념으로 평가받고 있는데, 그 이유는 무엇일까? 특정한 한쪽의 이득이 다른 쪽의 손해로 이어지지 않는다는 전제하에, 위와 같이 갑은 시간당 500원, 을은 1,000원을 받는 상황 A에서 갑은 시간당 750원, 을은 1,000원을 받는 상황 B로의 전환에 대해 협의한다고 가정하자. 을은 자신에게는 아무런 이익도 없고 만족도 별로 나아지지 않는 상황 전환에 대해 별로 마음 내켜하지 않을 것이나 갑은 250원이나 더 받을 수 있으므로 상황의 전환이 절실하다. 이에 따라 갑이 을에게 자신이 더 받는 250원 중에서 100원을 주기로 제안한다면 을은 이러한 제안을 받아들여 상황 B로 전환하는 데 동의할 것이다. 이와 같이 파레토 최적은 모두에게 손해가 되지 않으면서 효용을 증가시키는 상황을 설명했다는 점에서 가치 있게 평가받고 있다.

독해 훈련 문제

1 문단
1 파레토의 이론이 추구하는 바는?

2 문단
2 파레토 최적이란?

3 문단
3 파레토 최적이 가지는 의미는?

4 파레토 최적이 가지는 한계는?

4 문단
5 파레토 최적이 자유 시장에서 유용한 경제학 개념으로 평가받는 이유는?

실력 UP 변형 문항

01 기출 04 연계

이 글을 바탕으로 〈보기〉의 상황을 이해한 내용으로 적절하지 않은 것은? [3점]

> ▸보기◂
>
> 방학 캠프에서 간식으로 먹기 위해 철수는 컵라면 10개, 영희는 컵밥 10개를 샀다. 영희는 컵라면에서 얻는 만족도가 컵밥에서 얻는 만족도의 2배이고, 철수는 컵라면과 컵밥에서 얻는 만족도가 동일하며, 영희와 철수는 모두 서로의 만족도를 잘 알고 있다. 영희는 철수가 캠프에 가져올 컵라면을 꼭 먹고 싶기 때문에, 자신의 컵밥과 어떤 방식으로 교환할 것인지 고민하고 있다.

① 영희와 철수가 컵밥 6개와 컵라면 4개를 서로 교환한다면, 두 사람의 만족도는 동일하겠군.

② 영희와 철수가 컵밥 7개와 컵라면 6개를 서로 교환한다면, 두 사람의 경제적 효용은 증가하겠군.

③ 영희와 철수가 자신들이 가진 컵라면 10개와 컵밥 10개를 모두 교환한다면, 파레토 최적에 해당하겠군.

④ 영희와 철수가 컵밥 5개와 컵라면 2개를 서로 교환한다면, 그만큼 자원이 효율적으로 배분되었다고 볼 수 있겠군.

⑤ 영희와 철수가 컵밥 5개와 컵라면 5개를 서로 교환한다면, 철수의 만족도는 변함이 없지만 영희의 만족도는 증가하므로 파레토 개선이라고 볼 수 있겠군.

02

㉮의 대답으로 적절하지 않은 것은?

① 한쪽의 이득이 다른 쪽의 손해로 이어지게 하지 않으므로

② 다양한 파레토 개선의 상황에서 선택의 기준을 제공하므로

③ 서로에게 유리한 결과를 가져오는 선택의 기회를 보장하므로

④ 모두에게 손해가 되지 않으면서도 경제적 효용을 증가시키므로

⑤ 아무도 나빠지지 않고 적어도 한쪽의 상황이 좋아져 전체 만족도가 커지게 하므로

수능 정복 기출 문항

03

이 글에 대한 설명으로 적절하지 않은 것은?

① 파레토 최적의 개념과 특성을 밝히고 있다.

② 파레토 이론의 발전 과정을 설명하고 있다.

③ 파레토 이론의 한계와 의의를 설명하고 있다.

④ 파레토 개선과 관련한 구체적 상황을 소개하고 있다.

⑤ 파레토 최적의 상황을 파레토 개선과 관련지어 밝히고 있다.

04

이 글을 통해 〈보기〉를 이해한 내용으로 적절하지 않은 것은? [3점]

> ▸보기◂
>
> 영희는 사과 6개, 철수는 배 6개를 갖고 있다. 철수는 사과에서 얻는 만족도가 배에서 얻는 만족도의 2배이고, 영희는 사과와 배에서 얻는 만족도가 동일하며 영희와 철수 모두 서로의 만족도를 잘 알고 있다.
> 이 상황에서 ⓐ철수는 자신의 배 6개를 영희의 사과 6개와 교환하자는 제안을 했다. 그러나 영희는 이에 반대하고, ⓑ자신의 사과 중 3개를 철수의 배 6개와 교환하자고 제안했다. 그러나 철수가 반대하여, 영희는 마지막으로 ⓒ자신의 사과 가운데 4개를 철수의 배 6개와 교환하자고 제안했고, 최종적으로 마지막 제안을 철수가 수용했다.
> 이를 표로 나타내면 다음과 같다.
>
> | 구분 | 최초의 상황 | | ⓐ | | ⓑ | | ⓒ | |
> |------|------|------|------|------|------|------|------|------|
> | | 사과 | 배 | 사과 | 배 | 사과 | 배 | 사과 | 배 |
> | 영희 | 6개 | 0개 | 0개 | 6개 | 3개 | 6개 | 2개 | 6개 |
> | 철수 | 0개 | 6개 | 6개 | 0개 | 3개 | 0개 | 4개 | 0개 |

① ⓐ에 대해 영희가 반대한 이유는 철수의 만족도는 최초에 비해 2배로 증가하지만, 영희의 만족도는 최초와 같기 때문이다.

② ⓑ에 대해 철수가 반대한 이유는 영희의 만족도는 최초에 비해 1.5배 증가하지만, 철수의 만족도는 최초와 같기 때문이다.

③ ⓒ에 대해 서로 합의한 이유는 영희와 철수의 만족도 모두 최초에 비해 증가하였고, 결국 모두에게 이익이 되기 때문이다.

④ 최초의 상황이 ⓐ나 ⓑ로 바뀌어도 모두 파레토 개선으로 볼 수 있다.

⑤ ⓐ~ⓒ 중 영희가 얻을 수 있는 만족도는 ⓒ에서 가장 크며, 철수 역시 그러하기에 ⓒ를 파레토 최적으로 볼 수 있다.

[1~6] 다음 글을 읽고 물음에 답하시오.

기업은 근로자에게 제공하는 보상에 비해 근로자가 더 많이 노력하기를 바라는 반면, 근로자는 자신이 노력한 것에 비해 기업으로부터 더 많은 보상을 받기를 바란다. 이처럼 기업과 근로자 간의 이해가 ⓐ상충되는 문제를 완화하기 위해 근로자가 받는 보상에 근로자의 노력이 반영되도록 하는 약속이 인센티브 계약이다. 인센티브 계약에는 명시적 계약과 암묵적 계약을 이용하는 두 가지 방식이 존재한다.

㉮명시적 계약은 법원과 같은 제3자에 의해 강제되는 약속이므로 객관적으로 확인할 수 있는 조건에 기초해야 한다. 근로자의 노력은 객관적으로 확인할 수 없기 때문에, 노력 대신에 노력의 결과인 성과에 기초하여 근로자에게 보상하는 약속이 명시적인 인센티브 계약이다. 이 계약은 근로자에게 자신의 노력을 증가시키도록 하는 매우 강력한 동기를 부여한다. 가령, 근로자에 대한 보상 체계가 '고정급+$\alpha \times$성과' ($0 \le \alpha \le 1$)라고 할 때, 인센티브 강도를 나타내는 α가 커질수록 근로자는 고정급에 따른 기본 노력 외에도 성과급에 따른 추가적인 노력을 더하게 될 것이다. 왜냐하면 기본 노력과 달리 추가적인 노력에 따른 성과는 α가 커질수록 더 많은 몫을 갖게 되기 때문이다. 따라서 α를 늘리면 근로자의 노력 수준이 증가함에 따라 성과가 더욱 늘어나, 추가적인 성과 가운데 많은 몫을 근로자에게 주더라도 기업의 이윤은 늘어난다.

그러나 명시적인 인센티브 계약이 갖고 있는 두 가지 문제점으로 인해 α가 커짐에 따라 기업의 이윤이 감소하기도 한다. 첫째, 명시적인 인센티브 계약은 근로자의 소득을 불확실하게 만든다. 왜냐하면 근로자의 성과는 근로자의 노력뿐만 아니라 작업 상황이나 여건, 운 등과 같은 우연적인 요인들에 의해서도 영향을 받기 때문이다. 그런데 소득이 불확실해지는 것을 근로자가 받아들이도록 하기 위해서 기업은 근로자에게 위험 프리미엄* 성격의 추가적인 보상을 ⓑ지불해야 한다. 따라서 α가 커지면 기업이 근로자에게 지불해야 하는 보상이 늘어나 기업의 이윤이 줄기도 한다. 둘째, 명시적인 인센티브 계약은 근로자들이 보상을 잘 받기 위한 노력에 치중하도록 하는 인센티브 왜곡 문제를 발생시킨다. 성과 가운데에는 측정하기 쉬운 것도 있지만 그렇지 않은 것도 있기 때문이다. 중요하지만 성과 측정이 어려워 충분히 보상받지 못하는 업무를 근로자들이 등한시하게 되면 기업 전체의 성과에 해로운 결과를 ⓒ초래하게 된다. 따라서 α가 커지면 인센티브를 왜곡하는 문제가 악화되어 기업의 이윤이 줄기도 하는 것이다.

[A]
ⓓ합당한 성과 측정 지표를 찾기 힘들고 인센티브 왜곡의 문제가 중요한 경우에는 암묵적인 인센티브 계약이 더 효과적일 수 있다. 암묵적인 인센티브 계약은 성과와 상관없이 근로자의 노력에 대한 주관적인 평가에 기초하여 보너스, 복지 혜택, 승진 등의 형태로 근로자에게 보상하는 것이다. ㉯암묵적 계약은 법이 보호할 수 있는 계약을 실제로 맺는 것이 아니다. 이에 따르면 상대방과 협력 관계를 계속 유지하는 것이 장기적으로 이익일 경우에 자발적으로 상대방의 기대에 부응하도록 행동하는 것을 계약의 이행으로 본다. 물론 어느 한쪽이 상대방의 기대를 저버림으로써 얻게 되는 단기적 이익이 크다고 생각하여 협력 관계를 끊더라도 법적으로 이를 못하도록 강제할 방법은 없다. 하지만 상대방의 신뢰를 잃게 되면 그때부터 상대방의 자발적인 협력을 기대할 수 없게 된다. 따라서 암묵적인 인센티브 계약에 의존할 때에는 기업의 평가와 보상이 공정하다고 근로자가 ⓔ신뢰하도록 만드는 것이 중요하다.

* 위험 프리미엄: 소득의 불확실성이 커질 때 근로자는 사실상 소득이 줄어든 것으로 느끼게 되는데, 이를 보전하기 위해 기업이 지불해야 하는 보상

독해 훈련 문제

1문단
1 인센티브 계약의 개념은?

2문단
2 명시적 인센티브 계약에서 평가의 기초가 되는 것은?

3 명시적 인센티브 계약이 근로자에게 미치는 영향은?

3문단
4 명시적 인센티브 계약이 근로자의 소득을 불확실하게 만드는 이유는?

5 인센티브 왜곡 문제가 발생하는 이유는?

4문단
6 암묵적 인센티브 계약에서 평가의 기초가 되는 것은?

7 암묵적 인센티브 계약에 의존할 때 중요한 것은?

실력 UP 변형 문항

수능 정복 기출 문항

[평가원 기출]

01 기출 05 연계

㉮와 같은 계약 형태에서 '기업'과 '근로자'가 취할 수 있는 태도로 적절하지 <u>않은</u> 것은?

① '기업'은 '근로자'에게 성과에 기초한 보상을 약속할 것이다.

② '기업'은 근로자의 노력을 주관적으로 평가하여 보상의 크기를 결정할 것이다.

③ '기업'과 '근로자' 간의 계약 내용은 법원과 같은 제3자에 의해 보호받을 것이다.

④ '근로자'는 더 많은 보상을 받을 수 있기 때문에 추가적인 노력에 대한 동기를 얻을 것이다.

⑤ '근로자'는 성과의 측정이 어려워 인센티브를 받기 어려운 업무에 대해서는 소홀할 것이다.

04

이 글에 대한 이해로 적절하지 <u>않은</u> 것은?

① 기업과 근로자 사이의 이해 상충은 근로자의 노력을 반영하는 보상을 통해 완화할 수 있는 문제이다.

② 법이 보호할 수 있는 인센티브 계약에 의해 근로자의 노력을 늘리려는 것이 오히려 기업에 해가 되는 경우가 있다.

③ 명시적 인센티브 계약에서 노력의 결과인 성과에 기초하는 것은 노력 자체를 객관적으로 확인할 수 없기 때문이다.

④ 합당한 성과 측정 지표를 찾기 힘들 경우에는 객관적 평가보다 주관적 평가에 기초한 보상이 더 효과적일 수 있다.

⑤ 성과를 측정하기 어려운 업무에 종사하는 근로자에 대한 보상에서는 명시적인 인센티브의 강도가 높은 것이 효과적이다.

05

㉯에 대한 설명으로 적절하지 <u>않은</u> 것은? [3점]

① 법원과 같은 제3자가 강제할 수 없는 약속이다.

② 객관적으로 확인할 수 있는 조건에 기초한 약속이다.

③ 자신에게 이익이 되기 때문에 자발적으로 이행하는 약속이다.

④ 상대방의 신뢰를 잃음으로써 초래되는 장기적 손실이 클수록 더 잘 지켜지는 약속이다.

⑤ 상대방의 기대를 저버림으로써 얻게 되는 단기적 이익이 작을수록 더 잘 지켜지는 약속이다.

02

[A]를 참고할 때, 〈보기〉에 대해 보일 수 있는 반응으로 적절하지 <u>않은</u> 것은? [3점]

→ 보기 ←

전자 회사에 다니는 김철수 씨는 많은 성과를 내지는 못했지만, 항상 밝고 성실한 자세로 일하려 노력했다. 지난달 김철수 씨는 경영진 추천에 의해 '이달의 우수 직원'에 선정되어 회사에서 200만 원의 보너스를 받았다.

① 김철수 씨는 자발적으로 회사의 기대에 부응하도록 행동한 것이군.

② 인센티브 강도가 커질수록 김철수 씨는 추가적인 노력을 더하게 되겠군.

③ 김철수 씨와 회사의 신뢰가 깨진다면 이 계약은 오래 유지될 수 없겠군.

④ 회사는 김철수 씨와 협력 관계를 유지하는 것이 장기적으로 이익이라고 보았겠군.

⑤ 만약 회사가 김철수 씨에게 200만 원을 지급하지 않았더라도 법을 어겼다고 볼 수 없겠군.

06

이 글에 근거할 때, 〈보기〉의 ㉠, ㉡, ㉢에 들어갈 내용을 바르게 짝지은 것은?

→ 보기 ←

가. 명시적인 인센티브 계약이 성과를 늘리기 위한 근로자의 노력을 더욱 늘어나게 하는 효과만 생각한다면, α가 커질수록 기업의 이윤은 (㉠)한다.

나. 명시적인 인센티브 계약이 근로자의 소득을 더욱 불확실해지게 하는 효과만 생각한다면, α가 커질수록 기업의 이윤은 (㉡)한다.

다. 명시적인 인센티브 계약이 근로자의 인센티브 왜곡을 더욱 커지게 하는 효과만 생각한다면, α가 커질수록 기업의 이윤은 (㉢)한다.

	㉠	㉡	㉢
①	증가	감소	감소
②	증가	증가	감소
③	증가	감소	증가
④	감소	증가	증가
⑤	감소	증가	감소

03

문맥상 ⓐ~ⓔ를 바꿔 쓰기에 적절하지 <u>않은</u> 것은?

① ⓐ: 어긋나는

② ⓑ: 치러야

③ ⓒ: 이끌게

④ ⓓ: 알맞은

⑤ ⓔ: 믿도록

[1~6] 다음 글을 읽고 물음에 답하시오.

경제학에서는 한 재화나 서비스 등의 공급이 기업에 집중되는 양상에 따라 시장 구조를 크게 독점 시장, 과점 시장, 경쟁 시장으로 구분하고 있다. 소수의 기업이 공급의 대부분을 차지할수록 ⒶＦ독점 시장에 가까워지고, 다수의 기업이 공급을 나누어 가질수록 ⒷＦ경쟁 시장에 가까워진다. 이렇게 시장 구조를 구분하기 위해서 사용하는 지표 중의 하나가 바로 '시장 집중률'이다.

시장 집중률을 이해하기 위해서는 먼저 '시장 점유율'에 대한 이해가 있어야 한다. ㉠시장 점유율이란 시장 안에서 특정 기업이 차지하고 있는 비중을 의미하는데, 생산량, 매출액 등을 기준으로 측정할 수 있다. Y 기업의 시장 점유율을 생산량 기준으로 측정한다면 '(Y 기업의 생산량/시장 내 모든 기업의 생산량의 총합)×100'으로 나타낼 수 있다.

시장 점유율이 시장 내 한 기업의 비중을 나타내 주는 수치라면, ㉡시장 집중률은 시장 내 일정 수의 상위 기업들이 차지하는 비중을 나타내 주는 수치, 즉 일정 수의 상위 기업의 시장 점유율을 합한 값이다. 몇 개의 상위 기업을 기준으로 삼느냐는 나라마다 자율적으로 결정하고 있는데, 우리나라에서는 상위 3대 기업의 시장 점유율을 합한 값을, 미국에서는 상위 4대 기업의 시장 점유율을 합한 값을 시장 집중률로 채택하여 사용하고 있다. 이렇게 산출된 시장 집중률을 통해 시장 구조를 구분해 볼 수 있는데, 시장 집중률이 높으면 그 시장은 공급이 소수의 기업에 집중되어 있는 ⓐ독점 시장으로 구분하고, 시장 집중률이 낮으면 공급이 다수의 기업에 의해 분산되어 있는 경쟁 시장으로 구분한다. 한국 개발 연구원에서는 어떤 산업에서의 시장 집중률이 80% 이상이면 독점 시장, 60% 이상 80% 미만이면 과점 시장, 60% 미만이면 경쟁 시장으로 구분하고 있다.

시장 집중률을 측정하는 기준에는 여러 가지가 있기 때문에 어느 것을 기준으로 삼느냐에 따라 측정 결과에 차이가 생기며 이에 대한 경제학적인 해석도 달라진다. 어느 시장의 시장 집중률을 '생산량' 기준으로 측정했을 때 A, B, C 기업이 상위 3대 기업이고 시장 집중률이 80%로 측정되었다고 하더라도, '매출액' 기준으로 측정했을 때는 D, E, F 기업이 상위 3대 기업이 되고 시장 집중률이 60%가 될 수도 있다.

이처럼 시장 집중률은 시장 구조를 구분하는 데 매우 유용한 지표이며, 이를 통해 시장 내의 공급이 기업에 집중되는 양상을 파악해 볼 수 있다.

독해 훈련 문제

1 문단

1 소수의 기업이 공급의 대부분을 차지하는 시장 구조는?

2 문단

2 시장 점유율의 의미는?

3 문단

3 한국에서는 시장 집중률의 값을 어떻게 구하는가?

4 한국 개발 연구원의 기준에 따를 때, 어떤 산업의 시장 집중률이 70%라면 그 시장 구조를 이르는 말은?

4 문단

5 이 글에 언급된 시장 집중률의 측정 기준 두 가지는?

5 문단

6 시장 집중률의 의의는?

실력 UP 변형 문항

01

Ⓐ와 Ⓑ에 대한 설명으로 적절하지 <u>않은</u> 것은?

① Ⓐ와 Ⓑ는 측정 기준에 따라 뒤바뀔 수 있다.
② Ⓐ와 Ⓑ는 시장 점유율 지표를 통해 구분할 수 있다.
③ Ⓐ와 Ⓑ는 시장 내의 공급 집중 양상을 파악하게 해 준다.
④ Ⓐ는 Ⓑ와 달리 소수의 기업에 공급이 집중되는 구조이다.
⑤ Ⓐ보다 Ⓑ가 시장 내에서 공급이 분산되는 양상을 보인다.

02 기출 05 연계

이 글을 바탕으로 〈보기〉를 이해한 내용으로 적절하지 <u>않은</u> 것은?
[3점]

▶ 보기 ◀

우리나라 전체 노트북 생산량 중에서 A사의 생산량이 30%로 1위를 차지하였고, B사의 생산량이 20%로 뒤를 이었다. 3위는 전년 대비 4%가 상승하여 생산량이 8%로 급상승한 C사였고, 다음으로 D사가 7%의 생산량으로 4위를 차지하였다. 그밖에 여러 중소 업체들이 각축을 벌이며 상위 업체를 추격하고 있는 양상을 보이고 있다.

① 측정 기준을 생산량에서 매출액으로 바꾼다면 시장 집중률에 변화를 보일 수도 있겠군.
② 생산량을 기준으로 할 때, 이 시장은 공급이 다수에 의해 분산되어 있는 시장으로 판단할 수 있겠군.
③ 생산량을 기준으로 할 때, 만약 D사가 생산량을 2% 올려 C사를 추월한다면 이 시장은 과점 시장으로 바뀌겠군.
④ 생산량을 기준으로 할 때, C사와 D사가 전략적으로 합병하여 생산량을 두 배 늘리면 이 시장은 독점 시장으로 변하겠군.
⑤ 〈보기〉가 미국의 상황이라고 가정한다면, 시장 구조의 구분 기준이 한국과 동일하다고 전제했을 때 미국에서는 이 시장을 과점 시장으로 판단하겠군.

03

ⓐ의 '으로'와 쓰임이 가장 가까운 것은?

① 저 질그릇은 진흙<u>으로</u> 만들었다.
② 그는 어제 유럽<u>으로</u> 여행을 떠났다.
③ 어머니는 관절염<u>으로</u> 고생을 하셨다.
④ 그녀는 이번에 연구원<u>으로</u> 발탁되었다.
⑤ 우리는 토론<u>으로</u> 문제의 해결 방법을 찾았다.

수능 정복 기출 문항

04

이 글의 중심 화제로 가장 적절한 것은?

① 시장 구조의 변천사
② 시장 집중률의 개념과 의의
③ 독점 시장과 경쟁 시장의 비교
④ 우리나라 시장 점유율의 특성
⑤ 시장 집중률을 확대하기 위한 방안

05

이 글을 바탕으로 〈보기〉를 이해할 때, 가장 적절한 것은? [3점]

▶ 보기 ◀

우리나라 신발 시장의 가상 시장 점유율(%)

구분 측정 기준	㉮ 기업	㉯ 기업	㉰ 기업	㉱ 기업	㉲ 기업	합계
생산량	40	10	20	25	5	100
매출액	30	10	20	25	15	100

* 시장 구조의 구분은 한국 개발 연구원의 기준을 따름
* 조사 시점을 기준으로 시장 내의 기업은 5개만 존재한다고 가정함

① 측정 기준을 바꾸더라도 이 시장의 시장 집중률은 변하지 않는군.
② 생산량을 기준으로 볼 때, 이 시장은 과점 시장으로 판단할 수 있군.
③ 생산량을 기준으로 볼 때, (나) 기업과 (마) 기업이 합병하여 현재와 같은 생산량을 유지한다면 이 시장의 시장 집중률은 높아지겠군.
④ 매출액을 기준으로 시장 집중률이 10% 상승하면 이 시장은 과점 시장에서 독점 시장으로 변하겠군.
⑤ 매출액을 기준으로 볼 때, (다) 기업과 (라) 기업의 시장 점유율이 지금의 두 배가 된다면 이 시장의 시장 집중률은 낮아지겠군.

06

㉠과 ㉡에 대한 설명으로 가장 적절한 것은?

① ㉠을 통해 ㉡의 불확실성이 보완된다.
② ㉠은 ㉡을 산출하기 위해 필요하다.
③ ㉠은 ㉡을 분류하는 기준이 된다.
④ ㉠은 ㉡의 상위 개념이 된다.
⑤ ㉠은 ㉡을 합산한 결과이다.

06 실전 문제

[1~4] 다음 글을 읽고 물음에 답하시오.

대부분의 사람들이 주식 투자를 하는 목적은 자산을 증식하는 것이지만, 항상 이익을 낼 수는 없으며 이익에 대한 기대에는 언제나 손해에 따른 위험이 동반된다. 이러한 위험을 줄이기 위해서 일반적으로 투자자는 포트폴리오*를 구성하는데, 이때 전반적인 시장 상황에 상관없이 나타나는 위험인 '비체계적 위험'과 시장 상황에 연관되어 나타나는 위험인 '체계적 위험' 두 가지를 동시에 고려해야 한다.

㉠비체계적 위험이란 종업원의 파업, 경영 실패, 판매의 부진 등 개별 기업의 특수한 상황과 관련이 있는 것으로 '기업 고유 위험'이라고도 한다. 기업의 특수 사정으로 인한 위험은 예측하기 어려운 상황에서 돌발적으로 일어날 수 있는 것들로, 여러 주식에 분산 투자함으로써 제거할 수 있다. 즉 어느 회사의 판매 부진에 의한 투자 위험은 다른 회사의 판매 신장으로 인한 투자 수익으로 상쇄할 수가 있으므로, 서로 상관관계가 없는 종목이나 분야에 나누어 투자해야 한다. 따라서 여러 종목의 주식으로 이루어진 포트폴리오를 구성하는 경우, 그 종목 수가 증가함에 따라 비체계적 위험은 점차 감소하게 된다.

반면에 ㉡체계적 위험은 시장의 전반적인 상황과 관련한 것으로, 예를 들면 경기 변동, 인플레이션, 이자율의 변화, 정치 사회적 환경 등 여러 기업들에게 공통적으로 영향을 주는 요인들에서 기인한다. 체계적 위험은 주식 시장 전반에 관한 위험이기 때문에 비체계적 위험에 대응하는 분산 투자의 방법으로도 감소시킬 수 없으므로 '분산 불능 위험'이라고도 한다.

[A] 그렇다면 체계적 위험에 대응할 수 있는 방법은 없을까? '베타 계수'를 활용한 포트폴리오 구성에 의해 투자자는 체계적 위험에 대응할 수 있다. 베타 계수란 주식 시장 전체의 수익률의 변동이 발생했을 때 이에 대해 개별 기업의 주가 수익률이 얼마나 민감하게 반응하는가를 측정하는 계수로, 종합 주가 지수의 수익률이 1% 변할 때 개별 주식의 수익률이 몇 % 변하는가를 나타낸다. 베타 계수는 주식 시장 전체의 변동에 대한 개별 주식 수익률의 민감도로 설명할 수 있는데, 만약 종합 주가 지수의 수익률이 1% 증가(또는 감소)할 때 어떤 주식 A의 수익률이 0.5% 증가(또는 감소)한다면, 주식 A의 베타 계수는 0.5가 된다. 이때, 주식 B의 수익률은 2% 증가(또는 감소)한다면 주식 B의 베타 계수는 2가 된다. 그러므로 시장 전체의 움직임에 더욱 민감하게 반응하는 것은 주식 B이다.

따라서 투자자는 주식 시장이 호황에 진입할 경우 베타 계수가 큰 종목의 투자 비율을 높이는 반면, 불황이 예상되는 경우에는 베타 계수가 작은 종목의 투자 비율을 높여 위험을 최소화할 수 있다.

* 포트폴리오: 개개의 금융 기관이나 개인이 보유하는 각종 금융 자산의 집합

◆ 독해 훈련 문제

1 문단

1 주식에서 투자에 따른 위험을 줄이기 위해 포트폴리오를 구성할 때 고려해야 하는 것은?

2 문단

2 비체계적 위험을 제거할 수 있는 방법은?

3 문단

3 분산 투자의 방법으로 체계적 위험을 감소시킬 수 없는 이유는?

4 문단

4 체계적 위험에 대응할 수 있는 방법은?

5 베타 계수가 0.5인 주식과 베타 계수가 2인 주식 중, 시장의 움직임에 민감하게 반응하는 것은?

5 문단

6 주식 시장이 불황일 때 위험을 최소화할 수 있는 방법은?

실력 UP 변형 문항

01

㉠과 ㉡에 대한 설명으로 적절하지 <u>않은</u> 것은?

① ㉠은 기업의 특수한 사정에 의해 예측하기 어려운 상황에서 돌발적으로 일어난다.

② ㉡은 여러 기업들에게 공통적으로 영향을 주는 사회·정치적 요인에 의해 일어난다.

③ ㉠은 시장 상황에 상관없이 나타나고, ㉡은 시장 상황에 연관되어 나타난다.

④ ㉠과 ㉡을 모두 고려하여 포트폴리오를 구성해야 손해에 따른 위험을 효과적으로 줄일 수 있다.

⑤ ㉠은 서로 관계가 있는 종목에 분산 투자하는 방법으로, ㉡은 시장 전체 수익률과 개별 주식 수익률의 관계를 고려하는 방법으로 대응할 수 있다.

03

이 글을 읽고 〈보기〉를 이해한 내용으로 적절하지 <u>않은</u> 것은?

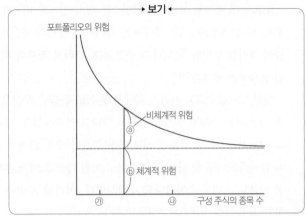

① ⓐ는 상관관계가 없는 주식의 종목 수를 늘림으로써 줄일 수 있다.

② ⓑ는 분산 투자로 감소시킬 수 없는 위험이다.

③ 포트폴리오를 구성하는 투자자의 총위험은 ⓐ와 ⓑ의 합이다.

④ 시장 상황을 고려할 때 ⓐ는 예측 가능하지만 ⓑ는 예측 불가능하다.

⑤ ㉮로 포트폴리오를 구성한 경우는 ㉯의 경우보다 기업의 특수한 상황으로 인한 위험이 크다.

02 기출 04 연계

[A]를 참고할 때, 〈보기〉에 제시된 자료에 대한 반응으로 적절하지 <u>않은</u> 것은? [3점]

▶ 보기 ◀

• 투자자 A가 선택한 포트폴리오 종목의 베타 계수

	종목 1	종목 2	종목 3
베타 계수	1	1.5	0.7

• 투자자 B가 선택한 포트폴리오 종목의 베타 계수

	종목 4	종목 5	종목 6
베타 계수	2	0.2	0.5

※ 단, A와 B의 각 종목별 투자금은 모두 1,000만 원으로 동일하다고 가정한다.

① 종합 주가 지수의 수익률이 상승한다면 투자자 A의 수익률이 B의 수익률보다 높겠군.

② 특정 기간 동안 종합 주가 지수의 수익률이 변하지 않는다면 투자자 A와 B의 수익률은 동일하겠군.

③ 종합 주가 지수의 수익률이 2% 상승한다면 종목 1의 수익률보다 종목 4의 수익률이 2% 더 크겠군.

④ 종합 주가 지수의 수익률이 감소한다면 종목 2보다 종목 6이 시장 전체의 움직임에 민감하게 반응하겠군.

⑤ 주식 시장이 불황으로 변한다면 투자자 A는 종목 3, 투자자 B는 종목 5의 투자 비율을 높이는 것이 바람직하겠군.

04

[A]를 바탕으로 〈보기〉를 설명한 내용으로 적절하지 <u>않은</u> 것은?

▶ 보기 ◀

어느 투자자가 자신의 자산을 주식에 투자하려고 할 때, 다음과 같은 베타 계수를 가지는 (a), (b), (c) 세 종목만으로 포트폴리오를 구성하고자 한다.

	(a)	(b)	(c)
베타 계수	0.9	1	2.2

① 종합 주가 지수의 수익률이 10% 증가할 때 (a)의 수익률은 9% 증가할 것이다.

② 주식 시장이 호황에서 불황으로 변화한다면 투자자는 (a)의 투자 비율을 높여야 할 것이다.

③ 특정 기간의 종합 주가 지수의 수익률이 0%라고 가정하면 (b)의 수익률은 0%일 것이다.

④ 종합 주가 지수의 수익률이 2% 감소할 때, (c)의 수익률은 4.4% 감소할 것이다.

⑤ 주식 시장이 불황에서 호황으로 변화할 때 (b)의 수익률은 (c)의 수익률보다 클 것이다.

[1~6] 다음 글을 읽고 물음에 답하시오.

　　1930년대 대공황 상황에서 케인스는 당시 영국과 미국에 만연한 실업의 원인을 총수요의 부족이라고 보았다. 그는 총수요가 증가하면 기업의 생산과 고용이 촉진되고 가계의 소득이 늘어 경기를 부양할 수 있다고 주장했다. 따라서 정부의 재정 정책을 통해 총수요를 증가시킬 필요성을 제기하였다.

■ 문단

1 케인스가 경기 부양을 위해 제안한 방법은?

　　케인스는 총수요를 늘리기 위해서 총수요 중 많은 부분을 차지하는 가계의 소비에 주목하였고, 소비는 소득과 밀접한 관련이 있다고 생각하였다. 케인스는 절대 소득 가설을 내세워, 소비를 결정하는 요인들 중에서 가장 중요한 것은 현재의 소득이라고 하였다. 그리고 소득이 없더라도 생존을 위해 꼭 필요한 소비인 기초 소비가 존재하며, 소득이 증가함에 따라 일정 비율로 소비도 증가한다고 주장하였다. 이러한 ㉮절대 소득 가설은 1950년대까지 대표적인 소비 결정 이론으로 사용되었다.

■ 문단

2 케인스가 소비를 결정하는 가장 중요한 요인이라고 생각한 것은?

　　그러나 쿠즈네츠는 절대 소득 가설로는 설명하기 어려운 소비 행위가 이루어지고 있음에 주목하였다. 쿠즈네츠는, 미국에서 장기간에 걸쳐 일어난 각 가계의 실제 소비 행위를 분석한 결과 저소득층의 소득 중 소비가 차지하는 비율이 고소득층보다 높다는 것을 발견하였다. 이러한 실증 분석 결과는 절대 소득 가설로는 명확히 설명하기 어려운 것이었다.

■ 문단

3 쿠즈네츠의 실증 분석 결과를 절대 소득 가설로 설명할 수 없는 까닭은?

　　이러한 현상을 설명하기 위해 프리드만은 소비는 장기적인 기대 소득으로서의 항상 소득에 의존한다는 ㉯항상 소득 가설을 내세웠다. 프리드만은 실제로 측정되는 소득을 실제 소득이라 하고, 실제 소득은 항상 소득과 임시 소득으로 구성된다고 보았다. 항상 소득이란 평생 동안 벌어들일 것으로 기대되는 소득의 매기 평균 또는 장기적 평균 소득이다. 임시 소득은 장기적으로 예견되지 않은 일시적인 소득으로서 양(+)일 수도, 음(-)일 수도 있다. 프리드만은 소비가 임시 소득과는 아무런 상관관계가 없고 오직 항상 소득에만 의존한다고 보았으며, 임시 소득의 대부분은 저축된다고 설명했다. 사람들은 월급과 같이 자신이 평균적으로 벌어들이는 돈을 고려하여 소비를 하지, 예상치 못한 복권 당첨이나 주가 하락에 의한 손실을 고려하여 소비하지는 않는다는 것이다.

■ 문단

4 항상 소득 가설에 따를 때, 항상 소득과 임시 소득 중 소비와 관련되는 것은?

5 프리드만은 임시 소득이 주로 어떻게 사용된다고 보는가?

　　항상 소득 가설을 바탕으로 프리드만은 쿠즈네츠가 발견한 현상을, 단기적인 소득의 증가는 임시 소득이 증가한 것에 해당하므로 소비가 늘어나지 않은 것이라고 설명하였다. 항상 소득 가설에 따른다면 소비를 늘리기 위해서는 ㉠단기적인 재정 정책보다 장기적인 재정 정책을 펴는 것이 바람직하다. 가령 정부가 일시적으로 세금을 줄여 가계의 소득을 증가시키고 그에 따른 소비 진작을 기대한다 해도 가계는 일시적인 소득의 증가를 항상 소득의 증가로 받아들이지 않아 소비를 늘리지 않기 때문이다.

■ 문단

6 항상 소득 가설에서 소비를 늘리기 위해 필요하다고 보는 정책은?

실력 UP 변형 문항

01
이 글의 서술상 특징으로 가장 적절한 것은?

① 다양한 가설의 장단점을 객관적으로 비교하고 있다.
② 대립적인 가설을 절충하여 새로운 이론을 모색하고 있다.
③ 하나의 가설이 타당한 이론으로 정립되는 과정을 분석하고 있다.
④ 특정한 가설의 한계를 제시한 다음 새로운 가설을 소개하고 있다.
⑤ 가설들의 공통점을 추출하여 사회 현상의 해결 방안을 제시하고 있다.

02 〈기출 04 연계〉
㉮와 ㉯를 비교한 내용으로 적절하지 <u>않은</u> 것은?

① ㉮는 ㉯와 달리 현재의 소득이 소비를 결정하는 주요 요인이라고 본다.
② ㉮는 ㉯와 달리 소득이 없더라도 기대 소득에 의해 기초 소비가 나타난다고 본다.
③ ㉯는 ㉮보다 실제 일어나는 소비의 결과를 설명하는 데 유용하다.
④ ㉯는 ㉮와 달리 소득 전체의 증가를 소비 증가로 연결시키지 않는다.
⑤ ㉮와 ㉯는 모두 소득과 소비의 상관성을 인정하고 있다는 점에서 공통적이다.

03 〈기출 05 연계〉
이 글을 바탕으로 〈보기〉의 사례를 해석한 내용으로 적절하지 <u>않</u>은 것은? [3점]

> ▶ 보기 ◀
>
> A 씨는 현재 재직 중인 회사로 이직하면서 월 급여를 50만 원 많이 받게 되었다. 따라서 그는 전보다 소비도 50만 원 늘렸지만, 특별히 저축을 늘리지는 않았다. 최근 회사의 실적이 좋아지자 A 씨는 특별 보너스로 100만 원을 받았는데, A 씨는 이를 전부 저축하였다.

① 케인스는 A 씨가 보너스 100만 원을 소비하지 않은 것에 대해 명확히 설명하지 못하겠구나.
② 케인스는 A 씨의 소득이 50만 원 증가함으로써 비슷한 비율로 소비도 50만 원 증가한 것이라고 주장하겠구나.
③ 프리드만은 A 씨가 지속적으로 50만 원을 더 벌 것이라는 예측 속에서 소비를 늘렸다고 판단하겠구나.
④ 프리드만은 A 씨가 받은 보너스는 실제 소득에 해당하지 않기 때문에 저축으로 이어졌다고 설명하겠구나.
⑤ 프리드만은 소비 증가를 위해 보너스와 같은 성격의 수입이 증가하는 것과는 다른 차원의 재정 정책을 펼칠 것을 요구하겠구나.

수능 정복 기출 문항

04
이 글의 내용과 일치하지 <u>않는</u> 것은?

① 케인스는 소득이 없어도 기초 소비가 발생한다고 보았다.
② 케인스는 대공황 상황에서 총수요를 늘릴 것을 제안하였다.
③ 쿠즈네츠는 미국에서 실제로 일어난 소비 행위를 분석하였다.
④ 프리드만은 쿠즈네츠의 연구 결과를 설명하는 가설을 내놓았다.
⑤ 케인스는 가계가 미래의 소득을 예측하여 소비를 결정한다고 주장했다.

05
〈보기〉를 ㉯의 입장에서 설명한 것으로 적절하지 <u>않은</u> 것은? [3점]

> ▶ 보기 ◀
>
> 정년 때까지 ⓐ안정적인 월급을 받는 회사원 김 씨는 운 좋게 ⓑ경품 행사에서 당첨되어 큰돈을 받았다. 그렇다고 지난달에 비해 ⓒ씀씀이가 크게 달라지지는 않았다.

① ⓐ는 김 씨의 소비에 영향을 미치는 항상 소득에 해당한다.
② ⓑ는 양(+)의 임시 소득에 해당한다.
③ ⓒ는 항상 소득이 증가하지 않았기 때문이다.
④ ⓒ는 김 씨의 실제 소득이 감소했기 때문이다.
⑤ ⓐ와 ⓑ는 김 씨의 실제 소득에 포함된다.

06
㉠의 이유를 프리드만의 관점에서 설명한 것으로 가장 적절한 것은?

① 단기적인 재정 정책을 펼쳐야 현재 소득에 영향을 주어 소비를 늘리기 때문이다.
② 단기적인 재정 정책을 펼쳐야 임시 소득이 증가하여 가계가 소비를 늘릴 것이기 때문이다.
③ 장기적인 재정 정책을 펼쳐야 저소득층의 임시 소득이 증가하기 때문이다.
④ 장기적인 재정 정책을 펼쳐야 항상 소득이 증가하여 가계가 소비를 늘릴 것이기 때문이다.
⑤ 장기적인 재정 정책을 펼쳐야 임시 소득에 영향을 미쳐 실제 소득이 감소할 것이기 때문이다.

[1~5] 다음 글을 읽고 물음에 답하시오.

[A]
행동 경제학은 기존의 경제학과 다른 시선으로 인간을 바라본다. 기존의 경제학은 인간을 철저하게 합리적이고 이기적인 존재로 ㉠상정(想定)하여, 인간은 시간과 공간에 관계없이 ㉡일관(一貫)된 선호를 보이며 효용을 극대화하는 방향으로 선택을 한다고 본다. 그래서 기존의 경제학자들은 인간의 행동이 예측 가능하다는 것을 전제로 경제 이론을 발전시켜 왔다. 반면 행동 경제학에서는 인간이 제한적으로 합리적이며 감성적인 존재라고 보며, 처한 상황에 따라 선호가 바뀌기 때문에 그 행동을 예측하기 어렵다고 생각한다. 또한 인간은 효용을 극대화하기보다는 어느 정도 만족하는 선에서 선택을 한다고 본다. 행동 경제학은 기존의 경제학이 가정하는 인간관을 지나치게 이상적이고 비현실적이라고 비판한다. 그래서 행동 경제학은 인간이 때로는 ㉢이타(利他)적인 행동을 하고 비합리적인 행동을 하는 존재라는 점을 인정하며, 현실에 실재하는 인간을 연구 대상으로 한다.

행동 경제학에서 사용하는 용어인 '휴리스틱'은 인간의 제한된 합리성을 잘 보여 준다. 휴리스틱은 사람들이 판단을 내리거나 결정을 할 때 사용하는 주먹구구식의 어림짐작을 말한다. 휴리스틱에는 다양한 종류가 있는데, 그중 하나가 ㉮기준점 휴리스틱이다. 이것은 외부에서 기준점이 제시되면 사람들은 그것을 중심으로 제한된 판단을 하게 되는 것을 뜻한다. 가령 '폭탄 세일! 단, 1인당 5개 이내'라는 광고 문구를 내세워 한 사람의 구입 한도를 5개로 제한하면 1개를 사려고 했던 소비자도 충동구매를 하게 되는 경우가 많다. 이것은 5라는 숫자가 기준점으로 작용했기 때문이다. ㉯감정 휴리스틱은 이성이 아닌 감성이 선택에 영향을 미치는 경향을 뜻한다. 수많은 제품에 'new, gold, 프리미엄'과 같은 수식어를 붙이는 이유는, 사람들의 감성을 자극하는 감정 휴리스틱을 활용한 마케팅과 관련이 있다.

[가]
사람들은 불확실한 일에 대해 의사 결정을 할 때 대개 위험을 ㉣회피(回避)하려는 경향을 보인다. 행동 경제학에서는 이를 '손실 회피성'으로 설명한다. 손실 회피성은 사람들이 이익과 손실의 크기가 같더라도, 이익에서 얻는 효용보다 손실에서 느끼는 비효용을 더 크게 생각하여 손실을 피하려고 하는 성향을 말한다. 예를 들어 천 원이 오르거나 내릴 확률이 비슷한 주식이 있을 경우, 많은 사람들은 이것을 사려 하지 않는다고 한다. 천 원을 얻는 만족보다 천 원을 잃는 고통을 더 크게 느끼기 때문이다. 이런 심리로 인해 사람들은 손실을 능가하는 충분한 이익이 없는 한, 현재 상태를 유지하는 쪽으로 ㉤편향(偏向)된 선택을 한다고 한다. 실험 결과에 따르면, 사람들이 손실에서 느끼는 불만족은 이익에서 얻는 만족보다 2배 이상 크다고 한다.

행동 경제학자들의 연구는 심리학적 관점에서 인간의 경제 행위를 분석함으로써, 인간의 본성을 거스르지 않는 의사 결정을 하게 하는 좋은 단서를 제공할 수 있을 것으로 기대된다.

독해 훈련 문제

1 문단

1 행동 경제학에서 인간의 행동을 예측하기 어렵다고 생각하는 이유는?

2 행동 경제학에서 기존의 경제학이 가정하는 인간관을 비판하는 이유는?

2 문단

3 소비자가 '폭탄 세일! 단, 1인당 5개 이내'라는 광고 문구를 보고 충동구매를 하는 이유는?

4 '프리미엄 주스'와 같은 문구는 무엇을 활용한 마케팅인가?

3 문단

5 이익과 손실의 크기가 같을 때, 사람들은 어떤 성향을 보이는가?

4 문단

6 행동 경제학의 의의는?

실력 UP 변형 문항

01 기출 05 연계

㉮, ㉯의 개념을 통해 알 수 있는 행동 경제학의 인간관으로 가장 적절한 것은?

① 인간은 이상적이고 비현실적인 행동을 하는 존재이다.
② 인간은 효용을 극대화하는 방향으로 선택을 하는 존재이다.
③ 인간은 손실을 회피하려는 경향을 보이는 이기적인 존재이다.
④ 인간은 제한된 판단을 하거나 때로는 감성에 따라 판단하는 존재이다.
⑤ 인간은 보편적인 선호도를 가지고 있어 그 행동에 대한 예측이 가능한 존재이다.

02 기출 04 연계

[가]를 뒷받침할 수 있는 사례에 해당하지 않는 것은? [3점]

① 100%의 확률로 560만 원을 얻는 경우와 80%의 확률로 700만 원을 얻는 경우가 있다면, 대부분의 사람들은 전자를 선택한다.
② 100%의 확률로 560만 원을 잃는 경우와 80%의 확률로 700만 원을 잃는 경우가 있다면, 대부분의 사람들은 후자를 선택한다.
③ 1,000만 원을 얻을 확률과 1,000만 원을 잃을 확률이 똑같은 부동산을 누군가에게 구매하라고 하면, 대부분의 사람들은 이를 거부한다.
④ 자산이 3,000만 원에서 2,000만 원으로 줄어든 사람과 자산이 1,000만 원에서 2,000만 원으로 늘어난 사람이 있다면, 전자의 불만족이 후자의 만족감보다 더 크게 나타난다.
⑤ 주식 투자에서 처음 100만 원의 손실을 본 경우와 이미 1,000만 원의 손실을 본 상황에서 또 100만 원의 손실을 본 경우가 있다면, 전자에서 느끼는 불만족이 후자에 비해 크게 나타난다.

03

㉠~㉤의 사전적 의미로 적절하지 않은 것은?

① ㉠: 어떤 정황을 가정적으로 생각하여 단정함
② ㉡: 비교되는 대상들이 서로 어긋나지 아니하고 같거나 들어맞음
③ ㉢: 자기의 이익보다는 다른 이의 이익을 더 꾀함
④ ㉣: 꾀를 부려 마땅히 져야 할 책임을 지지 아니함
⑤ ㉤: 한쪽으로 치우침

수능 정복 기출 문항

04

㉮를 활용한 사례로 적절한 것은?

① 신제품에 기존의 제품과 유사한 상표명을 사용하여 소비자가 쉽게 제품을 연상하게 하는 경우
② 친숙하고 호감도가 높은 유명 연예인을 내세운 광고로 소비자가 그 제품을 쉽게 수용하게 하는 경우
③ 시장에 일찍 진입하여 인지도가 높은 제품을 소비자가 그 업종을 대표하는 제품이라고 인식하게 하는 경우
④ 정가와 판매 가격을 같이 제시하여 소비자가 제품을 정가에 비해 상대적으로 싼 판매 가격으로 샀다고 느끼게 하는 경우
⑤ 제품을 구입할 의사가 없던 소비자에게 일정 기간 동안 사용할 기회를 준 다음에 제품의 구입 여부를 선택하게 하는 경우

05

[A]를 바탕으로 〈보기〉를 이해한 내용으로 적절한 것은? [3점]

> ► 보기 ◄
>
> '최후통첩 게임'은 두 명의 참여자 A, B가 1회에 한해 돈을 분배하는 게임이다. A가 분배 액수를 제안하고 B가 이를 수용하면, A의 제안에 따라 돈이 분배된다. 하지만 B가 A의 제안을 거절하면 두 사람은 모두 한 푼도 받지 못하게 된다.
> 이 게임을 다양한 사람들에게 실험한 결과, ⓐ많은 A들은 상대방에게 최소 40% 이상의 몫을 제안하는 관대함을 보였다. 만약 A가 철저하게 이기적이라면 B가 거절하지 않는 범위 내에서 거의 전부를 차지하려고 해야 하지만, 그런 경우는 드물었다. 또한 B도 이익을 얻을 수만 있다면 무조건 A의 제안을 수용해야 하지만, ⓑ많은 B들은 20% 이상의 몫을 제안받지 못한 경우에는 수용보다 거절을 선택했다.

① ⓐ가 감성보다는 이성에 의존하여 제안을 하는 것은 행동 경제학의 입장에서 설명할 수 있겠어.
② 기존의 경제학에서는 효용을 극대화하는 선택을 한 ⓑ를 철저하게 이기적인 존재로 판단할 수 있겠어.
③ ⓑ는 수용보다 거절을 선택하는 예측 가능한 행동을 한다는 점에서 기존의 경제학을 옹호하는 근거가 되겠어.
④ 기존의 경제학에서 보면 ⓐ는 합리적인 행동을 통하여 자신의 이익을 극대화하는 존재로 판단할 수 있겠어.
⑤ 40% 이상의 액수를 제안하는 ⓐ의 행동은 행동 경제학의 입장에서 기존 경제학의 인간관을 비판하는 근거가 되겠어.

[1~5] 다음 글을 읽고 물음에 답하시오.

독해 훈련 문제

사회 구성원들이 경제적 이익을 추구하는 과정에서 불법 행위를 감행하기 쉬운 상황일수록 이를 억제하는 데에는 금전적 제재 수단이 효과적이다.

현행법상 불법 행위에 대한 금전적 제재 수단에는 민사적 수단인 손해 배상, 형사적 수단인 벌금, 행정적 수단인 과징금이 있으며, 이들은 각각 피해자의 구제, 가해자의 징벌, 법 위반 상태의 시정을 목적으로 한다. 예를 들어 기업들이 담합하여 제품 가격을 인상했다가 적발된 경우, 그 기업들은 피해자에게 손해 배상 소송을 제기당하거나 법원으로부터 벌금형을 선고받을 수 있고 행정 기관으로부터 과징금도 부과받을 수 있다. 이처럼 하나의 불법 행위에 대해 세 가지 금전적 제재가 내려질 수 있지만 제재의 목적이 서로 다르므로 중복 제재는 아니라는 것이 법원의 판단이다.

그런데 우리나라에서는 기업의 불법 행위에 대해 손해 배상 소송이 제기되거나 벌금이 부과되는 사례는 드물어서, 과징금 등 행정적 제재 수단이 억제 기능을 수행하는 경우가 많다. 이런 상황에서는 과징금 등 행정적 제재의 강도를 높임으로써 불법 행위의 억제력을 끌어올릴 수 있다. 그러나 적발 가능성이 매우 낮은 불법 행위의 경우에는 과징금을 올리는 방법만으로는 억제력을 유지하는 데 한계가 있다. 또한 피해자에게 귀속되는 손해 배상금과는 달리 벌금과 과징금은 국가에 귀속되므로 과징금을 올려도 피해자에게는 ⊙직접적인 도움이 되지 못한다. 이 때문에 적발 가능성이 매우 낮은 불법 행위에 대해 억제력을 높이면서도 손해 배상을 더욱 충실히 할 수 있는 방안들이 요구되는데 그 방안 중 하나가 '징벌적 손해 배상 제도'이다.

이 제도는 불법 행위의 피해자가 손해액에 해당하는 배상금에다 가해자에 대한 징벌의 성격이 가미된 배상금을 더하여 배상받을 수 있도록 하는 것을 내용으로 한다. 일반적인 손해 배상 제도에서는 피해자가 손해액을 초과하여 배상받는 것이 불가능하지만 징벌적 손해 배상 제도에서는 ⓒ그것이 가능하다는 점에서 이례적이다. 그런데 ⓒ이 제도는 민사적 수단인 손해 배상 제도이면서도 피해자가 받는 배상금 안에 ⓔ벌금과 비슷한 성격이 가미된 배상금이 포함된다는 점 때문에 중복 제재의 발생과 관련하여 의견이 엇갈리며, 이 제도 자체에 대한 찬반 양론으로 이어지고 있다.

이 제도의 반대론자들은 징벌적 성격이 가미된 배상금이 피해자에게 부여되는 ⓜ횡재라고 본다. 또한 징벌적 성격이 가미된 배상금이 형사적 제재 수단인 벌금과 함께 부과될 경우에는 가해자에 대한 중복 제재가 된다고 주장한다. 반면에 찬성론자들은 징벌적 성격이 가미된 배상금을 피해자들이 소송을 위해 들인 시간과 노력에 대한 정당한 대가로 본다. 따라서 징벌적 성격이 가미된 배상금도 피해자의 구제를 목적으로 하는 민사적 제재의 성격을 갖는다고 보아야 하므로 징벌적 성격이 가미된 배상금과 벌금이 함께 부과되더라도 중복 제재가 아니라고 주장한다.

1 문단
1 금전적 제재 수단의 효과는?

2 문단
2 불법 행위에 대한 금전적 제재 수단인 손해 배상, 벌금, 과징금의 목적을 각각 쓰시오.

3 문단
3 징벌적 손해 배상 제도의 효과 두 가지는?

4 문단
4 일반적 손해 배상 제도와는 다른 징벌적 손해 배상 제도의 특징은?

5 문단
5 징벌적 손해 배상 제도를 반대하는 입장의 근거 두 가지는?

6 징벌적 손해 배상 제도를 찬성하는 입장의 근거 두 가지는?

01

이 글을 통해 알 수 있는 내용으로 적절한 것은?

① 벌금은 불법 행위를 민사적으로 제재하는 수단에 해당된다.
② 과징금은 불법 행위로 인한 피해자를 구제하는 데 목적이 있다.
③ 불법 행위로 인한 손해 배상금이나 벌금, 과징금은 국가에 귀속된다.
④ 하나의 불법 행위에 대해 목적이 다른 복수의 금전적 제재가 내려질 수 있다.
⑤ 우리나라에서는 주로 소송을 통해 기업의 불법 행위를 제재하려는 경향을 보인다.

03

이 글에서 다룬 내용이 아닌 것은?

① 징벌적 손해 배상 제도의 내용
② 징벌적 손해 배상 제도와 관련한 논쟁
③ 불법 행위에 대한 금전적 제재 수단의 종류
④ 징벌적 손해 배상 제도의 도입 사례와 문제점
⑤ 징벌적 손해 배상 제도의 도입이 요구되는 배경

04

문맥을 고려할 때 ㉠~㉤에 대한 설명으로 적절하지 않은 것은?

① ㉠은 피해자가 금전적으로 구제받는 것을 의미한다.
② ㉡은 피해자가 손해액을 초과하여 배상받는 것을 가리킨다.
③ ㉢은 징벌적 손해 배상 제도를 가리킨다.
④ ㉣은 행정적 제재 수단으로서의 성격을 말한다.
⑤ ㉤은 배상금 전체에서 손해액에 해당하는 배상금을 제외한 금액을 의미한다.

02 〈기출 05 연계〉

이 글을 바탕으로 〈보기〉를 이해한 내용으로 적절하지 않은 것은?
[3점]

> ► 보기 ◄
>
> 1992년 미국의 한 패스트푸드 매장에서 커피를 구입한 스텔라 라이벡 할머니는 커피를 엎질러 3도 화상을 입었다. 라이벡 할머니는 패스트푸드 회사가 지나치게 높은 온도의 커피를 제공했으며, 이전에도 여러 차례의 화상 사고가 있었음에도 불구하고 커피의 온도를 내리려는 노력을 하지 않았다는 점을 근거로 소송을 제기하였다. 결국 재판부는 징벌적 손해 배상 제도에 따라, 패스트푸드 회사에서 화상으로 인한 손해 배상금 16만 달러와 징벌적 성격이 가미된 배상금 48만 달러를 포함해 총 64만 달러를 할머니에게 배상하도록 선고하였다.

① 손해 배상금으로 판결된 64만 달러는 할머니에게 귀속되어 직접적인 도움이 되겠군.
② 징벌적 손해 배상 제도의 반대론자들은 할머니가 추가로 받은 48만 달러의 배상금을 뜻밖의 횡재라고 보겠군.
③ 징벌적 손해 배상 제도가 아니었다면 할머니는 손해액인 16만 달러를 초과하는 배상액을 받는 것이 어려웠겠군.
④ 할머니가 받은 배상금 중에서 16만 달러를 뺀 나머지 48만 달러는 패스트푸드 회사에 대한 징벌의 성격에 해당하는 금액이겠군.
⑤ 징벌적 손해 배상 제도의 찬성론자들은 64만 달러의 손해 배상금에 민사적 제재와 형사적 제재의 성격이 모두 포함되어 있다고 보겠군.

05

이 글을 바탕으로 〈보기〉를 이해한 내용으로 적절하지 않은 것은?
[3점]

> ► 보기 ◄
>
> 우리나라의 법률 중에는 징벌적 손해 배상 제도의 성격을 가진 규정이 「하도급 거래 공정화에 관한 법률」 제35조에 포함되어 있다. 이 규정에 따르면 하도급 거래 과정에서 자기의 기술 자료를 유용당하여 손해를 입은 피해자는 그 손해의 3배까지 가해자로부터 배상을 받을 수 있다.

① 이 규정에 따라 피해자가 받게 되는 배상금은 국가에 귀속되겠군.
② 이 규정의 시행으로, 기술 자료를 유용해 타인에게 손해를 끼치는 행위가 억제되는 효과가 생기겠군.
③ 이 규정에 따라 피해자가 손해의 3배를 배상받을 경우에는 배상금에 징벌적 성격이 가미된 배상금이 포함되겠군.
④ 일반적인 손해 배상 제도를 이용할 때보다 이 규정을 이용할 때에 피해자가 받을 수 있는 배상금의 최대한도가 더 커지겠군.
⑤ 이 규정이 만들어진 것으로 볼 때, 하도급 거래 과정에서 발생하는 기술 자료 유용은 적발 가능성이 매우 낮은 불법 행위에 해당되겠군.

[1~4] 다음 글을 읽고 물음에 답하시오.

　　1974년 캐나다에서 소년들이 집과 자동차를 파손하여 체포되었다. 보호 관찰관이 소년들의 사과와 당사자 간 합의로 이 사건을 해결하겠다고 담당 판사에게 건의하였고, 판사는 이를 수용했다. 그 결과 소년들은 봉사 활동과 배상 등으로 자신들의 행동을 책임지고 다시 마을의 구성원으로 복귀하였다. 이를 계기로 '피해자－가해자 화해' 프로그램이 만들어졌는데, 이것이 '회복적 사법'이라는 사법 관점의 첫 적용이었다. 이와 같이 회복적 사법이란 범죄로 상처 입은 피해자, 훼손된 인간관계와 공동체 등의 회복을 지향하는 형사 사법의 새로운 관점이자 범죄에 대한 새로운 대응인 것이다. 여기서 형사 사법이란 범죄와 형벌에 관한 사법 제도라 할 수 있다.

　　기존의 형사 사법은 응보형론과 재사회화론을 기저에 두고 있다. 응보형론은 범죄를 상쇄할 해악의 부과를 형벌의 본질로 보는 이론으로 형벌 자체가 목적이다. 그런데 지속적인 범죄의 증가 현상은 응보형론이 이미 발생한 범죄와 범죄인의 처벌에 치중하고 예방은 미약하다는 문제를 보여 준다. 재사회화론은 형벌의 목적을 범죄인의 정상적인 구성원으로서의 사회 복귀에 두는 이론이다. 이것은 형벌과 교육으로 범죄인의 반사회적 성격을 교화하여 장래의 범법 행위를 방지하는 것에 주안점을 두지만 이도 증가하는 재범률로 인해 비판받고 있다. 또한 응보형론이나 재사회화론에 입각한 형사 사법은, 법적 분쟁에서 국가가 피해자를 대신하면서 국가와 범죄 행위자 간의 관계에 집중하기 때문에 피해자나 지역 사회에 대한 관심이 적다는 문제점이 제기되었다.

　　회복적 사법은 기본적으로 범죄에 대해 다른 관점으로 접근한다. 기존의 관점은 범죄를 국가에 대한 거역이고 위법 행위로 보지만 회복적 사법은 범죄를 개인 또는 인간관계를 파괴하는 행위로 본다. 지금까지의 형사 사법은 주로 범인, 침해당한 법, 처벌 등에 관심을 두고 피해자는 무시한 채 가해자와 국가 간의 경쟁적 관계에서 대리인에 의한 법정 공방을 통해 문제를 해결해 왔다. 그러나 회복적 사법은 피해자와 피해의 회복 등에 초점을 두고 있다. 기본적 대응 방법은 피해자와 가해자, 이 둘을 조정하는 조정자를 포함한 공동체 구성원까지 자율적으로 참여하는 가운데 이루어지는 대화와 합의이다. 가해자가 피해자의 상황을 직접 듣고 죄책감이 들면 그의 감정이나 태도에 변화가 생기고, 이런 변화로 피해자도 상처를 치유받고 변화할 수 있다고 보는 것이다. 이러한 회복적 사법은 사과와 피해 배상, 용서와 화해 등을 통한 회복을 목표로 하며 더불어 범죄로 피해 입은 공동체를 회복의 대상이자 문제 해결의 주체로 본다.

　　회복적 사법이 기존의 관점을 완전히 대체할 수 있는 것은 아니다. 이는 현재 우리나라의 경우 형사 사법을 보완하는 차원 정도로 적용되고 있다. 그럼에도 회복적 사법은 가해자에게는 용서받을 수 있는 기회를, 피해자에게는 회복의 가능성을 부여할 수 있다는 점에서 의미가 있다.

독해 훈련 문제

1 문단

1 범죄로 상처 입은 피해자 및 훼손된 공동체의 회복을 지향하는 형사 사법의 새로운 관점은?

2 문단

2 응보형론의 문제점은?

3 재사회화론을 비판할 때 근거가 될 수 있는 것은?

3 문단

4 회복적 사법에서 범죄를 바라보는 관점은?

5 회복적 사법에서 목표로 하는 것은?

4 문단

6 회복적 사법이 가지는 의미는?

실력 UP 변형 문항

수능 정복 기출 문항

01

이 글에 대한 설명으로 적절하지 않은 것은?

① 기존 형사 사법과 회복적 사법의 차이점을 대조하고 있다.

② 형사 사법의 뜻을 정의하여 내용에 대한 이해를 돕고 있다.

③ 사회의 변화에 따른 형사 사법의 발전 과정을 소개하고 있다.

④ 기존 형사 사법의 한계를 밝혀 회복적 사법의 특성을 부각하고 있다.

⑤ 구체적 사례를 통해 회복적 사법이 등장하게 된 계기를 설명하고 있다.

03

이 글을 이해한 내용으로 적절하지 않은 것은?

① 기존 형사 사법에서는 범인과 침해당한 법에 관심을 둔다.

② 응보형론은 저질러진 범죄에 대한 응당한 형벌의 필요성을 인정한다.

③ 재사회화론에서는 응보형론과 달리 범죄인의 교육을 통한 교화를 중시한다.

④ 회복적 사법에서는 범죄 문제 해결에 가해자, 피해자의 자율적 참여를 유도한다.

⑤ 회복적 사법에서는 가해자에 대한 피해자의 응보 심리를 충족하는 것을 목적으로 한다.

02 ◀기출 04 연계▶

이 글을 참고하여 〈보기〉를 판단한 내용으로 적절하지 않은 것은?

[3점]

> ▶보기◀
>
> (가) 소년원은 소년법 및 보호 소년 등의 처우에 관한 법률에 따라, 가정 법원 소년부나 지방 법원 소년부에서 보호 처분을 받은 소년을 수용하여 교정 교육을 행할 목적으로 설립된 법무부 산하 특수 교육 기관이다. 1997년부터는 명칭을 중·고등학교 또는 직업 전문 학교로 변경해 운영하고 있다.
>
> (나) 우리나라에서는 2008년 6월부터 소년법 제25조 3이 신설되어 '법원의 판단에 따라 소년 사건에 대하여 피해자의 요구를 반영하고, 당사자 간의 자율적 문제 해결의 여지를 두어 이를 보호 처분 판단에 참작'하는 제도를 시행하고 있다.

① (가)의 목적은 범죄를 저지른 소년들을 사회로 복귀시키는 것이겠군.

② (가)는 범죄를 상쇄할 처벌을 부과하기 때문에 범죄 예방에는 취약하겠군.

③ (가)는 소년이 장래에 범법 행위를 하지 않도록 하는 것에 초점을 두겠군.

④ (나)의 관점에서는 소년의 범죄를 인간관계를 파괴하는 행위로 판단하겠군.

⑤ (나)는 가해자의 변화에 따른 피해자의 회복에 초점을 맞춰 문제를 해결하겠군.

04

〈보기〉는 법률 전문가의 견해이다. 이를 수용한 학생이 회복적 사법에 대해 비판적으로 반응한 내용으로 가장 적절한 것은? [3점]

> ▶보기◀
>
> 누구든 법원에서 유죄 판결이 확정되기 전에는 무죄로 추정되어야 합니다. 이는 헌법에도 명시되어 있죠. 그런데 유죄 확정 전에 피해자와 합의하게 하는 것은 이미 가해자를 유죄로 간주하는 것으로 이는 무죄 추정의 원칙에 반하며, 가해자의 재판받을 권리를 침해할 수 있습니다. 더욱이 가해자가 자신에게 내려질 형벌을 감형시킬 목적으로 회복적 사법 프로그램을 악용할 수도 있습니다.

① 국가와 피해자 간의 관계에 집중하기 때문에 가해자의 재판받을 권리를 침해할 수 있겠군.

② 가해자의 교화나 재범의 예방에는 관심이 적으므로 가해자의 유무죄를 따지지 않는다는 문제점이 있겠군.

③ 현재의 헌법 정신에 어긋나기 때문에 피해자와 공동체가 회복되기보다는 오히려 더 상처 입을 수 있겠군.

④ 조정자가 전문성이 없다는 이유로 가해자가 프로그램에 참가를 거부한다면 그 가해자는 유죄로 간주되겠군.

⑤ 가해자가 자신에게 부여될 형벌을 피하기 위한 의도로 참가했을 경우 프로그램의 실시 목적이 달성되기 어렵겠군.

[1~5] 다음 글을 읽고 물음에 답하시오.

　　이익이 분화되고 가치가 다원화됨에 따라 현대 사회에서는 크고 작은 사회 갈등이 발생한다. 민주주의는 이러한 갈등을 일으키는 다양한 가치와 이해관계를 조정하는 정치 체제로, 궁극적으로 사회 통합을 추구한다. 특히 현대 민주주의에서는 구성원 간의 사회적 합의를 ⓐ도출(導出)해 내기 위해 의회의 역할이 강조된다. 의회는 법률을 제정·개정·폐지하는 '입법 과정'을 통해 갈등을 관리할 수 있기 때문이다. 최적의 입법 과정은 발생 가능성이 있는 사회 갈등을 예방하는 ㉠'사전적 관리 기능'과 이미 존재하는 사회 갈등을 조정하는 ㉡'사후적 관리 기능'을 모두 담당할 수 있어야 한다.

　　사전적 관리 기능은 입법을 위해 의제를 설정하는 순간부터 작동하며, 입법과 관련하여 발생할 수 있는 사회 갈등을 사전에 예방하기 위한 것이다. 즉 사전적 관리 기능에서는 입법이나 정책이 사회에 미칠 수 있는 영향과 그로 인해 발생할 수 있는 갈등을 체계적으로 분석하여 예방 방안을 마련하는 것이 중요하다. 이를 위해 중립성과 전문성을 갖춘 평가 기관이 갈등 영향을 사전에 분석하고 평가하여 그 결과를 해당 법률안과 함께 의회에 제출하는데, 이 내용이 부정적이라면 입법은 무산될 수 있다. 또한 광범위하고 다양한 국민 의견을 청취하여 분석하고, 이것이 원활하게 입법에 반영될 수 있도록 입법 커뮤니케이션을 활성화해야 한다. 여기에는 정부 등 공적 주체는 물론 시민의 활발한 참여와 관심이 ⓑ수반(隨伴)되어야 한다.

　　사후적 관리 기능은 이미 발생하여 현재 존재하는 사회 갈등을 해결하는 것이다. 사회 갈등은 사회적 비용이 발생하는 등 부정적인 결과를 초래하기 때문에 갈등 현안이 발생하면 의회는 이에 적극적으로 대처하기 위한 활동을 하게 된다. 우선 여론 ⓒ수렴(收斂)을 위해 여론 조사나 공청회 등을 진행하고, 갈등의 당사자들이나 시민 대표단이 포함된 참여 기구를 구성한다. 이때 참여 기구의 인적 구성은 사회적 합의를 이끌어 낼 수 있도록 대표성과 중립성이 담보되어야 한다. 참여 기구는 적극적인 의사소통과 ⓓ숙의(熟議)를 통해 사회 갈등의 해결 방안을 제시해야 하며, 입법적 조치를 제시하는 경우에는 입법의 방향과 주요 내용, 쟁점 사항에 대한 의견을 의회에 제출해야 한다. 의회는 이를 토대로 갈등 ⓔ현안(懸案)에 대한 조치를 내리게 되는데, 필요에 따라 법률의 제정·개정·폐지라는 입법적 조치를 할 수 있고, 예산상 조치를 하거나 갈등 당사자들에게 중재안을 제시할 수도 있다.

　　시민의 정치 참여가 강조되는 현대 민주주의에서 의회가 시민과 소통하고 협력하여 사회 갈등을 해결하는 것은 매우 중요하다. 특히 의회가 시민의 폭넓은 참여를 보장하는 최적의 입법 과정을 정립하는 것은 우리 사회의 통합을 위해 꼭 필요한 일이다.

독해 훈련 문제

1 문단
1 현대 민주주의에서 의회는 무엇을 통해 사회 구성원 간의 갈등을 관리하는가?

2 문단
2 사전적 관리 기능의 목적은?

3 국민들의 의견이 원활하게 입법에 반영될 수 있도록 하기 위해 필요한 것은?

3 문단
4 사후적 관리 기능의 목적은?

5 의회는 무엇을 토대로 갈등 현안에 대한 조치를 내리는가?

4 문단
6 현대 민주주의 사회에서 의회의 역할은?

실력 UP 변형 문항

수능 정복 기출 문항

[고2 교육청 기출]

01

이 글을 통해 알 수 없는 것은?

① 민주주의는 사회 구성원들 간의 통합을 추구한다.

② 최적의 입법 과정은 사회 갈등의 발생을 미연에 방지하는 것이다.

③ 사전적 관리 기능에서는 평가 기관의 분석 결과에 따라 입법이 무산될 수도 있다.

④ 사후적 관리 기능에서는 참여 기구가 입법에 대한 의견을 의회에 제출할 때도 있다.

⑤ 사회 통합을 위해서는 시민의 참여를 보장하려는 의회의 노력이 반드시 필요하다.

04

㉠과 ㉡에 대한 설명으로 가장 적절한 것은?

① ㉠, ㉡은 모두 갈등을 일으킨 당사자들의 직접적인 참여와 의사소통이 필요하다.

② ㉠은 입법적 조치를 취하는 것에, ㉡은 예산상 조치나 갈등의 중재안 마련에 목적이 있다.

③ ㉠은 입법 후에 생긴 갈등을 해결하는 것이고, ㉡은 입법 이전에 생긴 갈등을 조정하는 것이다.

④ ㉠의 과정에서는 개인 간의 갈등을, ㉡의 과정에서는 정부 등 공적 주체들 간의 갈등을 조정한다.

⑤ ㉠은 입법 과정에서 발생할 수 있는 갈등을 예방하려는 것이고, ㉡은 이미 존재하는 갈등을 입법을 통해 해결하는 것이다.

02 기출 05 연계

이 글을 바탕으로 〈보기〉에 대해 반응한 내용으로 적절하지 않은 것은? [3점]

> ▶보기◀
>
> K국은 국토 계획 수립 전 단계에서부터 정부와 의회가 주민의 의견을 수렴하여, 그 계획으로 인해 발생할 수 있는 문제점을 분석한 후 국가 개발 보고서를 작성하는 절차를 시행하고 있다. 또한 국토 개발 영향 평가 및 영향 심사를 위해 전문가들로 구성된 '공청회 사무국'을 설치하고, 그 과정에서 시민들이 자유롭게 의견을 개진할 수 있는 공청회를 실시하고 있다. 이런 과정을 거친 결과들은 의회에 의해 입법 과정에 최대한 반영되고 있다.

① K국은 정책 결정 과정에 시민이 참여할 수 있는 기회를 부여하고 있군.

② K국에서는 전문성을 갖춘 기관의 조사 결과를 정책 결정 과정에 반영하고 있군.

③ K국은 발생된 갈등 현안에 적극적으로 대처함으로써 효율적으로 갈등을 해결하고 있군.

④ K국은 수렴된 국민 의견을 입법에 반영할 수 있는 입법 커뮤니케이션을 활성화하고 있군.

⑤ K국은 정책이 사회에 미칠 수 있는 영향과 그로 인한 갈등을 분석하여 예방 방안을 마련하고 있군.

05

이 글을 바탕으로 〈보기〉를 이해한 내용으로 적절하지 않은 것은? [3점]

> ▶보기◀
>
> A국은 경제 위기 이후 의료비에 대해 부담을 느끼는 사람들이 많아지면서 당시 시행되고 있던 민간 의료 보험 제도를 둘러싸고 사회 갈등이 심화되었다. 의회에서는 국민들의 여론을 수렴하여 입법에 반영하기 위해 폭넓은 여론 조사를 실시하였는데, 그 결과 국가 의료 보험 제도를 원하는 사람들이 더 많았다. 또한 의회는 각 정당의 대표, 보험 회사, 시민 단체, 정부 등 관련 당사자들로 '의료 보험 대책 기구'를 구성하였다. 이 기구에서는 숙의 과정을 통해 기존의 제도를 국가 의료 보험 제도로 전환하자는 의견을 의회에 제출하였다. 의회는 이에 대한 법률안을 만들어 통과시켰으며, 대다수의 국민들도 법안을 지지하였다.

① 의회는 갈등 현안에 적극적으로 대처하기 위해 참여 기구를 구성하였군.

② 의회가 입법 의제를 설정하면서 이에 대한 분석이 부족하여 사회 갈등이 발생하였군.

③ 의회는 사회 갈등에 대한 국민의 의견을 청취하여, 이를 토대로 법안을 마련하고자 하였군.

④ 의료 보험 대책 기구의 인적 구성을 다양하게 하여 사회적 합의를 이끌어 내고자 노력하였군.

⑤ 참여 기구의 의사소통을 통해 해결 방안이 제시되었고, 이것이 의회의 입법적 조치로 이어졌군.

03

ⓐ~ⓔ의 사전적 의미로 적절하지 않은 것은?

① ⓐ: 판단이나 결론 따위를 이끌어 냄

② ⓑ: 어떤 일과 더불어 생김

③ ⓒ: 의견이나 사상 따위가 여럿으로 나뉘어 있는 것을 하나로 모아 정리함

④ ⓓ: 깊이 생각하여 충분히 의논함

⑤ ⓔ: 일을 처리하거나 해결하여 나갈 방법이나 계획

[1~4] 다음 글을 읽고 물음에 답하시오.

상업 광고는 기업은 물론이고 소비자에게도 요긴하다. 기업은 마케팅 활동의 주요한 수단으로 광고를 적극적으로 이용하여 기업과 상품의 인지도를 높이려 한다. 소비자는 소비 생활에 필요한 상품의 성능, 가격, 판매 조건 등의 정보를 광고에서 얻으려 한다. 광고를 통해 기업과 소비자가 모두 이익을 얻는다면 이를 규제할 필요는 없을 것이다. 그러나 광고에서 기업과 소비자의 이익이 상충되는 경우도 있고 광고가 사회 전체에 폐해를 낳는 경우도 있어, 다양한 규제 방식이 모색되었다.

이때 문제가 된 것은 과연 광고로 인한 피해를 책임질 당사자로서 누구를 상정할 것인가였다. 초기에는 ㉠'소비자 책임 부담 원칙'에 따라 광고 정보를 활용한 소비자의 구매 행위에 대해 소비자가 책임을 져야 한다고 보았다. 여기에는 광고 정보가 정직한 것인지와는 상관없이 소비자는 이성적으로 이를 판단하여 구매할 수 있어야 한다는 전제가 있었다. 그래서 기업은 광고에 의존하여 물건을 구매한 소비자가 입은 피해에 대하여 책임을 지지 않았고, 광고의 기만성에 대한 입증 책임도 소비자에게 있었다.

책임 주체로 기업을 상정하여 ㉡'기업 책임 부담 원칙'이 부상하게 된 배경은 복합적이다. 시장의 독과점 상황이 광범위해지면서 소비자의 자유로운 선택이 어려워졌고, 상품에 응용된 과학 기술이 복잡해지고 첨단화되면서 상품 정보에 대한 소비자의 정확한 이해도 기대하기 어려워졌다. 또한 다른 상품 광고와의 차별화를 위해 통념에 어긋나는 표현이나 장면도 자주 활용되었다. 그리하여 경제적, 사회·문화적 측면에서 광고로부터 소비자를 보호해야 한다는 당위를 바탕으로 기업이 광고에 대해 책임을 져야 한다는 공감대가 확산되었다.

오늘날 행해지고 있는 여러 광고 규제는 이런 공감대 속에서 나온 것인데, 이는 크게 보아 ⒜법적 규제와 ⒝자율 규제로 나눌 수 있다. 구체적인 법 조항을 통해 광고를 규제하는 법적 규제는 광고 또한 사회적 활동의 일환이라는 점에 근거한다. 특히 자본주의 사회에서는 기업이 시장 점유율을 높여 다른 기업과의 경쟁에서 승리하기 위하여 사실에 반하는 광고나 소비자를 현혹하는 광고를 할 가능성이 높다. 법적 규제는 허위 광고나 기만 광고 등을 불공정 경쟁의 수단으로 간주하여 정부 기관이 규제를 가하는 것이다.

자율 규제는 법적 규제에 대한 기업의 대응책으로 등장했다. 법적 규제가 광고의 역기능에 따른 피해를 막기 위한 강제적 조치라면, 자율 규제는 광고의 순기능을 극대화하기 위한 자율적 조치이다. 여기서 광고는 기업의 마케팅 활동으로 한정되지 않고 사회의 가치와 문화에 영향을 끼치는 활동으로 간주된다. 그래서 광고주, 광고업계, 광고 매체사 등이 광고 집행 기준이나 윤리 강령 등을 정하고 이를 준수하고자 한다. 광고에 대한 기업의 책임감에서 비롯된 자율 규제는 법적 규제를 보완하는 효과가 있다.

독해 훈련 문제

1 문단
1 상업 광고의 규제 원인 두 가지는?

2 문단
2 소비자 책임 부담 원칙의 전제는?

3 문단
3 상품에 응용된 과학 기술이 첨단화되면서 기업 책임 부담 원칙이 부상한 이유는?

4 문단
4 법적 규제의 개념은?

5 문단
5 법적 규제와 상반되는 자율 규제의 성격은?

6 자율 규제와 법적 규제의 관계는?

실력 UP 변형 문항

수능 정복 기출 문항

[평가원 기출]

01

㉠과 ㉡의 관점에서 〈보기〉의 광고를 이해한 내용으로 적절하지 **않은** 것은? [3점]

> ► 보기 ◄
>
> **하루 권장 필수 영양 성분이 골고루 들어 있어요!**
> **영양 듬뿍 뱃속 든든, ○○ 시리얼!**
>
> "역삼투압 기법을 적용한 압착 기술로 다음과 같은 영양 성분을 이 시리얼 안에 모두 담았습니다."
>
> ※ 제품 영양 성분: 단백질, 지방, 탄수화물, 나트륨, 비타민 A, B_1, B_2, B_6, C, D, E, 엽산, 나이아신, 철분, 아연, 칼슘 등
>
> 이제 밥을 먹지 않아도 ○○ 시리얼만 먹으면
> 체내 대사 작용이 극대화되어 슈퍼맨 같은 기운이 솟아나요!

① 〈보기〉의 광고를 믿고 시리얼만 먹던 소비자가 영양실조에 걸렸다면, ㉠의 관점에서는 그 책임을 소비자에게 돌리겠군.

② 〈보기〉에 제시된 '밥을 먹지 않아도' 된다거나 '슈퍼맨 같은 기운'이 솟아난다는 표현에 대해, ㉠은 소비자의 이성적인 판단을 요구하겠군.

③ 〈보기〉의 내용 중에서 소비자를 기만한 부분이 있다면, ㉡의 관점에서는 그 책임을 기업에 돌리겠군.

④ 〈보기〉에 제시된 '역삼투압 기법을 적용한 압착 기술'과 같은 내용은, ㉡이 부상하게 된 하나의 배경이라고 할 수 있겠군.

⑤ 〈보기〉에 제시된 광고로 인한 피해를 입증할 필요가 있을 때, ㉠이 ㉡보다 소비자에게 유리하다고 볼 수 있겠군.

03

이 글의 표제와 부제로 가장 적절한 것은?

① 광고 규제의 배경과 유형
　　— 피해 책임의 주체와 규제의 주체를 중심으로

② 광고 규제의 사회적 영향
　　— 규제의 도입 배경과 원인을 중심으로

③ 광고 규제의 필요성과 의의
　　— 시대에 따른 소비자의 역할을 중심으로

④ 광고 규제의 순기능과 역기능
　　— 문제점의 진단과 개선 방안을 중심으로

⑤ 광고 규제에 대한 대립적 시각
　　— 기업과 소비자의 이익 극대화 방안을 중심으로

04

이 글을 바탕으로 〈보기〉를 이해한 내용으로 적절하지 **않은** 것은? [3점]

> ► 보기 ◄
>
> 　광고 규제 중에는 소비자가 광고의 폐해에 직접 대응하는 소비자 규제가 있다. 이는 소비자야말로 불공정하거나 불건전한 광고의 직접적인 피해자라는 점에 근거한다. 이러한 광고들은 사회 전체에도 피해를 끼치기 때문에, 소비자 규제는 발생한 피해에 대응하는 것뿐만 아니라 피해가 예상되는 그릇된 정보의 유통 자체를 문제 삼기도 한다. 이때 규제의 주체로서 집단적 성격을 지니는 소비자는 법적 규제를 입안하거나 실행하는 주체는 아니다. 그래서 소비자 규제는 법적 규제와 자율 규제를 강화하도록 압박하는 방식을 취하며, 소비자의 권리 행사는 소비자 보호 운동의 형태로 나타난다.

02
기출 04 연계

Ⓐ와 Ⓑ에 대한 설명으로 적절하지 **않은** 것은?

① Ⓐ와 Ⓑ는 모두 광고에 대한 기업의 사회적 책임을 전제로 한다.

② Ⓐ는 정부 기관이, Ⓑ는 광고를 생산하는 모든 집단이 규제의 주체가 된다.

③ Ⓐ는 광고의 역기능을 막기 위한, Ⓑ는 광고의 순기능을 극대화하기 위한 조치이다.

④ Ⓑ는 Ⓐ를 보완하는 효과가 있기 때문에 Ⓑ가 잘 작동될수록 Ⓐ의 역할은 작아진다.

⑤ Ⓐ와 Ⓑ는 기업의 이익과 소비자의 이익이 상충되는 정도가 클수록 그 필요성이 약화된다.

① 소비자 규제는 소비자들의 힘을 극대화하기 위해서 소비자 책임 부담 원칙을 지지하겠군.

② 소비자 규제는 광고 규제의 효과 면에서 법적 규제와 자율 규제를 보완한다는 의의가 있군.

③ 소비자 규제의 주체는 광고의 폐해에 직접 대응하기 때문에 자율 규제의 주체와 긴장하는 관계에 있겠군.

④ 소비자 규제는 광고 주체들의 이기적인 행태를 견제하는 기능이 있다는 점에서 법적 규제와 공통점이 있군.

⑤ 소비자 규제는 경제적 측면만이 아니라 사회·문화적 측면에서도 광고에 의한 소비자의 피해를 줄일 수 있겠군.

[1~5] 다음 글을 읽고 물음에 답하시오.

주거권이란 모든 사람이 적절한 주거를 공급받고 현재의 주거를 안정적으로 유지하고 향유할 권리이다. 이러한 주거권을 제대로 누리지 못하는 사람들을 위해 정부에서는 주택 정책을 통해서 기본적인 주거 욕구를 충족시킬 수 있도록 도움을 제공한다. 주택 정책은 정부나 정부의 위탁을 받은 기관이 수요자에게 주택 서비스를 제공하는 공급자 중심 전달 체계와 수요자의 선호를 반영하여 수요자에게 서비스 선택권을 제공하는 수요자 중심 전달 체계로 나누어진다.

공급자 중심 전달 체계는 정부가 직접 주택을 건설하여 공급하는 ㉠공공 임대 주택이 대표적이다. 이는 저렴한 주택이 부족한 상황에서 정부나 위탁 기관이 양질의 주택을 저렴한 가격으로 저소득층에게 임대하는 것이다. 이를 위해서는 공공 임대 주택의 공급 물량이 일정한 수준으로 유지되어야 하므로 정부는 재원을 지속적으로 마련해야 한다.

그런데 공공 임대 주택이 특정 지역에 밀집됨으로써 수요자들이 문화적으로 소외감과 고립감을 느낄 수 있는 부작용이 나타날 수 있다. 또한 수요자들의 요구와는 다르게 특정 지역에 공급됨으로써 실질적 선택권이 보장되지 않으며 주거 환경에 대한 불만이 제기되는 문제점이 드러나기도 한다.

주거권을 보장하기 위한 수요자 중심의 전달 체계의 제도로는 ㉡주택 바우처 제도가 있다. 이는 기존에 있는 민간 주택 시장을 활용하여 경제적 취약 계층에 있는 사람들에게 임대료에만 쓸 수 있는 보조금을 주는 것이다. 이 제도는 적절한 품질을 가진 주택이 충분히 공급된다는 것을 가정했을 때 수요자가 원하는 주택을 선택할 수 있는 장점이 있다.

그러나 공급 물량이 부족하여 초과 수요가 나타나거나 주택 거래가 원활하게 이루어지지 않은 상황에서는 주택 임대료가 상승할 수 있다. 뿐만 아니라 보조금이 임대료에 비해 부족하여 현실적인 혜택을 바라는 수요자들의 요구를 충족시키지 못하는 문제점도 있다. 이를 해결하려면 다양한 경로를 통해 주택 바우처 제도에 대한 정보를 제공하고 주택의 품질 관리를 병행할 뿐만 아니라 임대료를 규제해야 한다는 주장도 제기된다. 한편 동일한 자격 조건을 가진 사람들 중에서 바우처를 받지 못하는 경우가 생기지 않도록 합리적이고 공정한 기준을 마련해야 한다.

독해 훈련 문제

1 문단
1 정부가 시행하는 주택 정책의 유형 두 가지는?

2 문단
2 공공 임대 주택을 건설하여 저소득층에게 임대하기 위해 정부가 해야 할 일은?

3 문단
3 공공 임대 주택이 특정 지역에 밀집됨으로써 나타날 수 있는 부작용은?

4 문단
4 주택 바우처 제도의 장점은?

5 문단
5 주택 바우처 제도의 문제점 두 가지는?

6 주택 바우처 제도에서 합리적이고 공정한 기준을 마련해야 하는 이유는?

실력 UP 변형 문항

01 [기출 04 연계]

㉠과 ㉡에 대한 이해로 적절하지 않은 것은?

① ㉠은 ㉡과 달리 정부가 임대 주택 자체를 공급하는 제도이다.
② ㉠과 달리 ㉡은 수요자의 서비스 선택권을 제공하는 제도이다.
③ ㉠의 수요자는 ㉡의 수요자에 비해 양질의 주택을 선택할 수 있다.
④ ㉠과 ㉡은 모두 저소득층의 기본적인 주거권을 보장하기 위한 제도이다.
⑤ ㉠과 ㉡은 모두 공급되는 주택의 물량과 정부의 재정적 여건이 뒷받침되어야 한다.

02 [기출 05 연계]

이 글을 바탕으로, 〈보기 1〉의 문제점을 해결할 수 있는 방안을 〈보기 2〉에서 찾아 바르게 묶은 것은? [3점]

▶ 보기 1 ◀

• K시에서 시행하는 주택 바우처 제도의 경우, 자격을 갖춘 사람들이라고 해도 어떤 사람은 혜택을 받는 반면 어떤 사람은 혜택을 받지 못하는 것으로 나타났다. 또한 실제 거래되는 민간 주택의 임대료가 많이 올라, K시에서 지원되는 임대료가 수요자들의 요구에 미치지 못하는 경우도 많은 것으로 나타났다.
• L시가 3년 전 시 외곽에 건설한 1,500세대 규모의 공공 임대 아파트는, 시세보다 저렴한 임대료 덕분에 인기가 높아 분양이 성공적으로 이루어졌다. 그러나 입주한 지 3년이 지난 지금까지도 교통이 불편하고, 교육·문화 시설이 턱없이 부족해 입주자들의 불만이 많다.

▶ 보기 2 ◀

ⓐ K시는 시장에서 주택 물량이 원활하게 공급되고 있는지 점검해 본다.
ⓑ K시는 수요자들이 느낄 수 있는 소외감과 고립감을 해결할 방법이 없는지 점검해 본다.
ⓒ K시는 동일한 자격 조건을 갖춘 사람들에게 공정한 지원이 이루어지고 있는지 점검해 본다.
ⓓ L시는 건축된 지 3년이 지난 지금의 시점에서 아파트의 임대료가 적절한지 점검해 본다.
ⓔ L시는 수요자들이 갖고 있는 주거 환경에 대한 불만을 어떻게 개선할 것인지 점검해 본다.

① ⓐ, ⓑ, ⓓ　　② ⓐ, ⓑ, ⓔ　　③ ⓐ, ⓒ, ⓔ
④ ⓑ, ⓒ, ⓓ　　⑤ ⓒ, ⓓ, ⓔ

수능 정복 기출 문항

03

이 글의 제목으로 가장 적절한 것은?

① 주택 정책의 유형과 특징
② 주택 정책의 개념과 변천 과정
③ 주택 정책의 적용 범위와 한계
④ 주택 정책과 임대료 간의 상관관계
⑤ 주택 정책의 대상이 되는 수요자의 유형

04

㉠과 ㉡에 대한 설명으로 적절하지 않은 것은?

① ㉠은 정부나 정부의 위탁을 받은 기관이 주택을 공급하는 제도이다.
② ㉡은 수요자의 자격 조건을 공정하게 판단할 수 있는 기준 마련이 중요하다.
③ ㉠은 ㉡과 달리 적절한 공급 물량이 있을 때 기대하는 효과를 얻을 수 있다.
④ ㉡은 ㉠과 달리 민간 주택 시장을 활용하여 주거 문제를 해결한다.
⑤ ㉠과 ㉡은 모두 정부의 재정적 여건이 뒷받침되어야 한다.

05

이 글을 바탕으로 〈보기〉에 드러난 문제 상황의 해결 방안을 추론한 결과로 적절하지 않은 것은? [3점]

▶ 보기 ◀

• A시는 실질적 주택 복지 정책 제도의 확대를 계획하고, 1인당 8만 원에서 10만 원으로 주택 보조금을 상향 조정한다는 내용을 지역 신문에 게재했다. 시는 500가구 이상이 신청할 것으로 예상했으나, 막상 신청한 것은 30가구에 불과했다.
• B시는 5년 전 1,200세대의 공공 임대 아파트를 분양한 것에 이어 올해 1월, 같은 지역에 1,800세대를 추가로 완공한 후 분양 계획을 발표했으나 5년 전 신청자가 몰렸던 것과 달리 미분양 물량이 40%에 달했다.

① A시는 주택 보조금이 수요자의 현실적 요구를 충분히 반영했는지 점검해 본다.
② A시는 수요자에게 주택 바우처 제도에 대해 충분히 정보를 제공했는지 점검해 본다.
③ B시는 공공 임대 주택의 주거 환경에 문제점은 없는지 점검해 본다.
④ B시는 제공하려던 주택 보조금이 적정하게 책정되었는지 점검해 본다.
⑤ B시는 미분양 공공 임대 주택의 위치가 문화적으로 소외된 지역인지 점검해 본다.

[1~6] 다음 글을 읽고 물음에 답하시오.

소비자의 권익을 위하여 국가가 집행하는 정책으로 ㉮경쟁 정책과 ㉯소비자 정책을 들 수 있다. 경쟁 정책은 본래 독점이나 담합 등과 같은 반경쟁적 행위를 국가가 규제함으로써 시장에서 경쟁이 활발하게 이루어지도록 하는 데 중점을 둔다. 이러한 경쟁 정책은 결과적으로 소비자에게 이익이 되므로, 소비자 권익을 보호하는 데 유효한 정책으로 인정된다. 경쟁 정책이 소비자 권익에 기여하는 모습은 생산적 효율과 배분적 효율의 두 측면에서 살펴볼 수 있다.

먼저, 생산적 효율은 주어진 자원으로 낭비 없이 더 많은 생산을 하는 것으로서, 같은 비용이면 더 많이 생산할수록, 같은 생산량이면 비용이 적을수록 생산적 효율이 높아진다. 시장이 경쟁적이면 개별 기업은 생존을 위해 비용 절감과 같은 생산적 효율을 추구하게 되고, 거기서 창출된 ㉠여력은 소비자의 선택을 받고자 품질을 향상시키거나 가격을 인하하는 데 활용될 것이다. 그리하여 경쟁 정책이 유발한 생산적 효율은 소비자 권익에 기여하게 된다. 물론 비용 절감의 측면에서는 독점 기업이 더 성과를 낼 수도 있겠지만, 꼭 이것이 가격 인하와 같은 소비자의 이익으로 이어지지는 않는다. 따라서 독점에 대한 감시와 규제는 지속적으로 필요하다.

다음으로, 배분적 효율은 사람들의 만족이 더 커지도록 자원이 배분되는 것을 말한다. 시장이 독점 상태에 놓이면 영리 극대화를 추구하는 독점 기업은 생산을 충분히 하지 않은 채 가격을 올림으로써 배분적 비효율을 발생시킬 수 있다. 반면에 경쟁이 활발해지면 생산량 증가와 가격 인하가 수반되어 소비자의 만족이 더 커지는 배분적 효율이 발생한다. 그러므로 경쟁 정책이 시장의 경쟁을 통하여 유발한 배분적 효율도 소비자의 권익에 기여하게 된다.

경쟁 정책은 이처럼 소비자 권익을 위해 중요한 역할을 수행해 왔지만, 이것만으로 소비자 권익이 충분히 실현되지는 않는다. 시장을 아무리 경쟁 상태로 유지하더라도 여전히 ㉡남는 문제가 있기 때문이다. 우선, 전체 소비자를 기준으로 볼 때 경쟁 정책이 소비자 이익을 증진하더라도, 일부 소비자에게는 불이익이 되는 경우도 있다. 예를 들어, 경쟁 때문에 시장에서 퇴출된 기업의 제품은 사후 관리가 되지 않아 일부 소비자가 피해를 보는 일이 있다. 그렇다고 해서 경쟁 정책 자체를 포기하면 전체 소비자에게 ㉢불리한 결과가 되므로, 국가는 경쟁 정책을 유지할 수밖에 없는 것이다. 다음으로, 소비자는 기업에 대한 교섭력이 약하고, 상품에 대한 정보도 적으며, 충동구매나 유해 상품에도 쉽게 노출되기 때문에 발생하는 문제가 있다. 이를 해결하기 위해 상품의 원산지 공개나 유해 상품 회수 등의 조치를 생각해 볼 수 있지만 경쟁 정책에서 직접 다루는 사안이 아니다.

이런 문제들 때문에 소비자의 지위를 기업과 대등하게 하고 기업으로부터 입은 피해를 구제하여 소비자를 보호할 수 있는 별도의 정책이 요구되었고, 이 ㉣요구에 따라 수립된 것이 소비자 정책이다. 소비자 정책은 주로 기업들이 지켜야 할 소비자 안전 기준의 마련, 상품 정보 공개의 의무화 등의 ㉤조치와 같이 소비자 보호와 직접 관련 있는 사안을 대상으로 한다. 또한 충동구매나 유해 상품 구매 등으로 발생하는 소비자 피해를 구제하고, 소비자 교육을 실시하며, 기업과 소비자 간의 분쟁을 직접 해결해 준다는 점에서도 경쟁 정책이 갖는 한계를 보완할 수 있다.

▶ 독해 훈련 문제

1 문단
1 소비자의 권익을 위한 경쟁 정책의 기능은?

2 문단
2 경쟁 정책이 생산적 효율을 유발하는 이유는?

3 문단
3 경쟁 정책이 배분적 효율을 유발하는 이유는?

4 문단
4 경쟁 정책의 한계 두 가지는?

5 문단
5 경쟁 정책의 한계를 보완하기 위해 수립된 정책은?

6 소비자 교육은 경쟁 정책과 소비자 정책 중 무엇에 해당하는가?

실력 UP 변형 문항

01

이 글의 설명 방식으로 가장 적절한 것은?

① 소비자 정책의 문제점을 검토하여 대안을 제시하고 있다.

② 소비자 권익 실현을 위한 두 정책의 기능을 밝히고 있다.

③ 소비자와 기업의 관계를 유사한 사례에 빗대어 설명하고 있다.

④ 소비자 정책의 관점에서 일관되게 경쟁 정책을 비판하고 있다.

⑤ 시장의 질서 유지를 위한 국가 정책을 통시적으로 살펴보고 있다.

02

㉮와 ㉯에 대한 이해로 적절한 것은?

① ㉮는 ㉯와 달리 소비자의 권익에 기여한다.

② ㉮는 ㉯의 한계를 보완하기 위해서 필요하다.

③ ㉮를 시행하면 기업들은 비용 절감을 극대화할 수 있다.

④ ㉮를 포기하면 일부 소비자에게 불리한 결과를 초래할 수 있다.

⑤ ㉯는 기업에 비해 불리한 소비자의 지위를 극복할 수 있게 해 준다.

03 기출 06 연계

이 글을 바탕으로 할 때, 가장 이질적인 정책은? [3점]

① 식품 의약품 안전처는 전자레인지에 사용할 때 유해 물질이 발생할 수 있는 재질의 용기에 대해 주의 문구를 표시하도록 의무화하였다.

② 한국 소비자원은 충동구매로 고가의 텐트를 계약한 소비자가 해지를 요청하였으나 이루어지지 않자 분쟁 조정 위원회에서 이를 조정하였다.

③ 한국 소비자원은 위조 상품 구입으로 인한 소비자 피해를 예방하기 위해 '정품을 수호하는 삼장법사와 친구들'이라는 만화 콘텐츠를 제작하여 홈페이지에 게재하였다.

④ 공정 거래 위원회는 국내 콘택트렌즈 시장 점유율 1위 업체가 특정 렌즈의 소비자 판매 가격을 지정하고 이보다 낮게 판매하지 못하도록 강제한 행위에 대해 시정 명령을 내렸다.

⑤ 공정 거래 위원회는 오픈 마켓에서 구매한 상품에 대해 판매자가 환불을 거절하는 경우, 소비자가 오픈 마켓 사업자에게 환불을 요청할 수 있도록 전자 상거래법 개정을 추진하고 있다.

수능 정복 기출 문항

[평가원 기출]

04

이 글에 대한 이해로 적절하지 않은 것은?

① 독점에 대한 규제는 배분적 효율에 기여할 수 있다.

② 시장이 경쟁적이더라도 일부 소비자에게는 불이익이 발생할 수 있다.

③ 생산적 효율을 달성한 독점 기업은 경쟁 정책으로 규제할 필요가 없다.

④ 기업이 지켜야 할 소비자 안전 기준을 마련하는 조치는 소비자 권익에 도움이 된다.

⑤ 소비자의 지위가 기업과 대등하지 못하다는 점은 소비자 정책이 필요한 이유가 된다.

05

㉠~㉤에 대한 이해로 적절하지 않은 것은?

① ㉠은 생산적 효율을 통해 절감된 만큼의 비용에서 발생한다.

② ㉡에는 유해 상품으로 인한 소비자 피해를 경쟁 정책이 직접 해결해 주기 어렵다는 문제가 포함된다.

③ ㉢은 시장에서 경쟁 상태가 유지되지 않아서 전체 소비자의 기준에서 피해가 발생하는 상황을 말한다.

④ ㉣은 경쟁 정책 이외에 소비자 권익을 실현하기 위한 정책을 마련하라는 요구이다.

⑤ ㉤은 경쟁 정책에서 소비자의 이익을 보호하기 위하여 취하는 구체적인 수단이다.

06

〈보기〉의 사례들 중 소비자 정책에 해당하는 것만을 있는 대로 고른 것은? [3점]

> ◆ 보기 ◆
>
> ㄱ. 먹거리에 대한 불신이 높아지자 정부는 모든 음식점에 대하여 원산지 표시 의무를 강화하였다.
> ㄴ. 노인들을 대상으로 하는 방문 판매의 피해가 자주 발생하자 정부는 피해 예방 교육을 실시하였다.
> ㄷ. 온라인 게임 업체와 회원 간의 분쟁이 늘어나자 관계 당국은 산하 기관에 분쟁 조정 위원회를 설치하였다.
> ㄹ. 시내 주유소의 휘발유 가격이 동시에 비슷한 수준으로 인상되자 관계 당국이 담합 여부에 대한 조사에 나섰다.

① ㄱ, ㄴ 　　② ㄱ, ㄹ 　　③ ㄷ, ㄹ

④ ㄱ, ㄴ, ㄷ 　　⑤ ㄴ, ㄷ, ㄹ

[1~5] 다음 글을 읽고 물음에 답하시오.

공동체의 안전 및 질서 유지와 이를 통해 국민의 생명이나 신체를 보호하기 위한 행정 작용을 '경찰 작용'이라 한다. 경찰 작용이 발동되면 다른 사람의 기본권을 불가피하게 제한하게 되기 때문에 그 요건을 엄격히 할 필요가 있다. 경찰 작용 발동의 가장 대표적인 요건으로 '위험'을 들 수 있다. 여기서 위험이란 예측되는 장래에 손해가 발생할 충분한 개연성이 있는 상태이다. 따라서 경찰 작용의 발동 요건으로서의 위험은 '손해'와 '손해 발생의 충분한 개연성'을 기본적인 구성 요소로 한다.

그렇다면 '손해'와 '손해 발생의 충분한 개연성'이란 무엇인가? '손해'란 개인 및 공동의 이익이 외부적 영향에 의해 객관적으로 감소되는 것을 말한다. 이때 손해는 단순한 불이익이나 부담과는 구분되어야 한다. 단순한 불이익이나 부담이 정상인이 참을 수 있는 범위의 것이라면, 경찰 작용이 발동되기 위한 요건인 손해는 정상인이 참을 수 있는 한계를 넘어선 것이다. '손해 발생의 충분한 개연성'이란 위험이 발생할 수 있는 고도의 가능성을 말한다. 만일 누군가가 묶지 않은 개를 데리고 공원을 활보한다면 타인에게 위험을 줄 수 있기 때문에 경찰 작용이 발동될 수 있다. 이러한 손해 발생의 개연성에 관한 예측은 객관적이어야 한다.

경찰 작용은 시민의 안전을 위협할 수 있는 거의 모든 영역에서 행사될 수 있기 때문에 위험이 존재하는 경우라 하더라도 기본권 침해의 가능성은 여전히 남게 된다. 그런 이유로 경찰 작용의 행사를 엄격하게 제한할 필요가 있다. 경찰 작용 행사를 제한하는 일반적인 원칙에는 적법 절차의 원칙, 비례의 원칙, 권리 남용 금지의 원칙 등이 있다.

우선 적법 절차의 원칙이란 모든 경찰 작용의 행사는 법률을 근거로 하고 합법적 절차에 따라 발동되어야 한다는 것을 의미한다. 이의 가장 대표적인 경우로 법이 정하는 요건을 충족하는 사람들에게만 면허를 주는 운전면허와 같은 각종 허가 제도를 들 수 있다. 다음으로 비례의 원칙이란 위험을 제거함으로써 얻을 수 있는 공익(公益)과 그로 인해 훼손되는 사익(私益)을 비교하여 전자가 클 경우에만 경찰 작용이 허용될 수 있음을 의미한다. 예를 들어, 음주 운전자의 경우에 면허를 취소할 때 얻는 공익이 면허를 취소하지 않을 때의 운전자 사익보다 크기 때문에 면허를 취소할 수 있는 것이다. 마지막으로 권리 남용 금지의 원칙은 경찰 작용이 법에서 정해진 위험 방지 작용의 테두리를 넘는 것을 허용하지 않는다는 것을 뜻한다. 만일 영업 허가 취소권을 가진 공무원이 친분 관계에 있는 영업자의 이익을 위하여 이와 경쟁하는 다른 영업자의 영업을 취소한다면 이는 권리 남용으로 볼 수 있다.

1 경찰 작용의 발동 요건 두 가지는?

2 경찰 작용의 발동 요건인 손해가 단순한 불이익이나 부담과 다른 점은?

3 손해 발생의 충분한 개연성이란?

4 경찰 작용의 행사를 엄격하게 제한해야 하는 이유는?

5 경찰 작용 행사의 제한 원칙 중, 운전면허와 같은 각종 허가 제도와 관련 있는 것은?

6 비례의 원칙을 고려할 때, 경찰 작용이 허용되는 경우는?

7 권리 남용 금지의 원칙을 고려할 때, 경찰 작용을 제한해야 하는 경우는?

실력 UP 변형 문항

01 〈기출 04 연계〉

이 글의 내용과 일치하지 <u>않는</u> 것은?

① 손해가 발생할 수 있는 개연성만 있어도 경찰 작용이 발동될 수 있다.
② 경찰 작용을 행사하려면 법률을 근거로 하고 합법적 절차에 따라야 한다.
③ 경찰 작용은 시민의 안전을 위협할 수 있는 대부분의 영역에서 행사될 수 있다.
④ 경찰 작용이 발동되더라도 그 요건을 엄격히 제한하면 타인의 기본권을 침해하지 않는다.
⑤ 정상인이 참을 수 있는 정도의 단순한 불이익의 상황에서는 경찰 작용이 발동되지 않는다.

02 〈기출 05 연계〉

이 글을 바탕으로 〈보기〉의 사례에 대해 이해한 내용으로 적절하지 <u>않은</u> 것은? [3점]

> ┌─ 보기 ─┐
>
> 경찰청장이 시민의 안전을 위협할 수 있는 불법 집회를 막는다는 이유로 서울 광장을 차벽으로 둘러싸고 출입을 봉쇄하자, 몇몇 시민이 헌법 재판소에 위헌 소송을 냈다. 이에 대해 헌법 재판소는 경찰청장이 서울 광장을 차벽으로 둘러싸 시민의 통행을 막은 것은 법률적 근거가 없으며, 국민의 일반적 행동 자유권을 침해한 것으로 위헌이라고 판결했다. 비록 불법·폭력 집회나 시위가 될 가능성이 있다고 하더라도, 경찰의 통행 제지 행위는 '급박하고 명백하며 중대한 위험이 있는 경우에 한해 비로소 취할 수 있는 거의 마지막 수단'이라는 것이다.

① 헌법 재판소는 경찰 작용의 행사가 국민의 기본권을 침해했다고 본 것이군.
② 헌법 재판소는 경찰 작용의 행사를 엄격하게 제한할 필요가 있다고 본 것이군.
③ 헌법 재판소는 경찰청장이 적법 절차의 원칙을 준수하지 않았다고 본 것이군.
④ 헌법 재판소는 경찰청장이 손해가 발생할 개연성이 없음에도 불구하고 과잉 대응했다고 본 것이군.
⑤ 헌법 재판소는 시민의 통행을 제지해 얻을 수 있는 공익이 훼손되는 국민의 기본권보다 크지 않다고 본 것이군.

수능 정복 기출 문항

03

이 글에 대한 설명으로 적절하지 <u>않은</u> 것은?

① 손해를 관련 개념과 구분해서 설명하고 있다.
② 경찰 작용 행사의 제한 원칙을 나열하고 있다.
③ 경찰 작용에 관한 상반된 관점을 대조하고 있다.
④ 경찰 작용의 제한 원칙을 예를 들어 설명하고 있다.
⑤ 위험을 구성하는 요소를 분석적으로 제시하고 있다.

04

이 글을 이해한 내용으로 가장 적절한 것은?

① 경찰 작용은 국가의 이익을 최우선으로 하여 손해 발생의 개연성을 예측해야 한다.
② 경찰 작용의 근거가 되는 손해에 대한 판단은 정상인이 참을 수 있는 한계를 기준으로 해야 한다.
③ 손해란 외부의 영향으로 공동의 이익이 감소되는 경우만을 의미한다.
④ 경찰 작용은 단순한 불이익이나 부담이 있어도 발동해야 한다.
⑤ 경찰 작용은 공익이 훼손되는 특정한 범위에만 한정된다.

05

이 글을 바탕으로 〈보기〉의 사례에 대해 해석한 것으로 적절하지 <u>않은</u> 것은? [3점]

> ┌─ 보기 ─┐
>
> 갑은 학교환경위생정화구역 안에 위치한 유흥업소의 영업을 위해 해당 교육장에게 '학교 주변의 유흥업소 영업 행위 금지'를 해제해 달라는 신청을 하였다. 교육장은 '학교 보건법'에 의거하여, 인근 학교장에게서 이와 관련한 의견을 제출받고 심의를 거쳤다. 이상의 절차를 통해 교육장은 갑의 유흥업소가 학습 환경을 저해한다고 판단하여 갑의 신청을 거부하였다.

① 교육장이 갑의 신청을 거부한 것은 갑의 기본권을 제한한 것이 아니다.
② 교육장이 학교 보건법에 의거하여 갑의 신청을 거부한 것은 정당한 법률에 근거한 것이다.
③ 교육장이 인근 학교장의 의견을 받고 심의 과정을 거친 것은 합법적인 절차에 따른 것이다.
④ 교육장이 갑의 신청을 거부한 것은 유흥업소가 학습 환경을 저해할 수 있는 위험이 있음을 인정한 것이다.
⑤ 교육장이 갑의 사익보다 유흥업소 영업으로 인한 학습 환경 저해를 더 중요하게 여긴 것은 비례의 원칙에 의한 것이다.

[1~4] 다음 글을 읽고 물음에 답하시오.

　　기술이 급속하게 발달함에 따라 인간의 삶은 더욱 여유롭고 의미 있는 것으로 될 것인가, 아니면 더욱 바쁘고 의미 없는 것으로 전락할 것인가? '사색적 삶'과 '활동적 삶'을 대비하여 사회 변화를 이해하는 방식은 이런 물음의 답을 구하는 데 도움이 된다.

　　최초로 인간의 삶을 사색적 삶과 활동적 삶으로 구분한 사람은 아리스토텔레스이다. 그는 진리, 즐거움, 고귀함을 추구하는 사색적 삶의 영역이 생계를 위한 활동적 삶의 영역보다 상위에 있다고 보았다. 이러한 인식은 근대 이전의 오랜 역사 속에서 사회 질서의 기본 원리로 자리 잡아 왔다.

　　근대에 접어들어 과학 혁명과 청교도 윤리의 등장으로 활동적 삶과 사색적 삶에 대한 인식은 달라지기 시작했다. 16, 17세기 과학 혁명으로 실험 정신과 경험적 지식이 중시되면서 사색적 삶의 영역에 속한 과학적 탐구와 활동적 삶의 영역에 속한 기술 사이의 거리가 좁혀졌다. 또한 직업을 신의 소명으로 이해하고, 근면과 검약에 의한 개인의 성공을 구원의 징표로 본 청교도 윤리는 생산 활동과 부의 축적에 대한 부정적 인식을 불식하는 계기가 되었다. 이로써 활동적 삶과 사색적 삶이 대등한 위상을 갖게 된 것이다.

　　18, 19세기 산업 혁명을 계기로 활동적 삶은 사색적 삶보다 중요성이 더 커지게 되었다. 생산 기술에 과학적 지식이 응용되고 기계의 사용이 본격화되면서 기계의 속도에 기초하여 노동 규율이 확립되었고, 인간의 삶은 시간적 규칙성을 따르도록 재조직되었다. 나아가 시간이 관리의 대상으로 부각되면서 시간 — 동작 연구를 통해 가장 효율적인 작업 동선(動線)을 모색했던 테일러의 과학적 관리론은 20세기 초부터 생산 활동을 합리적으로 조직하는 중요한 원리로 자리 잡았다. 이로써 두뇌에 의한 노동과 근육에 의한 노동이 분리되어 인간의 육체노동이 기계화되는 결과가 초래되었다. 또한 과학을 기술 개발에 활용하기 위한 시스템이 요구되어 공학, 경영학 등의 실용 학문과 산업체 연구소들이 출현하였다. 이는 전통적으로 사색적 삶의 영역에 속했던 진리 탐구마저 활동적 삶의 영역에 속하는 생산 활동의 논리에 포섭되었음을 단적으로 보여 준다.

　　이처럼 산업 혁명 이후 기계 문명이 발달하고 그에 힘입어 자본주의 시장 메커니즘이 사회를 전면적으로 지배하게 됨에 따라 근면과 속도가 강조되었다. 활동적 삶이 지나치게 강조된 데 대한 반작용으로, '의미 없는 부지런함'이 만연해진 세태에 대한 ㉠비판의 목소리가 나타나 성찰에 의한 사색적 삶의 중요성을 역설하기도 하였다.

　　이제 20세기 말 정보화와 세계화를 계기로 시간적 · 공간적 거리가 압축되어 세계가 동시적 경험이 가능한 공간으로 인식되면서 인간의 삶은 이전과 크게 달라졌다. 기술의 비약적 발달로 의식주 등 생활의 기본 욕구는 충족되었지만, 현대인들은 더욱 다양해진 욕구와 성취 욕망을 충족하기 위해 스스로를 소진하고 있다. 경쟁이 세계로 확대됨에 따라 사람들이 타인과의 경쟁에서 이기는 동시에 자신의 능력을 극한으로 끌어올리기 위해 스스로를 끝없이 몰아세울 수밖에 없는 내면화된 강박증에 시달리고 있는 것이다. 결국 기술의 발달이 인간의 삶을 여유롭고 의미 있는 것으로 만들어 줄 것이라는 기대와 달리, 사색적 삶은 설 자리를 잃고 활동적인 삶이 폭주하게 된 것이다.

독해 훈련 문제

① 문단

1 이 글에서 사회 변화를 이해하는 방식은?

② 문단

2 사색적 삶과 활동적 삶 중, 아리스토텔레스가 상위에 있다고 본 것은?

③ 문단

3 근대에 활동적 삶과 사색적 삶이 대등한 위상을 가지게 된 계기는?

④ 문단

4 18세기 이후 활동적 삶이 사색적 삶보다 중요성이 더 커지게 된 계기는?

5 공학, 경영학 등의 실용 학문과 산업체 연구소들의 출현이 시사하는 바는?

⑤ 문단

6 산업 혁명 이후 인간의 삶에서 강조된 것은?

⑥ 문단

7 사색적 삶과 활동적 삶을 대비하여 사회 변화를 이해할 때, 글쓴이가 바라보는 현대인의 삶의 모습은?

실력 UP 변형 문항

01

이 글을 〈보기〉와 같이 도식화할 때, [A]~[D]에 해당하는 사회 변화 양상으로 적절하지 <u>않은</u> 것은? [3점]

►보기◄

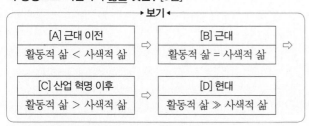

[A] 근대 이전	[B] 근대
활동적 삶 < 사색적 삶	활동적 삶 = 사색적 삶

[C] 산업 혁명 이후	[D] 현대
활동적 삶 > 사색적 삶	활동적 삶 ≫ 사색적 삶

① [A]: 생계를 위한 삶보다 진리를 추구하는 삶이 가치 있다고 여겼다.

② [B]: 과학 혁명과 청교도 윤리의 등장으로 활동적 삶에 대한 부정적 인식이 개선되었다.

③ [C]: 시간-동작 연구가 이루어지면서 인간의 노동이 두뇌 노동과 근육노동으로 분리되었다.

④ [C]: 실용 학문이 나타나는 등 사색적 삶이 축소되는 상황에 대응하려는 노력이 이루어졌다.

⑤ [D]: 기술의 발달에도 불구하고 사람들은 삶을 여유롭게 즐기지 못하고 강박증에 시달리고 있다.

02 기출 03 연계

이 글을 바탕으로 〈보기〉에 나타난 'K 군'의 삶을 평가할 때, 적절하지 <u>않은</u> 것은?

►보기◄

대학생 K 군은 친구가 고등학교를 졸업하고 이른 나이에 취직해 안정적으로 생활하는 것을 본 후에, 자신의 삶이 그 친구에 비해 뒤처졌다는 생각이 들어 대학을 자퇴하고 공장에 취직하였다. K 군은 작업 공정에 따라 배치된 기계들 속에서 불량품을 선별해 내며 아침 9시부터 밤 9시까지 근무를 하면서도, 남들보다 빨리 성공하고 싶어 새벽에 할 수 있는 일을 찾고 있다.

① '사색적 삶'보다는 '활동적 삶'이 지나치게 강조된 삶

② 성공을 위해 정신노동과 육체노동의 조화를 추구하는 삶

③ 시간의 규칙성에 따라 효율적인 작업 동선을 고려해야 하는 삶

④ 타인과의 경쟁에서 지지 않기 위해 심한 강박증에 시달리는 삶

⑤ 진리나 고귀함을 추구하기보다는 의미 없는 부지런함이 부각된 삶

수능 정복 기출 문항

[평가원 기출]

03

㉠의 내용과 가장 가까운 것은?

① 기계 기술은 정신 기술처럼 가치 있으며, 산업 현장은 그 자체로 위대하고 만족스럽다.

② 인간은 일하기 위해서 사는 것이며, 더 이상 할 일이 없다면 괴로움과 질곡에 빠지고 말 것이다.

③ 자극에 즉각적으로 반응하지 않고 여유롭게 삶의 의미를 되새기는 사유의 방법을 배워야 한다.

④ 나태는 녹이 스는 것처럼 사람을 쇠퇴하게 만들며 쇠퇴의 속도는 노동함으로써 지치는 것보다 훨씬 빠르다.

⑤ 인간은 기계이므로 인간의 행동, 언어, 사고, 감정, 습관, 신념 등은 모두 외적인 자극과 영향으로부터 생겨났다.

04

〈보기〉를 바탕으로 이 글을 이해한 내용으로 적절하지 <u>않은</u> 것은?

►보기◄

20세기 후반 이후의 '후근대 사회'를 '피로 사회'로 규정하는 견해가 있다. 이에 따르면 근대 사회가 '규율 사회'였음에 비해 후근대 사회는 '성과 사회'이다. 규율 사회가 외적 강제에 따라 인간이 수동적으로 움직이는 사회라면, 성과 사회는 성공을 향한 내적 유혹에 따라 인간이 자발적으로 움직이는 사회이다. 과학 기술의 발달에 따라 결핍이 해소되고 규율 사회의 강제가 약화된다고 해서 인간이 삶의 온전한 주체가 되는 사회가 도래하는 것은 아니다. '더욱 생산적으로 되어야 한다.'는 자본주의 시스템의 근본적인 요구가 규율 사회에서 외적 강제에 의한 타자 착취를 통해 관철되었다면, 성과 사회에서 그 요구는 내적 유혹에 의한 자기 착취를 통해 관철된다. 그 결과 피로는 현대인의 만성 질환이 되었다는 것이다.

① 근대 사회에서 기계의 속도에 기초하여 확립된 노동 규율은 타자 착취를 위한 규율 사회의 외적 강제로 볼 수 있겠군.

② 자신의 능력을 극한으로 끌어올려야 한다는 현대인의 강박증은 피로 사회에서 일어나는 자기 착취의 한 단면으로 볼 수 있겠군.

③ 정보화, 세계화에 따라 세계가 동시적 경험이 가능한 공간이 되면서 성과 사회에서는 자본주의 시스템의 근본적인 요구가 달라지는군.

④ 기술의 발달에 따라 삶이 더 여유롭고 의미 있는 것이 될 것이라는 견해는 현대 사회를 피로 사회로 포착하는 견해에 반하는 것이군.

⑤ 다양해진 욕구와 성취 욕망을 충족하기 위해 자신을 소진하는 현대인의 행동은 성공적인 인간이 되기 위한 내적 유혹에 기인한 것으로 볼 수 있겠군.

물리학, 생명 과학, 지구 과학, 화학, 정보·통신 기술, 산업·의학 기술 등을 대상으로 한다. 현대 과학에서 중요하게 다루는 과학적 원리에서부터 실생활에서 활용되는 구체적인 기술에 이르기까지 다양한 내용이 출제된다. 다른 영역에 비해 지문에서 다룬 과학의 원리나 기술의 작동 방법 등을 그림이나 도표를 통해 확인하는 경우가 많으므로 유의해야 한다.

과학·기술

V

[1~5] 다음 글을 읽고 물음에 답하시오.

다양한 충돌 현상들을 물리학에서는 어떻게 설명하고 있을까? 충돌 현상을 이해하기 위해서는 먼저 운동량과 운동 에너지에 대해 알아야 한다.

운동량은 'P(운동량)=m(질량)×v(속도)'로 나타내며 크기와 방향을 가지고 있다. 예를 들어 총알을 발사하기 전 총과 총알이 지닌 운동량의 합은 '0' 인데, 이는 총알을 발사할 때에도 보존된다. 발사할 때 총알이 '+' 방향으로 운동량을 가진다면 반동으로 되튀는 총은 '−' 방향으로 같은 크기의 운동량을 갖기 때문이다. 결국 알짜힘*이 작용하지 않으면 발사 전과 후 총과 총알이 지닌 운동량의 합은 같다. 이와 마찬가지로 충돌 현상에서도 충돌 전 물체들이 지닌 운동량의 합은 충돌 후에도 그대로 보존된다.

그러나 운동량과 달리 운동 에너지는 보존되지 않는 경우도 있다. 물체가 충돌하면서 소리나 열, 형태 변화 등이 발생하여 운동 에너지가 다른 에너지로 바뀌기 때문이다.

그러면 '운동량'과 '운동 에너지'의 개념을 활용하여 다양한 충돌 현상을 어떻게 이해할 수 있을까? 충돌 시 운동량과 함께 운동 에너지도 보존되는 충돌을 ⓐ'완전 탄성 충돌'이라 한다. 완전 탄성 충돌에서는 충돌하는 두 물체의 질량이 같은 경우 충돌 시 두 물체의 방향과 속력이 완전히 교환된다. 예를 들어 수평면에서 운동하는 물체가 정지해 있는 물체와 정면으로 완전 탄성 충돌을 한다면, 두 물체의 방향과 속력이 교환되어 운동하던 물체는 정지하고 정지해 있던 물체는 운동하던 물체가 지녔던 방향과 속력으로 운동한다. 이와 같은 현상은 운동하는 두 물체의 정면충돌에서도 동일하게 나타난다. 이러한 완전 탄성 충돌은 일상생활에서 그 예를 찾아보기 어렵다. 충돌 시 대부분 소리나 열 등이 발생하기 때문이다.

운동량은 보존되지만 운동 에너지가 손실되는 충돌이 있다. 이를 '비탄성 충돌'이라 하는데, 그중에서 충돌 후 두 물체가 한 덩어리가 되어 움직이는 것을 ⓑ'완전 비탄성 충돌'이라 한다. 오른쪽 그림은 운동하던 찰흙(A)이 정지해 있는 나무토막(B)에 충돌한 후 나무토막과 한 덩어리('A+B')가 되어 움직이는 완전 비탄성 충돌의 사례를 나타낸 것이다. 이 경우 다른 충돌에서처럼 충돌 전후의 운동량은 보존되지만, A의 운동

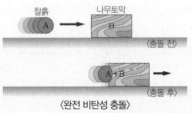
〈완전 비탄성 충돌〉

에너지에 비해 'A+B'의 운동 에너지는 줄어든다. 충돌 시 A가 지닌 운동 에너지가 다른 형태의 에너지로 바뀌기 때문이다.

이렇게 물리학에서는 운동량과 운동 에너지의 개념을 통해 다양한 충돌 현상에 대해 설명하고 있다. 이러한 물리학적 설명은 충돌 시 충격 완화 방법을 연구하는 데 이론적 토대를 제공하는 등 실생활과 밀접한 관련을 맺고 있다.

＊ 알짜힘: 외부에서 작용하는 모든 힘의 합

독해 훈련 문제

1 문단
1 충돌 현상을 이해하기 위해 알아야 하는 물리학적 개념은?

2 문단
2 어떤 충돌 현상에서 알짜힘이 작용하지 않는다면, 운동량은 어떻게 변하는가?

3 문단
3 물체가 충돌할 때, 운동 에너지가 보존되지 않는 이유는?

4 문단
4 완전 탄성 충돌에서, 충돌하는 두 물체의 질량이 같은 경우 나타나는 현상은?

5 문단
5 완전 비탄성 충돌 사례에서, 찰흙과 나무토막의 충돌 후 운동 에너지가 줄어든 이유는?

6 문단
6 충돌 현상에 대한 물리학적 설명은 실생활에서 어떻게 활용될 수 있는가?

실력 UP 변형 문항

01 기출 04 연계

〈보기〉의 완전 탄성 충돌에서, 충돌 직후의 결과를 추론한 내용으로 가장 적절한 것은? [3점]

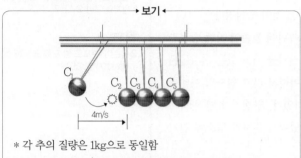

► 보기 ◄

* 각 추의 질량은 1kg으로 동일함
* 운동 에너지 = $\frac{1}{2}mv^2$ (m: 물체의 질량, v: 속력)
* 화살표는 운동 방향이며, 마찰력과 공기 저항은 무시함

① C_1~C_5의 추가 함께 4m/s 속력으로 우측 방향으로 이동한다.
② C_1 추는 정지하고 C_5 추만 4m/s 속력으로 우측 방향으로 이동한다.
③ C_1 추는 정지하고 C_4~C_5의 추만 2m/s 속력으로 우측 방향으로 이동한다.
④ C_1 추는 정지하고 C_2~C_5의 추들이 1m/s 속력으로 우측 방향으로 이동한다.
⑤ C_2~C_5의 추는 모두 제자리에 정지해 있고, C_1 추만 좌측 방향으로 4m/s 속력으로 되돌아온다.

02

ⓐ와 ⓑ에 대한 이해로 적절하지 않은 것은?

① ⓐ와 ⓑ는 모두 충돌 전과 후의 운동량의 합이 동일하다.
② ⓐ와 달리 ⓑ는 충돌 후 물체들의 이동 방향이 같아진다.
③ ⓐ와 ⓑ는 모두 충돌 후 운동 에너지의 합이 충돌 전보다 감소한다.
④ ⓑ와 달리 ⓐ는 충돌 후 물체 간의 방향과 속력이 완전히 교환된다.
⑤ ⓑ는 ⓐ와 달리 충돌 후에 운동하는 물체와 정지해 있는 물체가 하나로 더해지는 과정이 나타난다.

03

이 글을 통해 알 수 있는 내용으로 적절하지 않은 것은?

① 알짜힘이 가해지면 물체의 운동량은 변한다.
② 총알을 발사하기 전 총이 가진 운동량은 '0'이다.
③ 같은 속도로 운동한다면 질량이 큰 쪽의 운동량이 많다.
④ 비탄성 충돌에서는 물체의 운동 에너지가 다른 에너지로 바뀐다.
⑤ 실생활에서 가장 많이 찾아볼 수 있는 충돌은 완전 탄성 충돌이다.

04

ⓐ의 상황을 〈보기〉와 같이 나타냈을 때, 충돌 직후의 결과를 추리한 내용으로 가장 적절한 것은? [3점]

► 보기 ◄

〈왼쪽〉 〈충돌 지점〉 〈오른쪽〉

A 5m/s → ← 3m/s B

* 질량이 같은 두 물체가 수평면을 운동하다가 충돌 지점에서 정면충돌을 함
* 화살표는 운동 방향이며, 마찰력과 공기 저항은 무시함

① A, B가 한 덩어리가 된 채 정지한다.
② A, B가 한 덩어리가 된 채 2m/s의 속력으로, 충돌 지점 왼쪽으로 움직인다.
③ A, B가 한 덩어리가 된 채 2m/s의 속력으로, 충돌 지점 오른쪽으로 움직인다.
④ A는 5m/s의 속력으로 충돌 지점 왼쪽으로, B는 3m/s의 속력으로 충돌 지점 오른쪽으로 움직인다.
⑤ A는 3m/s의 속력으로 충돌 지점 왼쪽으로, B는 5m/s의 속력으로 충돌 지점 오른쪽으로 움직인다.

05

ⓑ의 구체적 사례로 가장 적절한 것은?

① 골프채를 휘둘렀더니 골프공이 멀리 날아갔다.
② 공을 바닥에 굴렸더니 조금 굴러가다가 멈추었다.
③ 농구 골대에 공을 던졌더니 림을 맞고 튀어나왔다.
④ 창을 표적에 던졌더니 창이 박힌 채 표적이 뒤로 움직였다.
⑤ 얼음판 위에서 스케이트를 신고 펜스를 밀었더니 내가 뒤로 밀려났다.

[1~5] 다음 글을 읽고 물음에 답하시오.

과거에는 물질이 더 이상 쪼개지지 않는 작은 원자들로 구성되어 있다고 생각되었지만, 오늘날에는 원자가 전자, 양성자, 중성자로 구성된 복잡한 구조라는 것이 밝혀졌다.

음전기를 띠고 있는 ㉠전자는 세 입자 중 가장 작고 가볍다. 1897년에 톰슨이 기체 방전관 실험에서 음전기의 흐름을 확인하여 전자를 발견하였다. 같은 음전기를 띠고 있는 전자들은 서로 반발하므로 원자 안에 모여 있기 어렵다. 이에 전자끼리 흩어지지 않고 원자의 형태를 유지하는 이유를 설명하기 위해 톰슨은 '건포도 빵 모형'을 제안하였다. 양전기가 빵 반죽처럼 원자에 ⓐ고르게 퍼져 있고, 전자는 건포도처럼 점점이 박혀 있어서 원자가 평소에 전기적으로 중성이라고 생각한 것이다.

양전기를 띠고 있는 ㉡양성자는 전자보다 대략 2,000배 정도 무거워서 작은 에너지로 전자처럼 분리해 내거나 가속시키기 쉽지 않다. 그러나 1898년 마리 퀴리가 천연 광물에서 라듐을 발견한 이후 새로운 실험이 가능해졌다. 라듐은 강한 방사성 물질이어서 양전기를 띤 알파 입자를 큰 에너지로 방출한다. 1911년에 러더퍼드는 라듐에서 방출되는 알파 입자를 얇은 금박에 충돌시키는 실험을 하였다. 그 결과 알파 입자는 금박의 대부분을 통과했지만 일부 지점들은 통과하지 못하고 튕겨 나갔다. 이 실험을 통해 러더퍼드는 양전기가 빵 반죽처럼 원자 전체에 퍼져 있는 것이 아니라 아주 좁은 구역에만 모여 있다는 것을 알게 되었고, 이 구역을 '원자핵'이라고 하였다. 그는 실험 결과를 바탕으로 태양이 행성들을 당겨 공전시키는 것처럼 양전기를 띤 원자핵도 전자를 잡아당겨 공전시킨다는 '태양계 모형'을 제안하여 톰슨의 모형을 수정하였다.

그런데 러더퍼드의 모형은 각각의 원자에서 나타나는 고유한 스펙트럼을 설명하지 못했다. 1913년에 닐스 보어는 전자가 핵 주위의 특정한 궤도만을 돌 수 있다는 '에너지 양자화 가설'이라는 것을 제안하였다. 이를 통해 양성자 1개와 전자 1개로 이루어져 구조가 단순한 수소 원자의 스펙트럼을 설명할 수 있었다. 1919년에 러더퍼드는 질소 원자에 대한 충돌 실험을 통하여 핵에서 떨어져 나오는 양성자를 확인하였다. 그는 또한 핵 속에 전기를 띠지 않는 입자인 ㉢중성자가 있다는 것을 예측하였다. 1932년에 채드윅은 전기적으로 중성이며 질량이 양성자와 비슷한 입자인 중성자를 발견하였다. 1935년에 일본의 유카와 히데키는 중성자가 ㉣중간자라는 입자를 통해 핵력이 작용하게 하여 양성자를 잡아당긴다는 가설을 제안하였다. 여러 개의 양성자를 가진 원자에서는 같은 양전기를 띠고 있는 양성자들이 서로 밀어내려 하는데, 이러한 반발력보다 더 큰 힘이 있어야만 여러 개의 양성자가 핵에 속박될 수 있다. 그의 제안을 이용하면 양성자들이 흩어지지 않고 핵 안에 모여 있음을 설명할 수 있었다.

독해 훈련 문제

1 문단

1 원자의 구성 요소는?

2 문단

2 톰슨이 '건포도 빵 모형'을 통해 설명하고자 한 것은?

3 문단

3 러더퍼드가 원자핵을 발견하게 된 실험을 할 수 있었던 계기는?

4 러더퍼드가 라듐을 활용한 실험에서 밝혀낸 것은?

4 문단

5 러더퍼드가 예측하고 채드윅이 발견한 중성자의 특징은?

6 유카와 히데키의 가설에 따를 때 양성자들이 흩어지지 않고 핵 안에 모여 있는 이유는?

실력 UP 변형 문항

수능 정복 기출 문항

[평가원 기출]

01 기출 04 연계

이 글의 내용을 통해 확인할 수 있는 질문이 <u>아닌</u> 것은?

① 닐스 보어가 수소 원자의 스펙트럼을 설명하기 위해 내세운 가설은 무엇인가?

② 러더퍼드가 원자핵을 발견하게 된 실험을 진행할 수 있었던 계기는 무엇인가?

③ 채드윅은 어떤 실험을 통해 중성자가 전기적으로 중성이라는 사실을 밝혀냈는가?

④ 톰슨은 전자끼리 흩어지지 않고 원자의 형태를 유지하는 이유를 어떻게 설명하고 있는가?

⑤ 유카와 히데키는 양성자들이 흩어지지 않고 핵 안에 모여 있는 이유를 어떻게 설명하고 있는가?

03

이 글에 대한 설명으로 적절하지 <u>않은</u> 것은?

① 원자를 구성하는 입자들의 질량이 비교되어 있다.

② 원자를 구성하는 입자들의 내부 구조를 제시하고 있다.

③ 원자를 구성하는 입자들의 전기적 성질을 제시하고 있다.

④ 원자를 구성하는 입자들이 발견된 순서를 제시하고 있다.

⑤ 원자를 구성하는 입자들 사이에 작용하는 힘을 제시하고 있다.

04

이 글에 대한 이해로 적절한 것은? [3점]

① 라듐이 발견됨으로써 러더퍼드는 원자핵을 발견하게 된 실험을 할 수 있었다.

② 질소 충돌 실험에서 양성자가 발견됨으로써 유카와 히데키의 가설이 입증되었다.

③ 채드윅은 양성자가 핵 안에서 흩어지지 않는 이유를 설명하는 가설을 제안했다.

④ 원자 모형은 19세기 말에 전자가 발견됨으로써 '태양계 모형'에서 '건포도 빵 모형'으로 수정되었다.

⑤ 알파 입자가 금박의 일부분에서 튕겨 나간다는 사실을 통해 양전기가 원자 전체에 퍼져 있음이 입증되었다.

02 기출 03 연계

㉠~㉣에 대해 이해한 내용으로 적절하지 <u>않은</u> 것은? [3점]

① ㉠에 비해 ㉡은 질량이 무거워 작은 에너지로 분리하거나 가속시키기 쉽지 않다.

② ㉡은 원자 내부에서 핵을 이루어 ㉠을 특정 궤도에서 돌 수 있게 잡아당기는 역할을 한다.

③ ㉡과 ㉢은 전기적인 성질은 다르지만 서로 간의 질량이 비슷하여 원자를 안정적인 상태로 만든다.

④ ㉢은 ㉣을 통해 핵력이 작용하게 하여 원자 내부에 존재하는 ㉡을 흩어지지 않게 만든다.

⑤ ㉣은 ㉡ 사이에 존재하는 반발력보다 강한 힘을 가지고 있다.

05

@의 문맥적 의미와 가장 가까운 것은?

① 그 식물은 전국에 <u>고른</u> 분포를 보인다.

② 국어사전에서 적당한 단어를 <u>골라야</u> 한다.

③ 그는 목소리를 <u>고르며</u> 차례를 기다리고 있다.

④ 울퉁불퉁한 곳을 흙으로 메워 판판하게 <u>골랐다</u>.

⑤ 날씨가 <u>고르지</u> 못한 환절기에 아이가 감기에 들었다.

[1~5] 다음 글을 읽고 물음에 답하시오.

빛이 어떤 물질을 통과하는 것을 투과라 한다. 오른쪽의 그림처럼 빛이 한 매질로부터 다른 매질로 들어갈 경우 빛은 입사 광선과 입사점의 경계면에서 수직으로 세운 법선을 기준으로 꺾이게 되는데, 이를 굴절이라 한다. 이때 빛은 밀도가 작은 매질에서 큰 매질로 투과할 때는 감속하며 법선 쪽으로 꺾이지만, 밀도가 큰 매질에서 작은 매질로 투과할 때에는 반대 방향으로 꺾인다. 대기권의 밀도가 우주 공간보다 크기 때문에 빛이 대기권에 진입할 때는 대기권 안으로 꺾여 들어온다. 이를 통해 여러 가지 자연 현상을 설명할 수 있다.

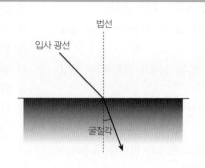

우선, 밤에 보이는 별은 실제보다 높은 고도에 있는 것처럼 보이게 된다. 지구 대기는 지표면에 가까울수록 그 위에 있는 상층 대기의 무게에 의해 압축되기 때문에, ㉠지표면에 가까워질수록 빛이 굴절되는 정도는 커지게 된다. 이런 이유로 별빛은 지구 대기의 아래로 내려올수록 그 경로가 더 꺾이게 된다. 하지만 사람의 눈은 빛이 굴절되는 것을 볼 수 없기 때문에, 별빛이 어떤 방향으로부터 오는 것으로 보이면, 별도 그 방향에 있는 것으로 인지하게 된다. 그래서 지상의 관측자는 별빛이 대기층에 들어올 때의 고도보다 더 높은 곳에 있는 것처럼 별을 보게 되는 것이다. 굴절의 정도는 별의 위치가 지평선에 가까울수록 커져서, 수평 방향으로 들어오는 별빛의 경우에는 굴절각이 약 0.6°에 달한다.

같은 원리로 태양도 실제보다 일찍 뜨는 것처럼 보이게 된다. 태양이 지평선과 이루는 각도가 4°일 때는 90°일 때보다 태양 빛은 12배나 더 두꺼운 대기층을 통과하게 되어, 일출 때 태양 빛의 굴절은 최대가 된다. 태양의 중심이 지평선을 통과하는 때를 기준으로 환산하면 대략 2분 정도 더 빨리 뜨는 것처럼 보이게 된다. 반대로 일몰 때는 2분 정도 더 늦게 지는 것처럼 보이게 된다.

또한 일정한 밝기로 빛나는 별은 대기권에서의 빛의 굴절로 인해 우리 눈에는 반짝이는 것처럼 보이게 된다. 앞에서 설명한 것처럼 빛은 밀도 차가 있는 대기층의 경계면에서 굴절해서 입사하지만, 각각의 대기층에서도 대기 상태가 안정되지 못하면 대기의 밀도가 고르지 못하게 되어 별빛은 지속적으로 상하좌우로 굴절되는데, 이러한 이유로 별이 일정하게 은은히 빛나지 못하고 계속 깜박거리는 것처럼 보이게 된다. ㉯바람이 부는 날일수록 별이 더 반짝이는 것처럼 느껴지는 것도 이 때문이다.

독해 훈련 문제

1 문단

1 빛이 대기권에 진입할 때, 대기권 안으로 꺾여 들어오는 이유는?

2 문단

2 지표면에 가까워질수록 빛이 굴절되는 정도가 커지는 이유는?

3 지평선과 가까운 별 A와 지평선과 떨어져 있는 별 B 중, 굴절의 정도가 더 큰 것은?

3 문단

4 태양이 실제보다 일찍 뜨는 것처럼 보이는 이유는?

4 문단

5 별빛이 지속적으로 상하좌우로 굴절되는 이유는?

6 사람들이 바람 부는 날 별이 더 반짝이는 것처럼 느끼는 이유는?

실력 UP 변형 문항

01 기출 04 연계

이 글을 바탕으로 〈보기〉에 대해 탐구한 내용으로 가장 적절한 것은? [3점]

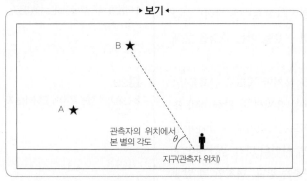

► 보기 ◄

① 별 A의 빛이 굴절되는 정도보다 별 B의 빛이 굴절되는 정도가 더 크겠군.

② 별 B의 실제 각도는 관측자의 위치에서 본 별의 각도(θ)보다 더 크겠군.

③ A와 B의 별빛이 관측자에게 도달하기까지 여러 방향의 굴절이 일어나겠군.

④ 대기의 밀도가 현재보다 커진다면 별 A와 B는 실제 방향에 더 가깝게 보이겠군.

⑤ 만약 대기의 밀도가 고르다면, 별 A와 B는 일정하게 깜박이는 것처럼 관측자에게 보이겠군.

02 기출 05 연계

㉮의 이유를 가장 적절하게 추론한 것은?

① 대기층의 밀도가 커지기 때문이다.

② 별빛의 굴절각이 커지기 때문이다.

③ 대기 상태가 불안정하기 때문이다.

④ 별빛의 진행 속도가 느려지기 때문이다.

⑤ 별빛이 두꺼운 대기층을 통과하기 때문이다.

수능 정복 기출 문항

[고3 교육청 기출]

03

이 글의 집필 의도로 가장 적절한 것은?

① 과학적 원리를 통해 자연 현상을 설명하기 위해

② 통용되고 있는 이론의 타당성을 실험적으로 증명하기 위해

③ 이론과 실제 현상의 차이를 객관적으로 비교·분석하기 위해

④ 다양한 이론들 간의 상호 영향 관계를 밝혀 특정 이론의 우수성을 부각하기 위해

⑤ 기존의 과학적 견해가 새로운 견해에 의해 대체되면서 과학이 발전한다는 것을 제시하기 위해

04

이 글과 〈보기〉를 관련지어 이해한 내용으로 적절하지 않은 것은?

[3점]

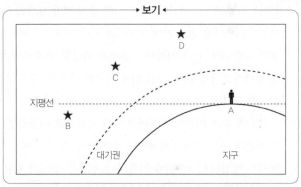

► 보기 ◄

① 관측자 A가 대기권을 벗어난다면 지구에서보다 정확하게 별 C나 별 D의 방향을 인지할 수 있겠군.

② 별 B가 지평선 아래로 0.6°를 더 내려가더라도 관측자 A에게 보이겠군.

③ 대기가 불안정할수록 별 C와 별 D는 더 반짝이는 것으로 보이겠군.

④ 별 C보다 별 D가 실제 방향에 더 가깝게 보이겠군.

⑤ 대기의 밀도가 더 커진다면 별 C와 별 D는 더 높은 고도에 있는 것으로 보이겠군.

05

㉠의 이유로 가장 적절한 것은?

① 지구 표면에 가까울수록 지구 대기의 밀도는 커지기 때문에

② 지구 표면에서 멀어질수록 지구 대기가 안정되기 때문에

③ 지구 표면에 가까울수록 지구 대기의 밀도가 작아지기 때문에

④ 지구 표면의 대기 밀도가 작기 때문에

⑤ 지구 대기의 밀도가 변함없기 때문에

[1~4] 다음 글을 읽고 물음에 답하시오.

독해 훈련 문제

1문단
1 어른이 체온을 유지하는 방법은?

2문단
2 신생아의 체온 유지에 관여하는 조직은?

3문단
3 지방산의 분해로 발생한 전자가 전달되는 곳은?

4 막관통 단백질을 통로로 하여 기질에 존재하던 수소 이온이 이동하는 곳은?

4문단
5 양성자 이동력이 형성되는 이유는?

5문단
6 수소 이온이 막간 공간에서 기질로 돌아갈 때 거치는 특정 단백질 통로는?

7 갈색 지방 세포의 미토콘드리아가 열을 생성하는 방식은?

일반적으로 어른은 추위를 느끼면 몸을 떠는 등의 행동을 통해 열을 발생시켜 체온을 유지한다. 세포의 구성 물질인 미토콘드리아에서는, 음식물을 통해 얻은 포도당을 아데노신삼인산(ATP)의 형태로 바꾸어 저장해 둔다. 이후 체온이 내려가면 근육을 떠는 과정을 통해 ATP가 분해되어 열이 발생되는 것이다.

그러나 신생아는 성인만큼 근육이 발달되어 있지 않아 체온을 유지할 정도로 근육을 떨 수 없어, 등뼈나 신장 주변에 분포한 갈색 지방 조직을 통해 체온을 유지한다. 갈색 지방 조직을 구성하는 갈색 지방 세포는 지방산이 포함된 기름방울과 미토콘드리아로 구성되어 있다. ㉮일반 세포의 미토콘드리아는 기질, 내막, 외막, 내막과 외막 사이의 막간 공간 등으로 이루어져 있는데, ㉯갈색 지방 세포의 미토콘드리아 역시 그 구조는 같다. 하지만 열 발생 과정에서 내막에 있는 특정 단백질이 작용한다는 점이 다르다. 그 단백질이 작용하여 신생아가 체온을 유지하는 과정은 다음과 같다.

신생아의 체온이 내려갔을 때, 뇌의 시상하부에서 신호를 보내면 교감 신경 말단에서 노르아드레날린이 분비된다. 이로 인해 갈색 지방 세포의 세포막에 있는 β수용체가 자극을 받으면, 갈색 지방 세포 안에 존재하고 있던 지방산이 미토콘드리아의 외막과 내막을 거쳐 기질로 운반된다. 이후 지방산의 분해로 발생한 전자가 조효소에 의해 내막에 존재하는 막관통 단백질로 전달된다. 이로 인해 막관통 단백질들은 자신을 통로로 하여 기질에 이미 존재하고 있던 수소 이온(H^+)을 막간 공간으로 이동시킨다.

그런데 수소 이온이 기질에서 막간 공간으로 이동하면, 막간 공간과 기질에 존재하는 수소 이온의 농도 차이가 발생한다. 이와 같은 농도 차이로 인해 양성자 이동력이라 부르는 에너지가 형성되고, 이 힘에 의해 수소 이온은 농도가 낮은 기질로 되돌아가게 된다. 그러나 내막은 수소 이온과 같은 양성자에 대해 불투과성이기 때문에 막간 공간으로 이동될 때와 같은 방식으로 내막에 존재하는 특정 단백질 통로를 거쳐야 한다.

이때 중요한 점은 수소 이온이, 갈색 지방 세포의 미토콘드리아에만 존재하는 '써모제닌'이라는 단백질 통로를 거쳐 이동한다는 점이다. 일반 세포의 미토콘드리아에서는 수소 이온이 기질로 되돌아갈 때 ATP 합성 효소를 통과하게 되는데, 이때 양성자 이동력을 ATP 합성에 사용한다. 이와 달리 갈색 지방 세포의 경우 써모제닌은 양성자 이동력을 ATP 합성에 사용하지 않는다. 따라서 수소 이온은 양성자 이동력에 의해 가속도가 붙어서 기질의 수분 등과 부딪히게 되고 그 결과 열이 발생하게 되는 것이다.

실력 UP   변형 문항

01

㉮와 ㉯에 대한 설명으로 적절하지 <u>않은</u> 것은?

① ㉮와 ㉯는 공통적으로 기질, 내막, 외막, 막간 공간으로 이루어져 있다.

② ㉮와 달리 ㉯는 열을 발생시키는 과정에서 특정한 단백질이 작용한다.

③ ㉮는 양성자 이동력을 ATP 합성에 활용하지만, ㉯는 열 생성에 활용한다.

④ ㉮보다 ㉯에서의 양성자 이동력이 커 수소 이온을 빠르게 이동시킬 수 있다.

⑤ ㉮는 ATP가 분해되면서, ㉯는 수소 이온이 기질의 수분 등과 부딪히면서 열을 생성한다.

02 기출 04 연계

〈보기〉는 ㉯를 이해하기 위해 찾은 자료이다. 이 글을 바탕으로 ㉠~㉤을 탐구한 내용으로 적절하지 <u>않은</u> 것은? [3점]

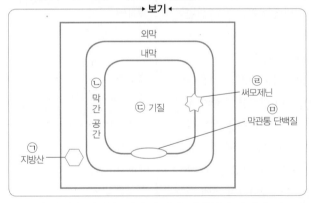

① ㉠이 외막과 내막을 거쳐 ㉢에서 분해되면 전자가 만들어진다.

② ㉢에서 만들어진 전자가 ㉤으로 전달되면, ㉢에 있던 수소 이온이 ㉤을 통로로 하여 ㉡으로 이동한다.

③ ㉡과 ㉢에 존재하는 수소 이온의 농도 차이로 인해 양성자 이동력이라는 에너지가 만들어진다.

④ 양성자 이동력에 의해 ㉡에서 농도가 낮아진 수소 이온은 ㉣을 통로로 하여 ㉢으로 되돌아간다.

⑤ ㉡에서 ㉣을 거쳐 ㉢으로 되돌아가는 수소 이온은 양성자 이동력에 의해 가속도가 붙게 된다.

수능 정복   기출 문항

[고3 교육청 기출]

03

이 글의 표제와 부제로 가장 적절한 것은?

① 신생아의 체온 조절 원리
　　— 전자의 전달 과정을 중심으로

② 갈색 지방 세포의 구조와 특징
　　— 지방산의 분해 과정을 중심으로

③ 신생아의 에너지 저장 방법
　　— 미토콘드리아의 종류를 중심으로

④ 갈색 지방 세포의 생성과 분포
　　— 미토콘드리아의 역할을 중심으로

⑤ 신생아의 체온 유지 방법
　　— 갈색 지방 세포의 기능을 중심으로

04

〈보기〉는 ㉯의 일부를 나타낸 것이다. 이 글을 바탕으로 ⓐ~ⓒ를 이해한 내용으로 적절하지 <u>않은</u> 것은? [3점]

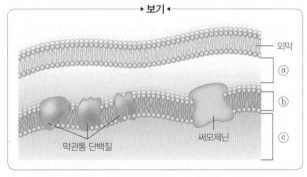

① ⓐ와 ⓑ를 거친 지방산이 ⓒ에서 분해되면, ⓒ의 수소 이온이 ⓐ로 이동하게 될 것이다.

② ⓒ의 전자가 막관통 단백질에 전달되면, ⓐ에서 수소 이온이 생성될 것이다.

③ ⓐ와 ⓒ의 수소 이온 농도 차로 인해 ⓐ의 수소 이온은 써모제닌을 통과한다.

④ ⓐ의 수소 이온이 ⓒ로 이동할 때에는 일반 세포에서와 달리 가속도가 붙는다.

⑤ ⓐ의 수소 이온과 ⓒ의 수소 이온은, 서로 다른 단백질 통로를 거쳐 각각 ⓒ와 ⓐ로 이동한다.

[1~4] 다음 글을 읽고 물음에 답하시오.

우리 뇌는 여러 가지 감각 기관을 통해 들어온 정보를 종합하여 몸의 평형 상태 여부를 판단한다. 이 과정에서 특히 귀의 평형 기관을 통해 뇌에서 감지되는, 머리의 위치와 운동의 방향에 대한 정보들이 중요한 역할을 한다.

〈그림 1〉

귀의 평형 기관은 〈그림 1〉과 같이 세 개의 반고리관과 타원주머니, 둥근주머니 등으로 구성되어 있다. 세 개의 반고리관은 머리의 움직임과 관련된 회전 가속을, 타원주머니는 수평 방향의 가속을, 둥근주머니는 수직 방향의 가속을 감지한다. 또한 〈그림 2〉에서처럼 반고리관 내부는 림프액으로 채워져 있고 반고리관 끝에 있는 ㉠팽대부 속에는 털세포가 있는데 털세포의 밑부분은 1차 감각 뉴런*에 인접해 있고, 털세포의 섬모들은 젤라틴 성분으로 이루어진 팽대정에 묻혀 있다.

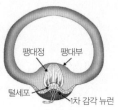
〈그림 2〉

반고리관 중 전반고리관은 고개를 끄덕일 때 머리가 위아래로 움직이는 것을, 측반고리관은 머리를 가로저을 때처럼 머리가 좌우로 움직이는 것을 감지한다. 또한 후반고리관은 귀를 어깨 쪽으로 기울일 때 머리가 움직이는 것을 감지한다. 이때 반고리관마다 감지하는 움직임의 종류가 다른 이유는 각 반고리관이 머리의 안쪽을 중심으로 서로 다른 방향으로 교차되어 있어, 반고리관들의 각도와 그에 따른 림프액의 움직임이 다르기 때문이다. 가령 제자리에서 한 방향으로 돌면 측반고리관 속 림프액의 움직임이 가장 크며, 회전을 하다가 갑자기 멈추더라도 림프액의 움직임은 잠시 동안 지속된다. 이때 섬모들도 림프액과 동일한 방향으로 휘어지게 되며, 이러한 섬모들의 움직임은 뇌로 송출하는 전기적 신호를 변화시킨다.

그렇다면 이와 같은 섬모들의 움직임과 뇌가 인식하는 전기 신호의 변화와는 어떤 관련이 있을까? 하나의 털세포에는 길이가 가장 긴 운동 섬모와 길이가 짧은 여러 개의 부동 섬모들이 있는데, 각 섬모들은 일종의 스프링과 같은 '단백질 다리'로 연결되어 있다.

머리의 움직임이 없을 때 섬모의 이온 채널*은 약 10% 정도 열려 있는데 이를 '분극' 상태라고 한다. 이때 일정량의 신경 전달 물질이 1차 감각 뉴런에 전달되어 일정한 간격의 전기 신호를 뇌로 송출하고 우리 뇌는 이것을 평형 상태로 인지한다. 그러나 머리를 움직여 림프액이 이동하면 운동 섬모와 부동 섬모들이 운동 섬모의 방향으로 휘어지고, '단백질 다리'가 팽팽해지면 이온 채널이 10% 이상 열리게 되는데 이러한 상태를 '탈분극'이라고 한다. 반면 운동 섬모의 반대 방향으로 휘어지면 '단백질 다리'가 느슨해지면 이온 채널이 닫히게 되고 이러한 상태를 '과분극'이라고 한다.

이처럼 탈분극이 발생하면 1차 감각 뉴런으로 분비되는 신경 전달 물질의 양은 늘어나고, 과분극이 발생하면 줄어들게 된다. 그리고 신경 전달 물질의 양에 비례하여 뇌로 전달되는 전기 신호의 발생 빈도도 달라지게 된다. 이와 같은 과정을 통해 뇌는 우리 몸의 평형 상태 여부를 판단하게 되는 것이다.

* 1차 감각 뉴런: 감각 기관에서 일어난 자극을 최초로 전달받아 척수와 같은 중추 신경계로 전달하는 뉴런
* 이온 채널: 이온이 이동하는 통로

◆ **독해 훈련 문제** ◆

1 문단

1 우리 몸의 평형 상태 여부를 판단하는 데 중요한 역할을 하는 신체 기관은?

2 문단

2 반고리관이 감지하는 것은?

3 문단

3 반고리관마다 감지하는 움직임의 종류가 다른 이유는?

4 문단

4 단백질 다리의 역할은?

5 문단

5 공부를 하던 학생이 스트레칭을 하기 위해 머리를 움직일 때, 반고리관에서 나타나는 변화는?

6 문단

6 뇌가 우리 몸의 평형 상태 여부를 판단하는 원리는?

실력 UP 변형 문항

01 기출 04 연계

〈보기〉는 ㉠을 도식화한 것이다. 이 글을 바탕으로 〈보기〉의 Ⓐ~ⓒ를 이해한 내용으로 적절하지 <u>않은</u> 것은? [3점]

▶보기◀

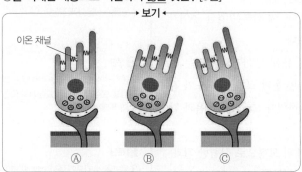

이온 채널

Ⓐ Ⓑ ⓒ

① Ⓐ는 이온 채널이 10% 정도 열린 상태로 일정한 간격의 전기 신호를 뇌로 송출한다.

② Ⓑ는 Ⓐ, ⓒ에 비해 단백질 다리가 팽팽해지는 현상이 나타난다.

③ Ⓑ는 이온 채널이 10% 이상 열리며, 신경 전달 물질의 양이 늘어난다.

④ ⓒ는 1차 감각 뉴런으로 분비되는 신경 전달 물질의 양이 줄어든다.

⑤ Ⓐ에 비해 Ⓑ와 ⓒ는 신경 전달 물질의 양에 비례하여 전기 신호의 발생 빈도가 증가한다.

02

이 글을 읽은 학생들이 보인 반응으로 적절하지 <u>않은</u> 것은?

① 번지 점프를 할 때 떨어지는 속도를 느낄 수 있는 것은 둥근주머니 때문이겠군.

② 윗몸 일으키기를 하고 나서 바로 평형 감각을 찾지 못하는 것은 전반고리관과 관계가 있겠군.

③ 연속해서 앞 구르기를 하고 나서 어지러움을 느끼는 것은 측반고리관 속의 림프액 때문이겠군.

④ 자동차가 직선 도로에서 고속으로 달릴 때 속도감을 느낄 수 있는 것은 타원주머니 때문이겠군.

⑤ 코끼리 코 자세를 하고 여러 번 돌고 난 후에도 돌고 있는 느낌이 바로 사라지지 않는 것은 림프액의 움직임과 관련된 것이겠군.

03

이 글의 표제와 부제로 가장 적절한 것은?

① 평형 상태의 판단 과정
   — 다양한 감각 기관을 중심으로

② 인체 평형 기관의 종류
   — 섬모들의 위치를 중심으로

③ 뇌의 운동 정보 인식 방법
   — 1차 감각 뉴런의 구성 물질을 중심으로

④ 운동과 평형에 대한 정의
   — 직진 가속과 회전 가속을 중심으로

⑤ 몸의 평형 상태를 감지하는 원리
   — 귀의 평형 기관을 중심으로

04

〈보기〉는 ㉠을 도식화한 것이다. 이 글을 바탕으로 〈보기〉를 이해한 내용으로 적절하지 <u>않은</u> 것은? [3점]

▶보기◀

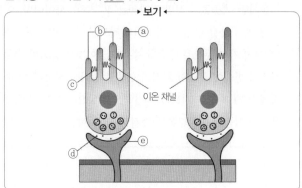

ⓐ ⓑ ⓒ ⓓ ⓔ 이온 채널

① ⓐ의 방향으로 ⓑ가 휘어지면 털세포는 탈분극 상태가 될 것이다.

② ⓐ와 ⓑ의 움직임이 일어나면 ⓔ에서 송출되는 전기 신호의 발생 빈도는 변하게 될 것이다.

③ ⓒ가 느슨해지면 털세포의 이온 채널이 닫히게 되어 ⓓ가 분출되는 양은 줄어들 것이다.

④ ⓔ에서 송출되는 전기 신호의 발생 빈도가 증가하게 되면 ⓒ는 팽팽해질 것이다.

⑤ 이온 채널이 10% 정도 열려 ⓔ에 전달되는 ⓓ의 양이 일정하다면 뇌는 신체를 평형 상태로 인지하게 될 것이다.

[1~5] 다음 글을 읽고 물음에 답하시오.

우기가 있는 지역이나 폭포가 있는 계곡에 서식하는 ㉮웅화반 식물(학명: Splash-cup plant)은 지름 3~5mm의 원뿔형 꽃 속에 작고 가벼운 씨앗이 있다. 이 식물은 평균 높이가 10cm 정도로 작지만 놀랍게도 그 10배의 거리까지 씨앗을 퍼뜨린다.

이 식물이 씨앗을 퍼뜨리는 과정을 분석하기 위해 꽃의 모양과 유사한, 아래로 향하는 원뿔 모형으로 실험을 실시하였다. 씨앗을 원뿔의 꼭짓점에 놓고 빗방울과 크기 및 속도가 같은 지름 2mm 정도의 물방울을 떨어뜨려 비가 오는 상황을 연출하였다. 그 결과 다음과 같은 사실을 확인할 수 있었다.

[A] 우선 모형의 각도(θ)를 30°에서 65°로 5°씩 변화시키며 8개의 모형으로 실험한 결과, 각도가 40°일 때 씨앗이 가장 멀리 날아갔다. 이는 에너지의 역학적 관계 때문이다. 원뿔형 구조이기 때문에 물방울은 모형의 경사면에 각도를 가지며 떨어진다. 경사면에 물방울이 닿는 순간에 물방울은 내부의 표면에 퍼지면서 역학적 에너지의 전환이 일어나게 된다. 이때 물방울이 가지는 중력의 힘으로 방향이 전환되어 내부에서 미끄러진다. 원뿔의 구조에 의해 물방울은 중앙을 향해 미끄러지게 되는데, 그러면 중앙에 있던 작고 가벼운 씨앗이 물과 함께 모형 밖으로 이동하게 된다. 이때 각도가 40°일 경우, 운동 에너지로 전환되며 손실되는 에너지의 양이 가장 적어서 미끄러지는 속도가 빨라지게 되는 것이다.

또한 물방울이 중앙에 떨어졌을 때보다 경사면에 떨어졌을 때 씨앗이 더 멀리 날아갔다. 물방울이 원뿔의 정중앙에 떨어졌을 때에는 에너지가 사방으로 거의 동일하게 분산되면서 원형이 되지만, 경사면에 떨어졌을 때에는 에너지가 한곳으로 집중이 되어서 비대칭 타원이 되기 때문이다. 경사면의 물방울은 비대칭적으로 퍼지면서 떨어진 위치의 반대 방향으로 더욱 멀리 튀어 나간다.

웅화반 식물들의 꽃잎 경사면은 40°~60° 사이이다. 이는 빗방울이 떨어졌을 때 가장 빠르게 퍼져 나갈 수 있는 경사면의 각도로서, 빗방울의 힘을 ㉠빌려 씨앗을 최대한 멀리 퍼뜨릴 수 있기 때문으로 추측할 수 있다. 이것은 웅화반 식물이 서식 지역의 기후 특성에 적응하면서 번식에 유리한 최적의 형태로 진화한 결과라 할 수 있다. 이처럼 식물들은 각자의 환경에 맞게 씨앗을 퍼뜨리는 전략을 취함으로써 번식에 성공할 수 있었다. 이것이 지금까지 우리가 식물의 아름다움을 즐길 수 있는 이유이다.

독해 훈련 문제

1 문단

1 웅화반 식물의 특징은?

2 문단

2 웅화반 식물이 씨앗을 퍼뜨리는 과정을 분석하기 위한 실험에서 모형의 형태는?

3 문단

3 물방울의 각도가 40°일 때 씨앗이 가장 멀리 날아가는 이유는?

4 문단

4 물방울이 원뿔의 중앙보다 경사면에 떨어졌을 때 씨앗이 더 멀리 날아가는 이유는?

5 문단

5 웅화반 식물이 서식 지역의 기후 특성에 적응하면서 번식에 유리하게 진화한 결과는?

실력 UP 변형 문항

01
㉮에 대한 이해로 적절하지 <u>않은</u> 것은?

① 작은 크기에 비해 넓은 번식 범위를 보인다.

② 외부의 힘을 활용하기 좋은 구조로 이루어져 있다.

③ 떨어진 빗방울의 역학적 에너지 전환을 통해 번식한다.

④ 꽃잎 경사면이 40°부터 5° 간격으로 높아져 60°까지 다양하다.

⑤ 서식 환경에서 번식에 유리한 최적의 형태로 진화한 형태라고 할 수 있다.

02 〔기출 04 연계〕
이 글을 바탕으로 〈보기〉를 이해한 내용으로 가장 적절한 것은?

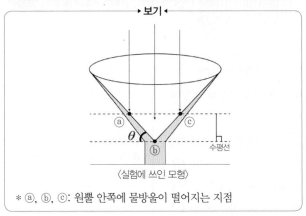

────▶ 보기 ◀────

〈실험에 쓰인 모형〉

* ⓐ, ⓑ, ⓒ: 원뿔 안쪽에 물방울이 떨어지는 지점

① ⓐ, ⓒ에 떨어진 물방울의 에너지와 운동 방향은 모두 동일하다.

② ⓐ에 떨어진 물방울은 원형으로 분산되며 ⓒ의 방향으로 더 멀리 튀어 나간다.

③ ⓑ에 물방울이 떨어질 때가 ⓐ, ⓒ에 떨어질 때보다 씨앗이 더 멀리 날아간다.

④ ⓑ에 떨어진 물방울의 에너지는 ⓐ, ⓒ에 떨어질 때와 달리 동일하게 분산된다.

⑤ ⓐ에 떨어진 물방울의 에너지가 전환될 때 손실되는 에너지의 양은 각도(θ)와 상관없이 동일하다.

수능 정복 기출 문항

[고2 교육청 기출]

03
이 글을 읽고 난 후의 반응으로 적절하지 <u>않은</u> 것은?

① 특정한 지역의 기후와 그곳에 서식하는 식물의 구조가 어떤 연관성을 가지는지 연구하고자 했군.

② 물방울이 씨앗이 날아가는 데 역학적인 작용을 한다는 가설을 설정하였군.

③ 실험을 위하여 다양한 응화반 식물들을 조사해 가장 일반적인 구조로 모형을 만들어야 했겠군.

④ 실험의 원리를 알기 위해 물방울이 떨어지는 각도와 위치라는 두 개의 변인을 사용하였군.

⑤ 물방울이 떨어지는 위치에 따라 꽃의 내부에서 변화하는 물방울의 모양을 관찰하는 후속 연구가 필요하겠군.

04
[A]를 바탕으로 〈보기〉를 이해할 때 적절하지 <u>않은</u> 것은? [3점]

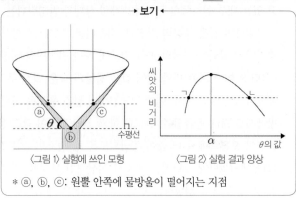

────▶ 보기 ◀────

〈그림 1〉 실험에 쓰인 모형   〈그림 2〉 실험 결과 양상

* ⓐ, ⓑ, ⓒ: 원뿔 안쪽에 물방울이 떨어지는 지점

① 〈그림 1〉의 ⓑ에 물방울이 떨어지면 ⓐ와 ⓒ에 작용하는 에너지는 같겠군.

② 〈그림 1〉의 ⓐ에 물방울이 닿는 순간 역학적 에너지의 방향이 바뀌겠군.

③ 〈그림 1〉의 ⓐ에 물방울이 떨어질 때와 ⓒ에 떨어질 때 씨앗이 날아가는 방향은 반대이겠군.

④ 〈그림 2〉의 α는 씨앗의 비거리가 최대치인 지점이므로 40°에 해당하겠군.

⑤ 〈그림 1〉의 ⓐ에 물방울이 떨어졌을 때 측정값이 〈그림 2〉의 ㄱ이라면 ⓒ에 떨어졌을 때 측정값은 ㄴ에 해당하겠군.

05
㉠을 바꿔 쓸 수 있는 말로 적절한 것은?

① 이용(利用)하여 ② 응용(應用)하여 ③ 도용(盜用)하여

④ 대용(代用)하여 ⑤ 남용(濫用)하여

[1~5] 다음 글을 읽고 물음에 답하시오.

광물은 지각을 이루는 암석의 단위 물질로서 특징적인 결정 구조를 갖는다. 광물의 결정 구조는 그 광물을 구성하는 원자들이 일정하게 배열된 양상이다. 같은 광물일 경우 그 결정 구조가 동일하며, 이러한 결정 구조에 의해 나타나는 규칙적인 겉모양인 결정형(crystal form)도 동일하다. 그런데 실제로 광물들의 결정은 서로 다른 모양을 가지는 경우가 많다.

덴마크의 물리학자 니콜라우스 스테노는 등산길에서 채집한 수정의 단면들이 서로 조금씩 다른 모양을 가지고 있는 것에 궁금증이 생겼다. 그 이유를 밝히기 위해 그는 수집한 수정의 단면도를 그려서 비교해 보았다. 그 결과 수정 결정의 모양은 모두 조금씩 다르지만 맞닿은 결정면들이 이루고 있는 각은 〈그림 1〉의 a와 같이 항상 일정하다는 ㉮'면각 일정의 법칙'을 발견하게 되었다.

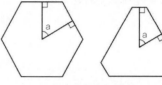

〈그림 1〉 면각 일정의 법칙

스테노는 같은 광물의 결정일 경우 면각이 일정해지는 이유가 ㉠결정 내부의 규칙성 때문일 것이라 짐작했다. 당시만 해도 그 규칙성의 이유가 되는 결정 내부의 원자 배열 상태를 직접 관찰할 수 없었다. 그가 죽은 뒤 X선이 발견되고 나서야, 결정 모양이 그 결정을 이루고 있는 내부 원자들의 규칙적인 배열 상태를 반영한다는 것이 밝혀지게 되었다.

그렇다면 같은 종류의 결정이 서로 다른 모양으로 형성되는 이유는 무엇일까? 그 이유는 결정에 주입되는 물질의 공급 정도에 따라 결정면의 성장 속도가 달라지기 때문이다. 가령 〈그림 2〉에서 보는 바와 같이 같은 광물의 작은 결정 두 개를, 같은 성분을 가진 용액 속에 매달아 놓았다고 하자. 이때 (가) 결정이 담긴 용액은 물질이 사방에서 고르게 공급될 수 있도록 하고, (나) 결정이 담긴 용액은 물질이 오른쪽에서 더 많이 공급되도록 해 놓으면 (가) 결정은 1단계에서 2단계, 3단계를 거쳐서 이상적인 모양을 가진 결정(이상 결정)으로 성장하는 반면, (나) 결정은 기형적인 모양을 가진 결정(기형 결정)으로 성장하게 된다. (나) 결정의 오른쪽

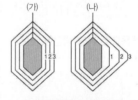

〈그림 2〉 결정의 성장 과정
(결정의 수직 단면)

결정면은 다른 결정면들보다 성장 속도가 더 빠르기 때문에 결정이 성장해 나갈수록 결정면이 점점 더 좁아지고 있음을 확인할 수 있다.

〈그림 2〉를 통해 설명한 바와 같이 물질의 공급 환경이 다른 곳에서 성장한 결정들은 서로 다른 모양을 가지게 된다. 그러나 (가)와 (나)는 같은 광물의 결정이기 때문에 그 면각은 서로 같다. 이처럼 같은 광물의 결정은 그 면각이 같다는 사실을 통해 다양한 모양의 결정들의 종류를 판별할 수 있다. 면각 일정의 법칙은 광물의 결정을 판별하는 데 가장 기본적이고 중요한 기준으로, 현대 광물학의 초석이 되었다.

• 독해 훈련 문제 •

1 문단
1 같은 광물일 경우 그 결정 구조와 결정형은 어떠한가?

2 문단
2 같은 광물일 경우 맞닿은 결정면들이 이루고 있는 각은 항상 일정하다는 법칙은?

3 문단
3 같은 광물의 결정일 경우 면각이 일정해지는 이유는?

4 문단
4 같은 종류의 결정이 서로 다른 모양으로 형성되는 이유는?

5 (나) 결정의 오른쪽 결정면이 성장할수록 점점 더 좁아지는 까닭은?

5 문단
6 광물학에서 면각 일정의 법칙의 의의는?

실력 UP 변형 문항

수능 정복 기출 문항

01

㉮에 대한 설명으로 적절하지 않은 것은?

① 광물의 결정을 판별하는 데 있어 중요한 기준이 된다.

② 동일한 광물의 결정 모양이 다른 이유를 설명해 준다.

③ X선의 발견으로 면각이 일정해지는 이유를 확인할 수 있었다.

④ 결정의 모양이 서로 다른 수정의 단면도를 비교하여 발견하게 되었다.

⑤ 결정 모양이 내부 원자들의 규칙적인 배열 상태를 반영한다는 것을 전제한다.

03

이 글을 통해 답을 찾을 수 없는 질문은?

① 면각 일정의 법칙은 무엇인가?

② 면각 일정의 법칙이 나타나는 이유는 무엇인가?

③ 광물별 결정형의 종류에는 어떤 것들이 있는가?

④ 결정면의 성장 속도는 결정면의 크기와 어떤 관련이 있는가?

⑤ 같은 광물의 결정이 다른 모양으로 성장하는 이유는 무엇인가?

04

㉠과 관련된 설명으로 적절한 것은?

① 스테노는 ㉠을 추측하기는 했지만 확인하지는 못했다.

② 스테노는 ㉠의 이유를 설명할 수 있는 물리 법칙을 입증했다.

③ ㉠의 가설을 증명하기 위해 X선이 개발되었다.

④ 스테노는 ㉠의 다양한 양상들을 비교하여 분류 체계를 만들어 냈다.

⑤ ㉠을 분석한 내용이 면각 일정의 법칙을 발견하는 계기가 되었다.

02 기출 05 연계

〈보기〉의 결정 성장 실험 결과에 대한 반응으로 적절하지 않은 것은? [3점]

► 보기 ◄

다음은 지구 과학 시간에 학생들이 진행한 결정 성장 실험의 결과이다. (A는 결정의 초기 모양임)

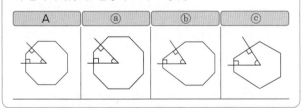

① ⓐ는 물질을 사방에서 골고루 공급받으며 성장하였군.

② ⓑ는 왼쪽 결정면이 다른 결정면들보다 성장 속도가 훨씬 빨랐겠어.

③ ⓑ를 이상 결정으로 만들려면 오른쪽으로 물질을 더 많이 공급해야 해.

④ ⓒ는 애초에 A와는 다른 종류의 광물이었겠군.

⑤ ⓐ와 ⓑ는 X선을 통해 관찰하면 내부 원자들의 배열이 같은 규칙으로 이루어져 있을 거야.

05

이 글을 통해 〈보기〉를 이해한 내용으로 적절하지 않은 것은? [3점]

► 보기 ◄

어떤 광물이 성장한 결과, 옆과 같은 수평 단면을 보이는 결정이 되었다. (단, 물질 공급 이전의 결정의 초기 모양은 정육각기둥으로 가정하고, 결정의 성장 과정에서 물질 공급을 제외한 다른 요인은 배제한다.)

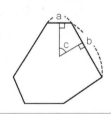

① 지금까지와 같이 물질 공급이 지속된다면, a면은 점점 좁아질 것이다.

② 현재의 결정 모양은 a면보다는 b면으로 물질이 더 많이 공급된 결과일 것이다.

③ 모든 방향에서 물질이 고르게 공급되었다면, a면과 b면의 면적은 같았을 것이다.

④ 현재의 결정이 더 성장하게 되더라도 a면과 b면이 이루는 각 c는 항상 같을 것이다.

⑤ 결정의 모양이 달라졌지만, 결정 내부의 원자 배열이 가진 규칙성은 훼손되지 않았을 것이다.

[1~4] 다음 글을 읽고 물음에 답하시오.

장마철이 되면 자주 '번쩍' 하는 번개와 함께 '우르릉 쾅' 하는 천둥소리가 울려 퍼지는 자연 현상을 볼 수 있다. 번개는 대기 중에서 대규모 전류가 흐르는 현상으로 구름과 지면 사이에서 방전이 일어나는 벼락이 대표적이다. 이러한 번개와 천둥은 어떻게 해서 생길까?

[A]
벼락이 발생하기 위해서는 적란운, 그리고 수증기의 증발이 필요하다. 온난 습윤한 대기가 지표면의 불균등한 가열로 인해 강한 상승 기류로 발달하면 적란운이 형성된다. 동시에 공기 중에 있는 물이 수증기로 증발하게 된다. 수증기는 상승하면서 냉각되어 작은 물방울로 변하고, 얼기 시작하면서 팽창하여 양전하를 띤 바깥 껍질이 깨져 흩어지게 된다. 양전하를 띤 상대적으로 가벼운 얼음 조각은 상승 기류에 의해 구름 위로 더 상승하고, 음전하를 띤 내부의 상대적으로 무거운 물방울은 무게로 인해 적란운 하단부로 내려오게 된다. 한편 지표면의 전하는 고른 분포를 이루고 있는데, 적란운이 발달하면서 하단부에 모인 음전하를 띤 물방울로 인해 지표면의 전자가 밀려나면서 상대적으로 양전하의 양이 증가하게 된다. 적란운이 발달하게 되면 지표면과의 전위*차가 점점 증가하게 되고 둘 사이에 섬광이 발생한다. 이것이 벼락이다.

[가]
한편 번개가 발생하면 공기는 즉시 과열된다. 1초도 안 되는 시간에 온도가 무려 33,000℃로 상승하여 고온이 된 공기가 팽창한다. 그러면 주변의 공기가 압축되어, 고밀도인 부분과 저밀도인 부분이 생긴다. 이 차이가 '충격파'라는 파동이 되어 공기 속에서 전해진다. 즉 공기가 단기간에 데워지면 폭발적으로 팽창하고 음파로 듣게 되는 천둥이 된다. 번개는 바로 보이지만 음파인 천둥소리는 번개보다 상대적으로 속도가 느려 약 340㎧의 속도로 공기 속을 이동하므로 나중에 들린다. 번개와 천둥은 거의 동시에 발생하기 때문에, 번개 발생 이후 천둥소리가 들리기까지의 시간을 측정하면 번개가 어느 정도 먼 곳에서 발생하였는지 알 수 있다. 만약, 번개가 친 후 5초 뒤에 천둥소리가 들렸다면 번개가 친 곳은 약 1,700m 떨어진 장소라고 생각할 수 있다.

* 전위: 전기장 내에서 단위 전하가 갖는 위치 에너지. 특히 전기장 내의 두 점 사이의 전위의 차이를 전위차 또는 전압(Volt)이라고 한다.

독해 훈련 문제

1 문단

1 이 글의 화제는?

2 문단

2 벼락이 발생하기 위해 필요한 것은?

3 적란운이 발달했을 때 지표면에 상대적으로 양전하의 양이 증가하는 이유는?

3 문단

4 번개가 발생했을 때 천둥이 생겨나는 이유는?

5 번개가 바로 보이는 것에 비해 천둥소리가 나중에 들리는 이유는?

실력 UP 변형 문항

01 기출 03 연계

이 글에 대한 이해로 적절하지 않은 것은?

① 적란운이 발달하면 지표면의 양전하의 양이 증가한다.

② 천둥은 번개로 인해 생겨나는 공기의 밀도 차에 의해 발생한다.

③ 얼게 되면 부피가 커지는 물의 성질이 벼락의 발생에 영향을 미친다.

④ 벼락은 적란운 상단의 양전하와 하단의 음전하의 전위차에 의해 발생한다.

⑤ 번개를 보고 나서 천둥소리를 듣기까지의 시간 차이를 이용하면 번개가 발생한 곳까지의 거리를 계산할 수 있다.

02 기출 04 연계

[가]를 바탕으로 〈보기〉에 대해 탐구한 내용으로 적절하지 않은 것은?

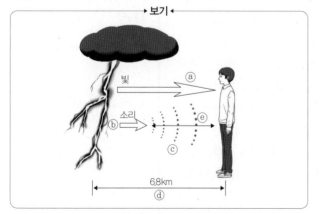
► 보기 ◄
빛 ⓐ
소리 ⓑ ⓔ
ⓒ
6.8km
ⓓ

① ⓐ: 번개는 발생하는 즉시 사람이 눈으로 관측할 수 있겠군.

② ⓑ: 번개가 생기면 주변의 공기는 짧은 시간에 엄청난 고온으로 가열되겠군.

③ ⓒ: 공기의 폭발적 팽창에 의한 충격파가 우리의 귀에 들리는 천둥이군.

④ ⓓ: 관측자는 번개를 보고 나서 약 20초의 시간이 지나야 천둥소리를 들을 수 있겠군.

⑤ ⓔ: 번개가 발생하고 나서 소리가 형성되기까지 시간이 걸리기 때문에 천둥소리가 나중에 들리게 되는군.

수능 정복 기출 문항

[고3 교육청 기출]

03

이 글의 내용과 일치하는 것은?

① 번개가 발생하면 충격파가 생긴다.

② 번개보다 천둥이 더 먼 곳에서 발생한다.

③ 소리와 빛의 속도 차이로 천둥소리가 크게 들린다.

④ 벼락은 습한 공기와 지표면의 균등 가열에 의해 발생한다.

⑤ 지표면의 양전하의 양이 증가하게 되면 적란운이 발생한다.

04

〈보기〉는 번개를 발생시키기 위한 모의실험이다. 〈보기〉를 [A]와 관련하여 이해한 내용으로 적절하지 않은 것은? [3점]

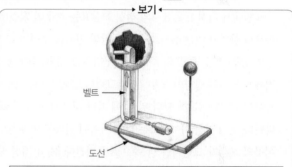
► 보기 ◄
벨트
도선

| ㉠ 벨트가 작동하기 전, 두 금속구는 전기적으로 중성 상태이다. 벨트가 작동하면 벨트 하단에서 마찰 전기가 발생하여 큰 구에서 이동해 온 중성의 전하는 양전하와 전자로 분리된다. |
| ⇩ |
| ㉡ 벨트를 따라 양전하는 큰 구 쪽으로 이동하고, 전자는 도선을 따라 작은 구 쪽으로 이동한다. |
| ⇩ |
| ㉢ 벨트가 반복하여 작동하면서 큰 구에는 양전하가 늘어나 (+)극으로, 작은 구에는 전자가 늘어나 (−)극으로 유도된다. |
| ⇩ |
| ㉣ 두 금속구 사이에 전위차가 점점 증가하여 ㉤ 둘 사이에 스파크가 일어나게 된다. |

① ㉠에서 두 구가 중성의 전하를 띠는 것은 적란운이 발달하기 전의 상황으로 볼 수 있겠군.

② ㉡은 공기 중의 물이 수증기로 증발하는 것으로 볼 수 있겠군.

③ ㉢은 적란운이 발달하면서 적란운 하단과 지표면이 서로 다른 전하로 유도되는 것으로 볼 수 있겠군.

④ ㉣은 적란운 하단과 지표면 사이에 전위차가 증가하는 것으로 볼 수 있겠군.

⑤ ㉤은 적란운과 지표면 사이에서 벼락이 치는 것으로 볼 수 있겠군.

[1~4] 다음 글을 읽고 물음에 답하시오.

우리나라의 서해안을 소개할 때 종종 '조석 간만의 차가 큰 지역'이라는 표현이 들어갈 때가 있다. 여기서 '조석 간만의 차'는 무엇을 의미할까? '조석'은 하루 동안 해수면이 오르내리는 현상을 의미한다. 썰물로 인해 해수면이 가장 낮을 때를 '간조'라고 하고, 밀물로 인해 해수면이 가장 높을 때는 '만조'라고 한다. 우리나라의 서해안에서는 하루에 만조와 간조가 두 번씩 일어난다. '조석 간만의 차'란 밀물과 썰물로 인한 하루 동안의 해수면 높낮이의 차이를 의미하는 것이다.

이런 현상은 흔히 달의 인력에 의해 생기는 것으로 알려져 있지만 좀 더 정확히 말하면 '조석'은 기조력에 의한 것이다. 기조력은 달의 인력, 태양의 인력, 원심력이 합쳐진 힘을 말한다.

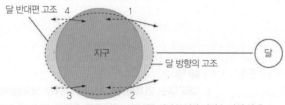

고조: 해수면의 높이가 가장 높아진 상태

그림에서 지점 1, 2, 3, 4의 점선 화살표는 지구의 회전 운동에 의한 원심력을 보여 주고, 달 쪽으로 향하고 있는 실선 화살표는 달의 인력을 보여 주고 있다. 그림에서의 원심력은 달과 지구의 공통 질량 중심*의 주위를 지구가 회전 운동하여 생기는 힘이다. 원심력은 모든 측정 지점에서 크기와 방향이 모두 같다. 그런데 달의 인력은 달과의 거리에 따라 달라지므로 크기와 방향이 다르다. 또한, 달의 위상*에 따라 지구 내에서 작용하는 기조력은 그 크기가 다르게 나타난다. 1, 2 지점 사이에서는 달에 가까워 인력이 반대쪽으로 향하는 원심력보다 크기 때문에 이곳의 해수가 그림처럼 달 쪽으로 끌려간다. 3, 4 지점 사이에서는 인력보다는 원심력이 크기 때문에 해수는 달 반대쪽으로 끌려간다. 이렇게 기조력은 해수면의 높이를 변화시킨다.

조석에는 달뿐만 아니라 태양도 영향을 미친다. 기조력은 지구에 영향을 미치는 천체의 질량에 비례하고 이 천체와 지구 간의 거리의 세제곱에 반비례한다. 태양은 달보다 훨씬 큰 질량을 갖지만 지구와 태양 간의 거리는 지구와 달 사이의 거리보다 훨씬 멀기 때문에 지구에 대한 태양의 기조력은 달의 기조력에 비해 절반 정도에 불과하다. 달의 위상이 삭과 망일 때, 태양과 달은 일렬로 놓이게 되고 기조력이 가장 강해진다. 이때 조석 간만의 차는 최대가 되고, 이때를 '사리'라고 한다. 그런데 달의 위상이 상현과 하현일 때, 달과 태양은 지구를 중심으로 직각에 놓이게 된다. 이때 태양에 의한 기조력은 달에 의한 기조력에 영향을 주어 그 힘을 작아지게 한다. 그 결과 조석 간만의 차가 가장 작게 되는데 이때를 '조금'이라 한다. 조금과 사리는 매월 두 번 발생한다.

이와 같은 조석의 변화는 조류의 빠르기와 방향에도 영향을 준다. 조류의 빠르기는 조석과 밀접한 관련이 있는데, 조석 간만의 차가 클수록 조류의 속도도 빨라진다. 그리고 만조와 간조 시에는 그 흐름의 방향이 정반대이다.

* 공통 질량 중심: 두 행성이 서로의 중력장 안에 있어 계를 형성할 때, 한 점에 대해서 공전 운동을 하게 되는데, 이 한 점을 공통 질량 중심이라고 함
* 위상: 위치에 따른 모양

◆ 독해 훈련 문제 ◆

1 문단

1 조석 간만의 차란?

2 문단

2 달의 인력 외에 기조력에 영향을 미치는 것은?

3 문단

3 여러 측정 지점에서 지구의 원심력의 크기와 방향을 측정한다면, 그 결괏값은 어떻겠는가?

4 달과 가까이 있는 지구의 해수면에서 나타나는 현상은?

4 문단

5 태양의 기조력이 달의 기조력에 비해 절반 정도에 불과한 이유는?

6 달의 위상이 상현과 하현일 때, 조석 간만의 차가 가장 작게 되는 현상은?

5 문단

7 '사리'일 때 조류의 속도는?

01

이 글을 통해 알 수 있는 내용으로 적절하지 <u>않은</u> 것은?

① 조석은 달과 태양의 인력, 원심력에 의한 기조력 때문에 발생한다.

② 달과 멀리 있는 지구의 해수면에서는 달의 반대 방향으로 고조가 일어난다.

③ 지구가 회전 운동을 하면서 발생하는 원심력은 측정 지점마다 크기가 다르다.

④ 기조력이 크면 밀물과 썰물로 인한 하루 동안의 해수면 높낮이의 차이도 커진다.

⑤ 지구와 태양 간의 거리가 가까워지면 태양의 기조력이 지구에 미치는 정도가 커진다.

03

이 글에 대한 설명으로 가장 적절한 것은?

① 대상과 관련한 가설에 대해 실험을 통해 검증하고 있다.

② 대상의 발생 이유를 핵심 개념을 중심으로 설명하고 있다.

③ 대상의 발달 과정을 시간의 흐름에 따라 분류하여 정리하고 있다.

④ 대상과 관련한 두 이론을 통합하여 새로운 이론을 도출하고 있다.

⑤ 대상의 구조적 특징을 유사한 사례를 들어 구체적으로 제시하고 있다.

02 〈기출 04 연계〉

이 글을 바탕으로 〈보기〉에 대해 탐구한 내용으로 가장 적절한 것은? [3점]

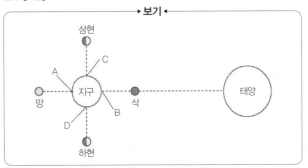

① 달의 위상이 삭일 때, A 지점에 지구의 원심력보다 달의 인력이 크게 작용하고 '사리'가 나타나겠군.

② 달의 위상이 망일 때, B 지점에 달의 인력보다 지구의 원심력이 크게 작용하고 조석 간만의 차가 최대가 되겠군.

③ 달의 위상이 삭이나 망일 때, C와 D 지점에는 기조력이 약해 '조금'이 나타나겠군.

④ 달의 위상이 상현이나 하현일 때, C와 D 지점의 조류 속도는 평소보다 빨라지겠군.

⑤ 달의 위상이 상현이나 하현일 때, 조석 간만의 차는 달의 위상이 삭이나 망일 때보다 크겠군.

04

이 글을 바탕으로 〈보기〉에 대해 이해한 내용으로 적절하지 <u>않은</u> 것은? [3점]

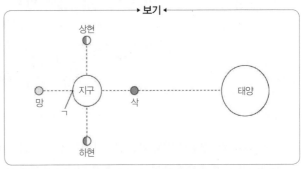

① 달의 위상이 삭일 때, ㄱ 지점에는 지구의 원심력이 달의 인력보다 크게 작용하겠군.

② 달의 위상이 망일 때, 조석 간만의 차는 달의 위상이 상현일 때보다 크겠군.

③ 달의 위상이 삭이나 망일 때, 해수의 조류 속도는 한 달 중 가장 빠르겠군.

④ 달의 위상이 상현일 때, 조석에 영향을 미치는 기조력은 달의 위상이 삭일 때보다 약해지겠군.

⑤ 달의 위상이 상현이나 하현일 때, 조석 간만의 차는 최대가 되겠군.

[1~5] 다음 글을 읽고 물음에 답하시오.

상온에서 대기압 상태에 있는 1리터의 공기 안에는 수없이 많은 질소, 산소 분자들을 비롯하여 다양한 기체 분자들이 있다. 이들 중 어떤 산소 분자 하나는 짧은 시간에도 다른 분자들과 매우 많은 충돌을 하며, 충돌을 할 때마다 이 분자의 운동 방향과 속력이 변할 수 있기 때문에, 어떤 분자 하나의 정확한 운동 궤적을 아는 것은 불가능하다. 우리는 다만 어떤 구간의 속력을 가진 분자 수 비율이 얼마나 되는지를 의미하는 분자들의 속력 분포를 알 수 있을 뿐이다.

위에서 언급한 상태에 있는 산소처럼 분자들 사이의 평균 거리가 충분히 먼 경우에, 우리는 분자들 사이의 인력을 무시할 수 있고 분자의 운동 에너지만 고려하면 된다. 이 경우에 분자들이 충돌을 하게 되면 각 분자의 운동 에너지는 변할 수 있지만, 분자들이 에너지를 서로 주고받기 때문에 기체 전체의 운동 에너지는 변하지 않게 된다.

기체 분자들의 속력 분포는 맥스웰의 이론으로 계산할 수 있는데, 가로축을 속력, 세로축을 분자 수 비율로 할 때 종(鐘) 모양의 그래프로 그려진다. 이 속력 분포가 의미하는 것은 기체 분자들이 0에서 무한대까지 모든 속력을 가질 수 있지만 꼭짓점 부근에 해당하는 속력을 가진 분자들의 수가 가장 많다는 것이다. 기체 분자들의 속력은 온도와 기체 분자의 질량에 의해서 결정된다. 다른 조건은 그대로 두고 온도만 올리면 기체의 평균 운동 에너지가 증가하므로, 그래프의 꼭짓점이 속력이 빠른 쪽으로 이동한다. 이와 동시에 그래프의 모양이 납작해지고 넓어지는데, 이는 전체 분자 수가 변하지 않았기 때문에 그래프 아래의 면적이 같아야만 하기 때문이다. 전체 분자 수와 온도는 같은데 분자의 질량이 큰 경우에는, 평균 속력이 느려져서 분포 그래프의 꼭짓점이 속력이 느린 쪽으로 이동하며, 분자 수는 같기 때문에 그래프의 모양이 뾰족해지고 좁아진다.

그림은 맥스웰 속력 분포를 알아보기 위해서 ㉠밀러와 쿠슈가 사용했던 실험 장치를 나타낸 것이다. 가열기와 검출기 사이에 두 개의 회전 원판이 놓여 있다. 각각의 원판에는 가는 틈이 있고 두 원판은 서로 연결되어 있다. 두 원판은 일정한 속력으로 회전하면서 특정한 속력 구간을 가진 분자들을 선택적으로 통과시킬 수 있다.

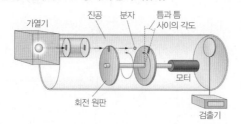

가열기에서 나와 첫 번째 회전 원판의 가는 틈으로 입사한 기체 분자들 중 조건을 만족하는 분자들만 두 번째 회전 원판의 가는 틈을 지나 검출기에 도달할 수 있다. 첫 번째 원판의 틈을 통과하는 분자들의 속력은 다양하지만, 회전 원판의 회전 속력에 의해 결정되는 특정한 속력 구간을 가진 분자들만 두 번째 원판의 틈을 통과한다. 특정한 속력 구간보다 더 빠른 분자들은 두 번째 틈이 꼭대기에 오기 전에 원판과 부딪치며, 느린 분자들은 지나간 후에 부딪친다. 만일 첫 번째와 두 번째 틈 사이의 각도를 더 크게 만들면, 같은 회전 속력에서도 더 속력이 느린 분자들이 검출될 것이다. 이 각도를 고정하고 회전 원판의 회전 속력을 바꾸면, 새로운 조건에 대응되는 다른 속력을 가진 분자들을 검출할 수 있다. 이 실험 장치를 이용하여 어떤 온도에서 특정한 기체의 속력 분포를 알아보았더니, 그 결과는 맥스웰의 이론에 부합하였다.

▶ 독해 훈련 문제

1 문단
1 기체 분자들의 속력 분포의 의미는?

2 문단
2 분자들이 충돌할 경우. 기체 전체의 운동 에너지의 양상은?

3 문단
3 기체 분자들의 속력을 결정하는 것은?

4 맥스웰의 속력 분포 그래프에서 다른 조건은 그대로 두고 온도만 올리면 그래프의 모양은?

4 문단
5 밀러와 쿠슈의 실험 장치에서 두 회전 원판의 기능은?

5 문단
6 밀러와 쿠슈의 실험 장치에서 틈 사이의 각도를 고정하고 회전 원판의 속력을 바꿨을 때의 결과는?

7 밀러와 쿠슈의 실험 장치의 의의는?

실력 UP 변형 문항

수능 정복 기출 문항

[평가원 기출]

01 기출 04 연계

이 글의 내용을 바탕으로 〈보기〉에 제시된 가상 기체들의 속력 분포 그래프를 그리고자 한다. 적절한 것은? [3점]

▶ 보기 ◀

가상 기체	온도(℃)	질량(kg)
A	179	0.11
B	179	0.75
C	372	0.11

※ 각 기체의 분자 수는 모두 동일하다고 가정함

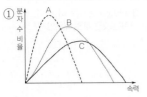
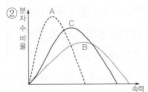
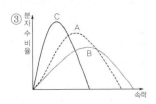
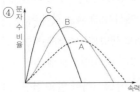
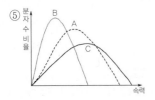

02 기출 05 연계

㉠에 대해 이해한 내용으로 적절하지 않은 것은?

① 가열기의 온도를 높이면 입사되는 기체 분자들의 속력은 더 빨라지겠군.
② 일정한 조건을 만족시키지 못하는 기체 분자들은 검출기에 도달하지 못하겠군.
③ 특정한 속력 구간보다 더 빠른 기체 분자들만이 두 번째 원판의 틈을 통과하겠군.
④ 원판의 회전 속력을 바꾸면 다른 속력을 가진 기체 분자들이 검출기에 도달하겠군.
⑤ 원판의 회전 속력을 고정하고 틈과 틈 사이의 각도를 좁히면 더 속력이 빠른 기체 분자들이 검출되겠군.

03

이 글의 내용과 일치하지 않는 것은?

① 분자들의 충돌은 개별 분자의 속력을 변화시킬 수 있다.
② 대기 중 산소 분자 하나의 운동 궤적을 정확히 구할 수 없다.
③ 분자들 사이의 평균 거리가 충분히 멀다면 인력을 무시할 수 있다.
④ 분자의 충돌에 의해 기체 전체의 운동 에너지가 증가한다.
⑤ 대기 중에서 개별 기체 분자의 속력은 다양한 값을 가진다.

04

〈보기〉의 A, B, C는 맥스웰 속력 분포를 나타내는 그래프이다. 이 글에 비추어 볼 때, 기체와 그래프를 바르게 연결한 것은? [3점]

▶ 보기 ◀

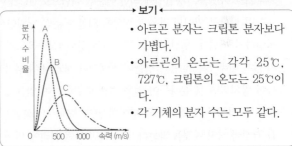

• 아르곤 분자는 크립톤 분자보다 가볍다.
• 아르곤의 온도는 각각 25℃, 727℃, 크립톤의 온도는 25℃이다.
• 각 기체의 분자 수는 모두 같다.

	아르곤(25℃)	아르곤(727℃)	크립톤(25℃)
①	A	B	C
②	A	C	B
③	B	C	A
④	B	A	C
⑤	C	B	A

05

㉠과 연관된 설명으로 적절하지 않은 것은?

① 맥스웰 속력 분포 이론을 실험으로 증명하기 위해 고안되었다.
② 첫 번째 회전 원판에 입사된 기체 분자들 중 일부가 검출기에 도달한다.
③ 첫 번째 회전 원판의 틈을 통과하는 분자들은 다양한 값의 속력을 가진다.
④ 원판의 회전 속력은 같고 틈과 틈 사이의 각도가 커지면 더 빠른 분자들이 검출된다.
⑤ 틈과 틈 사이의 각도를 고정하고 원판의 회전 속력을 느리게 하면 더 느린 분자들이 두 번째 회전 원판의 틈을 통과한다.

[1~4] 다음 글을 읽고 물음에 답하시오.

일반적으로 바닷물은 영하의 온도에도 얼지 않는다. 또한 혹한 지역의 일부 생명체들은 추위 속에서도 생명을 유지하며 살아간다. 이는 모두 어는점 내림 현상과 관련이 있다.

[가]
어는점 내림 현상이란 무엇일까? 어는점은 액체가 얼기 시작할 때의 온도를 말하는데, 순수한 물의 어는점은 일반적으로 0℃이다. 이때 '물이 언다'라는 것은, 온도가 0℃ 이하로 내려가면서 액체 상태에서 불규칙적으로 배열되어 있던 물 분자가 규칙적으로 정렬하여 고체인 얼음이 되는 것을 말한다. 이때 용매인 물에 다른 물질, 즉 용질이 녹아 있으면 용질의 분자들이 물 분자의 정렬을 어렵게 하기 때문에 물만 있을 때보다 어는점이 내려가는데 이를 '어는점 내림 현상'이라 한다. 이때 용질의 종류나 특성이 아닌, 용질의 양에 의해서 어는점 내림과 같은 변화가 일어나는 성질을 '용액의 총괄성'이라 한다. 염분의 농도가 3.5%인 일반적인 바닷물의 경우, 많은 양의 소금이 나트륨 이온과 염소 이온으로 물에 녹아 그 이온들이 물 분자의 정렬을 어렵게 하기 때문에 얼음이 쉽게 형성되지 못한다. 그러므로 바닷물은 총괄성에 의한 어는점 내림으로 0℃가 아닌 −1.9℃에서 얼게 되는 것이다.

그런데 남극 빙어의 경우 총괄성에 의한 어는점 내림만으로는 어떻게 생명을 유지하는지를 설명하기 어렵다. 일반적으로 물고기의 경우 물의 온도가 어는점 아래로 내려가면 눈에 보이지 않는 아주 작은 얼음 결정들이 혈액이나 체액 내에 생기기 시작한다. 이 조그마한 얼음 결정들이 방치되면 물 분자들이 얼음 결정과 결합하여 얼음 결정이 순식간에 커져 결국 물고기는 죽고 말 것이다. 그런데 남극 빙어의 혈액 속에는 ㉠결빙 방지 단백질이라는 물질이 있어서 얼음 결정이 커지는 것을 막는다. 그렇다면 어떤 원리에 의해 이러한 현상이 나타나는 것일까?

먼저 결빙 방지 단백질이 녹아 있는 물에 얼음 결정이 들어 있고 어는점 아래로 온도를 낮춘다고 가정해 보자. 얼음 결정의 표면에는 물 분자가 얇게 물 층을 이루고 있는데, Ⓐᆞ그 얇은 물 층에 결빙 방지 단백질이 순식간에 결합한다. 결빙 방지 단백질이 결합된 부분에는 더 이상 물 분자가 결합하지 못한다. 따라서 얼음 결정의 물 층은 물 분자가 계속해서 결합하는 부분과 결합하지 못하는 부분으로 나눠진다. 이렇게 되면 물 분자가 결합할 수 있는 부분은 결합이 계속 이루어져 Ⓑᆞ볼록한 모양의 물 층이 형성된다. 그 결과 평평했던 얼음 결정의 물 층이 볼록하게 되어 표면적이 넓어지므로, 평평했을 때보다 물 층의 표면에 있는 물 분자의 수도 그만큼 늘어나게 된다. 이때 물 층 표면에 있는 물 분자들은 불안정한 상태이다.

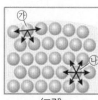
〈그림〉

〈그림〉은 물 층에 존재하는 물 분자 간의 결합 상태를 나타낸 것으로 화살표는 물 분자 간의 인력을 의미한다. 〈그림〉의 ㉯는 물 층 내부에 있는 물 분자로서 모든 방향으로 동일한 인력이 작용하므로 안정적인 상태이다. ㉮는 물 층 표면에 있는 물 분자로서 인력이 작용하는 방향이 한정적이므로 불안정한 상태이다. 일반적으로 불안정한 상태의 분자들은 다른 분자들과 결합하려는 힘이 더 큰데, 이는 에너지가 높은 상태라고 할 수 있다.

그런데 물 층이 볼록해지는 과정을 통해 평평한 상태일 때보다 물 층에 불안정한 상태의 물 분자들이 더 늘어났으므로, 얼음 결정의 물 층 표면의 에너지는 더 높아진 상태라고 할 수 있다. 이 같은 과정을 통해 물의 에너지와 얼음 결정의 물 층 표면의 에너지는 동일한 상태가 되는데, 이를 열적 평형이라고 한다. 열적 평형이 되면 물 분자가 얼음 결정에 더 이상 결합하지 않게 되어 얼음 결정이 커지지 않는다. 즉, 어는점이 내려가는 것이다. 이와 같은 현상은 결빙 방지 단백질이라는 특정한 물질, 즉 용질의 종류로 인해 발생한 어는점 내림이라고 할 수 있다.

실력 UP 변형 문항

수능 정복 기출 문항

01

[가]에 대한 반응으로 옳은 것을 〈보기〉에서 골라 바르게 묶은 것은?

→ 보기 ←

ㄱ. 물이 얼음이 된다는 것은 물 분자가 불규칙적으로 배열되는 현상이라 할 수 있군.

ㄴ. 염분의 농도가 3.5%인 바닷물보다 염분의 농도가 5%인 바닷물의 어는점이 더 낮겠군.

ㄷ. 어는점 내림 현상이 발생하기 위해서는 물 분자의 정렬을 방해하는 특정 분자가 필요하겠군.

ㄹ. 용액의 총괄성은 용질의 종류나 특성에 의해 어는점 내림과 같은 변화가 일어나는 성질을 말하는군.

① ㄱ, ㄴ   ② ㄱ, ㄷ   ③ ㄴ, ㄷ
④ ㄴ, ㄹ   ⑤ ㄷ, ㄹ

03

〈보기〉는 Ⓐ에서 Ⓑ로의 변화를 나타낸 것이다. 이 글을 바탕으로 〈보기〉를 이해한 내용으로 적절하지 <u>않은</u> 것은?

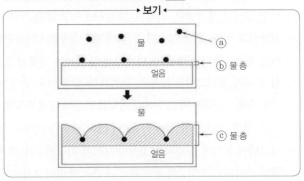

① ⓐ가 ⓑ에 결합하면 ⓐ가 결합한 지점에는 더 이상 물 분자가 결합할 수 없겠군.

② ⓐ에 의해 ⓑ가 ⓒ의 형태로 변화된 후 어는점이 내려갈 수 있겠군.

③ ⓑ가 ⓒ의 형태가 되면 ⓒ의 표면에 불안정한 상태의 물 분자들이 늘어나겠군.

④ ⓒ 표면의 에너지는 ⓑ 표면의 에너지보다 높아져 열적 평형 상태에 도달하기 쉽겠군.

⑤ ⓒ 내부에 있는 물 분자의 인력 방향은 ⓒ 표면에 있는 물 분자의 인력 방향보다 제한되겠군.

02 기출 03 연계

㉠이 어는점 내림 현상을 만들어 내는 원리를 〈보기〉와 같이 정리할 때, 적절하지 <u>않은</u> 것은? [3점]

→ 보기 ←

얼음 결정의 얇은 물 층에 결빙 방지 단백질이 달라붙고, 결빙 방지 단백질이 결합된 부분에는 더 이상 물 분자가 결합하지 못한다. …………………………………… ①

⇩

결빙 방지 단백질이 결합되지 않은 부분은 물 분자가 계속 결합하여 볼록한 모양의 물 층이 형성된다. ………… ②

⇩

물 층이 볼록하게 되면 표면적이 넓어지므로 물 층의 표면에 있는 물 분자의 수도 늘어나는데, 이때 물 분자들은 불안정한 상태가 된다. …………………………………… ③

⇩

불안정한 상태의 물 분자들에 의해 얼음 결정의 물 층 표면의 에너지는 더 높아진 상태가 되고, 결국 물의 에너지와 얼음 결정의 물 층 표면의 에너지는 열적 평형 상태가 된다. …………………………………………………… ④

⇩

열적 평형 상태가 되면 물 분자가 얼음 결정에 더 이상 결합하지 않아 얼음 결정이 작아지게 되므로 어는점이 내려가게 된다. ………………………………………………… ⑤

04

이 글을 읽은 학생이 〈보기〉와 같이 반응했다고 할 때, a와 b에 들어갈 말을 바르게 짝지은 것은?

→ 보기 ←

"바닷물의 어는점 내림 현상은 바닷물 속의 염분이 (a)로 작용하여 (b)의 정렬을 어렵게 함으로써 발생하는 것이다."

	a	b
①	용질	물 분자
②	용매	물 분자
③	용질	염소 이온
④	용매	나트륨 이온
⑤	용질	나트륨 이온

[1~5] 다음 글을 읽고 물음에 답하시오.

◆ 독해 훈련 문제 ◆

　㉠우리는 컴퓨터에서 음악을 들으면서 문서를 작성할 때 두 가지 프로그램이 동시에 실행되고 있다고 생각한다. 그러나 실제로는 아주 짧은 시간 간격으로 그 프로그램들이 번갈아 실행되고 있다. 이는 컴퓨터 운영 체제의 일부인 CPU(중앙 처리 장치) 스케줄링 때문이다. 어떤 프로그램이 실행될 때 컴퓨터 운영 체제는 실행할 프로그램을 주기억 장치에 저장하고 실행 대기 프로그램의 목록인 '작업큐'에 등록한다. 운영 체제는 실행할 하나의 프로그램을 작업큐에서 선택하여 CPU에서 실행하고 실행이 종료되면 작업큐에서 지운다.

　한 개의 CPU는 한 번에 하나의 프로그램만을 실행할 수 있다. 그러면 A와 B 두 개의 프로그램이 동시에 실행되는 것처럼 보이게 하려면 어떻게 해야 할까? 프로그램은 실행을 요청한 순서대로 작업큐에 등록되고 이 순서에 따라 A와 B는 차례로 실행된다. 이때 A의 실행 시간이 길어지면 B가 기다려야 하는 '대기 시간'이 길어지므로 동시에 두 프로그램이 실행되고 있는 것처럼 보이지 않는다. 그러나 A와 B를 일정한 시간 간격을 두고 번갈아 실행하면 두 프로그램이 동시에 실행되는 것처럼 보인다.

　이를 위해서 CPU의 실행 시간을 여러 개의 짧은 구간으로 나누어 놓고 각각의 구간마다 하나의 프로그램이 실행되도록 한다. 여기서 한 구간에서 프로그램이 실행되는 것을 '구간 실행'이라 하며, 각각의 구간에서 프로그램이 실행되는 시간을 '구간 시간'이라고 하는데 구간 시간의 길이는 일정하게 정한다. A와 B의 구간 실행은 원칙적으로 두 프로그램이 종료될 때까지 번갈아 반복되지만 하나의 프로그램이 먼저 종료되면 나머지 프로그램이 계속 실행된다.

　한편, 어떤 프로그램의 구간 실행이 진행되는 동안, 다른 프로그램은 작업큐에서 대기한다. A의 구간 실행이 끝나면 A의 실행이 정지되고 다음번 구간 시간 동안 실행할 프로그램을 선택한다. 이때 A가 정지한 후 B의 실행을 준비하는 데 필요한 시간을 '교체 시간'이라고 하는데 교체 시간은 구간 시간에 비해 매우 짧다. 교체 시간에는 그때까지 실행된 A의 상태를 저장하고 B를 실행하기 위해 B의 이전 상태를 가져온다. 그뿐만 아니라 같은 프로그램이 이어서 실행되더라도 운영 체제가 다음에 실행되어야 할 프로그램을 판단해야 하므로 구간 실행 사이에는 반드시 교체 시간이 필요하다.

　하나의 프로그램이 작업큐에 등록될 때부터 종료될 때까지 걸리는 시간을 '총처리 시간'이라고 하는데 이 시간은 순수하게 프로그램의 실행에만 소요된 시간인 '총실행 시간'에 '교체 시간'과 작업큐에서 실행을 기다리는 '대기 시간'을 모두 합한 것이다. ㉡총실행 시간이 구간 시간보다 긴 프로그램이 실행될 때는 구간 실행 횟수가 많아져서 교체 시간의 총합은 늘어난다. 그러나 총실행 시간이 구간 시간보다 짧거나 같은 프로그램은 한 번의 구간 시간 내에 종료되고 곧바로 다음 프로그램이 실행된다.

　[가] 이제 프로그램 A, B, C가 실행되는 경우를 생각해 보자. A가 실행되고 있고 B가 작업큐에서 대기 중인 상태에서 새로운 프로그램 C를 실행할 경우, C는 B 다음에 등록되므로 A와 B의 구간 실행이 끝난 후 C가 실행된다. A와 B가 종료되지 않아 추가적인 구간 실행이 필요하면 작업큐에서 C의 뒤로 다시 등록되므로 C, A, B의 상태가 되고 결과적으로 세 프로그램은 등록되는 순서대로 반복해서 실행된다.

　이처럼 작업큐에 등록된 프로그램의 수가 많아지면 각 프로그램의 대기 시간은 그에 비례하여 늘어난다. 따라서 작업큐에 등록할 수 있는 프로그램의 수를 제한해 대기 시간이 일정 수준 이상으로 길어지는 것을 막을 필요가 있다.

1 문단
1 두 개의 프로그램이 아주 짧은 시간 간격으로 번갈아 실행되도록 하는 기능은?

2 문단
2 두 개의 프로그램이 동시에 실행되는 것처럼 보이는 이유는?

3 문단
3 구간 실행의 개념은?

4 구간 시간의 개념은?

4 문단
5 교체 시간의 개념은?

5 문단
6 총처리 시간을 구하는 방법은?

6 문단
7 프로그램 A가 실행되고 있고 B가 작업큐에서 대기 상태일 때, 새로운 프로그램 C는 언제 실행되는가?

7 문단
8 프로그램의 대기 시간을 줄이는 방법은?

실력 UP 변형 문항

01

⊙과 같이 생각하는 이유로 가장 적절한 것은?

① 압축을 통해 프로그램의 용량을 줄여 총처리 시간을 단축
시키기 때문에

② 컴퓨터에 설치된 2개의 CPU가 각 프로그램을 동시에 실행
시키기 때문에

③ 작업큐에 등록할 수 있는 프로그램을 제한시켜 대기 시간
을 줄여 주기 때문에

④ 각 프로그램이 실행되는 시간을 동일하게 나누어 교체해
가며 실행하기 때문에

⑤ 각 프로그램을 순서대로 작업큐에 등록하고 작업이 끝날
때까지 계속 저장시켜 두기 때문에

02 기출 04 연계

〈보기〉는 [가]에 나타난 프로그램 A, B, C의 실행 과정을 도식화
한 것이다. 이 글을 바탕으로 〈보기〉를 이해한 내용으로 적절하지
않은 것은? [3점]

► 보기 ◄

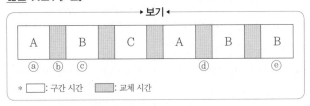

① A와 B 프로그램이 실행되는 시간인 ⓐ와 ⓒ의 길이는 동일
하겠군.

② A 프로그램의 상태를 저장하고 B 프로그램의 실행을 준비
하는 시간인 ⓑ는 항상 ⓐ보다 짧겠군.

③ C는 총실행 시간이 구간 시간보다 짧거나 같은 프로그램이군.

④ ⓓ 이후 B 프로그램이 연속으로 실행되었으니 A 프로그램
의 대기 시간은 더 길어졌겠군.

⑤ ⓔ 이후에 새 프로그램이 추가된다면 교체 시간의 총합은
늘어나겠군.

수능 정복 기출 문항

03

이 글의 내용과 일치하지 않는 것은?

① CPU 스케줄링은 컴퓨터 운영 체제의 일부이다.

② 프로그램 실행이 종료되면 실행 결과는 작업큐에 등록된다.

③ 구간 실행의 교체에 소요되는 시간은 구간 시간보다 짧다.

④ CPU 한개는 한 번에 하나의 프로그램만 실행이 가능하다.

⑤ 컴퓨터 운영 체제는 실행할 프로그램을 주기억 장치에 저
장한다.

04

ⓛ의 실행 과정에 대한 이해로 적절하지 않은 것은?

① 교체 시간이 줄어들면 총처리 시간이 줄어든다.

② 대기 시간이 늘어나면 총처리 시간이 늘어난다.

③ 총실행 시간이 줄어들면 총처리 시간이 줄어든다.

④ 구간 시간이 늘어나면 구간 실행 횟수는 늘어난다.

⑤ 작업큐의 프로그램 개수가 늘어나면 총처리 시간은 늘어난다.

05

이 글을 바탕으로 할 때, 〈보기〉의 ⓐ에 들어갈 내용으로 적절한 것
은? [3점]

► 보기 ◄

운영 체제가 작업큐에 등록된 프로그램에 대해 우선순위를
부여하고 순위가 가장 높은 것을 다음에 실행할 프로그램으
로 선택하면 작업큐의 크기를 제한하지 않고도 각 프로그램
의 '대기 시간'을 조절할 수 있다.

프로그램 P, Q, R이 실행되고 있는 예를 생각해 보자. P가
'구간 실행' 상태이고 Q와 R이 작업큐에 대기 중이며 Q의 순
위가 R보다 높다. P가 구간 실행을 마치고 작업큐에 재등록
될 때, P의 순위를 Q보다는 낮지만 R보다는 높게 한다. P가
작업큐에 재등록된 후 다시 P가 구간 실행을 하기 직전까지
_____ ⓐ _____ 을/를 거쳐야 한다.

① P에서 R로의 교체

② Q의 구간 실행

③ Q의 구간 실행과 R의 구간 실행

④ Q의 구간 실행과 Q에서 P로의 교체

⑤ R의 구간 실행과 R에서 P로의 교체

[1~6] 다음 글을 읽고 물음에 답하시오.

무선 통신 시스템에서 전파로 전송되는 신호는 때에 따라 왜곡될 수도 있고, 안테나나 통신 장비에서 발생하는 다양한 열잡음*으로 원하지 않는 신호가 더해질 수도 있다. 이처럼 데이터 전송 과정에서 오류가 생기면 수신기는 잘못된 신호를 받아 정확한 정보 전달이 어려워진다. 이런 경우에 추가 데이터를 함께 보내서 오류가 발생한 데이터를 검출하거나 복구하는 방식을 사용하는데, 이는 크게 Ⓐ자동 재전송 요구 방식과 Ⓑ순방향 오류 정정 방식으로 나눌 수 있다.

먼저 자동 재전송 요구 방식은 송신기에서 데이터를 전송할 때 데이터 중 1의 개수가 홀수 이면 1을, 짝수이면 0의 추가 데이터를 송신 정보 데이터와 함께 보낸다. 수신기에서 받은 수신 정보 데이터의 1의 개수와 추가 데이터의 값을 비교하여 두 값이 다르면 수신기는 전송 된 데이터 속에 오류가 있음을 알게 된다.

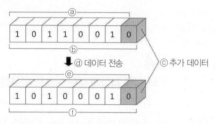

예를 들어 위의 그림과 같이 7개의 데이터를 전송할 때 네 번째 데이터 비트가 1이 아닌 0 으로 수신될 수 있다. 이때 수신 정보 데이터의 1의 개수가 홀수인데 추가 데이터가 0이므로 오류가 발생했다는 것을 알게 된다. 그러나 수신기는 오류가 발생한 데이터의 위치를 알 수 없고, 오류를 정정할 능력 또한 없다. 이 경우 수신기는 자동 재전송 요구를 통해 송신기에 데이터 재전송을 요청한 후 오류를 복구하게 된다.

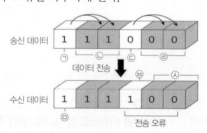

다음으로 순방향 오류 정정 방식은 송신기에서 전송할 데이터를 위의 그림처럼 각각 두 번 씩 복사한 추가 데이터를 송신 정보 데이터와 함께 전송하는 방식이다. 데이터 전송에 오류가 발생한 경우, 수신기는 수신 데이터에서 복사된 데이터들과 비교하여 다른 값으로 전송됐는지 를 확인해 오류가 발생한 위치를 알 수 있다. 만약 수신 데이터가 1인데 복사된 데이터들의 값 이 모두 0이라면 실제 전송된 데이터는 1이 아닌 0으로, 오류를 고칠 수 있다. 이처럼 순방향 오류 정정 방식은 복사된 추가 데이터를 이용해 수신기가 단독으로 오류를 정정할 수 있다.

* 열잡음: 수신기나 전송 선로 또는 전파 매체에서 전자 운동이 열에너지에 의해 동요하여 발생하는 잡음

독해 훈련 문제

1 문단
1 오류가 발생한 데이터를 검출하거 나 복구하는 방식 두 가지는?

2 문단
2 자동 재전송 요구 방식에서 송신 정보 데이터 중 1의 개수가 8개이 면, 함께 보내는 추가 데이터 값 은?

3 문단
3 자동 재전송 요구 방식에서 오류가 발생했을 때 데이터 재전송을 요청 하는 이유는?

4 문단
4 순방향 오류 정정 방식에서는 전송 할 데이터를 각각 몇 번씩 추가 복 사하는가?

5 순방향 오류 정정 방식에서 오류를 정정하는 방식은?

실력 UP 변형 문항

01

Ⓐ와 Ⓑ에 대한 설명으로 적절하지 <u>않은</u> 것은?

① Ⓐ와 Ⓑ는 모두 열잡음 등으로 인한 전송 오류를 검출한다.

② Ⓐ와 Ⓑ는 모두 오류 확인을 위한 추가 데이터가 전송된다.

③ Ⓐ는 Ⓑ에 비해 추가 데이터의 양이 상대적으로 적다.

④ Ⓑ는 Ⓐ에 비해 오류를 복구하는 속도가 빠르다.

⑤ Ⓑ는 Ⓐ와 달리 오류 발생 위치를 확인하기에 용이하다.

02 <기출 05 연계>

㉠~㉆에 대한 이해로 적절하지 <u>않은</u> 것은?

① ㉠과 ㉢은 수신기에 전달하려는 정보 데이터이다.

② ㉡과 ㉣은 전송 데이터의 오류를 확인하기 위해 복사된 추가 데이터이다.

③ ㉣에는 전송 데이터 중 1의 개수가 홀수이면 1을, 짝수이면 0을 할당한다.

④ ㉤은 전송 오류가 발생하지 않고 정상적으로 수신된 데이터이다.

⑤ ㉥과 ㉆을 비교해 전송 오류를 확인할 수 있다.

03 <기출 06 연계>

〈보기〉는 '순방향 오류 정정 방식'을 통해 전송된 수신 데이터이다. 이 글을 바탕으로 〈보기〉에 대해 이해한 내용으로 적절한 것을 있는 대로 고른 것은? [3점]

┌──────── ▸ 보기 ◂ ────────┐

| 0 | 0 | 0 | 0 | 1 | 1 | 1 | 1 | 1 | 0 | 0 | 0 | 0 | 1 | 0 | 0 |

㉮ 실제 송신 정보 데이터는 '01100'이다.

㉯ 수신기에 전송하려는 데이터의 개수는 모두 10개이다.

㉰ 오류를 확인하기 위해 복사된 추가 데이터의 개수는 5개이다.

㉱ 송신 정보 데이터의 두 번째와 다섯 번째 데이터 비트에서 전송 중에 오류가 발생하였다.

㉲ 수신기는 오류가 발생한 데이터를 추가 복사된 데이터들과 비교하여 스스로 오류를 수정한다.

① ㉮, ㉰　　　② ㉯, ㉲　　　③ ㉮, ㉰, ㉱

④ ㉮, ㉱, ㉲　　　⑤ ㉯, ㉰, ㉲

수능 정복 기출 문항

[고3 교육청 기출]

04

이 글에 대한 설명으로 가장 적절한 것은?

① 다른 대상과의 비교를 통해 가설을 입증하고 있다.

② 설명 대상을 구분하여 각각의 원리를 서술하고 있다.

③ 기술의 변화 양상을 시대별로 나누어 서술하고 있다.

④ 기술의 문제점을 분석하여 향후 개선 방향을 제시하고 있다.

⑤ 전문가의 견해를 인용하여 원리를 체계적으로 설명하고 있다.

05

ⓐ~ⓕ에 대한 설명으로 적절하지 <u>않은</u> 것은?

① ⓐ는 송신 정보 데이터이다.

② ⓑ는 전송 오류를 알기 위해 ⓐ에 ⓒ를 더한 데이터이다.

③ ⓒ는 ⓑ의 데이터 비트 전체의 개수에 따라 값이 결정된다.

④ ⓓ에서 열잡음으로 인해 전송 오류가 발생할 수 있다.

⑤ ⓕ에서 ⓒ의 값과 ⓔ의 분석 결과를 비교해 전송 오류를 확인할 수 있다.

06

〈보기〉는 '순방향 오류 정정 방식'을 통해 전송된 수신 데이터이다. 이 글을 바탕으로 〈보기〉에 대해 이해한 내용으로 적절한 것을 있는 대로 고른 것은?

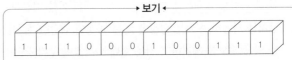

┌──────── ▸ 보기 ◂ ────────┐

| 1 | 1 | 1 | 0 | 0 | 0 | 1 | 0 | 0 | 1 | 1 | 1 |

ㄱ. 복사된 추가 데이터의 개수는 모두 8개이다.

ㄴ. 추가 데이터로 확인하면 송신 정보 데이터는 '1011'이다.

ㄷ. 오류가 발생한 위치는 송신 정보 데이터의 세 번째 데이터 비트이다.

ㄹ. 송신기에 추가 데이터 전송을 요청한 후 수신 데이터와 비교해 오류를 정정한다.

① ㄱ, ㄴ　　　② ㄱ, ㄷ　　　③ ㄷ, ㄹ

④ ㄱ, ㄴ, ㄷ　　　⑤ ㄴ, ㄷ, ㄹ

[1~4] 다음 글을 읽고 물음에 답하시오.

지문(指紋)은 손가락의 진피로부터 땀샘이 표피로 융기되어 일정한 흐름 모양으로 만들어진 것으로 솟아오른 부분을 융선, 파인 부분을 골이라고 한다. 지문은 진피 부분이 손상되지 않는 한 평생 변하지 않는다. 이 때문에 홍채, 정맥, 목소리 등과 함께 지문은 신원을 확인하기 위한 중요한 생체 정보로 널리 사용되고 있다.

지문 인식 시스템은 등록된 지문과 조회하는 지문이 동일한지 판단함으로써 신원을 확인하는 생체 인식 시스템이다. 지문을 등록하거나 조회하기 위해서는 지문 입력 장치를 통해 지문의 융선과 골이 잘 드러나 있는 지문 영상을 얻어야 한다. 지문 입력 장치는 손가락과의 접촉을 통해 정보를 얻는데, 이때 지문의 융선은 접촉면과 닿게 되고 골은 닿지 않는다. 따라서 지문 입력 장치의 융선과 골에 대응하는 빛의 세기, 전하량, 온도와 같은 물리량에 차이가 발생한다.

㉠광학식 지문 입력 장치는 조명 장치, 프리즘, 이미지 센서로 구성되어 있다. 프리즘의 반사면에 손가락을 고정시키면 융선 부분에 묻어 있는 습기나 기름이 반사면에 얇은 막을 형성한다. 조명에서 나와 얇은 막에 입사된 빛은 굴절되거나 산란되어 약해진 상태로 이미지 센서에 도달한다. 골 부분은 반사면에 닿아 있지 않으므로 빛이 굴절, 산란되지 않고 반사되어 센서에 도달한다. 이미지 센서는 빛의 세기를 디지털 신호로 변환하여 지문 영상을 만든다. 이 장치는 지문이 있는 부위에 땀이나 기름기가 적은 건성 지문인 경우에는 온전한 지문 영상을 획득하기 어렵다.

㉡정전형 센서식 지문 입력 장치는 미세한 정전형 센서들을 촘촘하게 배치한 판을 사용한다. 이 판에는 전기가 흐르고 각 센서마다 전하가 일정하게 충전되어 있다. 판에 손가락이 닿으면 전하가 방전되어 센서의 전하량이 줄어든다. 이때 융선이 접촉된 센서와 그렇지 않은 센서는 전하량에 차이가 생기는데, 각 센서의 전하량을 변환해 지문 영상을 얻는다.

㉢초전형 센서식 지문 입력 장치는 인체의 온도 변화를 감지하는 여러 개의 작은 초전형 센서를 손가락의 폭에 해당하는 길이만큼 일렬로 배치해서 사용한다. 이 센서는 온도가 변할 때에만 신호가 발생하는 특성이 있다. 센서가 늘어선 방향과 직각 방향으로 손가락을 접촉시킨 채 이동시키면, 접촉면과 지문의 융선 사이에 마찰열이 발생하여 융선과 골에 따라 센서의 온도가 달라진다. 이때 발생하는 미세한 온도 변화를 센서가 감지하고 이에 해당하는 신호를 변환하여 연속적으로 저장해 지문 영상을 얻는다. 이 장치는 다른 지문 입력 장치보다 소형화할 수 있어 스마트폰과 같은 작은 기기에 장착할 수 있다.

ⓐ일반적으로 생체 인식 시스템에서는 '생체 정보 수집', '전처리', '특징 데이터 추출', '정합'의 과정을 거치는데 지문 인식 시스템도 이를 따른다. 생체 정보 수집 단계는 지문 입력 장치를 사용하여 지문 영상을 얻는 과정에 해당한다. 전처리 단계에서는 지문 형태와 무관한 영상 정보를 제거하고 지문 형태의 특징이 부각되도록 지문 영상을 보정한다. 특징 데이터 추출 단계에서는 전처리 단계에서 보정된 영상으로부터 각 지문이 가진 고유한 특징 데이터를 추출한다. 특징 데이터로는 융선의 분포 유형, 융선의 위치와 연결 상태 등이 사용된다. 정합 단계에서는 사전에 등록되어 있는 특징 데이터와 지문 조회를 위해 추출된 특징 데이터를 비교하여 유사도를 계산한다. 이 값이 기준치보다 크면 동일한 사람의 지문으로 판정한다.

독해 훈련 문제

1 문단
1 지문이 신원을 확인하기 위한 중요한 생체 정보로 사용되는 이유는?

2 문단
2 지문 인식 시스템에 사용할 지문 영상을 얻을 때 고려해야 할 점은?

3 문단
3 광학식 지문 입력 장치에서 지문 영상을 얻는 방식은?

4 문단
4 정전형 센서식 지문 입력 장치에서 지문 영상을 얻는 방식은?

5 문단
5 초전형 센서식 지문 입력 장치에서 지문 영상을 얻는 방식은?

6 문단
6 지문 인식 과정 중, 지문 형태의 특징이 부각되도록 보정하는 단계는?

●● 정답과 해설 62쪽

01

㉠~㉢을 사용해 정상적인 '지문 영상'을 얻었다고 할 때, 각 센서에 감지되는 물리량에 대한 설명으로 적절하지 <u>않은</u> 것은? [3점]

	융선	골
㉠	빛이 굴절되거나 산란되므로 센서에 도달하는 빛의 세기가 상대적으로 약하다. ·········①	빛이 굴절, 산란되지 않고 직접 반사되므로 센서에 도달하는 빛의 세기가 상대적으로 강하다. ·········②
㉡	판에 직접 맞닿게 되므로 센서의 전하량의 변화가 상대적으로 적다. ·········③	판에 직접 맞닿지 않으므로 센서의 전하량이 상대적으로 많다. ·········④
㉢	직접적인 마찰이 발생하므로 센서의 온도가 상대적으로 높다. ·········⑤	직접적인 마찰이 발생하지 않으므로 센서의 온도가 상대적으로 낮다.

03

이 글의 내용과 일치하는 것은?

① 광학식 지문 입력 장치에는 프리즘이 필요하다.
② 정맥은 지문과 달리 신원 확인을 위한 생체 정보로 활용할 수 없다.
③ 정전형 센서식 지문 입력 장치가 초전형 센서식 지문 입력 장치보다 소형화에 더 유리하다.
④ 광학식 지문 입력 장치에서 반사면에 융선 모양의 얇은 막이 형성되지 않아야 온전한 지문 영상을 얻을 수 있다.
⑤ 초전형 센서식 지문 입력 장치에서 양호한 지문을 얻기 위해서는 손가락을 센서에 접촉시킨 후 움직이지 않아야 한다.

02 <기출 04 연계>

ⓐ에 따라 〈보기〉의 정보를 활용한 얼굴 인식 시스템을 설계한다고 할 때, 단계별 고려 사항으로 적절하지 <u>않은</u> 것은?

> ▶ 보기 ◀
>
> 얼굴 인식 시스템은 지문 인식 시스템과 달리 비접촉식이어서 사람들의 거부감이 덜하다. 얼굴 인식 시스템에서는 미리 저장된 '표준 얼굴 기본 틀'에 개인마다 다른 눈, 코, 입의 위치와 각도 등을 적용하여 특정 인물의 얼굴 값을 생성한다. 그러므로 헤어스타일, 수염 등과 같이 자주 변하는 얼굴 정보는 인식 과정에서 걸러 낼 수 있어야 한다. 또 사람의 미세한 움직임이나 빛의 각도 등으로 인해 인식 과정에서 발생할 수 있는 오류를 차단해야 한다.

① [생체 정보 수집] 얼굴의 특징이 정확히 인식되도록 성능이 좋은 카메라를 사용하는 것이 좋겠군.
② [전처리] 얼굴의 특징과 무관한 헤어스타일이나 수염 등의 정보를 제거하는 과정이 필요하겠군.
③ [전처리] 사람의 미세한 움직임이나 빛의 각도에 따라 달라지는 얼굴의 특징을 유형화해야 하겠군.
④ [특징 데이터 추출] 조회하려는 얼굴의 눈, 코, 입의 위치와 각도를 특징 데이터로 추출해야 하겠군.
⑤ [정합] 등록되어 있는 얼굴의 특징 데이터와 조회하려는 얼굴의 특징 데이터 사이의 유사도를 계산할 수 있는 장치가 있어야 하겠군.

04

ⓐ에 따라 〈보기〉의 정보를 활용한 홍채 인식 시스템을 설계한다고 할 때, 단계별 고려 사항으로 적절하지 <u>않은</u> 것은? [3점]

> ▶ 보기 ◀
>
> 홍채는 각막과 수정체 사이에 있는 근육 막으로, 빛을 통과시키는 구멍인 동공을 둘러싸고 있다. 홍채 근육은 빛의 양을 조절하기 위해 수축하거나 이완하여 동공의 크기를 조절한다. 홍채에는 불규칙한 무늬가 있는데, 두 사람의 홍채 무늬가 같을 확률은 대략 20억분의 1 정도로 알려져 있다.

① [생체 정보 수집] 홍채의 바깥에 각막이 있으므로 홍채 정보를 수집할 때에는 지문 입력 장치와 달리, 홍채 입력 장치와 홍채가 직접 닿지 않게 하는 방식을 고려해야겠군.
② [전처리] 생체 정보 수집 단계에서 얻은 영상에서 홍채의 불규칙한 무늬가 나타난 부분만을 분리하는 과정이 필요하겠군.
③ [전처리] 홍채의 불규칙한 무늬가 선명하게 드러날 수 있도록 생체 정보 수집 단계에서 얻은 영상을 보정해야겠군.
④ [특징 데이터 추출] 홍채 근육에 의해 동공의 크기가 달라진다는 점을 고려하여 홍채에서 동공이 차지하는 비율을 특징 데이터로 추출해야 하겠군.
⑤ [정합] 등록된 홍채의 특징 데이터와 조회하려는 홍채의 특징 데이터 사이의 유사도를 판정하는 단계이므로 유사도의 기준치가 정해져 있어야 하겠군.

[1~5] 다음 글을 읽고 물음에 답하시오.

독해 훈련 문제

1문단
1 하이브리드 자동차의 특징은?

2문단
2 하이브리드 자동차에서 전기 모터의 역할은?

3문단
3 하이브리드 자동차에서 전기 모터만 사용되는 경우는?

4 감속할 때 하이브리드 자동차가 에너지 효율을 높이는 방법은?

4문단
5 하이브리드 자동차의 단점은?

6 하이브리드 자동차의 장점은?

　　자동차의 매연으로 인한 대기 오염이 갈수록 심해지면서 각국에서는 앞다투어 환경 오염을 줄일 수 있는 자동차를 생산하는 데 박차를 가하고 있다. 그중 상용화에 성공한 대표적인 사례로 친환경 차인 ㉮하이브리드(hybrid) 자동차를 들 수 있다. '하이브리드'란 두 가지의 기능을 하나로 합쳤다는 의미로, ㉯내연 기관 엔진만 장착한 기존의 자동차와 달리 하이브리드 자동차는 내연 기관 엔진에 전기 모터를 함께 장착한 것이 특징이다.

〈하이브리드 자동차의 구조〉

　　하이브리드 자동차는 만드는 방법에 따라 구동 방식이나 구조상 차이가 있지만, 대체로 위의 그림과 같은 핵심 구성 요소들로 이루어져 있다. 내연 기관 엔진은 기관 내부에서 연료를 연소시켜 열에너지를 기계적 에너지로 바꾼다. 전기 모터는 자동차의 주행 상태에 따라 전동기나 발전기 역할을 할 수도 있고 작동하지 않을 수도 있다. 전동기 역할을 할 때는 전력을 사용하여 자동차를 움직이게 하고, 발전기 역할을 할 때는 회전 에너지를 전력으로 바꾸어 배터리를 충전한다. 배터리는 전기 모터가 필요로 하는 에너지를 공급하는 장치로, 자동차의 주행 상태에 따라 에너지가 충전되기도 한다. 그 외 구성 요소에는 내연 기관 엔진과 전기 모터의 회전 운동을 바퀴에 전달하는 변속기, 연료를 보관하는 연료 탱크, 전력이나 전기 모터를 제어하는 모듈*, 배터리 상태를 확인하는 모듈 등이 있다.

　　하이브리드 자동차는 차량 속도나 주행 상태 등에 따라 내연 기관 엔진과 전기 모터의 힘을 적절히 조절하여 에너지 효율을 높인다. 시동을 걸 때는 전기 모터만 사용하지만, 가속하거나 등판*할 때처럼 많은 힘이 필요하면 전기 모터가 엔진을 보조하여 구동력을 높인다. 정속 주행은 속도에 따라 두 유형이 있는데, 저속 정속 주행할 때는 전기 모터만 작동하지만, 고속 정속 주행할 때는 엔진과 전기 모터가 함께 작동한다. 반면에 감속할 때는 연료 공급이 중단되어 엔진이 정지되고 전기 모터는 배터리를 충전한다. 또한 잠깐 정차할 때는 엔진이 자동으로 정지하여 차량의 공회전*에 따른 불필요한 연료 소비와 배기가스 발생을 차단한다.

　　하이브리드 자동차는 기존의 내연 기관 자동차와 비교했을 때, 전기 모터 시스템이 추가로 내장되면서 차체가 무거워지고, 가격도 비싸진다는 단점이 있다. 또한 구조가 복잡해서 차량 정비에 어려움이 가중되고, ㉠근본적으로 배기가스를 배출할 수밖에 없다는 한계가 있다. 하지만 동력 성능이 뛰어날 뿐만 아니라 연료 소비율이 낮아 배기가스도 적게 배출하여 환경 오염을 줄일 수 있다는 장점이 있다. 이런 점에서 Ⓐ하이브리드 자동차는 무공해를 지향하는 전기 자동차나 수소 연료 전지 자동차가 일반화될 때까지 중요한 운송 수단이 될 것으로 보인다.

* 모듈: 프로그램이나 기계 또는 시스템의 구성단위
* 등판: 차량 따위가 비탈길을 올라가는 일
* 공회전: 기계 따위가 헛도는 일

실력 UP 변형 문항

01 기출 04 연계

㉯와 비교했을 때, ㉮의 특징으로 적절하지 않은 것은?

① ㉮는 ㉯와 달리, 신호 대기 등으로 잠깐 정차할 때 엔진이 자동으로 정지한다.

② ㉮는 ㉯와 달리, 속도를 줄일 때 연료 공급이 중단되어 에너지 효율을 높인다.

③ ㉮는 연료를 사용하는 ㉯와 달리, 시동을 걸 때 전기 모터만 사용하여 연료 소비율이 낮다.

④ ㉮는 ㉯와 달리, 고속 정속 주행할 때 엔진과 함께 작동하는 전기 모터가 발전기의 역할을 한다.

⑤ ㉮는 ㉯와 달리, 가속할 때나 오르막길을 주행할 때 전기 모터가 엔진을 보조하여 구동력을 높인다.

02

Ⓐ의 이유로 적절하지 않은 것은?

① 하이브리드 자동차는 내연 기관 자동차에 비해 유해 가스 배출량이 적기 때문이다.

② 하이브리드 자동차는 필요하지 않을 때 엔진을 정지하여 연료가 절감되기 때문이다.

③ 하이브리드 자동차는 엔진과 전기 모터를 함께 사용하여 동력 성능이 뛰어나기 때문이다.

④ 하이브리드 자동차는 속도나 주행 상태에 따라 에너지를 효율적으로 관리할 수 있기 때문이다.

⑤ 하이브리드 자동차는 전기 자동차나 수소 연료 전지 자동차보다 환경 오염을 줄일 수 있기 때문이다.

수능 정복 기출 문항

03

이 글의 '하이브리드 자동차'에 대한 이해로 적절하지 않은 것은?

① 전력이나 전기 모터를 제어하는 시스템이 장착되어 있다.

② 만드는 방법에 따라 구동 방식이나 구조상 차이가 있다.

③ 전기 자동차에서 수소 연료 전지 자동차로 넘어가는 중간 단계의 운송 수단이다.

④ 기존의 내연 기관 자동차보다 구조가 복잡하여 차량 정비에 어려움이 있다.

⑤ 차량의 속도나 주행 상태에 따라 에너지 효율을 높일 수 있도록 설계되어 있다.

04

이 글을 바탕으로 〈보기〉에 대해 이해한 내용으로 적절하지 않은 것은? [3점]

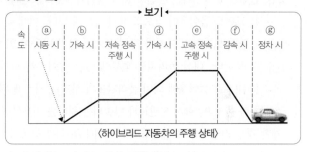

〈하이브리드 자동차의 주행 상태〉

① ⓐ에서는 전기 모터만 작동한다.

② ⓑ와 ⓓ에서는 엔진과 전기 모터가 함께 작동한다.

③ ⓒ와 달리 ⓔ에서는 엔진도 작동한다.

④ ⓕ에서는 전기 모터가 전동기의 역할을 한다.

⑤ ⓖ에서는 엔진이 자동으로 정지한다.

05

㉠의 이유로 가장 적절한 것은?

① 동력 성능이 떨어지기 때문에

② 내연 기관 엔진을 사용해야 하기 때문에

③ 배터리를 주기적으로 교체해야 하기 때문에

④ 오염된 공기를 정화시켜 주는 장치가 없기 때문에

⑤ 전기 모터의 사용이 배기가스 발생을 유발하기 때문에

[1~5] 다음 글을 읽고 물음에 답하시오.

독해 훈련 문제

우리 몸에 이상이 생기면 약물을 투여함으로써 이상 부위를 치료하게 된다. 약물을 투여하는 일반적인 방법으로는 약물을 바르거나 복용하거나, 주사하는 것 등이 있는데, 이것들은 약물의 방출량이나 시간 등을 능동적으로 조절하기 어려운 '단순 약물 방출'의 형태이다. 단순 약물 방출의 경우에는 약물이 정상 조직에 작용하여 부작용을 일으키기도 하는데, 특히 항암제나 호르몬제와 같은 약물은 정상 조직에 작용할 경우 심각한 부작용을 ㉠초래(招來)할 수도 있다. 따라서 치료가 필요한 국부적인 부위에만 약물을 투여할 수 있도록 하는 방안의 필요성이 ㉡대두(擡頭)되고 있다.

이에 최근에는 약물의 방출량이나 시간 등을 능동적으로 조절할 수 있는 '능동적 약물 방출'의 연구가 활발하게 이루어지고 있다. 그중 대표적인 것으로 전도성 고분자를 활용하는 연구가 진행 중인데, 특히 '폴리피롤'이라는 전도성 고분자의 활용이 ㉢유력시(有力視)되고 있다. 폴리피롤은 생체 적합성이 우수하고 안정성이 뛰어날 뿐만 아니라 전압에 의해 이온들의 출입이 가능한 특징을 가지고 있기 때문이다.

폴리피롤에 전압을 가하면 부피가 변하게 된다. 폴리피롤에는 이온 형태의 도판트*가 들어 있는데, 이 도판트의 크기에 따라 부피 변화 양상은 달라지게 된다.

[A]   예를 들어 도판트의 크기가 작을 경우, 폴리피롤에 음의 전압을 가하면 폴리피롤 내에 음전자가 늘어나는 환원 반응이 일어나게 되고, 전기적 중성을 유지하기 위해 크기가 작은 도판트 음이온이 밖으로 빠져 나오게 된다. 이에 따라 폴리피롤의 부피는 줄어든다.

[B]   한편 도판트의 크기가 큰 경우에는 환원 반응이 일어나더라도 도판트가 밖으로 나가지 못한다. 대신 폴리피롤 외부에 있는 양이온이 전기적 중성을 맞추기 위하여 폴리피롤 내부로 들어오게 되어 폴리피롤의 부피는 커지게 된다.

이처럼 폴리피롤에서 도판트가 방출되는 원리를 이용하면, 도판트를 이온 상태의 약물로 대체할 경우 전압에 의해 방출량이 ㉣제어(制御)되는 능동적 약물 방출 시스템으로의 응용도 가능해진다. 이 시스템은 크게 두 가지로 구분된다. 우선, 폴리피롤 합성 과정에서 ⓐ약물을 직접 도판트로 사용하는 경우이다. 이 경우는 약물의 방출량은 많지만 도판트로 합성이 가능한 약물의 종류에는 제한이 있다. 다른 방법으로는 약물이 이온 형태로 존재하는 전해질 내에서 ⓑ도판트와 약물을 치환하는 경우이다. 이 경우는 치환되는 전해질 내의 약물 이온의 밀도가 높아야 다양한 약물을 폴리피롤 내에 넣는 것이 가능하다. 그러나 도판트 전부가 치환되지는 않기 때문에 첫 번째 방법보다 약물의 방출량은 적어지고, 제조 ㉤공정(工程)이 다소 복잡하다.

* 도판트: 전기 전도도를 변화시키기 위해 의도적으로 넣어주는 불순물

1 문단
1 단순 약물 방출의 문제점은?

2 문단
2 능동적 약물 방출 연구에 '폴리피롤'을 활용하는 이유는?

3 문단
3 전압을 가했을 때 폴리피롤의 부피 변화에 영향을 주는 것은?

4 문단
4 도판트의 크기가 작을 때 폴리피롤의 부피는?

5 문단
5 도판트의 크기가 클 때, 폴리피롤의 부피가 커지는 이유는?

6 문단
6 약물을 직접 도판트로 사용하는 경우의 한계는?

7 도판트와 약물을 치환하는 경우의 한계는?

실력 UP 변형 문항

01

이 글의 내용과 일치하지 않는 것은?

① 단순 약물 방출의 대표적인 방법으로는 연고나 주사제 등이 있다.

② 폴리피롤을 이용하면 전압에 의해 약물의 방출량을 제어할 수 있다.

③ 폴리피롤을 사용하는 이유는 생체 적합성이 우수하고 안정성이 뛰어나기 때문이다.

④ 능동적 약물 방출 시스템을 통해 원하는 때에 필요한 만큼의 약물을 투여할 수 있다.

⑤ 약물을 직접 도판트로 사용하는 경우에는 도판트와 약물을 치환하는 경우보다 제조 공정이 복잡하다.

02 〈기출 04 연계〉

도판트 에 대한 설명으로 적절하지 않은 것은?

① 폴리피롤의 부피 변화에 영향을 미치는 원리를 능동적 약물 방출 시스템에 응용할 수 있다.

② 도판트의 크기가 작을 경우, 폴리피롤에 음의 전압을 가하면 음전자가 증가해 환원 반응이 일어난다.

③ 도판트의 크기가 작을 경우, 폴리피롤에 환원 반응이 일어나면 음이온이 유입되어 폴리피롤의 부피가 감소한다.

④ 도판트의 크기가 큰 경우, 폴리피롤에 음의 전압을 가해 환원 반응이 일어나더라도 음이온이 외부로 나가지 못한다.

⑤ 도판트의 크기가 큰 경우, 폴리피롤에 환원 반응이 일어나면 외부의 양이온이 유입되어 폴리피롤의 부피가 증가한다.

03

㉠∼㉤의 뜻풀이가 바르지 않은 것은?

① ㉠: 어떤 결과를 가져오게 함

② ㉡: 어떤 세력이나 현상이 새롭게 나타남

③ ㉢: 가능성이 많다고 봄

④ ㉣: 정도를 넘어서 나아가려는 것을 억눌러 그치게 함

⑤ ㉤: 제품이 완성되기까지의 작업 단계

수능 정복 기출 문항

04

〈보기〉는 [A]와 [B]를 도식화한 것이다. ㉮∼㉱에 들어갈 말을 순서대로 바르게 짝지은 것은?

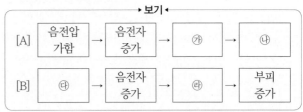

	㉮	㉯	㉰	㉱
①	음이온 방출	부피 감소	음전압 가함	양이온 유입
②	음이온 방출	부피 감소	음전압 가함	음이온 유입
③	양이온 유입	부피 증가	음전압 가함	음이온 방출
④	양이온 유입	부피 증가	음전자 감소	음이온 방출
⑤	음이온 방출	부피 감소	음전자 감소	양이온 유입

05

ⓐ, ⓑ에 대한 설명으로 적절하지 않은 것은?

① ⓐ는 도판트로 합성이 가능한 약물의 종류에 제한이 있다.

② ⓑ는 전해질 내의 약물 이온의 밀도가 높아야 한다.

③ ⓐ와 ⓑ는 모두 전압에 의해 약물의 방출량이 제어된다.

④ ⓐ는 ⓑ보다 제조 공정이 단순하다.

⑤ ⓑ는 ⓐ보다 약물의 방출량이 많다.

고등 국어 수업을 위한 쉽고 체계적인 맞춤 교재

고등국어 고고

기본 문학 문법

(전 3권)

고등 국어 학습, 시작이 중요합니다!

■ 고등학교 공부는 중학교 공부에 비해 훨씬 더 사고력, 독해력, 어휘력이 필요합니다.
■ 국어 공부는 모든 교과 학습의 기초가 됩니다.

```
                    ┌─── 사고력 ───┐
      국어 공부 ─────┼─── 독해력 ───┼──→  모든 교과 학습의 기초
                    └─── 어휘력 ───┘
```

'고고 시리즈'로 고등 국어 실력을 키우세요!

■ 국어 핵심 개념, 교과서 필수 문학 작품, 주요 비문학 지문, 문법 이론 등 고등학교
  국어 공부에 필요한 모든 내용을 알차게 정리하였습니다.
■ 내신 대비는 물론 수능 기초를 다질 수 있는 토대를 마련할 수 있습니다.

```
  국어 핵심 개념    +    필수 문학 작품  ┐
                                       ├──→  내신   ──→  수능
  주요 비문학 지문  +    핵심 문법 이론  ┘      대비          기초
```

수능에 꼭 맞는 나의 학습 전략

국어는 꿈틀

비문학 독서

정답과 해설

정답과 해설

정답과 해설

I 주제 통합

01 실전 문제

p. 12~14

(가) 후설의 철학

지문 해결 전략
이 글은 대상의 의미가 의식과 지평을 가진 주체로부터 형성된다고 보는 후설의 견해를 소개하고 있다. 동일한 대상에 대해 사람이나 상황에 따라 다르게 인식하는 이유는 무엇일까? 후설은 의식이 어떤 대상을 구체적으로 지향함으로써 대상과의 관계에서 의미를 형성한다고 하는 '지향성' 개념과, 의식이 의미를 형성하는 과정이 반복되면서 갖게 되는 것으로 사람마다 다를 수밖에 없는 '지평' 개념을 통해 이를 설명하고 있다. 이 글은 대상의 인식에 대한 후설의 견해가 무엇인지, '지향성'과 '지평'이라는 개념이 어떤 의미인지 정확히 이해하며 독해해야 한다.

문단별 중심 내용
1문단: 후설의 견해 ① – 의식의 '지향성'
2문단: 후설의 견해 ② – 의식의 '지평'
3문단: 대상의 의미에 대한 전통 철학과 후설의 견해 차이

주제
대상의 인식에 대한 후설의 견해

독해 훈련 문제

> 1 지향성 2 지평 3 의미가 대상으로부터 객관적으로 얻어지는 것이 아니라 의식과 지평을 지닌 주체에서 비롯된다고 봄

(나) 메를로퐁티의 철학

지문 해결 전략
이 글은 몸을 '신체화된 의식'이라고 규정하고, 몸을 통해 세상을 지각할 수 있다고 보는 메를로퐁티의 견해를 소개하고 있다. 메를로퐁티는 몸이 '현실적 몸의 층'과 '습관적 몸의 층'으로 이루어져 있다고 규정하면서, 몸의 대응 능력인 '몸틀'이 재편되는 과정을 통해 몸의 지각 원리를 설명하였다. 또 몸의 지각은 주체와 대상이 명확하게 구분되지 않는 애매성을 지니고 있어, 몸이 지각의 주체인 동시에 지각의 대상이 될 수도 있다고 보았다. 이 글은 몸의 지각 원리에 대한 메를로퐁티의 견해가 무엇인지, '몸틀'과 '애매성'이 어떤 의미인지 정확히 이해하며 독해해야 한다.

문단별 중심 내용
1문단: 전통 철학을 비판한 메를로퐁티의 견해 ① – 몸은 '신체화된 의식'
2문단: 메를로퐁티의 견해 ② – '몸틀'을 통한 몸의 지각 원리 설명
3문단: 메를로퐁티의 견해 ③ – 몸의 '애매성'

주제
몸의 지각에 대한 메를로퐁티의 견해

독해 훈련 문제

> 1 신체(몸)를 통해 세계를 지각할 수 있음 2 현실적 몸의 층, 습관적 몸의 층 3 몸틀 4 우리가 경험하는 몸의 지각은 대부분 주체와 대상이 서로 얽혀 있고 명확하게 구분되지 않기 때문에

---

01 ②	02 ④	03 ④	04 ⑤	05 ②	06 ④
07 ④					

01
정답 ②

(가)의 2문단에서 사람은 개인마다 경험이 다르기 때문에 대상에서 형성하는 의미도 달라져 서로 다른 지평을 갖게 된다고 하였고, 3문단에서 그 지평에 따라 대상에서 형성하는 의미가 달라진다고 하였다. 따라서 '지평'이 대상을 동일하게 인식하게 한다는 이해는 적절하지 않다.

오답 피하기
① (가)의 3문단에서 주체가 지평에 따라 대상에서 형성하는 의미가 달라지므로 대상을 객관적으로 파악하는 것은 불가능하다고 하였다.
③, ④ (나)의 2문단에서 현실적 몸의 층과 습관적 몸의 층이 세상과 반응하는 과정에서 몸틀이 재편되고, 이는 우리를 다양한 상황에 적응할 수 있게 한다고 하였다.
⑤ (가)의 2문단에서 '지평'은 의미를 형성하는 과정이 반복, 누적되면서 갖게 되는 것이라고 하였고, (나)의 2문단에서 '몸틀'은 지각 경험들이 시간이 흐르면서 누적됨으로써 형성된다고 하였다.

02
정답 ④

(나)의 2문단에서 '현실적 몸의 층'이 몸에 배면 '습관적 몸의 층'을 형성하고, '습관적 몸의 층'은 몸에 내재되어 세상과 반응할 때 다시 영향을 미친다고 하였다. 또한 자전거를 타는 연습이 반복되면 새로운 운동 습관을 익히며 몸틀을 재편하게 된다고 하였다. 이를 고려하면 ⓐ의 이유는 자전거 타기의 경험이 몸에 배어 습관적 몸의 층을 형성했기 때문이라고 볼 수 있다.

03
정답 ④

(나)의 2문단에서 몸틀은 지각 경험들이 시간이 흐르면서 누적됨으로써 형성된다고 하였다. 따라서 〈보기〉의 ⑧에서 처음 요가를 배울 때 어색하고 불편한 것은 새로운 몸틀이 형성되지 않았기 때문이라고 이해할 수 있다. 지각의 주체와 대상이 명확하게 구분되지 않는다는 것은 몸의 애매성에 대한 설명이다.

오답 피하기
①, ③ (가)의 2문단에서 지평이 넓어질수록 개인의 인식 범위가 확장된다고 하였다. 후설은 여행자의 지평이 넓어지면 방문한 도시에 대한 이해가 더욱 깊어질 것이라고 생각할 것이다. 또 시간이 지나면서 요가 동작이 익숙해진 것에 대해 지평이 넓어졌기 때문이라고 생각할 것이다.
② (나)의 2문단에서 몸틀은 지각 경험들이 시간이 흐르면서 누적됨으로써 형성되는데, 이는 우리를 다양한 상황에 적응할 수 있게 한다고 하였다. 메를로퐁티는 경험이 누적되어 형성된 여행자의 몸틀이 그 도시를 이해하는 데에 영향을 미친다고 생각할 것이다.
⑤ 후설은 의식의 지향성을 제시하였고, 메를로퐁티는 후설의 지향성 개념을 수용하였다. 따라서 후설과 메를로퐁티는 모두 주체가 대상을 지향하지 않으면 대상의 의미가 형성되지 않는다고 생각할 것이다.

04
정답 ⑤

(가)의 2문단에서 '지평'은 의미를 형성하는 과정이 반복되고 누적되면서 갖게 되는 것으로, 사람은 개인마다 경험이 다르기 때문에 서로 다른 지평을 갖게 된다고 하였다. 또 (나)의 2문단에서 '몸틀'은 지각 경험들이 시간이 흐르면서 누적됨으로써 형성된다고 하였다. 따라서 ㉠과 ㉡은 모두 이전의 경험이 쌓이면서 형성되는 것으로 볼 수 있다.

05
정답②

(나)의 2문단에서 '습관적 몸의 층'은 몸에 내재되어 세상과 반응할 때 다시 영향을 미친다고 하였다. 이를 통해 자전거를 타는 연습을 반복하면서 '습관적 몸의 층'이 몸에 내재되어 자전거 타기를 오랫동안 쉬었다 하더라도 쉽게 다시 탈 수 있음을 알 수 있다.

06
정답④

(나)의 1문단에 따르면, 전통 철학은 '의식과 신체는 독립되어 있고 의식이 객관적 세계를 인식한다'고 본 반면, 메를로퐁티는 이를 비판하면서 '신체를 통해 세계를 지각할 수 있다'고 보았다. 이를 통해 (나)가 '지각'의 주체를 상반된 시각으로 바라보는 특정 이론들을 제시하였음을 알 수 있다. 하지만 각각의 이론이 지닌 한계와 의의를 제시하고 있지는 않다.

오답 피하기
① (가)의 1문단에서는 친구들과 같은 사진을 보고도 다르게 인식하는 상황이나 배부를 때 빵 가게를 인식하지 못하는 상황을 언급하며, '의식이 대상을 향하지 않으면 우리는 그 대상을 인식하지 못한다'는 후설의 주장을 제시하고 있다.
② (나)의 1문단에서는 자전거 타기라는 일상의 경험을 바탕으로 '자전거 타기를 배운 것은 나의 의식일까? 몸일까?'라는 의문을 제기하며, 이에 대한 메를로퐁티의 견해를 '신체화된 의식'이라는 개념과 함께 제시하고 있다.
③ (가)의 1문단에서는 '지향성', 2문단에서는 '지평'이라는 개념을 정의한 후, 이를 바탕으로 대상의 의미를 파악하는 과정을 제시하고 있다.
⑤ (나)의 2문단에서 메를로퐁티가 후설의 지향성 개념을 수용했다고 하였으므로, 후설과 메를로퐁티는 공통적으로 '지향성'이라는 개념을 사용했음을 알 수 있다. 또 후설과 전통 철학의 차이를 설명하는 (가)의 3문단과 메를로퐁티와 전통 철학의 차이를 설명하는 (나)의 1문단을 통해, 두 사람의 주장이 전통 철학과 어떤 차이를 지니고 있는지 파악할 수 있다.

07
정답④

〈보기〉에서 '꽃을 보는 순간 이 꽃의 모습은 그대의 마음에서 일시에 분명해진 것'이라고 한 것으로 보아, 스승은 마음이 대상을 향하지 않으면 대상을 인식하지 못한다고 생각하는 입장이다. 그리고 (나)의 2문단을 통해 메를로퐁티도 〈보기〉의 스승과 같이 몸이 지향함으로써 지각되고 의미가 생긴다고 보았음을 알 수 있다. 따라서 메를로퐁티가 몸의 지각과 상관없이 의식이 독립적으로 세계를 인식한다고 생각했다는 것은 적절하지 않다.

오답 피하기
① (가)의 2문단에서 지평은 '우리가 인식하는 대상과 그 대상을 둘러싼 배경'이라고 하였다. 〈보기〉의 제자가 산속에 피어 있는 꽃을 가리키며 진달래꽃이라고 부른 것은 대상에 대한 정보를 알고 있기 때문이므로, 후설은 이에 대해 그의 지평이 작용했다고 생각할 것이다.
② 〈보기〉의 제자는 사물이 자신의 마음과 상관없이 존재한다고 생각하고 있다. 이와 달리 (가)의 1문단을 통해 후설은 의식이 대상을 향하지 않으면 그 대상을 인식하지 못한다고 생각하고 있음을 알 수 있다.
③ (나)의 2문단과 3문단을 통해 메를로퐁티는 몸이 대상을 지향함으로써 지각되고 의미가 생긴다고 보며, 사람들이 대상을 지각하면서 동시에 그에 영향을 받아 변화하는 모습을 보인다고 생각함을 알 수 있다. 따라서 메를로퐁티는 꽃을 지각하는 동시에 제자에게 변화가 생겼다는 스승의 말에 동의할 것이다.
⑤ 후설은 의식의 '지향성'을 제시하였고, 메를로퐁티는 후설의 지향성 개념을 수용하였다. 따라서 후설과 메를로퐁티는 모두 〈보기〉의 스승과 마찬가지로 주체가 대상을 지향하지 않으면 대상의 의미가 형성되지 않는다고 생각할 것이다.

---

02 실전 문제
p. 15~17

(가) 상도와 권도에 대한 맹자의 견해

지문 해결 전략
이 글은 유학에서의 상도와 권도에 대한 맹자의 견해를 설명하고 있다. 상도는 지속적으로 지켜야 하는 보편적 규범을, 권도는 특수한 상황에 일시적으로 대응하는 개별적 규범을 의미한다. 맹자는 구체적인 예를 들며 도덕적 딜레마 상황의 해법으로 권도를 제시하고, 권도의 합당성은 실행의 동기와 사건의 결과를 바탕으로 평가할 수 있다고 보았다. 맹자는 권도가 상도에 반하는 것이 아니라 도를 구현하는 방법의 차이라고 설명하면서, 상도의 토대 위에서 권도를 활용해야 한다고 강조하였다. 이 글은 상도와 권도에 대해 맹자가 어떤 견해를 지니고 있는지 정리하며 독해해야 한다.

문단별 중심 내용
1문단: 유학에서 설명하는 상도와 권도의 개념
2문단: 상도의 예와 권도가 필요한 경우
3문단: 맹자의 견해 ① – 도덕적 딜레마와 권도의 합당성
4문단: 맹자의 견해 ② – 상도와 권도는 도를 구현하는 방법의 차이
5문단: 맹자의 견해 ③ – 상도의 토대 위에서 권도 활용

주제
상도와 권도에 대한 맹자의 견해

독해 훈련 문제

> **1** 상도와 권도 **2** 상도를 근거로 상황 변화에 알맞게 대응할 때 도가 올바르게 구현되기 때문에 **3** 실행의 동기와 사건의 결과 **4** 권도 **5** 상도의 토대 위에서 권도를 활용해야 함

(나) 척화론과 주화론의 주장

지문 해결 전략
이 글은 병자호란 당시 청과의 화친에 대한 척화론자와 주화론자의 주장을 '대명의리'를 중심으로 살펴보고 있다. 척화론자는 실리의 문제를 초월하여 대명의리를 지키기 위해 청과의 화친은 불가하다고 주장하였다. 반면 주화론자는 조선이 명을 위해 멸망까지 당할 의리는 없으며 나라를 보존하는 것이 오히려 신하의 마땅한 의리이므로 청과의 화친을 받아들여야 한다고 주장하였다. 이 글은 척화론자와 주화론자의 핵심 주장과 근거를 찾으며 독해해야 한다.

문단별 중심 내용
1문단: 대명의리를 강조한 척화론자의 주장
2문단: 나라의 보전을 우선시한 주화론자의 주장

주제
대명의리를 중심으로 한 척화론자와 주화론자의 주장

독해 훈련 문제

> **1** 대명의리를 지켜야 하므로 **2** 군신이자 부자의 의리가 있는 관계 **3** 나라의 존망을 헤아리지 않는 의리 **4** 조선은 명으로부터 중국 내의 토지를 받은 직접적인 신하가 아니라 해외에서 조공을 바치는 신하일 뿐이기 때문에

---

01 ②	02 ②	03 ⑤	04 ③	05 ⑤	06 ③
07 ④					

01
정답②

(가)의 2문단에서 유학에서 말하는 도는 '인간 존재의 형이상학적 원리와 인간이 생활 속에서 따라야 하는 행위 규범을 동시에 담는 개념'이라고 하였다. 따라서 유학에서 형이상학적 원리인 '상도'와 행위 규

범인 '권도'로 나누어 생각했다는 진술은 적절하지 않다.

오답 피하기

① (가)의 1문단에서 '상도는 일반 상황에서의 원칙론으로서 지속적으로 지켜야 하는 보편적 규범이고, 권도는 특수한 상황에서의 상황론으로서 그 상황에 일시적으로 대응하는 개별적 규범'이라고 하였다.

③ (가)의 3문단에서 맹자는 '권도의 합당성은 실행의 동기와 사건의 결과를 바탕으로 평가할 수 있는 것'이라고 하였다.

④ (가)의 4문단에서 맹자는 '상도와 권도는 상황에 대처하는 방법은 달라도 결국 모두 도'라고 하였고, 5문단에서 '현실 상황에 맞는 행위로서 권도를 강조하지만 동시에 상도를 권도의 기반으로 보며 매우 중시'했다고 하였다.

⑤ (가)의 2문단에서 유학에서는 '상도를 근거로 상황 변화에 알맞게 대응할 때 도가 올바르게 구현'될 수 있다고 하였다.

02
정답②

(나)의 2문단에 따르면, 경연광은 이민족 거란이 세운 요의 신하라고 칭하는 것을 그만두자는 강경론을 주도했고, 이로 인해 중국 후진은 요나라의 침입을 받아 멸망했다. 이에 호안국은 '정치적 대처 면에서 나라를 망하게 한 죄는 속죄될 수 없다'며 경연광을 비판하였다. 따라서 최명길은 청의 국력을 고려하지 않고 명과의 대의명분만을 중시하는 척화론자들에게 나라가 망할 수도 있음을 강조하기 위해 '호안국의 주장'을 인용했다고 할 수 있다.

03
정답⑤

㉠은 대명의리를 강조하며 청과의 화친이 불가하다고 주장하였고, ㉡은 나라를 보전하기 위해 청과 화친해야 한다고 주장하였다. (가)를 바탕으로 이를 이해하면 ㉠은 상도를 강조한 것이고, ㉡은 권도를 강조한 것이다. (가)의 3문단에서 '맹자는 권도를 일종의 도덕적 딜레마 상황에서 해법으로 제시한다'라고 하였으므로, 도덕적 딜레마 상황에서 권도를 해법으로 제시한 것은 ㉡에 해당한다.

오답 피하기

①, ② (가)의 1문단에서 '상도'는 일반 상황에서의 원칙론이자 보편적 규범이고, '권도'는 특수한 상황에서의 상황론이자 개별적 규범이라고 하였다. 또 (나)에서 척화론자들은 보편적 규범인 대명의리를 지켜야 하기 때문에 나라가 망하더라도 청과의 화친은 불가하다고 주장하였다. 따라서 ㉠은 상황론인 '권도'보다 원칙론인 '상도'를 강조한 것으로 볼 수 있다.

③ (가)의 1문단에서 '권도'는 특수한 상황에 일시적으로 대응하는 개별적 규범이라고 하였다 따라서 ㉡이 나라를 보전하기 위해 청의 강화 조건을 받아들여야 한다고 주장한 것은 '권도'가 적용된 것으로 볼 수 있다.

④ (나)의 2문단에서 최명길이 대명의리가 정론임을 인정한 것은 대명의리가 '상도'임을 인정한 것을 의미하고, 그럼에도 청과의 화친이 합당하다고 본 것은 특수한 상황에서 '권도'를 활용한 것을 의미한다. 따라서 ㉡은 '상도'의 토대 위에서 '권도'를 실천한 것으로 이해할 수 있다.

04
정답③

〈보기〉에서 칸트는 '언제나 지켜져야 하는 보편적이고 객관적인 실천 기준으로서의 도덕규범을 제시'했으며, '선의의 거짓말도 옳지 않다'고 하였다. 반면 (가)에서 맹자는 도덕적 딜레마와 같은 특수한 상황에서는 상도가 아닌 권도를 따를 수 있다고 하였다. 따라서 칸트는 맹자와 달리, 어떤 특수한 상황에서도 보편적인 도덕규범에서 벗어난 행위를 해서는 안 된다고 보았음을 알 수 있다.

05
정답⑤

(나)의 2문단에 따르면, 중국 후진은 경연광이 주도한 강경론으로 인

해 요나라의 침입을 받아 멸망했고, 이에 호안국은 '정치적 대처 면에서 나라를 망하게 한 죄는 속죄될 수 없다'며 경연광을 비판하였다. 중국 후진이 멸망한 원인을 고려하면, ㉮에 들어갈 내용은 '이민족의 나라라고 해서 현실적인 고려 없이 적대'했다는 것이다.

06
정답③

최명길은 대명의리가 정론임을 인정하지만 나라를 보전하기 위해 청의 강화 조건을 받아들여야 한다고 주장하였다. (가)를 바탕으로 이를 이해하면 최명길은 상도의 토대 위에서 권도를 행했다고 볼 수 있다. 최명길이 《춘추》의 내용을 언급하며 신하가 지켜야 할 의리를 논한 것은 권도를 행하는 것이 합당하다고 주장하기 위해서이다. 따라서 ㉡은 실행 동기를 따지지 않은 것이 아니라, 나라의 보전이라는 실행 동기를 따져 도덕규범을 현실에 맞게 적용한 것으로 이해해야 한다.

07
정답④

ⓓ의 '문책'은 '잘못을 캐묻고 꾸짖음'이라는 뜻이다. '자신의 잘못에 대하여 스스로 깊이 뉘우치고 자신을 책망함'을 뜻하는 것은 '자책'이다.

🔴03 실전 문제

p. 18~20

(가) 독점 기업의 이윤 추구 과정

지문 해결 전략

이 글은 독점 기업이 이윤을 극대화하는 방법에 대해 설명하고 있다. 수요와 공급이 일치하는 지점에서 가격과 거래량이 결정되는 완전 경쟁 시장과 달리, 독점 시장에서는 기업이 가격과 생산량을 결정할 수 있다. 독점 기업은 한계 수입과 한계 비용이 일치하는 지점에서 최적 생산량을 결정하고, 이윤 극대화를 위해 해당 생산량에서 수요자가 최대로 지불할 수 있는 금액을 최종 시장 가격으로 결정한다. 이 글은 완전 경쟁 시장과 독점 시장의 차이, 독점 기업이 가격과 생산량을 결정하는 방법을 이해하며 독해해야 한다

문단별 중심 내용

1문단: 완전 경쟁 시장과 독점 시장의 개념
2문단: 완전 경쟁 시장과 독점 시장에서 기업의 성격
3문단: 독점 기업의 가격과 생산량 결정 방법

주제

독점 기업의 이윤 극대화를 위한 가격과 생산량 결정 방법

독해 훈련 문제

> **1** 독점 시장 **2** 수요와 공급이 일치하는 지점에서 결정됨 **3** 한계 수입, 한계 비용 **4** 최적 생산량에서 수요자가 최대로 지불할 수 있는 금액을 최종 시장 가격으로 결정함

(나) 공정 거래법의 이해

지문 해결 전략

이 글은 공정 거래법에서 규제하고 있는 시장 지배적 지위 남용과 부당한 공동 행위에 대해 설명하고 있다. 시장 지배적 지위 남용은 거래 상대방으로부터 독점적 이익을 과도하게 얻어내는 착취 남용과 경쟁 사업자의 사업 활동을 방해하는 방해 남용으로 나눌 수 있다. 부당한 공동 행위는 동일 업종의 복수 사업자가 경쟁의 제한을 목적으로 가격이나 생산량 등을 합의하여 형성하는 것을 말한다. 공정 거래법을 위반하면 공정 거래 위원회는 시정 조치를 명하거나 과징금을 부과한다. 이 글은 공정 거래법에서 규제하는 경쟁 제한 행위의 유형과 특징을 파악하며 독해해야 한다.

01 ③	02 ③	03 ⑤	04 ④	05 ②	06 ①

01
정답③

(가)의 2문단에서 완전 경쟁 시장에서는 가격과 거래량이 수요와 공급이 일치하는 지점에서 결정된다고 하였고, 3문단에서 독점 시장에서는 최적 생산량이 한계 수입과 한계 비용이 일치하는 지점에서 결정된다고 하였다. 따라서 ⓒ에서는 한계 수입이 한계 비용보다 높은 지점에서 생산량이 결정된다는 진술은 적절하지 않다.

오답 피하기

① (가)의 1문단에서 완전 경쟁 시장은 누구나 들어와 경쟁할 수 있는 시장 구조, 독점 시장은 진입 장벽이 존재하는 시장 구조를 말한다고 하였다.

② (가)의 2문단에서 완전 경쟁 시장에서 기업은 가격 수용자로서 시장에서 결정된 가격을 그대로 받아들일 수밖에 없지만, 독점 시장에서 기업은 가격 결정자로서 시장 가격을 조정할 힘을 가진다고 하였다.

④ (가)의 1문단에서 완전 경쟁 시장은 많은 수의 수요자와 공급자 사이에 동질적인 상품이 거래되는 시장, 독점 시장은 비슷한 대체재가 없는 재화를 한 기업이 독점적으로 공급하는 시장이라고 하였다.

⑤ (가)의 2문단에서 완전 경쟁 시장에서는 개별 공급자가 가격에 영향을 미치기 어렵다고 하였고, 3문단에서 독점 시장에서는 독점 기업이 생산량을 줄이면 시장 가격이 상승하고 반대의 경우 시장 가격이 하락한다고 하였다.

02
정답③

(가)에 따르면 독점 기업은 한계 수입이 한계 비용보다 높으면 생산량을 증가시키고, 한계 수입이 한계 비용보다 낮으면(㉮) 생산량을 감소시킴으로써 한계 수입과 한계 비용이 일치하는 지점에서 최적 생산량을 결정한다. 그리고 해당 생산량에서 수요자(㉯)가 최대로 지불할 수 있는 금액을 최종 시장 가격으로 결정한다. (나)에 따르면 공정 거래법에서는 시장 지배적 지위 남용과 부당한 공동 행위 등을 규제하는데, 독점 기업이 정당한 이유 없이 시장 가격의 상승에 영향을 끼치는 것은 시장 지배적 지위 남용(㉰) 중 착취 남용에 해당한다.

03
정답⑤

(나)의 3문단에서 공정 거래법에서는 둘 이상의 사업자 간에 경쟁 제한적인 합의만 있다면 비록 그것이 실행되지 않았다 하더라도 부당한 공동 행위가 성립한 것으로 본다고 하였다. 따라서 [사례 3]에서 D사와 E사가 입찰 담합을 약속했다면 실제 입찰 과정에서 이를 실행하지 않았더라도 부당한 공동 행위는 성립한다.

오답 피하기

① [사례 1]은 거래 상대방으로부터 독점적 이익을 과도하게 얻어내는 행위로, 시장 지배적 지위 남용 중 '착취 남용'에 해당한다.

②, ③ [사례 2]는 다른 경쟁 사업자와 거래하지 않는 조건으로 거래 상대방과 거래하는 행위로, 시장 지배적 지위 남용의 '방해 남용' 중 '배타 조건부 거래'에 해당한다.

④ [사례 3]은 부당한 공동 행위, 즉 담합에 해당하는 것으로, 공정 거래법에서는 명시적인 형태와 묵시적인 형태 모두 경쟁 제한 행위가 될 수 있다고 본다.

04
정답④

(가)에서는 독점 기업이 이윤을 극대화하기 위해 최적 생산량이나 최종 시장 가격을 결정하는 방법을 설명하고 있다. (나)에서는 공정 거래법에서 규제하고 있는 경쟁 제한 행위를 시장 지배적 지위 남용과 부당한 공동 행위 등의 유형별로 나누어 제시하고 있다.

05
정답②

[A]에서 독점 기업은 이윤 극대화를 위해 최적 생산량에서 수요자가 최대로 지불할 수 있는 금액을 최종 시장 가격으로 결정한다고 하였다. 〈보기〉에서 독점 기업 '갑'의 최적 생산량은 Q_1이고, 최종 시장 가격은 P_2이다. 만약 '갑'이 생산량을 Q_1에서 Q_2로 늘리고 제품의 가격을 P_2에서 P_1으로 낮추면, 제품의 가격이 한계 비용과 같아지기 때문에 독점으로 얻고 있던 이윤이 유지될 수 없다.

오답 피하기

① [A]에서 독점 기업은 '한계 수입과 한계 비용이 일치하는 지점에서 최적 생산량을 결정'한다고 하였다. 따라서 '갑'은 한계 수입 곡선과 한계 비용 곡선이 교차하는 Q_1 지점을 최적 생산량으로 결정할 것이다.

③ [A]에서 독점 기업은 '한계 수입이 한계 비용보다 높으면 생산량을 증가'시킨다고 하였다. 따라서 생산량이 Q_1보다 적으면 생산량을 Q_1 수준까지 증가시켜야 할 것이다.

④ '갑'의 생산량이 Q_1일 때 한계 비용은 P_1이다. 생산량이 Q_1이고 제품의 가격이 P_2라면, 제품을 판매할 때 얻게 되는 단위당 이윤은 P_2에서 P_1을 뺀 금액이 될 것이다.

⑤ [A]에서 '독점 기업은 이윤 극대화를 위해 수요자들의 최대 지불 용의를 고려하여 최적 생산량을 판매할 수 있는 최고 가격을 찾아낸다'고 하였다. 따라서 '갑'은 이윤 극대화를 위해 제품에 대한 수요자의 최대 지불 용의 수준인 P_2를 최종 시장 가격으로 결정할 것이다.

06
정답①

독점 기업은 이윤의 극대화를 추구하기 때문에 제품의 가격을 한 단위 더 생산할 때 추가로 드는 한계 비용보다 높게 설정할 것이다. 이때 수요자들이 한계 비용보다 지불 용의가 낮으면, 한계 비용보다 높은 가격의 제품에 대한 소비는 감소하게 되고 거래의 기회가 줄어들게 된다. 이에 따라 공정 거래법에서는 독점으로 인한 경제적 손실과 시장의 비효율성을 해결하기 위해 기업 간 경쟁을 촉진하고자 한다.

04 실전 문제

p. 21~23

(가) 미적 실재론과 미적 반실재론

지문 해결 전략
이 글은 미적 속성이 대상에 실재하느냐에 대해서 미적 실재론과 미적 반실재론의 견해를 소개하고 있다. 미적 실재론은 미적 속성이 대상에 실재한다고 주장하는 관점으로, 어떤 미적 속성에 대한 미적 판단이 객관적으로 참일 때 그 미적 속성이 실재한다고 본다. 반면 미적 반실재론은 객관적으로 존재하는 미적 속성을 인정하지 않는 관점으로, 미적 판단은 감상자의 주관적 반응이라고 본다. 이러한 입장 차이에도 불구하고 미적 실재론과 미적 반실재론은 미적 판단이 정당화가 요구되는 진술이라고 생각한다는 점에서 공통적이다. 이 글은 미적 실재론과 미적 반실재론의 차이점과 공통점을 정리하며 독해해야 한다.

문단별 중심 내용
1문단: 미적 속성이 대상에 실재하느냐에 관한 논쟁
2문단: 미적 실재론의 견해
3문단: 미적 반실재론의 견해
4문단: 미적 실재론과 미적 반실재론의 공통적인 의견

주제
미적 속성의 실재에 관한 미적 실재론과 미적 반실재론의 견해

독해 훈련 문제

> **1** 미적 실재론, 미적 반실재론 **2** 미적 실재론 **3** 미적 반실재론 **4** 미적 판단을 뒷받침하는 합리적인 이유가 제시될 필요가 있다

(나) 미적 수반론의 수용과 관련된 논쟁

지문 해결 전략
이 글은 미적 수반론에 대한 미적 실재론과 미적 반실재론의 입장을 설명하고 있다. 미적 수반론이란 한 작품의 미적 속성이 그 작품의 비미적 속성에 의존한다고 보는 관점이다. 미적 수반론은 미적 실재론자들에게 미적 판단의 정당화 문제에 대해 단서를 제공하지만, 이를 수용할 경우 미적 실재론자는 미적 판단의 해소 불가능한 불일치 문제를 설명하기 어렵다. 미적 판단의 해소 불가능한 불일치를 자연스러운 현상으로 받아들이는 미적 반실재론의 입장에서는 미적 수반론을 수용하기 어렵지만, 이를 수용하지 않을 경우 미적 판단의 정당화가 어떤 방식으로 가능한지 설명하기 쉽지 않다. 이 글은 미적 수반론의 개념과 미적 수반론에 대한 미적 실재론과 미적 반실재론의 입장을 파악하며 독해해야 한다.

문단별 중심 내용
1문단: 수반론의 개념
2문단: 미적 수반론의 개념
3문단: 미적 수반론에 대한 미적 실재론의 입장
4문단: 미적 수반론에 대한 미적 반실재론의 입장

주제
미적 수반론을 둘러싼 미적 실재론과 미적 반실재론의 입장

독해 훈련 문제

> **1** 수반 **2** 미적 수반 **3** 미적 판단의 정당화 문제에 대하여 단서를 얻을 수 있음 **4** 미적 판단의 해소 불가능한 불일치 문제를 설명하기 어려움 **5** 미적 판단의 정당화가 어떤 방식으로 가능한지 설명하기 어려움

---

01 ③	02 ④	03 ④	04 ④	05 ①	06 ③

01
정답 ③

㉡은 대상에 객관적으로 존재하는 미적 속성을 인정하지 않으며, 미적 판단은 감상자의 주관적 반응에 관한 것이라고 보는 관점이다. 미적 속성이 대상에 실재한다고 보는 관점은 '미적 실재론'이므로, ③은 적절하지 않다.

오답 피하기
① ㉠은 미적 판단의 불일치가 '난청과 같은 지각적 문제 혹은 미적 감수

의 부족' 때문에 일어난다고 본다.
② ㉠은 '미적 속성에 대한 미적 판단이 객관적으로 참일 때, 그 미적 속성이 실재'한다고 본다.
④ ㉡은 미적 판단의 일치가 일어난 이유가 '비슷한 감수성을 가진 사람들이 비슷한 방식으로 반응했기 때문'이라고 본다.
⑤ ㉠과 ㉡은 모두 '미적 판단이 정당화가 요구되는 진술'이라고 본다.

02
정답 ④

(나)의 3문단에서 '어떤 미적 실재론자는 운명 교향곡은 장엄하다는 미적 판단을 정당화하는 데 수반 관계를 이용할 수 있다. 장엄함이 느린 리듬이나 하강하는 멜로디 등의 비미적 속성에 수반하는데, 그 비미적 속성이 운명 교향곡에서 발견된다는 것이다'라고 하였다. 따라서 미적 수반론을 수용하는 미적 실재론자들은 느린 리듬 등의 비미적 속성에 수반하여 장엄함을 느꼈다면, 장엄함이 그 음악의 미적 속성이라고 볼 것이다.

오답 피하기
① (나)의 2문단에서 미적 수반론은 비미적 속성의 차이 없이는 미적 속성의 차이도 없다고 본다고 하였다.
② (나)의 2문단에서 시각과 청각 등의 지각 능력을 발휘하면 충분히 지각할 수 있는 것은 비미적 속성이라고 하였다.
③ (나)의 3문단에서 미적 수반론을 수용하는 미적 실재론자는 미적 판단의 해소 불가능한 불일치 문제를 설명하기 어렵다고 하였다.
⑤ (나)의 4문단에서 미적 반실재론 입장에서는 미적 판단의 해소 불가능한 불일치는 자연스러운 현상이라고 하였으므로, 해결할 수 없는 문제라고 본다는 것은 적절하지 않다.

03
정답 ④

미적 속성이 대상에 실재한다고 보는 것은 미적 실재론의 관점이다. 따라서 호철이 미적 반실재론자라면, 영수와 자신의 미적 판단이 다른 것은 작품에 내재되어 있는 미적 속성을 서로 다르게 지각했기 때문이 아니라, (가)의 3문단에서 설명하고 있는 것처럼 미적 감수성이 서로 달라 작품에 대해 다르게 반응했기 때문이라고 생각할 것이다.

오답 피하기
① (나)의 2문단에서 시블리에 따르면, 감상자가 미적 감수성을 발휘해야 지각할 수 있는 신비로움이나 복잡함 등은 미적 속성에 해당한다고 하였다.
② (가)의 2문단에서 미적 실재론의 관점에 따르면, 감상자가 지닌 지각적 문제 혹은 미적 감수성의 부족 때문에 작품의 실제 속성을 보는 데 실패하면 미적 판단의 불일치가 일어날 수 있다고 하였다.
③ (나)의 3문단에서 미적 수반론을 지지하는 미적 실재론자의 관점에 따르면, 작품의 미적 속성은 비미적 속성에 수반하며 그 비미적 속성은 작품에서 발견된다고 하였다.
⑤ (나)의 4문단에서 미적 수반론을 부정하는 미적 반실재론자의 관점에 따르면, 미적 판단의 해소 불가능한 불일치는 자연스러운 현상이기 때문에 미적 판단의 정당화가 어떤 방식으로 가능한지 설명하기 쉽지 않다고 하였다.

04
정답 ④

(가)는 미적 실재론과 미적 반실재론의 차이점과 공통점에 대해 설명하고 있다. 미적 실재론은 미적 속성이 대상에 실재한다고 보고, 미적 반실재론은 대상에 객관적으로 존재하는 미적 속성을 인정하지 않는다는 점에서 차이점이 있다. 하지만 미적 실재론과 미적 반실재론은 미적 판단이 정당화가 요구되는 진술이라고 생각한다는 점에서 공통점이 있다. 그리고 (나)는 미적 실재론과 미적 반실재론에서 미적 수반론을 어떻게 받아들이고 있는지에 대해 설명하고 있다.

05
정답 ①

(나)의 수반론에 대한 설명에서 '도덕적 속성은 비도덕적 속성에 의존하기 때문에 비도덕적 속성에서 동일한 두 개인은 도덕적 속성에서도 동일하다'고 하였다. 따라서 비도덕적 속성이 동일한 두 사람 중에서 한 사람은 선하지만 다른 사람은 선하지 않는 경우란 존재하기 어렵다고 볼 수 있다.

06
정답 ③

(가)의 3문단에서 미적 반실재론은 '미적 판단의 불일치가 발생하는 이유를 미적 감수성이 서로 다른 사람들이 대상에 대해 각기 다르게 반응하기 때문'이라고 본다고 하였다. 따라서 장금이 미적 수반론을 부정하는 미적 반실재론자라면 자신과 길동의 미적 판단이 다른 이유를 미적 감수성이 서로 다르기 때문이라고 설명할 것이다.

오답 피하기
① (나)의 2문단에서 시블리는 미적 속성을 '감상자가 미적 감수성을 발휘해야 지각할 수 있는 속성'으로, 비미적 속성을 '시각과 청각 등의 지각 능력을 발휘하면 충분히 지각할 수 있는 속성'으로 본다고 하였다.

② (가)의 3문단에서 미적 반실재론은 미적 감수성이 다르기 때문에 미적 판단의 불일치가 발생할 수 있다고 보며, (나)의 4문단에서 미적 반실재론은 미적 판단의 불일치를 자연스러운 현상으로 본다고 하였다.

④ (나)의 3문단에서 미적 실재론자는 미적 판단을 정당화하는 데 수반 관계를 이용할 수 있는데, 미적 속성은 비미적 속성에 수반하며 그 비미적 속성은 작품에서 발견된다고 하였다.

⑤ (가)의 2문단에서 미적 실재론은 미적 판단의 불일치가 일어나는 경우 지각적 문제 혹은 미적 감수성의 부족 때문에 작품의 실제 속성을 보는 데 실패했기 때문이라고 설명한다고 하였다.

05 실전 문제

p. 24~26

(가) 상상력에 대한 흄의 견해

지문 해결 전략
이 글은 상상력을 기존의 관점과 달리 정신적이며 후천적인 기능으로 규정한 흄의 견해를 소개하고 있다. 흄은 인상을 통해 이미지를 재생시키는 능력이 상상력이라고 보았다. 기억은 상상력보다 인상을 더욱 생생하게 재생하지만, 상상력은 기억과 다르게 관념들을 결합하거나 분리하여 재정리할 수 있다고 설명하고 있다. 또한 상상력은 항상성이라는 특성을 가지고 있어 대상에 대한 인상들 간의 동일성을 확보할 수 있게 한다고 언급하고 있다. 이 글은 흄이 상상력에 대해 어떤 견해를 지니고 있는지 파악하며 독해해야 한다.

문단별 중심 내용
1문단: 인상을 통해 이미지를 재생시키는 능력을 상상력이라고 본 흄
2문단: 흄이 말하는 기억과 상상력의 차이
3문단: 상상력의 자율성에 따르는 제약
4문단: 상상력의 또 다른 특성인 항상성

주제
상상력에 대한 흄의 견해

독해 훈련 문제
1 흄 2 기억 3 인상들을 받아들인 순서와 상관없이 자유롭게 재생이 이루어짐 4 상상력은 관념 연합의 원리에 의해 관념들을 결합시키기 때문에 5 항상성

(나) 상상력에 대한 칸트의 견해

지문 해결 전략
이 글은 상상력을 선험적인 차원에서 탐구한 칸트의 견해를 소개하고 있다. 칸트는 인간의 인식 능력을 감성, 상상력, 지성, 이성이라는 4가지로 구분하고, 감성과 지성을 연결하는 능력인 상상력의 역할을 강조하였다. 칸트는 상상력을 다시 재생적 상상력과 생산적 상상력으로 구분했는데, 재생적 상상력은 오감을 통해 느껴지는 다양한 감각들을 재생하여 결합하는 능력이고, 생산적 상상력은 도식을 만들어 추상적인 개념을 구체적인 감각과 연결하여 이해할 수 있게 하는 능력이다. 이 글은 칸트가 상상력에 대해 어떤 견해를 지니고 있는지 파악하며 독해해야 한다.

문단별 중심 내용
1문단: 감성과 지성의 매개자인 상상력의 역할을 강조한 칸트
2문단: 재생적 상상력의 개념과 특징
3문단: 생산적 상상력의 개념과 특징

주제
상상력에 대한 칸트의 견해

독해 훈련 문제
1 감성, 상상력, 지성, 이성 2 상상력 3 재생적 상상력 4 생산적 상상력

| 01 ② | 02 ③ | 03 ③ | 04 ② | 05 ⑤ | 06 ③ |

01
정답 ②

(가)의 2문단에서 기억이 최초 인상들을 받아들일 때와 동일한 순서로 재생이 이루어지는 것과 달리 상상력은 순서와 상관없이 자유롭게 재생이 이루어진다고 하였다. 따라서 상상력이 인상들로부터 만들어진 관념을 받아들인 순서에 맞게 재정리한다는 것은 흄의 견해로 적절하지 않다.

오답 피하기
① (가)의 2문단에서 기억에 의해 재생된 관념이 상상력에 의해 재생된 관념보다 훨씬 생생하고 강렬하다고 하였다.

③ (가)의 4문단에서 상상력이 가지고 있는 항상성이라는 특성으로 인해 하나의 대상이 지속적으로 동일성을 유지할 수 있다고 하였다.

④ (가)의 3문단에서 상상력이 관념들을 결합시킬 때는 유사한 관념들끼리, 시공간적으로 인접해 있거나 인과 관계에 있는 관념들끼리 결합이 이루어진다고 하였다.

⑤ (가)의 1문단에서 흄은 인간의 정신적 활동인 '지각'을 '인상'과 '관념'으로 구분했는데, 인상은 감각과 같이 대상에 대한 경험의 직접적인 재료이고, 관념은 인상을 마음속에 떠올리며 생겨나는 이미지라고 하였다.

02
정답 ③

(나)의 1문단에서 '지성'은 '개념을 형성하고, 그 개념에 근거하여 주어진 상황에 대해 판단을 내리는 능력'이라고 하였다. 따라서 파란 하늘을 보고 그것이 빛의 산란 때문이라고 판단하는 것은 이성이 아니라 지성을 통해 이루어진 것이다.

오답 피하기
① '감성'은 감각적으로 주어진 것을 오감을 통해 받아들이는 능력이라고 하였으므로, 꽃의 냄새를 맡고 향기롭다고 느끼는 것은 감성을 통해 이루어진 것이다.

② '지성'은 개념을 형성하고, 그 개념에 근거하여 주어진 상황에 대해 판단을 내리는 능력이라고 하였다.

정답과 해설 7

④ '상상력'은 서로 이질적인 능력인 감성과 지성을 연결하는 능력으로, 감성의 내용을 지성에, 지성의 내용을 감성에 전달한다고 하였다.

⑤ '지성'은 개념을 형성하는 능력이라고 하였고, '이성'은 추론하는 능력으로, 다양한 분야에서 감성, 상상력, 지성에 의해 축적된 수많은 지식들을 영혼이나 우주 또는 신이라는 이념으로 수렴하여 체계화한다고 하였다.

03   정답 ③

(나)의 1문단에 따르면 칸트는 상상력을 감성과 지성의 매개자로 보았다. 따라서 ㉠과 ㉡은 모두 감성과 이성을 이어 주는 매개적 기능을 한다고 볼 수 있다.

04   정답 ②

(가)에서는 기존의 관점과 달리 상상력을 정신적이며 후천적인 기능으로 규정한 흄의 견해를 소개하고 있다. (나)에서는 흄과 달리 상상력을 선험적인 차원에서 탐구한 칸트의 견해를 소개하고 있다. 따라서 (가)와 (나)는 상상력이라는 특정 개념을 기존과 다르게 바라보았던 학자인 흄과 칸트의 견해를 설명하고 있다.

05   정답 ⑤

(나)의 1문단에서 '감성'은 감각적으로 주어진 것을 오감을 통해 받아들이는 능력이라고 하였으므로, 장미꽃을 바라보면서 다양한 감각들을 느끼는 것은 감성을 통해 이루어지는 것이 맞다. 하지만 '이성'은 감성, 상상력, 지성에 의해 축적된 수많은 지식들을 이념으로 수렴하여 체계화하는 것이라고 하였으므로, 장미꽃이 빨간색이라는 지식을 축적하는 것은 '이성'이 아닌 '감성, 상상력, 지성'에 의해 이루어지는 것으로 볼 수 있다.

오답 피하기
① '감성'은 감각적으로 주어진 것을 오감을 통해 받아들이는 능력이라고 하였으므로, 아이스크림을 먹었을 때 차갑다고 느끼는 것은 감성을 통해 이루어진 것이다.
② '이성'은 감성, 상상력, 지성에 의해 축적된 수많은 지식들을 이념으로 수렴하여 체계화하는 것이라고 하였으므로, 수많은 지식들을 우주라는 이념으로 수렴하여 체계화하는 것은 '이성'을 통해 이루어진 것이다.
③ '지성'은 개념에 근거하여 주어진 상황에 대해 판단을 내리는 능력이라고 하였으므로, 빗소리가 들렸을 때 태풍이 가까이 와서 폭우가 내리기 시작했다고 판단하는 것은 지성을 통해 이루어진 것이다.
④ '상상력'은 감성의 내용을 지성에 전달하고, '지성'은 개념을 형성한다고 하였다. 따라서 다양한 감각들을 지성으로 전달하는 것은 상상력을 통해, 과일이라는 개념을 형성하는 것은 지성을 통해 이루어진 것이다.

06   정답 ③

(나)의 1문단에 따르면 칸트는 인간의 인식 능력을 '감성, 상상력, 지성, 이성'의 4가지로 구분하고, '상상력'을 '서로 이질적인 능력인 감성과 지성을 연결하는 능력'이라고 보았다. 따라서 칸트는 상상력을 감각에 포함된 능력이라고 본 ㉯의 견해에 동의하지 않을 것이다.

오답 피하기
① (가)의 1문단에 따르면 흄은 '인상을 통해 이미지를 재생시키는 능력'이 상상력이며, 이는 '관념을 토대로 대상을 이해하고 생각하는 우리에게 가장 기초적인 능력'이라고 보았다. 따라서 흄은 이미지를 재생해서 보존하는 상상력의 중요성을 강조한 ㉮의 견해에 동의할 것이다.
② (나)의 3문단에 따르면 칸트는 '생산적 상상력'으로 도식을 창조하여 자유롭게 응용할 수 있다고 보았다. 따라서 칸트는 상상력이 놀라운 창조성을 지닌 능력이라고 본 ㉯의 견해에 동의할 것이다.
④ (가)의 1문단에 따르면 흄은 '인상은 감각과 같이 대상에 대한 경험의 직접

적인 재료'라고 보았다. 따라서 모든 경험은 감각이 대상과 접촉함으로써 획득된다는 ㉰의 견해에 동의할 것이다.
⑤ (가)의 1문단에 따르면 흄은 '상상력은 관념을 토대로 대상을 이해하고 생각하는 우리에게 가장 기초적인 능력'이라고 보았고, (나)의 1문단에 따르면 칸트는 '상상력이 없다면 인식이 성립할 수 없다'고 보았다. 따라서 흄과 칸트는 상상력의 기능을 배제한 인간의 인식 과정은 있을 수 없다고 한 ㉰의 견해에 동의할 것이다.

06 실전 문제

p. 27~29

(가) 정책 딜레마의 해결을 위한 두 모형

지문 해결 전략
이 글은 정책 딜레마의 해결을 위한 정책 결정 모형을 소개하고 있다. 정책 딜레마는 어느 하나의 대안을 선택하면 선택되지 않은 대안이 주는 기회 손실이 크기 때문에 선택이 곤란한 상황을 말하는데, 딜레마 상황이 지속되면 사회 전체 비용이 증가한다. 합리 모형은 딜레마 상황에서 최적의 대안을 선택할 수 있다고 보는 입장이고, 만족 모형은 만족할 만한 수준에서 결정해야 한다고 보는 입장이다. 합리 모형을 선택하면 딜레마 지속으로 인해 비용이 대폭 증가할 수 있기 때문에, 신속한 결정을 중시하는 만족 모형에 주목할 필요가 있다. 이 글은 정책 딜레마의 개념을 이해하고 합리 모형과 만족 모형의 차이를 정리하며 독해해야 한다.

문단별 중심 내용
1문단: 공공재의 개념과 공익에 대한 두 가지 입장
2문단: 정책 딜레마의 개념과 그로 인한 문제점
3문단: 정책 딜레마의 해결을 위한 두 모형 – 합리 모형과 만족 모형
4문단: 합리 모형의 한계와 만족 모형의 장점

주제
정책 딜레마와 이를 해결하기 위한 합리 모형과 만족 모형

독해 훈련 문제

1 과정설 2 정책 집행의 지연이나 논란이 심화되어 사회 전체 비용이 증가함 3 합리 모형 4 만족 모형 5 딜레마 상황의 지속으로 인해 비용이 대폭 증가하기 때문에

(나) 중앙 정부의 재정 지원 방법

지문 해결 전략
이 글은 중앙 정부가 지방 정부에 지급하는 정액 지원금과 정률 지원금의 영향과 효과에 대해 설명하고 있다. 정액 지원금은 지역 주민의 소득을 증가시키는 것과 같아 각 지역의 기본적 재정 기반을 보완하는 역할을 할 수 있다. 그리고 가격 보조의 의미를 갖는 정률 지원금은 지방 정부가 더 많은 공공재를 생산하도록 유도하는 데 있어 정액 지원금보다 효과적이다. 그런데 정액 지원금이 직접적인 소득 증가보다 공공재의 추가적 생산을 촉진하는 '끈끈이 효과'가 발생할 수 있으므로, 어떤 정책을 선택할지에 대해 충분히 숙고할 필요가 있다. 이 글은 정액 지원금과 정률 지원금이 어떤 효과를 주는지를 제시된 〈그림〉과 함께 이해하며 독해해야 한다.

문단별 중심 내용
1문단: 지방 정부에 대한 중앙 정부의 재정 지원 방식
2문단: 정액 지원금의 영향과 효과
3문단: 정률 지원금의 영향과 효과
4문단: 정액 지원금이 교부되었을 때의 '끈끈이 효과'

주제
정액 지원금과 정률 지원금이 공공재 소비에 미치는 영향

1 정액 지원금 2 정률 지원금 3 선분 JK 4 지역의 기본적 재정 기반 보완, 지역 간 재정 격차 조정 4 정률 지원금 5 끈끈이 효과

01 ⑤	02 ④	03 ③	04 ⑤	05 ⑤	06 ①

01
정답 ⑤

(가)의 4문단에서 충분한 예산과 정보가 갖춰질수록 검토해야 할 시간은 무한대로 늘어나기 때문에 딜레마 지속으로 인한 비용 역시 대폭 증가한다고 하였다. 따라서 관련 예산과 정보를 충분히 확보한다고 해서 정책 딜레마가 지속되는 상황을 해결할 수 있는 것은 아니라고 할 수 있다.

02
정답 ④

(나)의 3문단에서 가격 보조의 의미를 갖는 정률 지원금은 지방 정부가 더 많은 공공재를 생산하도록 유도하는 데 정액 지원금보다 더 효과적이라고 하였다. 따라서 ⓑ가 ⓐ보다 지방 정부로 하여금 더 많은 공공재를 생산하도록 유도할 수 있다.

오답 피하기
① (나)의 2문단에서 정액 지원금은 각 지역의 기본적 재정 기반을 보완하는 것과 동시에 지역 간 재정 격차를 조정할 수 있다고 하였다.
② (나)의 1문단에서 정률 지원금은 공공재의 단위당 비용에 대한 일정 비율의 형태로 지원된다고 하였고, 3문단에서 정률 지원금은 가격 보조의 의미를 갖는다고 하였다.
③ (나)의 〈그림〉에 대한 설명에서 재정 지원에 따라 변화된 선호가 I'로 나타나 있다고 한 것으로 보아, 정액 지원금과 정률 지원금이 지원되면 지역 주민의 공공재와 사용재에 대한 선호가 달라질 수 있음을 알 수 있다.
⑤ (나)의 4문단에서 정액 지원금이 교부되었을 때가 직접적으로 소득이 증가했을 때보다 공공재의 추가적 생산을 더 촉진시키는 경우가 있는데, 이러한 현상을 '끈끈이 효과'라고 하였다.

03
정답 ③

(가)의 3문단에 따르면, 만족 모형에서는 신속한 결정이 그 결정의 도덕적 속성이나 논리적 속성과는 무관하게 정책 결정의 불확실성을 제거하여 사회에 긍정적으로 작용한다고 보았다. 이러한 입장에서 (나)를 이해하면, 지원금 지급 방식에 따른 실증 효과를 인과적으로 도출하는 것보다 어떤 방식이든 지원금 지급 방식을 신속하게 결정하는 것이 더 중요하다.

오답 피하기
① 합리 모형에서는 정책 목표와 수단 사이에 존재하는 인과 관계를 확보하여 딜레마 상황에서 최적의 대안을 선택할 수 있다고 보았다.
② 합리 모형에서는 충분한 시간, 예산, 정보 등이 주어지면 모든 가능한 대안을 검토할 수 있어 합리적으로 결정할 수 있다고 보았다.
④ 만족 모형에서는 어떤 결정을 하든지 시장에서 능률적인 방향으로 자원을 배분할 수 있기 때문에 무엇보다 신속한 결정이 중요하다고 보았다.
⑤ 만족 모형에서는 충분한 예산과 정보가 갖춰질수록 검토해야 할 시간은 무한대로 늘어나 비용이 증가하기 때문에 만족할 만한 수준에서 결정하는 것이 필요하다고 보았다.

04
정답 ⑤

(가)의 2문단에서 어떤 공익이 다른 공익과 서로 공존하기 어렵거나 적절한 절차를 거치더라도 대립되는 의견이 서로 대등할 경우 정책 딜레마에 빠지기 쉽다고 하였다. 따라서 공익의 실체가 분명하고 적절한 절차가 있더라도, 서로 다른 공익이 공존하기 어렵거나 대립되는 의견이 서로 대등할 경우 정책 딜레마 상황에 놓일 수 있다.

오답 피하기
① (가)의 1문단에서 실체설은 사회에서 합의된 절대적 가치를 공익이라 보는 입장이라고 하였다. 따라서 실체설에서는 정책이 추구해야 할 목적으로 사회적으로 합의된 절대적 가치를 중시할 것이다.
② (가)의 1문단에서 과정설은 공익을 발견해 나가는 의사 결정 과정에서의 적절한 절차를 중시한다고 하였다. 따라서 과정설에서는 어떤 특정 이익도 적절한 절차를 따랐을 경우 공익으로 간주할 것이다.
③ (가)의 1문단에서 공공재에 대한 정의는 다양하다고 하였고, 공익이 무엇인가에 대해 실체설과 과정설 등 다양한 의견이 있다고 하였다. 따라서 공공재 정책을 둘러싸고 다양한 의견이 존재할 수 있다.
④ (가)의 1문단에서 공공재는 재화나 서비스 자체의 성격에서 규정된다고 하였다. 따라서 마을에서 운영하는 도서관이 모든 시민이 함께 이용하는 공동 소비의 성격을 띤다면 공공재라고 할 수 있다.

05
정답 ⑤

(나)의 〈그림〉에서 정률 지원금을 받은 후의 예산선은 선분 AG이다. 공공재 소비 수준은 점 E_m에서보다 점 E_b에서 더 낮지만, 사용재 소비 수준은 E_m에서보다 E_b에서 더 높음을 알 수 있다. 따라서 정률 지원금이 지급되었을 때 Z_b에서 Z_m만큼 소득 금액이 감소하는 효과를 갖는 것은 아니다. 지원금으로 소득의 크기가 증가하면 공공재나 사용재의 소비 중 어떤 것에도 사용될 수 있기 때문이다.

오답 피하기
① (나)의 〈그림〉에서 공공재와 사용재의 조합을 의미하는 예산선은 선분 AB, 이 지역에서 선택하게 될 공공재와 사용재의 조합은 균형점 E로 나타나 있다. 따라서 정액 지원금과 정률 지원금이 모두 없다면 해당 지역의 예산선은 선분 AB이고, 공공재와 사용재의 균형점은 점 E이다.
② (나)의 〈그림〉에서 소비할 수 있는 사용재의 양은 P, 정률 지원금이 지급될 때의 균형점은 E_m, 정액 지원금이 지급될 때의 균형점은 E_b로 나타나 있다. E_m에서보다 E_b에서 P축의 높이가 더 높으므로, 정률 지원금이 지원될 때보다 정액 지원금이 지원될 때 지역 주민의 사용재 소비가 더 크다.
③ (나)의 〈그림〉에서 소비할 수 있는 공공재의 양은 Q로 나타나 있다. 그리고 정액 지원금이 지급되면 예산선은 선분 AB에서 선분 JK로, 균형점은 E에서 E_b로 바뀐다. 정률 지원금이 지급되면 예산선은 선분 AB에서 선분 AG로, 균형점은 E에서 E_m으로 바뀐다. 따라서 공공재의 소비는 정액 지원금이 지급되면 Z에서 Z_b만큼 늘어나고, 정률 지원금이 지급되면 Z에서 Z_m만큼 늘어난다.
④ (나)의 1문단에서 정률 지원금은 '공공재의 단위당 비용에 대한 일정 비율의 형태로 지원'된다고 하였고, 〈그림〉에서 정률 지원금이 지급되면 예산선은 선분 AB에서 선분 AG로 바뀐다. 따라서 정률 지원금이 지급되면 지역 주민의 공공재 소비 부담이 일정 비율로 감소하고, 예산선이 선분 AB에서 선분 AG로 이동한다.

06
정답 ①

(나)의 4문단에서 정액 지원금이 교부되었을 때가 직접적으로 소득이 증가했을 때보다 공공재의 추가적 생산을 더 촉진시키는 경우가 있는데, 이러한 현상을 끈끈이 효과라고 하였다. 〈보기〉는 이와 같은 끈끈이 효과의 사례로, 지역 주민의 소득이 증가했을 때보다 정액 지원금이 교부되었을 때 공공재의 추가적 생산을 더 촉진할 수 있다는 것을 보여 준다.

p. 32~33

지식의 범주에 대한 경험주의 철학자들의 견해

지문 해결 전략

이 글은 지식의 범주에 대해 의견을 달리했던 대표적 경험주의 철학자 로크, 버클리, 흄의 견해를 소개하고 있다. 로크는 물질과 정신의 실재를 모두 인정한 반면, 버클리는 경험적으로 지각할 수 있는 것은 감각의 다발일 뿐이라고 하며 정신의 실재만을 인정하였다. 또 흄은 지식의 범주를 엄격히 한정하여, 필연적 지식인 수학적 지식과 직접적 경험만을 지식으로 인정하였다. 이 글은 로크, 버클리, 흄의 견해 차이를 중심으로 서술되어 있기 때문에 각 철학자들의 견해를 확인하고, 그 차이점이 무엇인지 파악하며 독해해야 한다.

문단별 중심 내용

1문단: 지식의 범주에 대한 경험주의 철학자들의 견해 차이
2문단: 로크의 견해
3문단: 버클리의 견해
4문단: 흄의 견해
5문단: 과학적 지식을 부정한 흄
6문단: 지식의 범주를 엄격히 한정한 흄

주제

지식의 범주에 대한 17~18세기 경험주의 철학자들의 견해 차이

독해 훈련 문제

> **1** 지식의 범주 **2** 물질의 실재, 감각과 관념 등의 사고 과정, 정신의 실재 **3** 정신 **4** 감각, 기억, 개별적인 관념 등 **5** 자연이 한결같다는 가정은 경험하지 못한 미래의 일이기 때문에 알 수가 없어서 **6** 수학적 지식, 직접적 경험

01 ②	02 ③	03 ④	04 ①	05 ④	06 ③

01

정답 ②

2문단의 '그는 우리가 태어났을 때의 정신은 그 어떤 관념도 없는 백지와 같은 상태인데 경험을 통해 물질에 대한 감각을 지각함으로써 관념이 생긴다고 보았다. 그리고 이 관념이 지식을 형성한다고 보았다'를 통해, 로크가 감각을 지각함으로써 생기는 관념을 인정하고 있음을 알 수 있다.

오답 피하기

① 2문단의 '로크는 경험하기 전에 정신에 내재하는 타고난 관념을 인정하지 않았다'는 내용에서 알 수 있다.

③ 2문단의 '로크는 물질의 실재를 인정하고'에서 로크가 물질의 실재를 인정했음을 알 수 있고, 3문단의 '버클리는 로크의 인식 분석이 오히려 물질의 실재를 부정하게 된다고 주장했다'에서 버클리가 물질의 실재를 부정했음을 알 수 있다.

④ 3문단의 '이렇게 되면 우리가 알 수 있는 유일한 실재는 정신만이 남게 된다'에서 버클리가 정신의 실재를 인정했음을 알 수 있고, 4문단의 '버클리가 외부의 물질을 부정한 방식을 그대로 우리 내부의 정신에 적용하여 사고 과정을 주관하는 정신도 부정하였다'에서 흄이 정신의 실재를 부정했음을 알 수 있다.

⑤ 5문단의 '과학적 지식마저도 알 수 없다', 6문단의 '흄에게 필연성을 갖고 있는 지식은 수학 공식만이 남는다'에서 흄이 과학적 지식의 필연성을 부정했음을 알 수 있다.

02

정답 ③

로크가 과학적 지식이나 법칙에 대해서 어떻게 생각하는지는 이 글을 통해 알 수 없고, 흄은 우리가 인과 관계나 법칙을 지각할 수 없다고 하였다. 따라서 로크와 흄이 철수가 법칙을 지각하게 되었다고 볼 것이라는 ③은 적절하지 않다.

오답 피하기

① 2문단에서 로크는 물질을 지식의 근원으로 보았다고 하였으므로, 로크는 사과의 색깔과 맛의 상관관계에 대한 지식을 얻게 해준 근원을 2개의 사과로 볼 것이다.

② 3문단에서 버클리는 우리가 지각하는 것은 물질 그 자체가 아니라 감각의 다발일 뿐이라고 하였으므로, 버클리에게 사과는 시각과 미각 등을 통해 인식된 결과라고 할 수 있다.

④ 2문단에서 로크는 물질의 실재를 인정한다고 했으므로, 로크는 사과라는 물질 자체의 실재를 인정할 것이다. 반면 3문단에서 버클리는 물질을 감각의 다발, 즉 정신의 상태라고 본다고 했으므로, 버클리는 사과가 물질이 아니라 철수의 정신 상태라고 생각할 것이다.

⑤ 5문단에서 흄은 경험하지 않은 미래의 일은 알 수 없다고 보았기 때문에 직접 경험하지 않은 추론은 지식으로 인정하지 않을 것이다.

03

정답 ④

ⓔ의 '한정'은 '수량이나 범위 따위를 제한하여 정함'이라는 의미이다. '여럿 가운데서 어떤 것을 뽑아 정함'은 '선정'이다.

04

정답 ①

이 글은 지식의 범주에 대해 의견을 달리했던 경험주의 철학자 로크, 버클리, 흄의 견해를 소개하고 있다. 지식의 범주에 대한 세 철학자의 견해 차이를 중심으로 서술하고 있으므로, 이 글의 표제와 부제로 가장 적절한 것은 ①이다.

05

정답 ④

3문단에서 버클리는 '우리가 경험적으로 지각하는 것은 물질 그 자체가 아니라 감각의 다발'이라고 하였다. 따라서 버클리가 경험적으로 지각하지 않아도 물질의 실재를 인식할 수 있다고 생각한다는 ④는 이 글의 내용과 일치하지 않는다.

06

정답 ③

〈보기〉의 ㉮는 과학적 추리에 의한 결과인데, 이러한 과학적 지식은 관찰과 실험을 통해 얻은 개별적 사실로부터 인과 관계나 법칙을 찾아내어 체계화한 것이다. 그러나 5문단에서 흄은 과학적 추리를 할 때 사용하는 자연은 한결같다는 가정은 우리가 경험하지 않은 미래의 일이기 때문에 알 수가 없다고 하였으므로, 흄의 입장에서 ㉮는 알 수 없는 가정으로부터 추론한 결과이다.

오답 피하기

① 흄은 자연이 한결같다는 가정은 경험하지 않은 미래의 일이기 때문에 알 수 없다고 보았다.

② 흄은 인과 관계나 법칙을 지각할 수 없다고 보았다.

④ ㉮는 개별적 사실이 아니라 인과 관계나 법칙을 찾아내어 체계화한 과학적 지식이다.

⑤ 흄은 인과 관계나 법칙을 지각할 수 없다고 보았으므로, ㉮를 인식의 대상으로 여기지 않을 것이다.

02 실전 문제

p. 34~35

니체의 도덕관

지문 해결 전략

이 글은 서구의 전통적인 도덕관을 비판한 니체의 도덕관에 대해 설명하고 있다. 니체는 주체를 주인적 개인과 노예적 개인으로 구분하고, 양심의 회복을 통해 노예적 개인을 주인적 개인으로 육성하는 것이 도덕의 목적이라고 생각했다. 그리고 이를 위해서는 훈육이나 양육과 같은 교육 및 개인의 결단과 의지가 필요하다고 보았다. 이처럼 니체는 개인의 주체적 의지를 강조했다는 점에서 전통적인 도덕관과 차별화된다. 이 글은 니체가 주장하는 새로운 도덕관의 핵심 내용이 무엇인지 파악하며 독해해야 한다.

문단별 중심 내용

1문단: 서구의 전통적 도덕관을 비판한 니체
2문단: 주인적 개인의 특징
3문단: 노예적 개인의 특징
4문단: 니체가 제시한 도덕의 최종 목적
5문단: 노예적 개인이 주인적 개인이 되기 위한 방법
6문단: 도덕의 핵심을 주체의 문제로 본 니체

주제

주체의 의지를 강조한 니체의 도덕관

독해 훈련 문제

1 니체 2 주인적 개인 3 노예적 개인 4 양심을 회복하는 것 5 양심의 가책 6 훈육이나 양육과 같은 교육, 자신의 결단과 의지 7 개인이 스스로 주체적 의지를 발휘하여 판단하고 행동하는 것

01 ③　　02 ④　　03 ⑤　　04 ④　　05 ②　　06 ②

01
정답 ③

보편타당하고 절대적인 도덕적 가치를 제시한 것은 전통적인 도덕의 관점이다. 6문단에서 확인할 수 있듯이, 니체의 새로운 도덕관은 외적으로 주어진 규범이나 가치를 따르는 것이 아니라 스스로 주체적 의지를 발휘하여 판단하고 행동하는 것을 강조하고 있다.

오답 피하기

① 2, 3문단에서 니체는 강한 의지를 가지고 자기 내면의 욕구를 제어하는 주인적 개인의 행동을 '좋음'으로, 의존적이고 자기를 제어하는 의지가 없는 노예적 개인의 행동을 '나쁨'으로 평가했음을 알 수 있다.

② 6문단의 '외적으로 주어진 규범이나 가치를 추종하는 것이 아니라'와 2문단의 '강한 의지로 자기 내면의 욕구를 제어하고'에서, 니체는 외적인 요인보다 내적인 제어 능력을 중시했음을 알 수 있다.

④ 4, 5문단에서 니체는 노예적 개인을 주인적 개인으로 육성하기 위해서는 양심의 회복이 필요하며, 이를 위해 훈육이나 양육과 같은 교육이 필요하다고 보았음을 알 수 있다.

⑤ 3문단에서 니체는 자기를 제어하는 의지가 없어서 욕구를 지배하지 못하는 노예적 개인을 병들었다고 생각함을 알 수 있다.

02
정답 ④

〈보기〉의 진수는 양심의 가책을 느낀 이후 불편한 어르신들을 도와드리겠다고 다짐하고 그것을 실천하였다. 따라서 진수는 양심을 회복하고 주인적 개인이 되었다고 볼 수 있으므로, '자신이 설정한 법칙에 따라 약속을 하고, 그 약속에 책임을 지는 것'으로 볼 수 있다. 그리고 이는 '무리의 평균적 가치를 따르는 노예적 개인'에서 벗어난 것이다.

오답 피하기

① 2문단에서 자기 지배력이 있어야만 자신이 세운 삶의 원칙에 따라 능동적으로 행동할 수 있음을 알 수 있다.

② 5문단에서 양심의 가책을 느낀 것만으로는 양심을 회복할 수 없음을 알 수 있다. 양심을 회복하기 위해서는 교육 및 결단과 의지가 필요하다.

③ 2문단에서 니체는 주인적 개인이 삶의 원칙에 따라 능등적으로 행동하는 것을 '좋음'이라고 평가했음을 알 수 있다. 진수는 양심의 가책을 느낀 이후 결단과 의지를 통해 옳은 행동을 실천하게 되었으므로, 니체가 '좋음'으로 평가한 주인적 개인으로 볼 수 있다.

⑤ 6문단에서 주어진 규범이나 가치를 추종하는 것이 아니라 스스로 주체적인 의지를 발휘하여 판단하고 행동하는 것이 도덕이라고 하였다. 진수는 공동체적 가치를 받아들였기 때문이 아니라, 결단과 의지를 가지고 실천하였기 때문에 주인적 개인으로 거듭날 수 있었던 것이다.

03
정답 ⑤

ⓔ의 '추종하다'는 문맥상 '자신이 동의하는 학설 따위를 별 판단 없이 믿고 따르다'라는 의미를 가지고 있으므로, '따르다' 정도로 바꿔 쓰는 것이 적절하다. '따라잡다'는 '앞선 것에 가까이 가서 나란히 되다'라는 뜻이다.

04
정답 ④

5문단에서 '노예적 개인이 양심의 가책을 느낀다고 해서 양심이 자연스럽게 회복되는 것은 아니다. 노예적 개인이 양심을 회복하기 위해서는 교육 및 개인의 결단과 의지가 필요하다'고 하였으므로 ④는 적절하지 않다.

오답 피하기

① 2문단에서 '인간의 내면에는 다양한 욕구들이 존재하고 서로 충돌하게 된다'고 하였다.

② 1문단에서 '서구에서 전통적인 도덕은 보편타당하고 절대적인 도덕적 가치를 탐구하여 사회 구성원들이 마땅히 따라야 하는 도덕적 명제를 제시'했다고 하였다.

③ 2, 3문단에서 니체는 주인적 개인이 자기 지배력을 가지고 능동적으로 행동하는 것을 '좋음'이라고 평가하였고, 노예적 개인이 무리의 평균적 가치를 따르며 자기 제어 의지가 없이 행동하는 것을 '나쁨'이라고 평가하였다고 하였다.

⑤ 4문단에서 '니체가 제시하는 도덕의 최종 목적은 도덕의 주체를 주인적 개인으로 육성하는 데' 있다고 하였다.

05
정답 ②

2, 3문단에서 ㉠주인적 개인은 자기 지배력을 지니고 자신이 세운 삶의 원칙에 따라 능동적으로 행동하지만, ㉡노예적 개인은 무리에 의존하며 무리의 평균적 가치에 따르는 특성을 가지고 있다고 하였다.

06
정답 ②

A는 자신의 마음가짐에 따라 부상자들의 이송을 도왔으므로 주인적 개인에 해당하며, B는 자신의 마음가짐과는 달리 어려움에 처한 사람들을 외면했으므로 노예적 개인에 해당한다. 따라서 니체는 A가 절대적 가치를 따른 것이 아니라 자신이 세운 삶의 원칙에 따라 능동적으로 행동한 것으로 평가할 것이다.

오답 피하기

① 니체는 A와 같은 주인적 개인의 행동을 '좋음'이라고 평가할 것이다.

③ 4문단에서 니체는 '양심'을 '외적 강제 없이 자신이 설정한 법칙에 따라 약속을 하고 그 약속에 책임을 지는 것'으로 보았다고 하였다. 따라서 니체는 어려운 사람을 돕겠다는 자신과의 약속을 지킨 A를 '양심'이 있다고

평가할 것이다.

④ 5문단에서 니체는 노예적 개인이 '약속을 위반한 것에 대한 고통을 느끼는 경우'가 있는데 이를 '양심의 가책'이라고 보았다고 하였다. 따라서 B가 자신과의 약속을 지키지 못해 자책하는 것을 니체는 '양심의 가책'이라고 평가할 것이다.

⑤ 5문단에서 니체는 노예적 개인이 교육 및 스스로의 결단과 의지를 통해 양심과 자기 지배력을 회복하면 주인적 개인이 된다고 하였다. 따라서 B가 교육을 받고 양심을 회복하려는 의지를 가진다면 자기 지배력을 가진 주인적 개인으로 변할 수 있다고 평가할 것이다.

④ 계몽주의 학자들은 '선입견'을 '올바른 이해를 가로막는 잘못된 생각'으로 보았다.

⑤ 계몽주의 학자들은 '선입견'을 '개인의 권위나 속단에서 비롯된 비이성적인 것'으로 보았다.

02
정답⑤

4문단에서 '주체가 가진 현재 지평은 역사적 지평과 융합하여 새로운 지평이 되고, 이것이 다음 이해의 선이해로 작용'한다고 하였다. 따라서 ⑤와 같이 현재 지평과 역사적 지평이 융합하여 '정의'에 대해 새롭게 생각하게 된 것은, 의미가 확장되어 새롭게 형성된 '현재 지평'이라고 볼 수 있다.

오답 피하기
① 2문단에서 선입견, 즉 선이해는 '이해의 기본 조건으로, 우리가 세계를 이해할 수 있도록 인도하는 역할'을 한다고 하였다.

② 3문단에서 현재 지평은 '인식의 주체가 선이해를 바탕으로 형성한 이해로, 이해 주체의 머릿속에 형성된 지식이나 신념 등과 관련'이 있다고 하였다.

③ 3문단에서 역사적 지평은 '과거로부터 축적되어 온 이해의 산물로, 텍스트를 통해 전해 내려오는 수많은 지식들이 대표적인 예'라고 하였다.

④ 3문단에서 지평 융합은 '현재 지평과 역사적 지평이 결합'되는 것이라고 했으며, '현재 지평은 역사적 지평과의 융합을 통해 상호 작용하면서 끊임없이 수정되고 확장'된다고 하였다.

03 실전 문제

p. 36~37

가다머의 '선이해'와 '지평 융합'

지문 해결 전략
이 글은 '선이해'와 '지평 융합' 개념으로 세계에 대한 이해의 과정을 설명하고 있는 가다머의 견해를 소개하고 있다. 가다머는 '선이해'란 과거로부터 전승되어 온 전통에 의해 형성된 사고로, 세계를 이해하기 위한 기본 조건이라고 하였다. 또한 선이해를 바탕으로 형성된 현재 지평과 과거로부터 축적된 이해의 산물인 역사적 지평이 만나 새로운 지평을 형성하는 것이 '지평 융합'이라고 하였다. 이해의 과정은 이러한 지평 융합의 끊임없는 반복과 확장을 통해 이루어지는 것이다. 이 글은 가다머가 제시한 두 가지 핵심 개념의 의미를 정확히 이해하며 독해해야 한다.

문단별 중심 내용
1문단: '선이해'와 '지평 융합' 개념을 도입하여 이해의 과정을 설명한 가다머
2문단: '선이해'에 대한 계몽주의 학자들과 가다머의 견해
3문단: '지평 융합'의 개념과 이해의 과정
4문단: 이해의 과정을 끊임없이 반복되는 순환의 과정으로 본 가다머

주제
세계에 대한 이해의 과정을 설명한 가다머의 '선이해'와 '지평 융합' 개념

독해 훈련 문제

1 선이해, 지평 융합 2 개인의 권위나 속단에서 비롯된 비이성적인 것이라고 생각해서 3 (문화나 철학, 역사와 같이) 과거로부터 전승되어 온 전통에 의해 형성된 사고 4 과거로부터 축적되어 온 이해의 산물 5 현재 지평과 역사적 지평이 융합되어 새로운 지평을 형성해 나가는 과정임 6 일회적으로 끝나는 것이 아니라 반복적으로 이루어짐

01 ①	02 ⑤	03 ④	04 ③	05 ④

01
정답①

3문단에서 '현재 지평이란 인식의 주체가 선이해를 바탕으로 형성한 이해'라고 하였으므로, ㉮를 현재 지평을 바탕으로 형성된 이해로 보는 것은 적절하지 않다.

오답 피하기
② 가다머는 '선입견'을 세계에 대한 이해를 위해서 반드시 필요한 '이해의 기본 조건'으로 보았다.

③ 가다머는 '선입견'을 '문화나 철학, 역사와 같이 과거로부터 전승되어 온 전통에 의해 형성된 사고'로 보았다.

04
정답③

이 글은 '선이해'와 '지평 융합'이라는 핵심 개념을 통해 가다머의 세계에 대한 이해 방식을 소개하고 있다. 1문단에서는 '선이해'와 '지평 융합'이라는 핵심 개념과 중심 화제인 '세계에 대한 이해 방식'을 제시하고 있다. 2문단에서는 계몽주의 학자들의 견해와 대비하여 '선이해' 개념을 설명하고 있으며, 3문단에서는 '현재 지평'과 '역사적 지평' 등 관련 있는 개념을 통해 '지평 융합'에 대해 설명하고 있다. 그리고 4문단에서는 두 핵심 개념을 종합하여 세계에 대한 이해는 과정적 속성을 가지고 있다고 언급하며 글을 마무리하고 있다.

05
정답④

〈보기〉의 ⓐ는 선이해를 바탕으로 형성된 것으로, 인간 본성에 대한 민수의 현재 지평에 해당한다. 이는 ⓑ와 같은 역사적 지평과 융합하여 ⓒ라는 새로운 지평을 형성한다. 이후 민수는 ⓓ와 같은 역사적 지평을 새롭게 접하게 되고, 이것은 민수가 가지게 된 새로운 현재 지평인 ⓒ와 융합하여 ⓔ라는 확장된 현재 지평을 형성한다. 즉 현재 지평과 역사적 지평의 융합을 통해 민수의 이해는 끊임없이 수정되고 확장된다. 따라서 민수의 현재 지평은 역사적 지평인 ⓑ, ⓓ와의 순차적인 지평 융합을 통해 끊임없이 확장되어 감을 알 수 있다.

오답 피하기
① 민수가 ⓐ라는 현재 지평을 갖게 된 것은, 민수가 그때까지 접했을 역사적 지평과 관련이 있을 것이라고 추론할 수 있다.

② 민수가 ⓒ와 ⓓ의 지평 융합을 통해 ⓔ를 긍정적으로 인식하게 된다는 것은 이 글과 〈보기〉를 통해 알 수 없다.

③ 역사적 지평은 '과거로부터 축적되어 온 이해의 산물로, 텍스트를 통해 전

해 내려오는 수많은 지식들이 대표적인 예'라고 하였다. 따라서 민수에게 역사적 지평이 될 수 있는 것은 ⓑ와 ⓔ이다. ⓑ는 ⓐ와 결합할 때의 역사적 지평이며, ⓓ는 ⓒ와 결합할 때의 역사적 지평이므로 서로 다른 시점에 역사적 지평으로 작용한다.

⑤ 가다머는 세계에 대한 이해는 완성된 것이 아니라 과정에 있는 것이라고 하였다.

 실전 문제

p. 38~39

데리다의 주체 개념 비판

지문 해결 전략
이 글은 후설의 '의식 주체' 개념을 비판하고 있는 데리다의 '차연' 개념과 그 의의를 설명하고 있다. 데리다는 후설의 '의식 주체' 개념이 객체에 대한 주체의 지배를 정당화한다고 문제를 제기하고, 주체란 다른 대상들과의 차이에 의해 의미가 드러나며 그 의미에 대한 최종 해석은 계속 연기된다는 '차연' 개념을 개진하였다. 이를 통해 데리다는 자기 동일성을 가진 주체는 허구에 불과하다고 주장하며 다원적 사고에 대한 가능성을 제시하였다. 이 글은 지문에 제시된 낯선 개념을 정확히 이해하고, '주체'에 관한 형이상학적 전통 철학의 입장과 데리다의 입장을 비교하며 독해해야 한다.

문단별 중심 내용
1문단: 후설의 '의식 주체' 개념의 의미와 문제점
2문단: 데리다의 '차연' 개념의 의미
3문단: 데리다가 '의식 주체' 개념에 문제를 제기하는 이유
4문단: 데리다 사상의 의의

주제
'차연' 개념을 통한 데리다의 '의식 주체' 개념 비판

독해 훈련 문제

1 의식 주체 2 객체에 대한 주체의 지배를 정당화함 3 차연 4 차이, 연기 5 객체의 가치 6 차이와 다양성으로 이루어진 세계를 절대 주체를 중심으로 재편하려는 욕망을 합리화했기 때문에 7 닫힌 세계에서 열린 세계로 나아가는 계기를 마련해 주며 다원적 사고에 대한 가능성을 제시해 줌

01 ③　02 ③　03 ④　04 ①　05 ①

01
정답 ③

㉠과 ㉡은 데리다의 '차연' 개념을 설명하기 위해 든 예로, ㉠은 주체에 대응하고 ㉡은 객체에 대응한다. 4문단에서 '차연' 개념을 통해 데리다는 자기 동일성을 지닌 주체의 허구성을 드러내고자 했다고 하였으므로, ㉠이 자기 동일성을 가지고 있다고 이해하는 것은 적절하지 않다.

오답 피하기
①, ⑤ 2문단에서 '데리다에게 주체란 그 자체로 완전하고 절대적인 의미를 갖고 있는 것이 아니라, 다른 대상들과의 차이에 의해 의미가 드러나고 그 의미에 대한 최종 해석은 계속 연기되는 것'이라고 하였다.

② 3문단에서 차연은 '객체의 가치를 밝히는 새로운 개념'이라고 하였고, 4문단에서 데리다는 '대상마다 나름의 가치를 지니고 있다는 것을 강조'했다고 하였다.

④ 2문단에서 '단어의 의미는 고정되는 것이 아니라 또 다른 단어와의 차이에 의해 그 의미가 구별되면서 끊임없이 연기된다'고 하였으므로, ㉠의 의미를 밝히기 위해서는 새로운 ㉡들이 계속해서 요구될 것이다.

02
정답 ③

4문단에서 데리다는 그 어느 것에도 특권을 부여하지 않음으로써 절대적 진리의 존재를 부정했다고 하였다. 이러한 데리다의 입장에서 유럽 남성들에게 부여되었던 특권을 부정하는 것은 타당하지만, 또 다른 대상에게 특권을 부여해야 한다고 보는 것은 적절하지 않다.

오답 피하기
① 〈보기〉에서 말하는 근대의 '이성적 인간'은 이 글에서 말하는 '의식 주체'에 대응한다. 따라서 데리다는 이것이 허구에 불과하다며 해체해야 한다고 주장할 것이다.

② 형이상학적 전통 철학은 이원 대립적 사고방식을 바탕으로 주체와 객체가 우열 관계에 있다고 보았으므로, 〈보기〉에서 주체에 해당하는 이성적 인간의 우위를 인정할 것이다.

④ 데리다의 차연 개념은 '의식 주체의 절대적 위상 속에 은폐되어 있는 객체의 가치를 밝히는 새로운 개념'이라고 하였으므로, 데리다는 '여성, 유럽이 아닌 나라의 사람들, 자연'이 가지고 있는 가치를 밝히고자 할 것이다.

⑤ 의식 주체는 '다른 것의 도움 없이 스스로 존재'한다고 하였으므로, 형이상학적 전통 철학의 입장에서 유럽의 남성들은 스스로 존재할 수 있는 의식 주체라고 생각할 것이다.

03
정답 ④

1문단에서는 후설의 '의식 주체'가 서양 근대 철학의 형이상학적 사고방식을 잘 보여 준다고 언급하고 있고, 3문단에서는 형이상학적 사고방식이 주체를 바라보는 시각에 대해 언급하고 있다. 하지만 형이상학적 사고방식의 정립 계기는 언급되어 있지 않다.

04
정답 ①

'차연'이란 개념은 데리다가 이원 대립과 위계의 가치 질서를 만들어 낸 후설의 의식 주체를 비판하는 입장에서 개진한 것이다. 데리다가 말하는 차연은 의식 주체와 달리, 주체는 그 자체로 완전하고 절대적인 것이 아니라 다른 대상들과의 차이에 의해 의미가 드러난다는 것이다.

05
정답 ①

〈보기〉의 식민주의는 주체인 종주국이 객체인 식민국에 비해 우월하다고 보는 이데올로기로, 서양 근대 철학의 형이상학적 사고방식을 바탕으로 하고 있다. ①처럼 식민국을 열등하다고 인정하는 것은 형이상학적 사고방식의 관점이지 데리다의 관점이라고 볼 수 없다. 데리다는 〈보기〉의 두 나라가 지닌 상대적인 차이와 나름의 가치를 인정해야 한다고 주장할 것이다.

오답 피하기
② 1문단에서 형이상학적 전통 철학은 의식 주체 개념을 바탕으로 '주체와 객체가 우열 관계 내지 착취 관계에 있다고 보아 객체에 대한 주체의 지배를 정당화'했다고 하였다.

③ 3문단에서 형이상학적 전통 철학은 '주체가 다른 것들과의 관계 속에서 그 의미가 드러난다는 것을 은폐하고 그 자체로 고정불변의 가치를 지닌다'고 믿었다고 하였다.

④ 3문단에서 형이상학적 전통 철학은 '차이와 다양성으로 이루어진 세계를 절대 주체를 중심으로 재편하려는 욕망을 합리화'했다고 하였다.

⑤ 2문단에서 데리다는 '주체란 그 자체로 완전하고 절대적인 의미를 갖고 있는 것이 아니라, 다른 대상들과의 차이에 의해 의미가 드러나'는 것이라고 하였다.

p. 40~41

들뢰즈의 의미 이론

지문 해결 전략

이 글은 일반적인 의미 이론들과 차이를 보이는 들뢰즈의 의미 이론에 대해 설명하고 있다. 의미를 문화의 차원을 중심으로 설명하고자 하는 일반적인 의미 이론으로는 실증주의를 바탕으로 한 지시 이론, 현상학을 바탕으로 한 현시 이론, 구조주의를 바탕으로 한 기호 작용 이론이 있다. 반면 자연과 문화의 차원을 포괄하는 좀 더 근원적인 차원에서 의미의 개념을 규정한 들뢰즈의 의미 이론은, 자연의 변화와 생성이라는 현상에서 발생한 '사건'을 의미로 지칭하며, '문화적 장'이라는 기준에 의해 의미가 규정될 수 있다고 보았다. 이 글은 일반적인 의미 이론들과 들뢰즈의 의미 이론에서 각각 '의미'를 규정하는 방식과 그 차이를 파악하며 독해해야 한다.

문단별 중심 내용

1문단: 일반적인 의미 이론들과 차이를 보이는 들뢰즈의 의미 이론
2문단: 일반적인 의미 이론에서의 '의미'
3문단: 들뢰즈의 의미 이론에서의 '의미'
4문단: 들뢰즈의 의미 이론의 적용

주제

일반적인 의미 이론들과 다른 들뢰즈의 의미 이론

독해 훈련 문제

> **1** 들뢰즈 **2** 언어 기호가 지시하는 특정 대상 **3** 주격 조사 '-이'가 '왕관'을 문장의 주어로 만들어 주기 때문에 **4** 자연과 문화의 차원을 포괄하는 좀 더 근원적인 차원에서 의미의 개념을 규정함 **5** 문화적 장(場) **6** 유럽의 정치적 질서가 재편됨

---

01 ④   02 ③   03 ③   04 ③

01

정답 ④

현시 이론은 주체가 주관적으로 뜻을 만들어 낸 것을 의미라고 규정하므로, 현시 이론이 주관적 요소를 강조한다는 것은 타당하다. 그러나 들뢰즈의 의미 이론은 '문화적 장'에 따라 의미가 다르게 규정될 수 있다고 보고 있으므로, 들뢰즈의 의미 이론이 객관적 요소를 강조한다는 것은 적절하지 않다.

오답 피하기

① 1문단의 '들뢰즈는 일반적인 의미 이론들과는 다른 새로운 차원으로 의미의 개념을 규정한다'를 통해 알 수 있다.

② 2문단에서 기호 작용 이론은 언어 기호들의 구조인 문법적 체계가 언어 표현 이전에 이미 존재하는 것을 전제로 하고 있음을 알 수 있다. 또한 3문단에서 들뢰즈의 의미 이론은 사건으로서의 규정되지 않은 의미가 문화적 장에 편입될 때 규정된 의미가 된다고 보고 있으므로, 문화적 장이 이미 존재한다는 것을 전제로 하고 있음을 알 수 있다.

③ 2문단에서 지시 이론은 언어 기호가 지시하는 특정한 외부 대상이 의미라고 보고 있으므로, 의미가 하나의 지시 대상을 나타냄을 알 수 있다. 반면 3, 4문단에서 들뢰즈의 의미 이론은 다양한 문화적 장에 의해 의미가 여러 가지로 규정될 수 있다고 보고 있음을 알 수 있다.

⑤ 3문단의 '앞의 세 이론들은 의미를 문화의 차원을 중심으로 설명하려 하지만, 들뢰즈는 자연과 문화의 차원을 포괄하는 좀 더 근원적인 차원에서 의미의 개념을 규정한다'를 통해 알 수 있다.

02

정답 ③

이 글의 들뢰즈는 '사건'으로서의 규정되지 않은 의미는 '문화적 장'에 편입될 때 비로소 규정된 의미가 된다고 하였으므로, 다양한 문화적 장에 의해 의미가 여러 가지로 규정될 수 있다고 본 것이다. 〈보기〉의 비트겐슈타인 역시 낱말은 그 자체로 명확하지 않으며, 맥락에 따라 만들어지는 의미가 중요하다고 보고 있다. 따라서 들뢰즈와 비트겐슈타인은 모두 의미가 이미 규정된 것으로 보고 있지 않은 것이다.

오답 피하기

① 비트겐슈타인의 '맥락'과 들뢰즈의 '문화적 장'은 그에 따라 의미가 달라질 수 있다는 점에서 유사한 면이 있다.

② 비트겐슈타인의 맥락 개념은 의미가 여러 가지로 해석될 수 있음을 말하고 있다.

④ 들뢰즈와 비트겐슈타인은 모두 의미 형성에 언어 기호들의 구조가 어떤 역할을 하는지 언급하지 않았다.

⑤ 들뢰즈와 비트겐슈타인은 '문화적 장'과 '맥락'에 의해 해석하면, 언어 표현의 의미를 밝힐 수 있다고 하였다.

03

정답 ③

2문단의 현시 이론에 관한 설명에서 '언어를 표현하거나 수용하는 주체가 언어 기호의 지시 대상을 통해 주관적으로 뜻을 만들어 내는데, 이를 의미라고 규정한다'고 하였다. 따라서 언어 기호가 드러내는 물리적 현상을 강조하는 것은 현시 이론과 관련이 없다.

오답 피하기

① 2문단의 지시 이론에 관한 설명에서 '의미는 언어 기호가 특정 대상을 지시할 때 성립한다'고 하였으므로 적절하다.

② 2문단의 현시 이론에 관한 설명에서 '언어를 표현하거나 수용하는 주체가 언어 기호의 지시 대상을 통해 주관적으로 뜻을 만들어 내는데, 이를 의미라고 규정한다'고 하였으므로 적절하다.

④ 2문단의 기호 작용 이론에 관한 설명에서 '언어 기호들의 구조, 즉 문법적 체계가 언어 표현 이전에 이미 존재하고, 이 구조를 형성하는 요소들 사이의 관계에 의해서 의미가 규정된다'고 하였으므로 적절하다.

⑤ 3문단의 들뢰즈의 의미 이론에 관한 설명에서 '의미는 이 문화적 장에 편입될 때 비로소 규정된 의미가 된다'고 하였으므로 적절하다.

04

정답 ③

3문단에서 들뢰즈는 일반적인 의미 이론들과는 달리, '자연과 문화의 차원을 포괄하는 좀 더 근원적인 차원에서 의미의 개념을 규정한다'고 하였다. 〈보기〉의 소쉬르는 구조주의 언어학자로, 언어 기호의 형식적 차이가 언어의 의미를 생겨나게 한다고 보는 입장을 가지고 있다. 따라서 들뢰즈는 소쉬르가 근원적 차원으로서의 의미를 간과하고 있다고 생각할 것이다.

p. 42~43

정합설에서 '정합적이다'의 의미

지문 해결 전략

이 글은 정합설에서 사용하는 '정합적이다'라는 말의 의미에 대해 설명하고 있다. 먼저 '정합적이다'를 '모순 없음'으로 정의하는 경우, 이미 참인 명제와 추가되는 명제 사이에 모순이 없으면 정합적이라고 보는데, 전혀 관계가 없는 명제들도 참이 될 수 있다는 문제가 생긴다. '정합적이다'를 '함축'으로 정의하는 경우, 어떤 명제가 참일 때 다른 명제도 반드시 참이 되는 관계를 정합적이라고 보는데, 참이 될 수 있는 명제가 과도하게 제한된다는 문제가 있다. 또 '정합적이다'

를 '설명적 연관'으로 정의하는 경우, 두 명제 사이에 그럴듯한 연관성이 있으면 정합적이라고 보는데, 그 연관의 긴밀도를 어떻게 측정할 수 있는지가 명확하지 않다는 문제가 있다. 이 글은 이러한 세 가지 방법의 의미와 한계를 정확하게 이해하며 독해해야 한다.

문단별 중심 내용
1문단: '정합적이다'라는 말의 의미
2문단: '정합적이다'를 '모순 없음'으로 정의하는 경우
3문단: '정합적이다'를 '함축'으로 정의하는 경우
4문단: '정합적이다'를 '설명적 연관'으로 정의하는 경우
5문단: '설명적 연관'으로 정의할 때의 문제점

주제
정합설에서 '정합적이다'의 의미를 설명하는 세 가지 방법

독해 훈련 문제

> **1** 모순 없음, 함축, 설명적 연관 **2** 추가되는 명제가 이미 참인 기존 명제와 모순이 없음 **3** 전혀 관계가 없는 명제들도 정합적이고 참이 될 수 있음 **4** A가 참일 때 B가 반드시 참 **5** 참이 될 수 있는 명제가 과도하게 제한됨 **6** 함축으로 이해하는 것보다 많은 수의 명제를 참으로 추가할 수 있음 **7** 설명적 연관이 어떤 의미인지, 그 연관의 긴밀도가 어떻게 측정될 수 있는지 명확하지 않음

---

01 ⑤　**02** ①　**03** ④　**04** ④　**05** ①　**06** ⑤

01
정답⑤

5문단에서 '설명적 연관이 정확하게 어떤 의미인지, 그리고 그 연관의 긴밀도가 어떻게 측정될 수 있는지는 아직 완전히 해결되지 않은 문제'라고 밝히고 있으므로 ⑤는 적절하지 않다.

오답 피하기
① 2문단에서 '정합적이다'를 모순 없음으로 정의하는 경우, 두 명제 사이에 모순이 없으면 정합적이라고 하였다. 그런데 두 명제가 양립하지 못한다는 것은 모순 관계에 있다는 것이므로, 그 명제들은 정합적이지 않은 것이다.
② 2문단에서 '정합적이다'를 모순 없음으로 정의하는 경우, '전혀 관계가 없는 명제들도 모순이 발생하지 않는다는 이유 하나만으로 모두 정합적이고 참이 될 수 있다는 문제'가 생긴다고 하였다.
③ 4문단에서 '정합적이다'를 함축으로 정의하는 경우, '참이 될 수 있는 명제가 과도하게 제한'되는 문제가 있다고 하였다.
④ 4문단에서 '함축 관계를 이루는 명제들은 필연적으로 설명적 연관이 있'다고 하였다.

02
정답①

ⓛ은 '정합적이다'를 함축으로 정의할 때 두 명제 사이의 관계를 나타내고 있다. 소크라테스는 사람이므로 명제 A가 참일 때 명제 B 역시 반드시 참이 된다는 점에서, ⓘ은 ⓛ의 사례로 적절하다.

오답 피하기
② '정합적이다'를 모순 없음으로 이해할 때 참이 되는 사례이다. 명제 A와 명제 B는 전혀 관계가 없지만 모순이 되지는 않기 때문에 정합적이라고 볼 수 있다. 하지만 명제 B는 명제 A에 의해 함축되지 않으므로 ⓛ의 사례는 될 수 없다.
③, ⑤ '정합적이다'를 설명적 연관으로 이해할 때 참이 되는 사례이다. 명제 A와 명제 B는 각각의 이유를 그럴듯하게 설명해 준다는 점에서 서로 설명적 연관이 있다고 할 수 있다.
④ 명제 A가 참일 경우 명제 B는 거짓이 되며, 명제 A가 거짓일 경우 명제 B는 참이 된다. 따라서 두 명제는 모순 관계에 있기 때문에 정합적이라고 보기 어렵다.

03
정답④

ⓐ의 '과도하게'는 '정도에 지나치게'라는 의미이므로, '지나치게'와 바꾸어 쓸 수 있다.

04
정답④

4문단에 따르면, 함축 관계에 있는 명제들은 필연적으로 설명적 연관이 있다. 하지만 3문단에 따르면, 함축은 'A가 참일 때 B가 반드시 참'이라는 의미라고 했으므로, 함축 관계에 있는 명제에는 모순이 있을 수 없다.

오답 피하기
①, ② 1문단에서 '어떤 명제가 참인 것은 그 명제가 다른 명제와 정합적이기 때문'이며, 정합적이라는 것은 '명제들 간의 특별한 관계'라고 하였다.
③ 2문단에 따르면, '정합적이다'를 모순 없음으로 이해했을 때, 참이 아닌 명제는 모순이 있는 명제이다. 함축은 'A가 참일 때 B가 반드시 참'이라는 의미이므로, 모순이 있는 명제는 함축으로 이해했을 때도 거짓이 된다.
⑤ 5문단에서 설명적 연관의 긴밀도가 어떻게 측정될 수 있는지는 아직 완전히 해결되지 않은 문제라고 하였다.

05
정답①

민수가 은주보다 키가 크다는 것이 참이라면, 민수가 은주보다 키가 크지 않다는 것이 참이 될 수 없다. 만약 민수가 은주보다 키가 크다는 것이 거짓이라면, 민수가 은주보다 키가 크지 않다는 것이 거짓이 될 수 없다. 따라서 ⓘ은 동시에 참이 될 수도 없고 또 동시에 거짓이 될 수도 없는 모순 관계로 볼 수 있다.

오답 피하기
② 민수가 농구와 축구를 모두 좋아하는데, 축구를 더 좋아하는 경우라면 두 명제는 동시에 참이 될 수 있으므로 모순 관계가 아니다.
③ 두 명제는 동시에 참이 될 수는 없지만, 만약 민수에게 이익도 손해도 아닌 경우라면 동시에 거짓이 될 수 있으므로 모순 관계가 아니다.
④ 화요일이나 수요일이 아닌 다른 요일이라면 두 명제가 동시에 참이 될 수 있기 때문에 모순 관계가 아니다.
⑤ 두 명제는 동시에 참이 될 수도 있고, 동시에 거짓이 될 수도 있으므로 모순 관계가 아니다.

06
정답⑤

4문단에서 '함축 관계를 이루는 명제들은 필연적으로 설명적 연관이 있'다고 하였다. 우리 동네 전체에는 우리 집도 포함되어 있으므로, 〈보기〉의 명제와 "우리 집이 정전되었다."라는 명제는 함축 관계에 있다고 볼 수 있다. 따라서 '정합적이다'를 설명적 연관으로 이해했을 때 "우리 집이 정전되었다."를 참인 명제로 추가할 수 있다.

오답 피하기
① "우리 동네에는 솔숲이 있다."는 〈보기〉의 명제와 모순이 없기 때문에, '정합적이다'를 모순 없음으로 이해했을 때 참인 명제이다.
② '우리 집'은 '우리 동네'에 포함되어 있으므로, '정합적이다'를 함축으로 이해했을 때 "우리 집이 정전되었다."는 참인 명제이다.
③ "예비 전력의 부족으로 전력 공급이 중단됐다."는 우리 동네 전체가 정전된 이유를 그럴듯하게 설명해 주기 때문에, '정합적이다'를 설명적 연관으로 이해했을 때 참인 명제이다.
④ "우리 동네에는 솔숲이 있다."는 〈보기〉의 명제와 전혀 관계가 없어 〈보기〉의 명제에 함축되지 않기 때문에, '정합적이다'를 함축으로 이해했을 때 참인 명제로 추가할 수 없다.

p. 44~45

삼단 논법의 타당성 판단

지문 해결 전략

이 글은 '주연' 개념을 중심으로 삼단 논법의 타당성을 판단하는 방법에 대해 설명하고 있다. '주연'은 명제에서 주어 개념이나 술어 개념이 그 대상의 전부를 지칭하느냐 아니냐를 구별하기 위한 개념으로, 타당한 삼단 논법에서는 매개념이 적어도 한 번은 주연이어야 한다. 그렇지 않을 경우 대전제와 소전제에서 지칭하는 범위가 서로 다르게 되어 결론이 타당하게 도출되지 않는다. 이 글은 논리학의 기본적인 개념들을 알기 쉽게 설명하고 있으므로, 그 개념들을 정확하게 이해하며 독해해야 한다.

문단별 중심 내용

1문단: 삼단 논법의 정의와 타당한 추리 형식
2문단: 삼단 논법의 타당성을 결정하는 요소인 주연(周延)
3문단: 삼단 논법에서 주연과 부주연의 예
4문단: 주연 개념을 이용한 삼단 논법의 타당성 판단 방법
5문단: 매개념 부주연의 오류의 예

주제

'주연' 개념을 이용한 삼단 논법의 타당성 판단 방법

독해 훈련 문제

> **1** 추론 절차의 올바름 **2** 주어 개념이나 술어 개념이 그 대상의 전부를 지칭하느냐 아니냐의 여부 **3** 남학생들 **4** 소전제의 '남학생들' **5** 만약 매개념이 대전제와 소전제 각각에서 부주연되었을 때는 지칭하는 범위가 서로 다를 수 있어 결론이 타당하게 도출될 수 없기 때문에 **6** 매개념인 '남학생들'이 대전제와 소전제에서 다 부주연되었기 때문에

01 ⑤	02 ④	03 ①	04 ④	05 ⑤	06 ⑤

01   정답 ⑤

매개념인 '남학생들'은 대전제와 소전제에서 모두 전체 남학생들의 일부만을 지칭하고 있으므로, 두 전제에서 모두 부주연된 것이다. 매개념이 두 전제에서 다 부주연될 경우 지칭하는 범위가 서로 다를 수 있기 때문에, 대전제의 '어떤 남학생들'과 소전제의 '이 학교의 남학생들'이 동일한 소집단을 가리키는지의 여부는 판단할 수 없다. 이러한 '매개념 부주연의 오류'로 인해 이 삼단 논법의 결론은 논리적으로 타당하지 않은 것으로 판명할 수 있다.

02   정답 ④

소전제의 '그 농장의 염소'를 '모든 염소'로 바꾸더라도 '모든 염소'는 동물의 전부를 지칭하지 못하므로 주연되었다고 할 수 없다.

오답 피하기

① 대전제에서 '동물'은 이 세상의 모든 동물을 지칭하므로 주연되었다고 할 수 있다.

② 결론의 술어 개념을 대개념이라고 하였으므로, '생물'은 대개념에 해당한다.

③ 매개념인 '동물'은 소전제에서 부주연되고 대전제에서 주연되었기 때문에, '타당한 삼단 논법에서는 매개념이 적어도 한 번은 주연되어야 한다'는 법칙을 충족하고 있다.

⑤ 대전제의 '모든 동물'을 '어떤 동물'로 바꾸면, 매개념이 동물의 일부만을 지칭하게 되어 부주연된다. 이는 타당한 삼단 논법에서는 매개념이 적어도 한 번은 주연되어야 한다는 법칙을 충족하지 못해 결론이 타당하게 도

출되지 않는다.

03   정답 ①

ⓐ의 '도출'은 '판단이나 결론 따위를 이끌어 냄'의 의미이다. '밖으로 흘러 나가거나 흘려 내보냄'을 뜻하는 것은 '유출'이다.

04   정답 ④

1문단에 따르면, 논리학에서의 타당성은 추론 절차의 올바름을 의미하는 것으로, 전제의 참·거짓과는 관계가 없다.

05   정답 ⑤

4문단에 따르면, 매개념이 대전제와 소전제 각각에서 부주연되면 지칭하는 범위가 서로 다를 수 있다. 그러면 타당한 결론이 도출되지 않기 때문에, 타당한 삼단 논법이 되려면 매개념이 적어도 한 번은 주연되어야 하는 것이다.

06   정답 ⑤

〈보기〉의 삼단 논법은 대전제와 소전제의 매개념이 모두 부주연된 '매개념 부주연의 오류'가 있으므로, 결론을 바꾼다고 해서 타당한 결론이 도출될 수는 없다.

오답 피하기

① 결론의 주어 개념을 소개념이라고 한다고 하였으므로, 결론의 주어 개념인 '철학자'는 소개념이다.

② 대전제와 소전제에 공통적으로 등장하는 '합리적인 사람'은 매개념이다.

③ 소전제의 '합리적인 사람'은 이 세상의 모든 합리적인 사람들 가운데에서 '철학자'인 합리적인 사람만을 지칭하므로 부주연된 것이다.

④ 대전제의 '합리적인 사람'은 '어떤'이라고 하였으므로 모든 합리적인 사람들 중 일부만을 지칭하며, 소전제의 '합리적인 사람' 역시 '철학자'인 합리적인 사람만을 지칭하고 있으므로, 매개념은 두 전제에서 모두 부주연되었다. 따라서 '매개념 부주연의 오류'가 발생하였으므로 결론이 타당하게 도출될 수 없다.

08 실전 문제

p. 46~47

맹자의 '의' 사상

지문 해결 전략

이 글은 맹자의 '의' 사상의 탄생 배경과 구체적인 내용, 의미에 대하여 설명하고 있다. 혼란스러웠던 시대적 환경 속에서 사회 안정을 위해 '의'를 강조한 맹자는, 이를 개인의 완성 및 개인과 사회의 조화를 위해 필수적인 행위 규범으로 보았다. 맹자는 '의'가 이익의 추구와는 구분되어야 한다고 했으며, '도덕 내재주의'를 주장하며 인간의 마음속에는 '의'를 실천할 수 있는 도덕적 역량이 갖춰져 있다고 하였다. 그에게 '의'란 목숨을 버리더라도 실천할 가치가 있는 사상이었다. 이 글은 맹자가 제시한 '의' 사상의 구체적인 내용을 하나하나 정리하며 독해해야 한다.

문단별 중심 내용

1문단: '의'의 중요성을 강조한 맹자
2문단: 공자의 '의'에 대한 견해를 강화한 맹자의 '의' 사상
3문단: 맹자가 주장한 '의'의 의미
4문단: '의'가 이익 추구와 구분되어야 한다고 주장한 맹자
5문단: '의'를 실천할 수 있게 하는 도덕 내재주의를 주장한 맹자

6문단: '의'의 실천을 강조한 맹자

주제

맹자의 '의' 사상의 형성 배경과 내용

독해 훈련 문제

1 사회 안정을 위해 2 의(義) 3 개인의 완성 및 개인과 사회의 조화를 위한 필수적인 행위 규범 4 사적인 욕망과 결부된 이익의 추구 5 도덕 내재주의 6 목숨을 버리더라도 실천해야 하는 것

01 ②   02 ①   03 ④   04 ①   05 ②

01
정답 ②

2문단에서 '공자는 사회 혼란을 치유하는 방법을 인의 실천에서 찾았다고 하였고, 1문단에서 맹자는 '사회 안정을 위해 특히 의의 중요성을 강조'했다고 하였다. 즉 사회 혼란을 치유하는 방법을 '인'의 실천에서 찾은 것은 공자임을 알 수 있다.

오답 피하기

① 6문단에서 맹자는 '생활에서 마주하는 사소한 일에서도 의를 실천해야 함을 강조'했다고 하였다.

③ 4문단에서 맹자는 '사적인 욕망으로부터 비롯된 이익의 추구는 개인적으로는 의의 실천을 가로막고, 사회적으로는 혼란을 야기한다고 보았다'고 하였다.

④ 5문단에서 맹자는 누구나 선한 마음을 선천적으로 갖추고 있다는 도덕 내재주의를 주장하면서 '의를 실천할 수 있는 도덕적 역량이 내재화되어 있음을 제시'했다고 하였다.

⑤ 3문단에서 맹자는 '의의 의미를 확장하여 의를 인과 대등한 지위로 격상'했다고 하였다.

02
정답 ①

㉠의 '도덕 내재주의'는 '인간이라면 누구나 도덕 행위를 할 수 있는 선한 마음이 선천적으로 내면에 갖춰져 있다'는 관점이다. 이 관점에 따라 〈보기〉의 상황을 평가하면, 인간은 이미 남을 돕고자 하는 선한 마음을 마음속에 갖추고 있기 때문에, 즉시 많은 시민들이 달려들어 위험에 빠진 승객을 구한 것이라고 볼 수 있다.

03
정답 ④

ⓐ의 '찾다'는 '모르는 것을 알아내고 밝혀내려고 애쓰다. 또는 그것을 알아내고 밝혀내다'의 의미로 쓰였다. 이와 문맥적 의미가 가장 가까운 것은 ④ '실마리를 찾다'의 '찾다'이다.

오답 피하기

① '잃거나 빼앗기거나 맡기거나 빌려주었던 것을 돌려받아 가지게 되다'의 의미로 쓰였다.

② '어떤 것을 구하다'의 의미로 쓰였다.

③ '현재 주변에 없는 것을 얻거나 사람을 만나려고 여기저기를 뒤지거나 살피다. 또는 그것을 얻거나 그 사람을 만나다'의 의미로 쓰였다.

⑤ '원상태를 회복하다'의 의미로 쓰였다.

04
정답 ①

㉠의 '도덕 내재주의'는 '인간이라면 누구나 도덕 행위를 할 수 있는 선한 마음이 선천적으로 내면에 갖춰져 있다'는 관점이다. 따라서 ①의 '세상의 올바른 이치가 모두 나의 마음속에 갖추어져 있으니'가 ㉠의 관점과 일치한다고 할 수 있다.

05
정답 ②

4문단에서 맹자는 '의'가 이익의 추구와 구분되어야 한다고 주장했고, 〈보기〉에서 묵적은 '의'를 개인과 사회 전체의 이익을 충족하는 것으로 보았다고 하였다. 따라서 맹자는 '의'와 이익을 명확히 구분되는 것으로 보았고, 묵적은 '의'와 이익이 밀접하게 관련된다고 본 것이다.

오답 피하기

① '맹자'는 '의'를 개인과 사회의 조화를 위한 필수적인 행위 규범으로 보았으며, '묵적'은 '의'를 개인과 사회 전체의 이익을 충족하는 것으로 보았다.

③ '맹자'는 사적인 욕망으로부터 비롯된 이익의 추구가 사회적 혼란을 야기한다고 보았으며, '묵적'은 이익의 충족('의')을 통해 개인과 사회의 혼란을 해결할 수 있다고 보았다.

④ '맹자'는 자기의 행동이 옳지 못함을 부끄러워하는 마음이 의롭지 못한 행위를 하지 않도록 막아 주는 동기로 작용한다고 보았으며, '묵적'은 '의'의 실현이 만물을 주재하는 하늘의 뜻이라고 보았다.

⑤ '맹자'는 '의'를 개인의 완성 및 개인과 사회의 조화를 위해 필수적인 행위 규범으로 보았으며, '묵적'은 '의'를 개인과 사회 전체의 이익을 충족하는 것으로 보았다.

09 실전 문제

p. 48~49

정약용의 유학 사상

지문 해결 전략

이 글은 정약용의 유학 사상의 핵심 내용과 그 의의를 소개하고 있다. 정약용은 주희와 마찬가지로 선천적인 도덕 감정을 긍정했지만, 주희와 달리 그 도덕 감정이 실천으로 이어져야 의미가 있다고 보았다. 그는 인간의 마음을 본성, 권형, 행사의 세 가지 차원에서 볼 수 있다고 주장하며, 사람은 자신의 안위를 우선시하는 인심이 아니라 본성이 그대로 기능하는 도심에 따라야 한다고 강조하였다. 이러한 정약용의 유학 사상은 주체의 실천과 관련된 자유 의지를 강조했다는 점에서 의의가 있다. 이 글은 주희와 정약용의 사상적 차이를 파악하고, 정약용의 유학 사상의 핵심 내용과 의의를 이해하면서 독해해야 한다.

문단별 중심 내용

1문단: 정약용 유학 사상의 핵심 내용
2문단: 정약용과 주희의 사상에서 나타나는 공통점과 차이점
3문단: 정약용이 주장하는 마음의 세 가지 차원
4문단: 주체가 따라야 할 마음에 대한 정약용의 입장
5문단: 유학의 전통에서 정약용이 차지하고 있는 위상

주제

주체의 자유 의지를 강조한 정약용의 유학 사상

독해 훈련 문제

1 주체의 자유 의지 도입 2 선천적인 도덕 감정 자체를 선이라고 보지 않음 3 행사 4 도심 5 주체의 실천과 관련된 자유 의지를 강조함

01 ⑤   02 ②   03 ③   04 ②   05 ③   06 ①

01
정답 ⑤

이 글은 [가]~[라]에서 정약용의 유학 사상이 지닌 핵심 내용을 소개하고, [마]에서 유학을 실천적 책임의 윤리학으로 바꾸었다며 그 의의를 설명하고 있다.

02
정답②

[마]를 통해 내면적 수양을 강조한 것은 주희임을 알 수 있다. 정약용은 도덕 감정이 실천에까지 이어져야 한다고 강조했으므로, '측은지심'이 내면적 수양을 통해 발현된다고 생각하지는 않았을 것이다.

오답 피하기

①, ③ [나]에서 정약용은 주희와 마찬가지로 도덕 감정이 선천적으로 주어진다는 점을 긍정했지만, 그 도덕 감정 자체를 선이라고 보지는 않았음을 알 수 있다.

④ [가]에서 정약용은 주체의 자율적 의지나 결단을 통해서만 도덕 감정도 의미를 지닐 수 있다고 생각했음을 알 수 있다.

⑤ [나]에서 주희와 달리 정약용은 '측은지심'과 같은 도덕 감정이 결과가 아니라 윤리적 행위의 처음 원인이라고 생각했음을 알 수 있다.

03
정답③

[다]에서 '권형'은 '갈등상태에서 주체적 선택과 결단을 할 수 있는 자유 의지'라고 하였다. 따라서 B가 지하철 선로에 떨어진 노인을 발견한 것만으로는 '권형'과 관련된다고 볼 수 없다. 정약용의 관점에서 보면 B가 노인을 구해야 할지 말아야 할지 고민하다가 결단을 내리는 과정이 '권형'의 차원과 관련된다고 볼 수 있다.

오답 피하기

① [다]에서 '본성'은 '선을 즐거워하고 악을 부끄러워하는 윤리적 경향'이라고 하였다. 따라서 도움이 필요한 사람을 보고 안타까운 마음을 느낀 것은 인간의 '본성'에 의한 것으로 볼 수 있다.

② [다]에서 '행사'는 '주체가 직접 몸을 움직여서 자신의 선택을 행하는 것'이라고 하였다. 따라서 A가 난민들을 돕기 위해 기부나 자원봉사를 한 것은 '행사'가 이루어진 것으로 볼 수 있다.

④ [라]에서 '인심'은 '자신의 육체적 안위를 우선시'하는 마음이라고 하였다. 따라서 B가 자신의 안위를 우선시해 노인을 구하지 않는 것은 '인심'에 따른 행위로 볼 수 있다.

⑤ [라]에서 자기가 죽을 수도 있는 상황에서 아이를 구하고자 하는 마음을 '도심'이라고 부른다고 하였다. 따라서 B가 위험을 무릅쓰고 노인을 구한 것은 '도심'에 따른 행위로 볼 수 있다.

04
정답②

[나]에서는 정약용 유학 사상의 발전 과정이 아니라, 정약용과 주희의 사상에서 나타나는 공통점과 차이점을 설명하고 있다. 정약용은 선천적인 도덕 감정을 긍정한다는 점에서는 주희와 견해가 같지만, 도덕 감정 자체를 선으로 보지 않았다는 점에서는 주희와 견해가 다르다고 설명하고 있다.

05
정답③

선천적인 도덕 감정을 선으로 본 주희와 달리, 정약용은 선천적인 도덕 감정 자체를 선으로 보지 않았다. [가]의 '주체의 자율적 의지나 결단을 통해서만 도덕 감정도 의미를 지닐 수 있다'와 [마]의 '도덕 감정이 실천에까지 이어져야 한다는 것을 강조한 것'을 통해, 정약용은 도덕 감정이 주체의 실천으로 이어질 때 의미가 있다고 보았음을 알 수 있다.

06
정답①

[다]에서 '행사'는 '주체가 직접 몸을 움직여서 자신의 선택을 행하는 것'이라고 하였다. 따라서 '갑'과 '을'이 대피하던 중에 부상당한 '병'을 발견한 것만으로는 '행사'가 이루어졌다고 보기 어렵다. 생존자를 구하기 위해 남은 '을'의 행동이 행사가 이루어진 것으로 볼 수 있다.

양주와 한비자의 사상

지문 해결 전략

이 글은 중국 전국 시대의 혼란을 극복하기 위해 등장했던 제자백가 사상가 중에서 '양주'와 '한비자'의 사상을 소개하고 있다. 위아주의를 주장한 양주는 군주를 정점으로 하는 국가 체제를 부정하고 개인의 중요성을 강조했다. 반면 법치주의를 주장한 한비자는 절대 군주가 강력한 법으로 다스려야 오히려 백성을 이롭게 할 수 있다고 생각했다. 즉 양주와 한비자는 국가가 개인의 삶에 얼마나 개입해야 하는지에 대해 서로 다른 입장을 보이고 있다. 이 글은 양주와 한비자의 사상이 무엇이며, 어떤 차이가 있는지를 이해하며 독해해야 한다.

문단별 중심 내용

1문단: 전국 시대의 혼란을 극복하기 위해 등장한 제자백가 철학
2문단: 양주의 위아주의 사상
3문단: 한비자의 법치주의 사상
4문단: 양주의 사상과 한비자의 사상에서 나타나는 차이점

주제

국가와 개인의 삶의 관계에 관한 양주와 한비자의 사상

독해 훈련 문제

1 제자백가 철학 **2** 위아주의(爲我主義) **3** 군주를 정점으로 하는 국가 체제를 부정하고 개인의 중요성을 강조함 **4** 법치주의(法治主義) **5** 백성을 보호하고 이롭게 하는 것 **6** 한비자

01 ② **02** ② **03** ③ **04** ① **05** ① **06** ④

01
정답②

3문단에서 한비자는 엄한 법과 공정한 법 집행으로 국가의 혼란을 치유할 수 있다고 믿었음을 알 수 있다. 하지만 백성들의 자율적인 법 실천을 강조하는 내용은 이 글에 언급되어 있지 않다.

오답 피하기

① 2문단에서 양주는 개인이 자신들의 삶의 절대적 가치를 자각해야만 한다고 역설했다고 하였다.

③ 1문단에서 양주와 한비자 같은 제자백가 사상가들은 전국 시대라는 난세를 극복하기 위해 등장했다고 하였다.

④ 2문단에서 양주는 인간이 기본적으로 자신만을 위한다는 위아주의를 주장했다고 했으며, 3문단에서 한비자는 인간을 자신의 이익을 추구하는 이기적 존재로 보았다고 하였다. 따라서 양주와 한비자는 모두 인간이 자신의 이익을 중시한다고 생각했음을 알 수 있다.

⑤ 4문단을 통해 양주는 국가가 개인의 삶에 개입하는 것을 부정적으로 생각한 반면, 한비자는 국가가 개인의 삶에 개입하여 질서를 확립하고 백성의 고통을 해결해야 한다고 생각했음을 알 수 있다.

02
정답②

2문단에서 양주는 사회의 모든 제도와 문화를 인위적인 허식으로 보고, 바람직한 사회를 위해서 삶을 희생하라고 하는 국가 지향적 이념을 문제 삼았다고 하였다. 따라서 양주는 자산의 개혁 조치를 긍정적으로 여기지 않을 것이므로, 자신의 개혁 조치에 의해 국가 지향적 이념과 개인의 가치가 조화를 이루게 되었다고 평가하지는 않을 것이다.

오답 피하기

① 2문단에서 양주는 '사회의 모든 제도와 문화를 인위적인 허식'으로 본다고 하였다.

③ 2문단에서 양주는 '강력한 공권력을 독점한 국가에 의해 개인의 삶이 수단으로 전락할 수 있다는 점을 통찰'했다고 하였다.

④ 3문단에서 한비자는 '엄한 법으로 다스려야 국가의 혼란을 치유할 수 있다'고 믿었다고 하였다.

⑤ 3문단에서 한비자는 법이 공정하게 집행되어야 하며, 강력한 공권력으로 상벌 체계를 확립하면 백성들이 법을 지키게 될 것이라고 확신했다고 하였다.

03
정답 ③

3문단에서 '한비자가 생각하는 법치의 진정한 의의는 백성을 보호하고 이롭게 하는 것'이라고 하였으므로, 한비자가 법치주의로 무장한 국가의 중요성과 절대 군주론을 주장한 이유로 가장 적절한 것은 ③이다.

04
정답 ①

2문단을 통해 양주는 사회 규범이나 국가 지향적 이념에 사로잡혀 개인을 희생하는 것을 부정적으로 생각했음을 알 수 있다. 〈보기〉의 백이와 숙제는 사회 규범을 지키지 않은 무왕을 비난하며 수양산에서 은거하다가 굶어 죽었는데, 양주의 입장에서 그들은 '인의'라는 사회 규범에 얽매여 개인의 삶을 희생한 사람들이기 때문에 부정적으로 볼 것이다.

오답 피하기
② 2문단에서 양주는 개인의 삶의 가치를 중시한다고 하였으므로 적절하지 않다.

③ 3문단에서 한비자는 법치주의와 함께 절대 군주론을 주장했다고 하였으므로 적절하지 않다.

④ 〈보기〉에 나타난 백이와 숙제의 행동은 개인적 이익을 위한 것이 아니므로 적절하지 않다.

⑤ 양주는 개인이 사회 규범이나 국가 지향적 이념에 사로잡혀 희생되는 것을 부정적으로 생각하였기 때문에 적절하지 않다. 또한 한비자가 백이와 숙제의 처신을 어떻게 평가했을지는 이 글을 통해 추론할 수 없다.

05
정답 ①

2문단에서 양주는 '강력한 공권력을 독점한 국가에 의해 개인의 삶이 일종의 수단으로 전락할 수 있다는 점을 통찰'했다고 하였다. 따라서 양주가 사회의 모든 제도와 문화를 인위적인 허식으로 본 이유는, 그러한 국가 지향적 이념을 추구하면 개인의 삶을 희생하게 될 것이라고 보았기 때문임을 알 수 있다.

06
정답 ④

ⓓ의 '막론하고'는 '이것저것 따지고 가려 말하지 아니하고'라는 의미이므로 '가리지 않고' 정도로 바꾸어 쓰는 것이 적절하다.

실전 문제

p. 52~53

랑케와 드로이젠의 역사 인식

지문 해결 전략
이 글은 랑케와 드로이젠의 역사 인식 방법에 대하여 설명하고 있다. 역사가의 역사 연구 태도는 '역사적 사실'이라는 개념을 어떻게 이해하느냐에 따라 달라지는데, 랑케는 사료에 대한 철저한 고증을 통해 역사적 사실을 있는 그대로 기술해야 한다고 보는 '객관적 역사 인식

론'을 주장한 반면, 드로이젠은 주관적 인식에 의해 역사적 사실을 이해하고 해석하여 재구성해야 한다고 보는 '주관주의적 역사 인식론'을 주장하였다. 이 글은 랑케와 드로이젠의 역사관을 비교하고 있으므로 두 학자의 관점이 어떻게 다른지 파악하며 독해해야 한다.

문단별 중심 내용
1문단: '역사적 사실'의 인식에 따라 달라지는 역사가의 연구 태도
2문단: 랑케의 역사 연구 태도 – 객관적 역사 인식
3문단: 드로이젠의 역사 연구 태도 – 주관주의적 역사 인식
4문단: '인륜적 세계'라는 범주에 의해 역사를 파악한 드로이젠
5문단: 드로이젠의 역사 인식이 상대주의로 나아가지 않은 이유

주제
랑케와 드로이젠의 역사 인식 방법

독해 훈련 문제

> 1 과거에 일어난 개체적 사건 그 자체 2 사료에 대한 철저한 고증과 확인을 통해 역사를 인식해야 하며, 목적을 앞세워 역사를 왜곡하지 말아야 함 3 과거 사건들을 이해하고 해석하여 하나의 지식 형태로 구성하는 것 4 인륜적 세계 5 선험적으로 주어진 인륜적 세계가 역사가의 역사 인식과 해석을 결정한다고 생각했기 때문에

| 01 ④ | 02 ② | 03 ④ | 04 ② |

01
정답 ④

3문단에서 드로이젠은 '객관적 사실을 파악하기 위한 사료 고증만으로는 과거에 대한 부분적이고 불확실한 설명을 찾아낼 수 있을 뿐'이라고 생각했음을 알 수 있다. 즉 드로이젠은 사료 고증만으로는 역사를 정확하게 설명할 수 없다고 본 것이다.

오답 피하기
① 1문단에서 '역사가의 역사 연구 태도는 이러한 역사적 사실에 대한 두 가지의 개념(과거에 일어난 개체적 사건 그 자체와 역사가에 의해 주관적으로 파악된 과거의 사실) 중 무엇을 강조하느냐에 따라 달라진다'고 하였으므로 적절하다.

② 2문단에서 랑케는 '과거의 개체적 사실들은 그 자체로 완결된 고유의 가치를 지녔으며, 이는 시간의 흐름을 초월해 존재한다'고 보았으므로 적절하다.

③ 2문단에서 랑케는 역사적 사실을 역사가가 '마음대로 해석하는 것은 신성한 역사를 오염'시키는 일이기 때문에, '역사적 사실을 있는 그대로 기술'해야 한다고 보았으므로 적절하다.

⑤ 4문단에서 드로이젠은 '범주로서의 역사라고 하는 것이 역사가의 역사 인식을 선험적으로 규정'한다고 보았으므로 적절하다.

02
정답 ②

랑케는 역사적 사실을 있는 그대로 기술해야 하며, 목적을 앞세워 역사를 왜곡하지 말아야 한다고 보았다. (나)에서 콜링우드가 역사를 사실의 단순한 나열로 본 것도 아니며, 랑케가 사실을 단순하게 나열했다고 해서 역사를 왜곡한 것으로 보지도 않을 것이다. 랑케는 (나)에서 사실의 선택 및 해석을 지배하는 '재구성 과정'이 역사를 왜곡할 위험성이 있다고 볼 것이다.

오답 피하기
① 2문단에 따르면, 랑케는 '과거의 역사적 사실을 있는 그대로 기술하는 것이 역사가의 몫'이라고 생각하였다.

③ 3문단에 따르면, 드로이젠은 '객관적 사실을 파악하기 위한 사료 고증만으로는 과거에 대한 부분적이고 불확실한 설명을 찾아낼 수 있을 뿐'이라고 생각하였다.

④ 드로이젠과 〈보기〉의 콜링우드는 모두 주관주의적 역사 인식론을 가지고 있다. 1문단에 따르면, 이들에게 역사적 사실은 '역사가에 의해 주관적으로 파악된 과거의 사실'을 의미한다.

⑤ 4문단에 따르면, 드로이젠은 역사가가 주관적으로 역사를 인식한다고 하더라도, 그것이 임의로 과거의 사실을 이해하고 해석하는 것은 아니라고 하였다.

03
정답 ④

랑케는 역사적 사실을 있는 그대로 기술해야 하며, '목적을 앞세워 역사를 왜곡하지 말아야 한다'고 보았다. 하지만 ④에서는 '과거에 일시 편입시킨 영토에 대한 지배권 회복'이라는 목적을 달성하기 위해, '러일 전쟁 전후에 체결된 국제 조약 자료'를 선별하고 있다. 이는 목적을 달성하기 위한 역사적 사실의 선별적 선택이므로, 랑케는 이를 비판할 것이다.

04
정답 ②

5문단에 따르면, 드로이젠은 역사 인식의 주관성을 주장했음에도 불구하고, '선험적으로 주어진 인륜적 세계가 역사가의 역사 인식을 결정한다'고 보았기 때문에 상대주의로 나아가지 않았음을 알 수 있다. 반면 〈보기〉의 신사학파는 '모든 역사가는 자신의 관심과 자기 시대의 관점에 따라 과거 사실들을 해명한다고 보았다'고 하였으므로, 역사가의 역사 인식이 상대적인 관점에서 이루어진다고 보았을 것이다.

p. 54~55

12 실전 문제

냉전의 기원

지문 해결 전략

이 글은 냉전의 기원에 대한 전통주의, 수정주의, 탈수정주의의 입장을 설명하고 있다. 전통주의는 냉전이 소련의 팽창주의 때문에 발생했다고 보았으며, 수정주의는 냉전이 미국의 경제적 동기 때문에 발생했다고 보았다. 한편 탈수정주의는 두 입장을 절충하여 양국이 추진한 정책의 상호 작용에 의해 냉전이 발생했다고 보았다. 이 글은 세 입장에서 냉전의 책임 소재가 누구에게 있다고 보는지, 그러한 차이가 발생한 이유가 무엇인지 파악하며 독해해야 한다.

문단별 중심 내용

1문단: 냉전의 개념과 냉전의 기원에 관한 논의
2문단: 전통주의의 입장
3문단: 수정주의의 입장
4문단: 탈수정주의의 입장
5문단: 탈수정주의의 한계

주제

냉전의 책임 소재에 대한 세 가지 연구 결과

독해 훈련 문제

> **1** 냉전 **2** 소련의 팽창주의 **3** 미국의 경제적 동기 **4** 미국과 소련이 추진한 정책의 상호 작용 **5** 역사적 현상의 중심적 경향성을 포착하지 못함

01 ③　　**02** ④　　**03** ①　　**04** ③　　**05** ④

01
정답 ③

3문단에서 수정주의는 냉전의 책임이 소련의 팽창주의에 있다고 보는 전통주의 입장에 대해, '무엇보다 소련은 미국에 비해 국력이 미약했으므로 적극적 팽창 정책을 수행할 능력이 없었다'고 반박하고 있다. 그러나 수정주의의 입장에서 탈수정주의 입장에 대해 반박하는 내용은 나타나 있지 않으므로, ③은 이 글을 읽고 답을 할 수 없는 질문이다.

오답 피하기

① 1문단에 따르면, 냉전의 기원에 관한 논의는 냉전의 발발 시기와 이유에 대한 논의, 그 책임 소재를 묻는 것에 대한 내용을 포함하고 있다.

② 2문단에 따르면, 전통주의는 냉전을 유발한 근본적 책임이 소련의 팽창주의에 있다고 보았다.

④ 4문단에 따르면, 탈수정주의는 냉전이 소련과 미국이 추진한 정책의 상호 작용에 의해 발생했다고 보았기 때문에, 책임 소재가 아닌 구체적 정책에 대한 연구를 중시한 것이다.

⑤ 5문단에 따르면, 탈수정주의와 같은 절충적 시각의 연구는 역사적 현상의 중심적 경향성을 포착하지 못하는 문제점이 있다.

02
정답 ④

〈보기〉의 (가)는 냉전이 미국과 소련이 추진한 정책의 상호 작용에 의해 발생했다고 보는 ⓒ의 '탈수정주의'를 뒷받침할 수 있는 사례에 해당한다. (나)는 냉전의 책임이 소련의 팽창주의에 있다고 보는 ㉠의 '전통주의'를 뒷받침할 수 있는 사례에 해당한다. (다)는 냉전이 미국의 경제적 동기에서 발생했다고 보는 ⓒ의 '수정주의'를 뒷받침할 수 있는 사례에 해당한다.

03
정답 ①

ⓐ의 '발발'은 '전쟁이나 큰 사건 따위가 갑자기 일어남'이라는 뜻이다. '움직이거나 작용하기 시작함'을 뜻하는 것은 '발동'이다.

04
정답 ③

미국의 봉쇄 정책이 소련의 공격적 팽창 정책에 대한 대응이었다는 주장은 수정주의가 아니라 전통주의의 입장이다.

오답 피하기

① 2문단에서 '소련은 세계를 공산화하기 위한 계획을 수립했고, 이 계획을 실행하기 위해 특히 동유럽 지역을 시작으로 적극적인 팽창 정책을 수행'했다고 하였으므로 적절하다.

② 3문단에서 '수정주의는 기본적으로 냉전의 책임이 미국 쪽에 있고, 미국의 정책은 경제적 동기에서 비롯했다고 주장했다'고 하였으므로 적절하다.

④ 4문단에서 탈수정주의의 등장으로 '냉전 책임론은 크게 후퇴하고 구체적인 정책 형성에 대한 연구가 부각되었다'고 하였으므로 적절하다.

⑤ 5문단에서 절충적 시각의 연구 성과, 즉 탈수정주의는 잠정적일 수밖에 없다고 했는데, 이는 절충적 시각이 역사적 현상의 중심적 경향성을 포착하는 데 한계가 있기 때문이다.

05
정답 ④

〈보기〉의 (가)는 미국과 소련이 대치하게 된 것이 어느 한쪽의 책임이 아닌 양국이 추진한 정책의 상호 작용에 의해 발생했다는 견해로, 탈수정주의의 입장과 부합한다. (나)는 소련이 세계를 공산화하기 위해 계획을 수립했고, 이 계획을 실행하기 위해 동유럽 지역을 시작으로 적극적인 팽창 정책을 수행했다는 견해로, 전통주의의 입장과 부합한다. (다)는 소련이 미국에 비해 국력이 미약했기 때문에 적극적 팽창 정책을 수행할 능력이 없었다는 견해로, 수정주의의 입장과 부합한다.

. p. 56~57

방어 기제의 유형과 역할

지문 해결 전략

이 글은 스트레스를 해소하는 방법을 '문제 중심적 대처 방법'과 '정서 중심적 대처 방법'으로 나누어 설명하고 있다. 특히 정서 중심적 대처 방식을 '방어 기제'라고도 부르는데, 이는 거짓말이나 변명과 달리 무의식적으로 사실을 왜곡함으로써 자아를 보호하려는 것이다. 방어 기제에는 억압, 부인, 합리화 등이 있으며, 이 중 합리화에는 신 포도형, 달콤한 레몬형, 망상형 등의 유형이 있다. 방어 기제는 때때로 문제 중심적 대처 방법보다 효과적으로 스트레스를 해소할 수 있게 하지만, 스트레스를 주는 상황 자체를 바꾸지는 못한다. 이 글은 중심 화제를 유형에 따라 나누어 설명하고 있기 때문에, 각 유형의 개념과 그 차이에 유의하며 독해해야 한다.

문단별 중심 내용

1문단: 스트레스 해소 방법을 강구해야 하는 이유
2문단: 효과적으로 스트레스를 해소하는 두 가지 대처 방법
3문단: 방어 기제의 정의와 유형
4문단: 방어 기제의 역할과 한계

주제

스트레스 대처 방법 중 방어 기제의 유형과 역할

독해 훈련 문제

1 바라는 욕구가 원만히 충족되지 못해서 2 문제 중심적 대처 방법 3 정서 중심적 대처 방법 4 부인 5 달콤한 레몬형 6 방어 기제는 실패에 따른 부정적 정서를 완화하여 긴장과 불안을 줄여 주기 때문에

01 ②　　02 ②　　03 ④　　04 ②　　05 ①

01

정답 ②

이 글은 스트레스를 효과적으로 해소하기 위한 대처 방법을 '문제 중심적 대처 방법'과 '정서 중심적 대처 방법'으로 분류한 뒤, '정서 중심적 대처 방법(방어 기제)'을 다시 억압, 부인, 합리화로 나누어 설명하고 있다. 그리고 '합리화'의 유형을 다시 신 포도형, 달콤한 레몬형, 망상형으로 나누어 설명하고 있다. 즉 중심 화제를 유형별로 분류하여 설명하고 있다.

02

정답 ②

'방어 기제'는 '정서 중심적 대처 방법'으로, 스트레스를 주는 상황 자체를 없애는 것이 아니라 상황을 인식하는 방법을 바꾸어 스트레스를 해소하는 방법이다. 가장 적합한 방법을 선택하여 스트레스 상황을 없애는 방법은 '문제 중심적 대처 방법'이다.

오답 피하기

① 1문단에서 바라는 욕구가 원만히 충족되지 못하는 경우에 스트레스가 생긴다고 하였고, 스트레스 대처 방법 중의 하나가 방어 기제이므로 적절한 설명이다.

③ 4문단에서 방어 기제를 사용한다 하더라도 스트레스를 주는 상황 자체를 바꾸지는 못하고 일시적으로 벗어날 수 있게 할 뿐이라고 하였으므로 적절한 설명이다.

④ 3문단에서 방어 기제는 무의식적으로 사실을 왜곡함으로써 불안을 줄이고 자아를 보호하려는 것이라고 하였으므로 적절한 설명이다.

⑤ 4문단에서 방어 기제는 때에 따라서는 문제 중심적 대처 방법보다 더 효과적으로 스트레스를 해소할 수도 있다고 하였으므로 적절한 설명이다.

03

정답 ④

(가)의 미희와 (나)의 영철은 각각 '신 포도형' 유형과 '달콤한 레몬형' 유형을 사용하여 자신의 행동을 합리화하고 있다. 4문단에서 '스트레스 상황에 대처하기 위해 방어 기제를 사용한다고 해서 그 사람을 미숙하다고 볼 수는 없다'고 하였으므로, 미희와 영철을 정신적으로 미숙하다고 보는 것은 적절하지 않다.

오답 피하기

① 미희는 원래 그 목표 달성을 원하지 않았다고 생각하는 '신 포도형' 유형으로 자신을 합리화하고 있다.

② 영철은 현재의 부정적 상황을 자신이 원했던 것이라고 생각하는 '달콤한 레몬형' 유형으로 자신을 합리화하고 있다.

③ 미희와 영철은 상황을 인식하는 방법을 바꾸어 스트레스를 해소하고 있으므로 '정서 중심적 대처 방법'을 사용한 것이다.

⑤ 4문단에서 방어 기제를 사용한다 하더라도 스트레스를 주는 상황 자체를 바꾸지는 못하며, 단지 고통스런 상황을 일시적으로 벗어날 수 있게 할 뿐이라고 하였다.

04

정답 ②

3문단에서 방어 기제는 거짓말이나 변명과 달리 무의식적으로 이루어진다고 하였다. 따라서 (가)의 은희가 성적 저하의 원인을 위층의 소음 때문이라고 변명하는 것은 무의식적으로 대처한 것이라고 볼 수 없다.

오답 피하기

① (가)의 은희는 위층의 소음 때문에 열심히 공부하려는 욕구를 충족할 수 없어서, (나)의 철수는 고장 난 자동판매기 때문에 음료수를 마시고 싶은 욕구를 충족할 수 없어서 스트레스를 받고 있다.

③ (가)의 은희가 소음 발생이라는 문제 상황을 해결하기 위해 위층 주인을 만나 이야기했다면, 이는 가장 적합한 방법을 선택해 스트레스 상황을 없애고자 하는 '문제 중심적 대처 방법'을 사용한 것이다.

④ (나)의 철수가 원래부터 음료수를 먹고 싶지 않았다고 생각했다면, 이는 원래 그 목표 달성을 원하지 않았다고 생각하는 '신 포도형'으로 자신을 합리화한 것이다.

⑤ (나)의 철수가 자동판매기 관리자에게 전화를 걸어 음료수를 받았다면, 이는 '문제 중심적 대처 방법'을 사용해 스트레스를 주는 문제 상황을 해결한 것이다.

05

정답 ①

[A]에 따르면, 방어 기제를 사용한다 하더라도 스트레스를 주는 상황 자체를 바꾸지는 못하며, 단지 '사실을 왜곡하고 자기를 기만하여 고통스런 상황을 일시적으로 벗어날 수 있게 할 뿐'이라고 하였다. 따라서 방어 기제로는 스트레스를 주는 상황을 근본적으로 해결할 수 없다는 것을 추리할 수 있다.

오답 피하기

② 스트레스 대처 방법 중 정서 중심적 대처 방법(방어 기제)은 무의식적으로 사실을 왜곡하여 자아를 보호하려는 것이지만, 문제 중심적 대처 방법이 사실을 왜곡한다고 볼 수는 없다.

③ 방어 기제의 방법이 사회적인 윤리 기준에서 벗어난다는 것은 언급되어 있지 않다.

④ 4문단에서 방어 기제를 사용한다고 해서 그 사람을 미숙하다고 볼 수는 없다고 하였다.

⑤ 육체적인 고통을 치유하는 데 어떤 스트레스 대처 방법이 더 효과적인지는 언급되어 있지 않다.

p. 58~59

인간의 효율적 사고 과정을 돕는 '범주화'

지문 해결 전략

이 글은 인간이 효율적으로 사고할 수 있도록 도와주는 범주화의 개념과 그 유용성에 대하여 설명하고 있다. 우리가 별개의 대상을 같은 이름으로 지칭할 수 있는 것은 범주화 때문인데, 이는 개념과 관련이 있다. 범주는 특정한 사례가 특정한 범주의 구성원인지의 여부를 결정하는 것이며, 특정한 개념이 다른 개념의 부분 집합인지를 결정하는 것이다. 이러한 범주화는 인간이 사물과 현상을 변별하고 이해하고 추론하고 기억하는 데 많은 도움을 준다. 이 글은 범주화의 개념과 유용성을 이해하고, 그것이 실제 사례에 어떻게 적용될 것인지를 염두에 두면서 독해해야 한다.

문단별 중심 내용

1문단: 범주화의 기능을 하는 개념
2문단: 개념과 범주의 정의
3문단: 범주화의 정의와 그 역할
4문단: 범주화의 유용성
5문단: 범주화를 할 때 유의할 점

주제

범주화의 개념과 그 유용성

독해 훈련 문제

> **1** 범주화의 기능 **2** 개념 **3** 외연 **4** '북'은 '작은북'의 상위 범주이면서 '타악기'의 하위 범주임 **5** 인간이 사물과 현상을 변별하고, 이해하고, 추론하고, 기억하는 데 도움을 줌 **6** 사물이나 현상들을 의미 있는 단위로 분할하여 이해하고 설명하며, 관련 있는 이후의 일들을 예상할 수 있게 해 줌 **7** 성급하게 범주화하여 오판에 이를 수 있음

---

01 ③　　**02** ③　　**03** ①　　**04** ④

01

정답 ③

2문단에서 개념은 내포와 외연으로 구성되는데, 이 중에서 외연이 범주화와 관련이 있다고 하였다. 따라서 범주화를 하기 위해서 내포와 외연을 종합해야 한다는 ③은 적절하지 않다.

오답 피하기

① 2문단에서 개념은 '특정한 사물이나 사건, 상징적인 대상들의 공통된 속성을 추상화하여 종합화한 보편적 관념'이라고 정의하였다.

② 3문단에서 범주화는 위계적으로 이루어진다고 하면서, '작은북 – 북 – 타악기'의 예를 들고 있다. '북'은 '작은북'의 상위 범주이면서 동시에 '타악기'의 하위 범주이다.

④ 4문단에서 범주화는 '그 사물이나 현상들과 관련 있는 이후의 일들을 예상할 수 있게도 해 준다'고 하였다.

⑤ 5문단에서 '범주화에 기초해 판단하는 것에 익숙해지다 보면 성급하게 범주화하여 오판에 이르는 경우가 발생할 수 있다'고 하였다.

02

정답 ③

3문단에서 범주화는 인간이 사물과 현상을 변별하고 기억하는 데 많은 도움을 준다고 하였다. (가)에서 철수는 주어진 단어를 범주화하여 외웠기 때문에, 범주화하여 외우지 않은 민수보다 단어를 외우는 데 걸리는 시간이 더 짧을 것이라고 추측할 수 있다.

오답 피하기

① 3문단에서 범주화는 '특정한 개념이 다른 개념의 부분 집합인지를 결정하

는 것'이라고 하였다. (가)에서 두산 베어스, 삼성 라이온즈는 '야구팀'에 속하고, FC 서울, 전북 현대는 '축구팀'에 속하며, 부산 KCC, 울산 현대모비스는 '농구팀'에 속한다. 따라서 철수는 주어진 6개의 단어를 더 큰 상위 범주로 묶어 외운 것이다.

② 4문단에서 범주화는 '사물이나 현상들을 의미 있는 단위로 분할하여 이해'하는 것이라고 하였다. 민수는 주어진 단어를 범주화하지 않았기 때문에 의미 있는 단위로 분할하여 이해하지 못한 것이다.

④ 5문단에서 '범주화에 기초해 판단하는 것에 익숙해지다 보면 성급하게 범주화하여 오판에 이르는 경우가 발생할 수 있다'고 하였다. (나)에서 영희는 외형적인 모습에만 주목했기 때문에 고래를 바르게 범주화하지 못했다.

⑤ (나)에서 과학 선생님은 포유류의 속성을 알고 있었기 때문에 영희와 달리 고래를 바르게 범주화할 수 있었다.

03

정답 ①

이 글에서 범주화의 위계적 성격(3문단), 내포와 외연의 의미(2문단), 개념의 범주화 기능(1문단), 범주화의 유용성(4문단)은 다루고 있지만, 범주화의 다양한 종류에 대해서는 다루고 있지 않다.

04

정답 ④

ㄴ에서 '청소년들'은 그림 속 대상이 지닌 독특한 고유의 특성에 주목해 그림을 외운 것이 아니라, 그림들 간의 관계를 고려해 '과일', '꽃', '가축'으로 범주화하여 외웠다.

오답 피하기

① ㄱ에서 A는 거미가 지니고 있는 곤충과의 유사한 모습에 주목하여 성급하게 범주화했기 때문에 판단에 오류가 생겼을 것이다.

② ㄱ에서 B는 곤충의 다리는 세 쌍이고 거미의 다리는 네 쌍이라는 것을 알고 있었기 때문에, A가 내린 범주화의 오류를 수정해 줄 수 있었을 것이다.

③ 3문단에서 범주화는 인간이 사물과 현상을 기억하는 데 많은 도움을 준다고 하였다. ㄴ의 '유아들'은 그림을 범주화하지 않고 주어진 각각의 그림을 외우고 있기 때문에, 그림의 개수가 더 많아지면 그림들을 모두 기억하는 데 어려움을 겪을 것이다.

⑤ 3문단에서 범주화는 추론에도 도움을 준다고 하였다. ㄷ에서 C는 영상물을 본 경험에서 추론한 결과, 친구가 숨을 쉬지 못하는 상황을 기도가 막혔을 때의 증상으로 범주화할 수 있었을 것이다.

---

15 실전 문제

p. 60~61

인간의 '기억'

지문 해결 전략

이 글은 인간의 인지 활동의 바탕이 되는 '기억'의 종류와 그 형성 과정을 소개하고 있다. 인간의 기억은 감각 기억, 단기 기억, 장기 기억으로 구분할 수 있다. 이 중에서 장기 기억은 다시 기억하고 있음을 의식하느냐에 따라 의미 기억과 일화 기억으로, 기억하고 있음을 의식하지 않느냐에 따라 절차 기억과 점화, 조건 형성으로 나눌 수 있다. 이러한 기억은 부호화, 저장, 인출의 세 단계를 거쳐 형성된다. 이 글은 인간의 기억을 여러 가지로 분류하여 제시하고 있으므로, 기억의 종류와 각 기억의 성격을 명확하게 정리하며 독해해야 한다.

문단별 중심 내용

1문단: 세 가지 기억의 상호 작용을 통해 이루어지는 인간의 인지 활동
2문단: 장기 기억의 분류 ① – 의미 기억, 일화 기억
3문단: 장기 기억의 분류 ② – 절차 기억, 점화, 조건 형성

4문단: 기억 형성의 세 단계
5문단: 기억을 잘하기 위한 방법

주제
기억의 종류와 기억 형성 과정

독해 훈련 문제

> **1** 감각 기억, 단기 기억, 장기 기억 **2** 의미 기억 **3** 일화 기억 **4** 절차 기억 **5** 파블로프의 실험 **6** 기억 실패나 망각으로 이어짐 **7** 정보에 질서를 부여하여 효과적으로 부호화해야 함

---

01 ④   02 ①   03 ①   04 ⑤

01
정답 ④

5문단에서 불쾌한 사건이나 흥미로운 사실은 자동적으로 부호화되지만, 낯설거나 복잡한 정보를 부호화할 때는 상당한 집중력과 노력이 필요하다고 하였다. 따라서 불쾌한 정보를 기억하기 위해 별도의 노력이 필요하다고 보기는 어렵다.

오답 피하기
① 1문단에서 감각 기억, 단기 기억, 장기 기억은 제각기 독립적인 것이 아니라 지속적으로 상호 작용하는 관계에 있다고 하였다.
② 2문단에서 장기 기억은 자신이 기억하고 있음을 의식하느냐 그렇지 않느냐에 따라 둘로 나눌 수 있다고 하였다.
③ 4문단에서 기억 형성 과정 중 어느 단계에서든 이상이 생기면 기억 실패 혹은 망각으로 이어지게 된다고 하였다.
⑤ 3문단에서 절차 기억은 자전거 타기나 악기 연주 등과 같이 연습을 통해 습득된 기술이 우리가 의식하지 못한 상태에서도 능숙하게 발휘되는 것이라고 하였다.

02
정답 ①

1문단에서 감각 기억은 주의를 기울이면 단기 기억이 되고, 단기 기억은 정교화 단계를 거치면 장기 기억이 된다고 하였다. 따라서 감각 기억과 단기 기억이 주의를 기울이면 장기 기억이 된다고 한 ①은 적절하지 않다.

오답 피하기
② 2문단에서 의미 기억은 범주화 과정을 거쳐 형성되는 개념적 지식과 관련된다고 하였으므로, 국어 시간에 배웠던 문법 용어를 떠올리는 것은 이에 해당한다.
③ 3문단에서 절차 기억은 자전거 타기나 악기 연주 등과 같이 연습을 통해 습득되는 기술과 관련이 있다고 하였으므로, 피아노를 능숙하게 치는 것은 절차 기억에 해당한다.
④ 3문단에서 점화는 어떤 대상에 대한 경험이 이전 경험에 대한 기억을 불러일으키는 것이라고 하였으므로, 자신이 졸업한 학교의 교복을 입은 학생을 보고 학창 시절의 기억이 떠오른 것은 점화에 해당한다.
⑤ 5문단에서 기억을 잘하려면 정보에 질서를 부여하여 효과적으로 부호화해야 한다고 하였다.

03
정답 ①

이 글은 '기억'이라는 중심 화제를 감각 기억, 단기 기억, 장기 기억으로 분류하고, 장기 기억을 다시 자신이 기억하고 있음을 의식하느냐 그렇지 않느냐에 따라 다섯 가지로 분류하여 체계적으로 설명하고 있다(ㄱ). 또한 2~3문단에서 장기 기억에 해당하는 의미 기억, 일화 기억, 절차 기억, 점화, 조건 형성의 구체적 사례를 제시하여 독자의 이해를 돕고 있다(ㄴ).

04
정답 ⑤

3문단에 따르면, 조건 형성은 반복된 연합 경험이 기억을 남기는 것이다. ⑤의 특정 단어가 단서가 되어 자신이 예전에 좋아했던 노래가 떠오른 것은, 어떤 대상에 대한 경험이 이전 경험에 대한 기억을 불러일으키는 점화에 해당한다.

오답 피하기
① 2문단에서 의미 기억은 범주화 과정을 거쳐 형성되는 개념적 지식과 관련된다고 하였으므로 적절하다.
② 2문단에서 일화 기억은 특정 시공간이나 사건에 대한 기억이라고 하였으므로 적절하다.
③ 3문단에서 절차 기억은 연습을 통해 습득되는 기술과 관련이 있다고 하였으므로 적절하다.
④ 3문단에서 점화란 어떤 대상에 대한 경험이 이전 경험에 대한 기억을 불러일으키는 것이라고 하였으므로 적절하다.

---

16 실전 문제

p. 62~63

사후 과잉 확신 편향 현상

지문 해결 전략
이 글은 사후 과잉 확신 편향 현상의 개념과 발생 원인에 대해 설명하고 있다. 사후 과잉 확신 편향은 어떤 일의 결과를 알고 난 후에 마치 처음부터 그 일의 결과가 그렇게 나타나리라는 것을 알고 있었던 것처럼 믿게 되는 현상을 의미한다. 동기적 설명에서는 통제감의 추구와 자기 과시의 동기를 그 원인으로 보며, 인지적 설명에서는 어떤 일의 결과가 사람들의 정신적 표상에 잠입하여 인과 관계 모형이 변화된 것을 그 원인으로 본다. 사후 과잉 확신 편향은 판단 및 의사 결정의 정확성과 질을 왜곡시킬 가능성이 많다. 이 글은 동기적 설명과 인지적 설명에서 각각 설명하고 있는 사후 과잉 확신 편향의 발생 원인에 주목하며 독해해야 한다.

문단별 중심 내용
1문단: 사후 과잉 확신 편향 현상의 개념
2문단: 사후 과잉 확신 편향의 발생 원인에 대한 동기적 설명
3문단: 사후 과잉 확신 편향의 발생 원인에 대한 인지적 설명 ①
4문단: 사후 과잉 확신 편향의 발생 원인에 대한 인지적 설명 ②
5문단: 사후 과잉 확신 편향의 문제점

주제
사후 과잉 확신 편향 현상의 발생 원인에 대한 동기적 설명과 인지적 설명

독해 훈련 문제

> **1** 실제로는 어떤 일을 예측할 수 없었음에도 불구하고 예측할 수 있었다고 믿는 것 **2** 동기적 설명 **3** 인지적 설명 **4** 사후 설명의 용이성 **5** 판단 및 의사 결정의 정확성과 질을 왜곡시킬 가능성이 많음

---

01 ①   02 ③   03 ①   04 ①

01
정답 ①

5문단에서 사후 과잉 확신 편향은 판단과 의사 결정에서 중요한 편향으로 다루어지고 있으며, 감소시키기가 매우 어려운 것으로 알려져 있다고 하였다. 이는 ㉠과 ㉡에 모두 해당하는 것이므로 ①은 적절하지 않다.

오답 피하기

② 동기적 설명에서는 자신이 미래의 일을 예측할 수 있다고 믿는 생각인 '통제감'을 확인하려는 동기가 작용하기 때문에 사후 과잉 확신 편향이 발생한다고 보고 있으므로 적절하다.

③ 인지적 설명에서는 사후 과잉 확신의 발생에 인과 추리가 깊이 관여하고 있다고 보고 있으므로 적절하다.

④ 인지적 설명에서는 사후 과잉 확신의 크기가 사후 설명의 용이성에 의해 결정된다고 보고 있으므로 적절하다.

⑤ 3문단에서 인지적 설명이 동기적 설명에 비해 더 강한 지지를 받아 왔다고 하였으므로 적절하다.

02 　　　　　　　　　　　　　　　　　 정답③

'사후 과잉 확신 편향'은 ⑧와 같은 결과를 알고 난 후에 ⓒ와 같은 반응을 보이는 것을 말한다. 따라서 ⑧와 같은 결과를 알기 전에 Ⓐ와 같이 전망한 것을, 동기적 설명의 한 시각인 통제감과 관련 짓는 것은 적절하지 않다.

오답 피하기

①, ② 학생들이 Ⓐ와 같이 영화가 흥행에 실패할 것이라고 전망한 것으로 보아, 학생들은 ⑧와 같은 결과를 예측하지 못한 것이다. 그럼에도 불구하고 학생들이 ⓒ와 같이 영화가 흥행에 성공할 것을 마치 처음부터 알고 있었던 것처럼 답하는 것은 사후 과잉 확신 편향에 의한 착각이라고 볼 수 있다.

④ 동기적 설명에서는 사후 과잉 확신 편향의 발생 원인 중 하나로 자기 과시의 동기를 들고 있다.

⑤ 인지적 설명에서는 어떤 일의 결과가 즉각적이고 자동적으로 사람들의 정신적 표상에 잠입하기 때문에 사후 과잉 확신 편향이 발생한다고 보고 있다.

03 　　　　　　　　　　　　　　　　　 정답①

4문단에서 인지적 설명에 따르면, 사후 과잉 확신의 크기는 사후 설명의 용이성에 의해 결정된다고 하였다. 따라서 사후 설명이 용이할수록 사후 과잉 확신 편향은 더 강하게 나타난다.

04 　　　　　　　　　　　　　　　　　 정답①

동기적 설명은 통제감을 확인하려는 동기가 작용하기 때문에 사후 과잉 확신 편향이 발생한다고 보는 이론으로, 여기서 통제감은 '자신이 미래의 일을 예측할 수 있다고 믿는 생각'을 의미한다. 따라서 동기적 설명에 따르면, ㉠에서 회담 결과를 부정적으로 예측했던 사람들은 미래를 예측할 수 있다고 믿는 생각이 강해 ㉡에서 실제 일어난 결과에 더 많이 의존해 답했을 것이다.

오답 피하기

② 2문단에서 동기적 설명은 통제감의 추구와 자기 과시의 동기를 사후 과잉 확신 편향의 원인으로 들고 있다고 하였다.

③, ④ 3문단에서 인지적 설명은 어떤 일의 결과가 사람들의 정신적 표상에 잠입하여 인과 관계 모형을 변화시키기 때문에 사후 과잉 확신 편향이 발생한다고 하였다.

⑤ 1문단에서 사후 과잉 확신 편향은 어떤 일의 결과를 알고 난 후에 마치 처음부터 그 일의 결과가 그렇게 나타나리라는 것을 알고 있었던 것처럼 믿게 되는 현상을 의미한다고 하였다.

예술

01 실전 문제

p. 66~67

르네상스 시기의 선 원근법과 공기 원근법

지문 해결 전략

이 글은 15세기 르네상스 이후 화가들이 현실의 사실적인 재현을 위해 사용했던 기법과 장치들에 대해 설명하고 있다. 먼저 화가들은 기하학에 바탕을 두고 정확한 비례를 계산해서 그리는 '선 원근법'을 사용하여 현실의 공간을 정확한 비례에 따라 화폭에 재현할 수 있었다. 또 세밀한 붓질로 물체의 윤곽을 문질러 흐릿하게 처리하는 '공기 원근법'을 사용하여 공간의 사실감을 한층 높였다. 아울러 '카메라 옵스큐라'라는 장치를 이용하면서 대상을 놀랄 만큼 정교하게 재현할 수 있게 되었다. 이 글은 선 원근법과 공기 원근법의 기법상의 특징, 카메라 옵스큐라의 의미를 정리하며 독해해야 한다.

문단별 중심 내용

1문단: 사실적인 미술이 시작된 15세기 르네상스
2문단: 현실을 정확한 비례에 따라 재현할 수 있게 한 선 원근법
3문단: 화가들이 선 원근법을 익히는 방법
4문단: 공간의 사실감을 높인 공기 원근법
5문단: 현실을 정교하게 재현할 수 있게 한 카메라 옵스큐라

주제

현실의 사실적 재현을 위한 르네상스 화가들의 기법과 장치

독해 훈련 문제

1 현실을 인간의 눈에 보이는 대로 그리려는 노력이 전개되었기 때문에 2 비례를 정확하게 계산하지 않아 그림에 어색한 부분이 많았음 3 기하학에 바탕을 두고 정확한 비례를 계산해서 그리는 기법 4 그리드와 파인더 5 가까운 것은 진하고 선명하게, 먼 것은 흐리고 옅게 표현하여 공간의 사실감을 높여 줌 6 현실을 사실적으로 재현할 수 있게 해 줌

---

　01 ③　　02 ⑤　　03 ②　　04 ⑤

01 　　　　　　　　　　　　　　　　　 정답③

5문단에서 화가들은 카메라 옵스큐라라는 장치를 통해 막에 종이를 대고 맺힌 상을 베끼기만 하면 밖의 풍경을 그대로 재현할 수 있었다고 하였다. 화가들이 현실을 사실적으로 재현하기 위해 원근법이나 해부학, 명암법 등을 전문적인 교육 기관에서 배워야 했던 것은 카메라 옵스큐라의 출현 이전의 상황이다.

오답 피하기

① 1, 2문단을 통해, 인간 중심의 문화를 추구했던 르네상스 시기의 분위기가 선 원근법 기법과 같이 현실을 있는 그대로 화면에 재현하려는 노력으로 이어졌음을 알 수 있다.

② 3문단을 통해, 화가들은 그리드와 파인더를 이용해 장기간 연습을 한 후에야 그리드를 세우지 않고도 선 원근법에 따라 대상을 그릴 수 있었음을 알 수 있다.

④ 4문단을 통해, 공기 원근법은 가까운 것은 진하고 선명하게, 먼 것은 흐리고 옅게 표현하는 기법임을 알 수 있다.

⑤ 2문단을 통해, 15세기 이전의 화가들은 경험적 원근법을 사용했기 때문에 거리가 멀어지면 크기가 얼마나 작게 보이는지 정확하게 계산하지 않았음을 알 수 있다.

02

정답⑤

〈보기〉에서는 레오나르도 다빈치의 〈모나리자〉가 공기 원근법의 기법을 사용하여 그린 작품이라고 설명하고 있다. 그런데 기하학에 바탕을 두고 정확한 비례를 계산해서 그리는 것은 선 원근법의 방법으로, 풍경의 윤곽선을 흐릿하게 그리는 것과는 관련이 없다.

03

정답②

2, 3문단에 따르면, 그리드는 선 원근법을 적용하여 현실의 공간을 정확한 비례에 따라 화폭에 재현하기 위한 것이다. 거리가 멀어질수록 사물의 형태나 색채가 흐릿해지는 데 주목한 것은 공기 원근법으로, 공기 원근법에서는 먼 곳의 풍경을 흐리고 엷게 표현한다.

오답 피하기
① 2문단에서 선 원근법은 기하학에 바탕을 두고 정확한 비례를 계산해서 그리는 기법이라고 하였으므로, 선 원근법을 적용하기 위한 그리드는 기하학적 방법을 회화에 응용하기 위해 만들어진 것이라고 볼 수 있다.
③ 2문단에서 3차원의 현실을 2차원의 캔버스로 변환하여 현실을 있는 그대로 화면에 재현하기 위한 기법이 선 원근법이라고 하였으므로 적절하다.
④ 3문단에서 그리드는 정확한 상을 얻는 데에는 유용했지만 사용하기에는 불편했다고 하였으므로 적절하다.
⑤ 5문단에서 르네상스 시기의 화가들은 현실을 사실적으로 재현하기 위해 선 원근법, 공기 원근법 외에도 해부학, 명암법 등을 전문적인 교육 기관에서 배워야 했다고 하였으므로 적절하다.

04

정답⑤

〈보기〉의 고갱은 현실의 사실적 재현을 뛰어넘어 화가의 순수한 감정과 정신을 표현해야 한다고 본 반면, ㉠의 15세기 르네상스 화가들은 현실을 있는 그대로 재현하기 위해 노력했다. 따라서 고갱의 입장에서는 르네상스 시기의 화가들을 현실의 사실적 재현보다는 화가의 내면세계를 표현해야 한다고 비판할 수 있다.

실전 문제

p. 68~69

바로크 회화의 개척자 카라바지오

지문 해결 전략
이 글은 17세기 바로크 미술에 큰 영향을 끼쳤던 화가 카라바지오에 대해 설명하고 있다. 카라바지오는 종래의 이상화된 인간상을 거부하고 세속적이고 현실감 넘치는 인물 유형을 창조하여 사실주의의 새 지평을 열었다. 그는 그림을 그릴 때 하나의 장면을 있는 그대로 묘사하려고 하였으며, '테너브리즘'이라는 명암 대조법을 처음으로 사용하여 빛과 어두움을 대비시켜 공간의 깊이감과 인물의 양감을 자연스럽게 드러내었다. 이러한 그의 기법들은 루벤스, 렘브란트에게 영향을 주어 새로운 화풍을 낳는 창조적 자극이 되었다. 이 글은 카라바지오가 사용한 기법들의 특징을 파악하며 독해해야 한다.

문단별 중심 내용
1문단: 바로크 미술을 이끌었던 화가 카라바지오 소개
2문단: 카라바지오 미술의 특징 ① – 세속적이고 현실감 넘치는 인물 유형의 창조
3문단: 카라바지오 미술의 특징 ② – 하나의 장면을 있는 그대로 묘사함
4문단: 카라바지오 미술의 특징 ③ – '테너브리즘'이라는 명암 대조법의 사용

5문단: 카라바지오 미술의 의의

주제
카라바지오 미술의 특징과 의의

독해 훈련 문제

> 1 사실적이고 극적인 면을 추구하여 정적인 미술에 생동감을 불어넣음 2 세속적이고 현실감이 넘침 3 사도들이 부활한 예수를 만나 놀라는 장면이 사실적으로 묘사되어 있기 때문에 4 테너브리즘 5 빛이 가지고 있는 밝음의 속성을 이용함 6 루벤스, 렘브란트에게 영향을 주어 새로운 화풍을 낳는 창조적 자극이 됨

> 01 ② 　 02 ① 　 03 ④ 　 04 ③

01

정답②

[나]에서 '당시 매우 혁신적이었던 그의 시도는 그림에서 이상화된 성자의 모습을 만나기를 원했던 대중들에게 반감을 불러일으키기도 했다'고 하였으므로, 대중들이 카라바지오의 작품에 공감만 한 것은 아님을 알 수 있다.

오답 피하기
① [가]에서는 르네상스 미술과 바로크 미술의 차이점을 언급하면서 중심 화제인 '카라바지오'로 논의를 이끌고 있다.
③ [다]에서는 〈엠마오의 저녁 식사〉라는 작품을 예로 들어, 카라바지오가 장면을 사실적으로 묘사하여 보는 이로 하여금 그림의 이야기 속에 함께 있는 것처럼 느끼게 하였음을 설명하고 있다.
④ [라]에서는 카라바지오가 사용한 '테너브리즘'이라는 명암 대조법이 빛과 어두움을 대비시키고 있으며, 이를 통해 감상자에게 강렬함과 긴장감을 주고 있음을 설명하고 있다.
⑤ [마]에서는 카라바지오의 예술적 시도가 훗날 루벤스, 렘브란트에게 영향을 주어 새로운 화풍을 낳는 창조적 자극이 되었다고 덧붙이면서 글을 마무리하고 있다.

02

정답①

[가]에서 바로크 미술은 '사실적이고 극적인 면을 추구하여 정적인 미술에 생동감을 불어넣었다'고 하였고, [나]에서 카라바지오는 '종래의 이상화된 인간상을 거부하고 세속적이고 현실감 넘치는 인물 유형을 창조'했다고 하였다. 이 글과 〈보기〉를 통해 인물들의 표정을 정적으로 묘사하여 엄숙한 분위기를 극대화했다는 근거는 찾을 수 없다.

오답 피하기
② [라]에서 카라바지오는 '빛이 가지고 있는 밝음의 속성을 살려 예수의 신성을 나타내기 위한 방법으로 사용'했다고 하였으므로 적절하다.
③ [나]에서 카라바지오는 '성자들을 보통 사람처럼 묘사하면서 신성한 장면을 평범한 일상에서 일어난 듯이 그렸다'고 하였으므로 적절하다.
④ [라]에서 카라바지오는 테너브리즘이라는 명암 대조법을 사용하여 빛과 어두움을 대비시켰는데, 이를 통해 감상자에게 '연극의 한 장면을 보는 듯한 긴장감과 감동을 느끼게 해 주었다'고 하였으므로 적절하다.
⑤ [다]에서 카라바지오는 하나의 장면을 있는 그대로 묘사하여 '보는 이로 하여금 그림의 이야기 속에 함께 있는 것처럼 느낄 수 있게 했다'고 하였으므로 적절하다.

03

정답④

[라]에서 카라바지오가 사용한 테너브리즘은 공간을 회화적으로 재현한다는 점에서 선 원근법보다 더욱 진일보한 것이라고 하였다. 따라

서 공간을 회화적으로 재현하는 방식을 착안해 내어 선 원근법에 기초를 마련했다는 ④의 설명은 적절하지 않다.

04
정답 ③

〈보기〉는 작품에 나타난 특징으로 보아 바로크 미술을 이끌었던 카라바지오의 작품임을 알 수 있다. 그런데 1문단에서 이상적이고 안정감 있는 아름다움을 추구한 것은 르네상스 미술이라고 하였으므로, 〈보기〉의 작품이 안정적인 아름다움을 표현하려 했다는 ③의 설명은 적절하지 않다.

오답 피하기
① [나]에서 매우 혁신적이었던 카라바지오의 시도는 '그림에서 이상화된 성자의 모습을 만나기를 원했던 대중들에게 반감을 불러일으키기도 했다'고 하였다.
② [라]에서 카라바지오는 '빛이 가지고 있는 밝음의 속성을 살려 예수의 신성을 나타내기 위한 방법으로 사용'했다고 하였다.
④ [라]에서 카라바지오는 테너브리즘이라는 명암 대조법을 사용하여 '빛과 어두움의 대비를 통해 감정적인 효과를 더욱 강렬하게 전달'했다고 하였다.
⑤ [다]에서 카라바지오는 그림을 그릴 때 하나의 장면을 있는 그대로 묘사하여 '보는 이로 하여금 그림의 이야기 속에 함께 있는 것처럼 느낄 수 있게' 했다고 하였다.

03 실전 문제

p. 70~71

추사 김정희의 묵란화

지문 해결 전략
이 글은 추사 김정희의 초기 묵란화 작품인 〈석란〉과 후기 묵란화 작품인 〈부작란도〉의 비교를 통해, 김정희의 작품 세계가 어떻게 변화했는지 살펴보고 있다. 김정희가 25세 때 그린 〈석란〉은 당시 청나라에서 유행하던 전형적 양식을 따르고 있으며, 문인들의 공통적 이상을 표현하고 있다. 하지만 장기간의 유배 생활을 겪으며 김정희의 예술 세계는 크게 변화했는데, 69세 때 그린 〈부작란도〉는 김정희가 관습적 표현을 넘어 자신만의 감정을 충실히 드러낸 세계를 창출했음을 보여 주고 있다. 이 글은 두 묵란화 작품에 담긴 의미와, 김정희의 작품 세계가 어떻게 변화했는지를 파악하며 독해해야 한다.

문단별 중심 내용
1문단: 묵란화의 개념과 의미
2문단: 〈석란〉에 나타난 김정희의 작품 세계
3문단: 김정희의 예술 세계의 변화
4문단: 〈부작란도〉에 나타난 김정희의 작품 세계
5문단: 〈부작란도〉에서 알 수 있는 김정희의 예술적 성취

주제
묵란화에 나타난 추사 김정희의 작품 세계

독해 훈련 문제
1 인문적 교양과 감성을 드러내는 수단 2 청나라에서 유행하던 전형적인 양식 3 당시 문인들의 공통적 이상 4 장기간의 유배 생활 5 바람에 맞서는 난초 꽃대와 꽃송이 6 관습적인 표현을 넘어 김정희 자신만의 감정을 충실히 드러낸 세계를 창출함 7 오랜 기간의 훈련으로 만들어진 필연적인 우연임

01 ③   02 ④   03 ③   04 ⑤   05 ⑤

01
정답 ③

이 글은 김정희가 평탄했던 젊은 시절에 그린 〈석란〉과 세파에 시달린 이후의 말년에 그린 〈부작란도〉라는 두 작품을 사례로 제시하여, 김정희의 삶과 작품 세계가 어떻게 변화했는지를 조명하고 있다.

02
정답 ④

〈보기〉는 작품을 작가의 의도와 관련지어 해석하는 '도상학'에 대해 설명하고 있다. 4문단에서 〈부작란도〉는 문인 공통의 이상을 표출하는 관습적인 표현을 넘어 자신만의 감정을 충실히 드러낸 세계를 창출한 것이라고 하였으므로, 〈부작란도〉가 문인 공통의 이상을 회복하려는 김정희의 의지를 표출한 것은 아니다. 〈부작란도〉에 나타난 '바람에 맞서는 한 송이 꽃'에서는 세상의 시련에 맞서는 김정희의 강한 의지를 느낄 수 있다.

오답 피하기
①, ② 2, 3문단에 따르면, 〈석란〉은 김정희가 평탄했던 젊은 시절에 당시 문인들의 공통적인 이상을 반영하여 그린 것임을 알 수 있다.
③ 3문단에 따르면, 김정희의 예술 세계는 장기간의 유배 생활을 거치면서 큰 변화를 보였다는 것을 알 수 있다.
⑤ 5문단에 따르면, 〈부작란도〉는 오랜 기간 훈련된 감성이 어느 한순간의 계기에 의해 표출된 것이라고 하였다. 이는 김정희가 시련을 겪으며 쌓은 예술적 성취가 관습적인 표현을 넘어 자신만의 감정을 충실히 드러낸 세계를 창출하는 경지에 이르게 되었음을 의미한다.

03
정답 ③

@의 '얻다'는 '구하거나 찾아서 가지다'의 의미를 가지고 있는데, ③에서도 이와 유사한 의미로 쓰였다.

오답 피하기
① '병을 앓게 되다'의 의미로 쓰였다.
② '긍정적인 태도·반응·상태 따위를 가지거나 누리게 되다'의 의미로 쓰였다.
④ '집이나 방 따위를 빌리다'의 의미로 쓰였다.
⑤ '거저 주는 것을 받아 가지다'의 의미로 쓰였다.

04
정답 ⑤

1문단에서 묵란화에서 난초를 칠 때는 글씨에 획을 그을 때와 같은 붓놀림을 구사한다고 했는데, 4문단에서 김정희는 〈부작란도〉를 그릴 때 서예의 필법 중 하나인 갈필을 사용했다고 하였다. 따라서 김정희가 서예의 필법을 쓰지 않고 그리는 묵란화를 창안했다는 것은 이 글의 내용과 일치하지 않는다.

오답 피하기
①, ② 1문단에서 '묵란화는 사군자의 하나인 난초에 관념을 투영하여 형상화한 그림으로, 여느 사군자화와 마찬가지로 군자가 마땅히 지녀야 할 품성을 담고 있다'고 하였다.
③ 3문단에서 '김정희의 예술 세계는 49세부터 장기간의 유배 생활을 거치면서 큰 변화를 보인다'고 하였다.
④ 1문단에서 '묵란화는 중국 북송 시대에 그려지기 시작하여 우리나라를 포함한 동북아시아 문인들에게 널리 퍼졌다'고 하였다.

05
정답 ⑤

〈보기〉에서 예술 창작은 '문화적 축적 속에서 새롭게 의미를 찾아 형식화하는 것'이라고 하였다. 따라서 김정희가 〈부작란도〉에서 자신의 경험에서 느낀 세계와 묵란화의 표현 방법을 일치시켜 자신만의 감정을 충실히 드러낸 세계를 창출한 것은, 축적된 문화로부터 멀어지려 한 것이 아니라 축적된 문화를 바탕으로 새롭게 의미를 찾아 형식화

한 것으로 보아야 한다.

① 2문단에서 〈석란〉은 당시 청나라에서 유행하던 전형적인 양식을 따른 묵란화라고 했는데, 이는 〈보기〉에서 말하는 '전통의 계승'과 관련이 있다.
② 3문단에서 김정희의 글씨는 유배 생활을 거치며 맑고 단아한 서풍에서 자유분방한 추사체로 변화했다고 했는데, 이는 〈보기〉에서 말하는 '문화적 축적 속에서 새롭게 의미를 찾아 형식화하는 것'과 관련이 있다.
③ 4, 5문단에서 김정희는 자신의 경험에서 느낀 세계와 묵란화의 표현 방법을 일치시킨 〈부작란도〉를 통해 자신의 참모습을 얻었다고 했는데, 이는 〈보기〉에서 말하는 '내용과 형식이 꼭 맞게 이루어진 예술 작품'과 관련이 있다.
④ 1문단에서 문인들에게 시, 서예, 그림은 나눌 수 없는 하나라고 했는데, 이는 〈보기〉에서 말하는 '형식을 이해하고 능숙하게 익히는 것'과 관련이 있다.

실전 문제

p. 72~73

미술 사조의 변천

지문 해결 전략
이 글은 미술 사조의 변화를 통해 미에 대한 인간의 인식은 고정된 것이 아니라 시대에 따라 변화해 왔다는 것을 설명하고 있다. 합리주의 철학을 바탕으로 발생한 신고전주의 사조는 엄격한 형식성을 강조하였다. 반면에 신고전주의에 반발하여 등장한 낭만주의 사조는 인간의 감정에 주목하여 역사적 사건을 격정적으로 표현하였다. 또 과학의 발달과 실증주의 사상의 영향을 받아 등장한 사실주의 사조는 사회 현실을 있는 그대로 표현하는 것을 중요하게 여겼다. 이 글에서는 18~19세기에 발생한 세 가지 미술 사조를 설명하고 있으므로, 각 미술 사조의 발생 배경과 특징을 정확하게 파악하며 독해해야 한다.

문단별 중심 내용
1문단: 미술 사조의 개념
2문단: 신고전주의 미술 사조의 등장 배경과 특징
3문단: 낭만주의 미술 사조의 등장 배경과 특징
4문단: 사실주의 미술 사조의 등장 배경과 특징
5문단: 미술 사조의 변화를 통해 알 수 있는 미술의 의의

주제
신고전주의, 낭만주의, 사실주의 미술 사조의 등장 배경과 특징

독해 훈련 문제
1 미술 사조(미술 사조의 변화) 2 합리주의 3 엄격한 구도, 붓 자국 없는 매끈한 화면 4 엄격한 형식성 5 극적이고 강렬함 6 시대를 살아가는 평범한 사람들의 삶을 묘사하는 것 7 미에 대한 인간의 인식은 고정된 것이 아니라 변화해 왔다는 것

01 ①	02 ⑤	03 ④	04 ①	05 ③

01

정답 ①

2문단에 따르면, '신고전주의는 역사와 신화 등에 한정되지 않고 당대의 사건을 다루는 등 자유롭게 주제를 선택'하여 고전주의와 차이를 두었다. 따라서 신고전주의가 엄격한 기준으로 주제를 선택하였다는 설명은 적절하지 않다.

② 2문단에 따르면, 신고전주의는 이전의 관능적이며 향락적인 로코코 양식

에 반기를 들어 나타났음을 알 수 있다.
③ 3문단에 따르면, 낭만주의는 객관보다는 주관을 중시하였고 지성보다는 감성을 중시하였음을 알 수 있다.
④ 4문단에 따르면, 사실주의는 시대를 살아가는 평범한 사람들의 삶을 묘사하는 것이 진정한 예술이라고 생각했음을 알 수 있다.
⑤ 5문단에 따르면, 미에 대한 인간의 인식은 고정된 것이 아니라 사회, 역사적 상황이나 인간 의식에 따라 변화해 왔음을 알 수 있다.

02

정답 ⑤

4문단에 나타난 쿠르베의 관점에 따르면 Ⓐ의 '천사'는 현실에서 접할 수 없는 존재로 이상이나 환상에 해당하고, '천사를 그릴 수 없다'는 말은 천사와 같은 관념적인 존재는 그림의 대상이 될 수 없다는 뜻이다. 이는 결국 평범한 사람들이 살아가는 구체적인 현실을 그림의 대상으로 삼아야 한다는 것을 의미한다.

03

정답 ④

그림 ㉮는 낭만주의, ㉯는 신고전주의, ㉰는 사실주의 미술 사조 작품이다. 그런데 이성을 중시한 합리주의 철학을 바탕으로 한 미술 사조는 신고전주의이므로, ④는 사실주의 작품인 ㉰에 대한 반응으로 적절하지 않다.

① ㉮는 3문단에서 '낭만주의는 지성보다는 감성을 중요시'했다고 하였고, ㉯는 2문단에서 '신고전주의는 감성보다 이성을 중시한 합리주의 철학을 바탕'으로 했다고 하였으므로 적절한 반응이다.
② ㉮는 3문단에서 '낭만주의는 객관보다는 주관을 중요시'했다고 하였고, ㉰는 4문단에서 '사실주의는 사회 현실에서 상처받은 사람들의 모습을 왜곡하거나 과장하지 않고 사진으로 기록하듯 묘사'했다고 하였으므로 적절한 반응이다.
③ ㉯는 2문단에서 '질서 정연한 통일감과 입체감 있는 형태로 대상을 표현'했다고 하였고, ㉮는 3문단에서 '신고전주의의 균형 잡힌 구도에서 벗어나, 비대칭 구도나 사선 구도를 사용'했다고 하였으므로 적절한 반응이다.
⑤ 이 글의 내용을 바탕으로 할 때 '㉯ → ㉮ → ㉰'로 미술 사조가 변화했음을 알 수 있다. 또 5문단에서 '미술 사조의 변화를 통해 미에 대한 인간의 인식은 고정된 것이 아니라 사회, 역사적 상황이나 인간 의식에 따라 변화해 왔다는 것을 알 수 있다'고 하였으므로 적절한 반응이다.

04

정답 ①

㉠의 쿠르베는 사실주의의 대표 화가로, 시대를 살아가는 평범한 사람들의 삶을 묘사하는 것이 진정한 예술이라고 생각하였다. 유치진의 희곡 '토막'은 암울한 현실을 살아가는 서민의 모습을 있는 그대로 보여 주고 있으므로 쿠르베의 관점과 일치한다.

05

정답 ③

(가)는 균형 잡힌 구도로 붓 자국 없이 표현한 것으로 보아 신고전주의 작품에 해당하고, (나)는 역사적 사건을 역동적 구도와 강렬한 색채로 표현한 것으로 보아 낭만주의 작품에 해당한다. 장엄하고 웅장한 복고적 취향이 드러나는 것은 신고전주의 사조이므로, ③은 낭만주의 작품에 대한 반응으로 적절하지 않다.

① 2문단에서 '붓 자국 없는 매끈한 화면'이 신고전주의 그림의 특징임을 확인할 수 있다.
② 2문단에서 '질서 정연한 통일감과 입체감 있는 형태'가 신고전주의의 특징임을 확인할 수 있다.

④ 3문단에서 낭만주의가 '객관보다는 주관'을 중요시했다는 것을 확인할 수 있다.

⑤ 2문단에서 신고전주의 작품이 '형식성'을 강조했음을, 3문단에서 낭만주의 작품이 작가의 '감성'을 강조했음을 확인할 수 있다.

05 실전 문제

화가의 의도를 부각하기 위한 조형의 원리

지문 해결 전략

이 글은 작품에서 요소들을 유기적으로 묶어 특정한 효과를 얻고자 하는 조형의 원리에 대해 설명하고 있다. 먼저 통일성의 원리는 회화의 다양한 요소들이 하나의 작품 속에서 어떤 연관성을 갖게 하는 것으로, 인접과 반복이 대표적인 방법이다. 또 강조의 원리는 통일성에 의한 단조로움을 피하고 화가의 의도를 부각시키기 위해 특정한 부분을 강하게 하여 변화를 주는 것으로, 대비나 분리가 대표적인 방법이다. 이때 유의할 점은 강조하려는 대상이 전체와의 관계에서 유기적 질서를 갖도록 해야 한다는 것이다. 이 글은 통일성의 원리와 강조의 원리를 구현하는 방법과 그 효과를 이해하며 독해해야 한다.

문단별 중심 내용

1문단: 화가의 의도를 부각하기 위해 사용하는 조형의 원리
2문단: 조형의 원리 ① – 통일성의 원리
3문단: 조형의 원리 ② – 강조의 원리
4문단: 강조의 방법 – 대비와 분리
5문단: 강조의 원리를 사용할 때 유의할 점

주제

조형의 원리 중 통일성의 원리와 강조의 원리의 방법과 효과

독해 훈련 문제

1 자신의 의도를 살려내기 위해서 2 각각의 구성 요소들을 서로 가까이 놓거나 중첩시킴 3 여러 부분을 서로 연결시키기 위해 어떤 요소를 계속해서 반복시킴 4 작품의 주제를 부각시켜 예술적 감흥을 효과적으로 끌어낼 수 있음 5 형태나 크기, 명암 등이 대비를 통해 특정 부분을 부각시킴 6 어떤 대상을 다른 대상들과 떨어뜨림으로써 부각시킴 7 감상자의 입장에서 강조의 대상이 작품 속에서 조화를 이루지 못한다고 느낄 수 있음

---

01 ⑤   02 ④   03 ⑤   04 ②

01
정답⑤

4문단에서 어떤 대상이 다른 대상들로부터 떨어져 있으면 독립된 대상이 부각되는데, 자칫 감상자가 부각되는 대상만을 바라보다가 그림 감상을 마치게 될 수도 있다고 하였다. 따라서 화가는 감상자의 시선이 군집으로 이어질 수 있도록 장치를 마련해야 한다고 하였으므로, 감상자가 독립된 대상에서 군집으로 자연스럽게 시선을 이동한다는 ⑤의 설명은 적절하지 않다.

오답 피하기

① 3문단에서 '강조란 특정한 부분을 강하게 하여 변화를 주는 것을 의미하며, 이를 통해 작품의 주제를 부각시켜 예술적 감흥을 효과적으로 끌어낼 수도 있다'고 하였으므로 적절하다.

② 2문단에서 '통일성은 작품에 대한 안정감을 부여하기도 하지만, 자칫 지나치면 감상자의 입장에서 그 작품은 답답하고 밋밋하게 느껴질 수 있다'고 하였으므로 적절하다.

③ 작품의 구성 요소들을 가깝게 혹은 겹치게 배치하는 것은 통일성을 부여하는 방법 중 '인접'에 해당한다. 2문단에서 통일성은 '회화의 다양한 요소들이 하나의 작품 속에서 어떤 연관성을 가지는 것'을 의미한다고 하였으므로, 인접의 방법을 사용하면 요소들 간의 연관성이 높아질 것이다.

④ 비슷한 크기의 구성 요소들 속에 다른 크기의 구성 요소를 삽입하는 것은 4문단에서 설명하고 있는 '형태나 크기, 명암 등의 대비를 통해 특정 부분을 부각시키는 것'에 해당하므로, 이를 이용하면 '대비'에 의한 강조의 효과를 얻을 것이다.

02
정답④

4문단에서 분리에 의한 강조는 어떤 대상이 다른 대상들과 떨어져 있음으로써 부각되는 것이라고 하였다. 즉 ④에서 독립된 대상인 스승이 군집을 이루고 있는 대상인 발레리나들보다 부각되어 보이는 것이다. 따라서 ④에서는 발레리나들보다 스승에게 감상자의 시선이 집중될 것이다.

오답 피하기

① 2문단에서 통일성을 부여하는 대표적인 방법으로는 인접과 반복이 있으며, 이 중에서 인접은 '구성 요소들을 서로 가까이 놓거나 중첩시키는 것'이라고 하였으므로 적절하다.

② 4문단에서 강조의 방법으로는 대비에 의한 강조가 있고, 이는 '형태나 크기, 명암 등의 대비를 통해 특정 부분을 부각시키는 것'이라고 하였으므로 적절하다.

③ 3문단에서 화가는 단조로움을 피하기 위해 강조의 원리를 사용한다고 했으며, 4문단에서 '분리에 의한 강조는 어떤 대상이 다른 대상들과 떨어져 있음으로써 부각되는 것'이라고 하였으므로 적절하다.

⑤ 1문단에서 '화가는 작품을 창작할 때 자신의 의도를 살려내기 위해 다양한 조형의 원리를 사용'한다고 했으며, ㉮와 ㉯에 쓰인 인접과 분리의 방법 등은 조형의 원리에 해당하므로 적절하다.

03
정답⑤

(가)에서는 수술을 지켜보는 의대생들을, (나)에서는 바위들을 가깝게 혹은 겹치게 배치한 것은 인접의 방법으로 통일성을 주기 위한 것이나. 그런데 2문단에서 통일성이 지나치면 감상자의 입장에서 그 작품은 답답하고 밋밋하게 느껴질 수 있다고 하였으므로, 인접이나 반복의 방법은 답답함의 해소와는 관련이 없다.

오답 피하기

① 4문단에서 '분리에 의한 강조는 어떤 대상이 다른 대상들과 떨어져 있음으로써 부각되는 것'이라고 하였으므로 적절하다.

② 4문단에서 '화가는 감상자의 시선이 군집으로 이어질 수 있도록 군집과 독립된 대상을 하나의 선으로 묶는 등의 방법을 활용'한다고 하였으므로 적절하다.

③ 2문단에서 통일성을 부여하는 대표적인 방법으로는 인접과 반복이 있으며, 이 중에서 반복은 '여러 부분을 서로 연결시키기 위해 어떤 요소를 계속해서 반복시키는 것'이라고 하였으므로 적절하다.

④ 4문단에서 일반적으로 사용되는 강조의 방법으로는 대비에 의한 강조가 있고, 이는 '형태나 크기, 명암 등의 대비를 통해 특정 부분을 부각시키는 것'이라고 하였으므로 적절하다.

04
정답②

㉠의 앞에 나오는 '강조의 대상이 작품 속에서 조화를 이루어야 한다'는 내용과 ㉠의 뒤에 나오는 '어떤 대상을 부각하려 할 때는 다른 요소와의 연관성을 고려해야 한다'는 내용을 감안할 때, 문맥상 ㉠에는 ②와 같은 내용이 들어가는 것이 적절하다.

마테존의 음악수사학

지문 해결 전략
이 글은 언어의 기술인 수사학을 음악에 적용한 바로크 시대의 음악
수사학에 대해 설명하고 있다. 음악수사학을 체계화한 마테존은 청
중에게 감정을 효과적으로 전달하기 위해 음형을 사용하였다. 마테
존은 음형을 선율 음형과 장식 음형으로 나누었는데, 선율 음형에는
아나포라, 영탄법, 멈춤 등이 있고, 장식 음형에는 악센트, 트릴, 트
레몰로 등이 있다. 이렇게 마테존에 의해 체계화된 음형은 기악의 표
현력을 강화하여 기악이 성악과 대등한 위치에 서는 데에 기여하였
다. 이 글은 음형과 관련된 다양한 용어가 등장하므로 음형의 종류와
각 음형의 특징을 정리하며 독해해야 한다.

문단별 중심 내용
1문단: 음악수사학의 태동 배경과 마테존의 음악수사학
2문단: 마테존의 음형 분류
3문단: 선율 음형의 종류와 특징
4문단: 장식 음형의 종류와 특징
5문단: 음악수사학의 의의

주제
마테존이 체계화한 음악수사학의 특징과 의의

독해 훈련 문제

> **1** 음형 **2** 선율 음형, 장식 음형 **3** 영탄법, 멈춤 **4** 아나포라
> **5** 트릴 **6** 감정의 표현과 밀접한 관련이 있기 때문에 **7** 기악이
> 성악과 대등한 위치에 서는 데 기여함

| **01** ④ | **02** ⑤ | **03** ④ | **04** ① | **05** ③ |

01
정답 ④

(라)에서 '장식 음형은 연주자가 실제 연주 과정에서 필요에 따라 임의
로 다른 음을 넣어서 연주하면서 구현되는 것'으로, 장식 음형에는 '악
센트', '트릴', '트레몰로'가 있다고 하였다. 따라서 '악센트'는 장식 음
형에 해당하므로, 작곡가가 작곡 과정에서 선택하는 음형이 아니라
연주자가 연주하는 과정에서 선택하는 음형에 해당한다.

오답 피하기
① (가)의 '음악수사학이 도입된 초창기에는 가사를 위주로 작곡을 하여'에서
　확인할 수 있다.
② (가)의 '마테존은 청중에게 감정을 효과적으로 전달하기 위해 음형의 사용
　을 강조'에서 확인할 수 있다.
③ (마)의 '마테존이 체계화한 음형은 기악의 표현력을 강화하여 기악이 성악
　과 대등한 위치에 서는 데 큰 역할을 하였다'에서 확인할 수 있다.
⑤ (마)의 '18세기 말부터 음악수사학에 대한 관심은 점차 줄어들게 되었지만,
　음악수사학자들이 체계화한 음형은 오늘날까지 음악에 대한 상식으로 남
　아 있다'에서 확인할 수 있다.

02
정답 ⑤

〈보기〉의 ㉤을 ⑤와 같이 '8분음표 두 개로 나누되, 첫 번째 음은 그대
로 두 번째 음은 높게 연주'한다면, 이는 '악센트'에 해당한다. 따라서
이를 음이 짧게 끊어지는 '멈춤'이라고 이해한 것은 적절하지 않다. 또
한 '악센트'는 연주 과정에서 결정되는 장식 음형에 해당하고 '멈춤'은
작곡 과정에서 적용하는 선율 음형에 해당하므로, ⑤의 '첫 번째 음은
그대로 두 번째 음은 높게 연주한다면'과 '음이 짧게 끊어지므로'는 내
용상 서로 호응하지도 않는다.

오답 피하기
① ㉠은 일정 구절의 앞부분을 반복하는 '아나포라'에 해당한다.
② 4분음표 하나로 이루어진 ㉡을 32분음표 8개로 나누어 빠르게 연주한다
　면, 음을 빨리 되풀이하여 연주하는 '트레몰로'에 해당한다.
③ 4분음표 하나로 이루어진 ㉢을 32분음표 8개로 나누어 '시'와 '도'로 전환
　해 빠르게 연주한다면, 인접한 두 음을 빠르게 전환하는 '트릴'에 해당한다.
④ ㉣은 두 음 사이의 거리가 멀기 때문에, 두 음 사이의 도약을 통해 감탄을
　표현하는 '영탄법'에 해당한다.

03
정답 ④

(라)는 장식 음형의 개념을 설명하고, 장식 음형의 종류인 악센트, 트
릴, 트레몰로의 특징을 서술하고 있다. 하지만 비유의 방법을 사용하
고 있지는 않다.

04
정답 ①

마테존이 음형의 사용을 강조한 것은 맞지만, 장식 음형보다 선율 음
형을 중시했는지는 이 글에서 확인할 수 없다.

05
정답 ③

ⓒ는 음 앞에 낮은 음이 첨가되어 있으므로, 강조하고자 하는 음의 앞
이나 뒤에 높거나 낮은 음을 첨가하는 '악센트'에 해당한다. '트레몰로'
는 한 음이나 여러 개의 음을 빨리 되풀이하여 연주하는 방식이다.

오답 피하기
① ⓐ는 일정 구절의 앞부분이 반복되고 있으므로 '아나포라'에 해당한다. 아
　나포라는 작곡가가 전달하려는 감정을 강조하기 위해 사용하는 선율 음
　형이다.
② ⓑ는 두 음 사이에 도약이 나타나고 있으므로 '영탄법'에 해당한다. 영탄
　법은 두 음 사이의 도약을 통해 감탄을 표현하는 선율 음형이다.
④ ⓐ와 같은 '아나포라'는 단어 차원의 수사학에 근거한 선율 음형이며, ⓑ와
　같은 '영탄법'은 문장 차원의 수사학에 근거한 선율 음형이다.
⑤ 2문단을 통해 선율 음형은 단어 및 문장 차원에서의 수사법을 작곡 과정
　에 적용한 음형이고, 장식 음형은 악곡을 실제 연주할 때 연주자의 재량
　에 의해 결정되는 음형임을 알 수 있다.

---

07 실전 문제

p. 78~79

불확정성을 추구하는 '우연성 음악'

지문 해결 전략
이 글은 서양 음악의 전통적 통념에서 벗어나 작곡이나 연주 과정에
우연성을 도입함으로써 불확정성을 추구하는 '우연성 음악'에 대해
설명하고 있다. 케이지는 작곡에서 인위적인 요소들을 제거하면 소
리가 자연스럽게 구성될 수 있다고 생각하여, 동전이나 주사위를 던
져 세부적인 요소들을 결정하는 방법을 사용하였다. 또 슈톡하우젠
은 음악적 요소들의 관계에서 가변성이 형성될 때 다양한 음악적 표
현이 가능하다고 생각하여, 단편적인 여러 악구만 제시하고 연주자
가 이를 임의로 조합해 연주하게 하는 방법을 사용하였다. 이러한 우
연성 음악은 음악을 바라보는 고정 관념에서 벗어나 음악의 지평을
넓혔다는 평가를 받았다. 이 글은 케이지와 슈톡하우젠이 어떤 방법
을 사용하여 우연성 음악을 구현했는지를 파악하며 독해해야 한다.

문단별 중심 내용
1문단: 우연성 음악의 개념과 대표적 음악가

2문단: 케이지의 우연성 음악
3문단: 케이지의 우연성 음악의 예
4문단: 슈톡하우젠의 우연성 음악
5문단: 슈톡하우젠의 우연성 음악의 예
6문단: 우연성 음악의 의의

주제
우연성 음악의 특징과 의의

독해 훈련 문제

> **1** 불확정성 **2** 동전이나 주사위를 던짐 **3** 음의 고저와 장단, 음가 등의 세부적인 요소를 **4** 단편적인 여러 악구만 제시하고 연주자가 이를 임의로 조합해 연주하게 함 **5** 해당 악구 앞부분의 괄호 안에 적힌 옥타브 변경 지시에 따라 연주함 **6** 어느 한 악구를 세 번째로 연주했을 때 **7** 음악을 바라보는 고정 관념에서 벗어나 음악의 지평을 넓힘

---

01 ②　**02** ③　**03** ④　**04** ⑤

01
정답②

〈보기〉의 〈4분 33초〉는 우연성 음악의 대표적 작품이다. 1문단에서 우연성 음악은 '작곡이나 연주 과정에 우연성을 도입함으로써 불확정성을 추구하는 음악'이라고 하였다. 따라서 〈보기〉의 작품이 불확정성을 추구하기 위해 연주 과정에 우연성을 도입했다는 설명은 적절하다.

02
정답③

[가]에서 임의로 선택한 다른 악구로 이동하여 연주할 때는, 바로 직전 악구의 지시어대로 연주해야 한다고 하였다. 따라서 해당 악구에 적혀 있는 지시어대로 연주해야 한다는 ③의 반응은 적절하지 않다.

오답 피하기
① [가]에서 '각 악구의 끝에는 박자, 빠르기, 음의 세기 등과 같은 지시어가 적혀 있다'고 하였으므로 적절하다.
② [가]에서 '연주자는 악구 중 하나를 선택하여 자신이 생각한 박자, 빠르기, 음의 세기로 연주를 시작'한다고 하였으므로 적질하나.
④ [가]에서 '동일한 악구를 두 번째로 다시 연주할 때에는 해당 악구 앞부분의 괄호 안에 적힌 옥타브 변경 지시에 따라 연주'한다고 하였으므로 적절하다.
⑤ [가]에서 '어느 한 악구를 세 번째로 연주하게 되면 끝난다'고 하였으므로, 동일한 악구를 세 번째로 연주하면 전체 연주가 종료된다는 것을 알 수 있다.

03
정답④

1문단에서 우연성 음악은 서양 음악의 전통적 통념에서 벗어나 우연성을 도입함으로써 불확정성을 추구했다고 했는데, 이는 음악의 창작과 실현에서 발상을 전환한 것으로 볼 수 있다. 또 6문단에서 이러한 우연성 음악은 음악을 바라보는 고정 관념에서 벗어나 음악의 지평을 넓혀 주었다고 했는데, 이는 우연성 음악이 추구한 불확정성이 음악의 중요한 요소가 될 수 있음을 보여 준 것이라고 할 수 있다.

04
정답⑤

[가]에서 '동일한 악구를 두 번째로 다시 연주할 때에는 해당 악구 앞부분의 괄호 안에 적힌 옥타브 변경 지시에 따라 연주'한다고 하였다. 그런데 악구 E는 한 번만 연주되고 있으므로, 연주 과정에서 옥타브가 변경되지 않는다.

오답 피하기
① [가]에서 '다음 악구는 바로 직전 악구의 지시어대로 연주'해야 한다고 하였다. 악구 A는 악구 B와 D 이후에 연주되고 있는데, 악구 B와 D는 모두 다음에 연주되는 악구를 '2/4박자'로 연주할 것을 지시하고 있다.
② 두 번째로 연주되는 악구 B와 악구 D는 모두 악구 C 이후에 연주되고 있는데, 악구 C는 다음에 연주되는 악구를 '모든 박 악센트'로 연주할 것을 지시하고 있다.
③ 첫 번째 악구 C는 악구 E 이후에 연주되고, 두 번째 악구 C는 악구 A 이후에 연주되고 있다. 악구 E는 다음에 연주되는 악구를 '보통 빠르기'로, 악구 A는 다음에 연주되는 악구를 '느리게'로 연주할 것을 지시하고 있다.
④ [가]에서 '어느 한 악구를 세 번째로 연주하게 되면 끝난다'고 하였다. 〈보기〉에서 악구 A가 세 번 연주되어 곡이 끝났음을 알 수 있는데, 만일 악구 C를 선택한다고 해도 세 번 연주되는 것이기 때문에 연주는 끝날 것이다.

---

08 실전 문제

p. 80~81

휜 나무를 사용한 한국 전통 건축

지문 해결 전략
이 글은 한국 전통 건축의 친자연적 특성을 휜 나무의 사용을 통해 설명하고 있다. 하회 마을 병산 서원에 있는 만대루는 기둥과 대들보에 휜 나무를 사용하여 자연 재료의 아름다움과 가치를 드러내고 있다. 또 개심사의 범종각은 누각을 이루는 기둥 네 개에 모두 휜 나무를 사용하여 율동감을 주면서 자연의 모습을 따르는 것이 이상적 가치라는 사실을 알려 준다. 이와 같은 만대루와 개심사의 휜 기둥은 모양에 상관없이 기둥의 역할을 충분히 해낼 수 있다는 선인들의 믿음과 평등 의식을 깨닫게 한다. 이 글은 만대루와 개심사 범종각의 사례에서 알 수 있는 한국 전통 건축의 친자연적 특성을 정리하며 독해해야 한다.

문단별 중심 내용
1문단: 한국 전통 건축의 친자연적 성격을 보여 주는 '휜 나무'의 사용
2문단: 휜 나무를 사용한 건축의 예 ① – 만대루
3문단: 휜 나무를 사용한 건축의 예 ② – 개심사 범종각
4문단: 만대루와 개심사의 휜 기둥이 주는 교훈

주제
휜 나무의 사용을 통해 알아보는 한국 전통 건축의 친자연적 특성

독해 훈련 문제

> **1** 친자연적 **2** 하단 부분에서는 기둥 역할을 하고, 상단 부분에서는 대들보 역할을 함 **3** 곧은 기둥이나 휜 기둥들이 과하지도 모자라지도 않게 사용되었기 때문에 **4** 누각을 이루는 기둥 **5** 건축물에 율동감을 줌, 자연적인 상태를 받아들이고 더 이상의 치장은 욕심이며 불필요한 것임을 깨닫게 하는 정신적 경계의 역할을 함 **6** 나무의 모양에 상관없이 그 자체로 기둥의 역할을 충분히 해낼 수 있다는 믿음과 평등 의식

---

01 ④　**02** ②　**03** ④　**04** ②　**05** ④

01
정답④

3문단에서 범종각은 금방이라도 쓰러질 듯 보이기는 하지만, '곧은 나무를 사용한 누각과 다르지 않게 널따란 지붕을 거뜬히 잘 받치며 오랫동안 잘 유지되어 왔다'고 하였다. 따라서 곧은 나무를 사용한 건축물과 달리 오랫동안 유지되고 있다는 것은 이 글의 내용과 일치하지

않는다.

오답 피하기

① 1문단에서 한국 전통 건축의 특징 중 하나는 친자연적이라는 것인데, 이는 '자연적인 재료의 가공을 최소화하여 있는 그대로 사용'하는 것으로 나타난다고 하였으므로 적절하다.

② 2문단에서 '만대루에는 휜 나무가 누각의 1층에 해당하는 하단 부분에서는 기둥으로, 2층에 해당하는 상단부에서는 보로 사용되었다'고 하였으므로 적절하다.

③ 3문단에서 '개심사 범종각의 휜 기둥은 건축물에 율동감을 주면서, 동시에 자연적인 상태를 받아들이고 더 이상의 치장은 욕심이며 불필요한 것임을 깨닫게 하는 정신적 경계의 역할'을 하고 있다고 하였으므로 적절하다.

⑤ 4문단에서 휜 기둥을 통해 '곧은 나무든 휘어진 나무든 모양에 상관없이 그 자체로 기둥의 역할을 충분히 해낼 수 있다는 선인들의 믿음과 평등 의식을 깨닫게 된다'고 하였으므로 적절하다.

02
정답 ②

이 글은 자연적인 재료의 가공을 최소화한 ㉮를 한국 전통 건축의 특징으로 꼽고 있고, 〈보기〉는 보편적인 대칭 구도에서 벗어난 Ⓐ를 한국 전통 건축의 특징으로 꼽고 있다. 따라서 ㉮는 Ⓐ와 달리 재료의 가공 여부에 주목하고 있다고 볼 수 있다.

오답 피하기

① ㉮와 Ⓐ는 모두 한국 전통 건축의 친자연적 성격을 드러내는 것이다.

③ Ⓐ와 ㉮를 규모의 측면에서 비교할 수 있는 정보는 제시되어 있지 않다. 1문단에서 휜 나무는 궁궐에서부터 민가, 불교 건축에서 유교 건축에 이르기까지 두루 사용되었다고 하였고, 〈보기〉에서 비대칭 구도 역시 궁궐, 서원, 향교, 한옥 등 여러 건축물에 활용되었다고 하였다.

④ Ⓐ와 ㉮ 모두 현대 건축에서의 계승에 대한 내용은 이 글과 〈보기〉에서 확인할 수 없다.

⑤ 이 글에서 ㉮를 사용한 건축물은 곧은 나무를 사용한 건축물과 다르지 않게 안정감이 뛰어나다고 하였고, 〈보기〉에서 Ⓐ를 이용한 건축물을 보았을 때 균형감을 느낄 수 있다고는 했지만, ㉮와 Ⓐ를 안정감과 균형감의 측면에서 비교할 수는 없다.

03
정답 ④

2문단에서 '휜 나무가 기둥과 대들보로 사용되고 있어서 안정감을 위해 나무를 덧대거나 추가적인 구조물을 설치했을 것 같지만, 만대루에는 곧은 기둥이나 휜 기둥들이 과하지도 모자라지도 않게 사용되어 구조적인 안정성'을 갖추고 있다고 하였다. 따라서 만대루에 안정성을 강화하기 위해 휜 기둥이 사용되었다는 설명은 적절하지 않다.

04
정답 ②

이 글의 만대루와 개심사 범종각은 자연을 있는 그대로 받아들이려는 가치관에 따라 휜 기둥을 그대로 사용한 것이지만, 〈보기〉의 건물은 정형성을 강조하는 기존의 건축 경향을 비판하기 위해 의도적으로 기둥을 휘게 만든 것이다.

오답 피하기

① 불교 건축물인 범종각은 종교적 가치를 담고 있을 것이라고 추측할 수도 있지만, 〈보기〉의 건물은 종교적 가치를 담고 있지 않다.

③ 현실에 대한 비판적 의도가 담겨 있는 것은 〈보기〉의 건물이다.

④ 〈보기〉의 건물과 휜 기둥은 모두 비정형적인 특징이 나타난다.

⑤ 〈보기〉의 건물과 휜 기둥은 모두 기존의 건축 경향에 대한 발전적 대안과는 관련이 없다.

05
정답 ④

'부과하다'는 '일정한 책임이나 일을 분담하여 맡게 하다'라는 뜻으로 ㉣과 바꿔 쓰기에 적절하지 않다. ㉣은 '부여(附與)하다' 정도로 바꿔 쓰는 것이 적절하다.

⑩9 실전 문제

p. 82~83

로마네스크 양식과 고딕 양식

지문 해결 전략

이 글은 중세 시대의 대표적 건축 양식인 로마네스크 양식과 고딕 양식의 특징에 대해 설명하고 있다. 로마네스크 양식은 석재로 만든 둥근 아치 형태의 천장과 이를 지탱하기 위한 두꺼운 벽으로 이루어져 내부 공간이 어두웠으며, 이러한 어두움은 성당의 엄숙한 분위기를 자아내었다. 로마네스크 양식이 변형을 거쳐 발전한 고딕 양식은 뾰족하게 솟아오른 형태의 천장과 커다란 창, 다채로운 색채의 스테인드글라스 시공을 통해 많은 빛을 받아들여 신비감을 부각하였다. 이러한 건축 양식에는 결국 초월적 세계에 대한 중세 사람들의 종교적 열망이 반영되어 있다. 이 글은 로마네스크 양식과 고딕 양식의 구체적인 특징을 하나하나 정리하며 독해해야 한다.

문단별 중심 내용

1문단: 로마네스크 양식의 특징
2문단: 고딕 양식의 등장 배경
3문단: 고딕 양식의 특징
4문단: 중세 사람들의 종교적 열망을 담아낸 로마네스크 양식과 고딕 양식

주제

로마네스크 양식과 고딕 양식의 특징

독해 훈련 문제

> **1** 농촌 지역 **2** 벽과 천장의 무게로 인해 창을 크게 만들기 어려웠기 때문에 **3** 신비한 빛으로 가득 찬 성당 **4** 성당의 벽을 바깥에서 떠받쳐 높아진 건물을 지탱하게 함 **5** 벽 옆면에 길고 큰 창인 클리어스토리를 뚫었기 때문에 **6** 십자군 전쟁이 발발해 어수선한 사회 분위기 속에서 각지의 수도원으로 순례객이 모여듦 **7** 농촌에서 도시로 삶의 터전을 옮긴 이주민들이 혼란과 불안을 경험함

---

01 ④ **02** ④ **03** ⑤ **04** ① **05** ①

01
정답 ④

1문단에서 로마네스크 양식의 내부 공간은 어두워 엄숙한 분위기를 자아냈다고 했으며, 3문단에서 고딕 양식의 클리어스토리에 시공된 스테인드글라스는 빛을 굴절 투과시켜 신비감을 부각했다고 하였다. 따라서 ④의 ㉮와 ㉯에 대한 설명은 서로 내용이 뒤바뀌어 있다.

오답 피하기

① 1문단에서 로마네스크 양식의 천장 형태를, 3문단에서 고딕 양식의 천장 형태를 확인할 수 있다.

② 1문단에서 로마네스크 양식의 성당이 주로 세워진 지역을, 4문단에서 고딕 양식의 성당이 주로 세워진 지역을 확인할 수 있다.

③ 4문단에서 로마네스크 양식과 고딕 양식이 탄생한 시대적 배경과 당시 사람들의 소망을 확인할 수 있다.

⑤ 1문단에서 로마네스크 양식의 천장을 지탱하기 위한 건축 형태를, 3문단에서 고딕 양식의 천장과 벽을 지탱하기 위한 건축 형태를 확인할 수 있다.

02
정답 ④

이 글의 4문단에서 로마네스크 시대의 사람들은 웅장하게 지어진 성당에서 신의 권위와 장엄함을 느꼈다고 하였다. 반면 〈보기〉에서 르네상스 시대의 사람들은 우주나 자연의 규칙적인 형태가 신의 세계를 대변한다고 생각했기 때문에 규칙적인 기하학을 바탕으로 건축물을 만들었다고 하였다. 즉 르네상스 성당은 로마네스크 성당에 비해 초월적 세계의 모습을 규칙적인 형태에서 찾으려 한 것이다.

오답 피하기
① 1문단에서 로마네스크 성당의 천장은 둥근 아치 형태라고 했지만, 〈보기〉에서 르네상스 성당의 천장 형태는 언급하지 않았다.
② 3문단에서 고딕 성당은 '포인티드 아치'의 형태로 로마네스크 성당보다 더 높게 지었다고 했지만, 〈보기〉에서 르네상스 성당의 높이는 언급하지 않았다.
③ 〈보기〉에서 르네상스 성당은 규칙적인 기하학을 바탕으로 만들었다고 했지만, 4문단에서 고딕 성당은 비례의 법칙을 거슬렀다고 했으므로 기하학적 법칙을 고려했다고 볼 수 없다.
⑤ 로마네스크 성당, 고딕 성당, 르네상스 성당에는 모두 신에게 더욱 가까이 가고자 하는 열망이 담겨 있다고 볼 수 있지만, 고통스러운 현실을 개혁하고자 하는 열망이 담겨 있다고 볼 수는 없다.

03
정답 ⑤

3문단에 따르면, '플라잉 버트레스'는 성당의 벽을 바깥에서 떠받치기 위해 만들어 높아진 건물을 지탱하게 한 것이다. 따라서 빛의 양을 조절해 엄숙한 분위기를 자아내는 것과는 관련이 없다.

04
정답 ①

4문단에서 '고딕 시대의 이주민들은, 비례의 법칙을 거스르며 하늘 높이 수직으로 솟아올라 빛으로 가득해진 도시의 성당에서 신의 존재를 체험하며 고통스러운 현실을 위무받고자 했다'고 하였고, 〈보기〉에서 '매너리즘은 비례 법칙으로는 혼란한 사회상을 표현할 수 없다고 보고, 르네상스 양식을 거부하며 일탈과 변형을 추구한 것'이라고 하였다. 따라서 ①과 같은 반응은 적절하다.

오답 피하기
② 〈보기〉에 따르면, 매너리즘은 비례 법칙으로는 혼란한 사회상을 표현할 수 없다고 보고 르네상스 양식을 거부하였다.
③ 3문단에 따르면, 고딕 성당은 로마네스크 성당에서 사용되던 둥근 아치형의 천장을 뾰족하게 솟아오른 형태로 고안해 내어 로마네스크 성당보다 높게 지었다.
④ 〈보기〉에 따르면, 매너리즘 건축이 기둥을 애매한 간격으로 세운 것은 르네상스 양식을 거부하며 일탈과 변형을 추구했기 때문이다.
⑤ 4문단과 〈보기〉에 따르면, 고딕 성당은 비례의 법칙을 거슬렀으며, 매너리즘 건축물은 일탈과 변형을 추구하여 크기, 형태 등에서 규칙적이지 않았다.

05
정답 ①

ⓐ의 '입증'은 '어떤 증거 따위를 내세워 증명함'이라는 뜻이다. '옳고 그름을 이유를 들어 밝힘'의 뜻을 가지고 있는 것은 '논증'이다.

10 실전 문제

p. 84~85

영화의 '시퀀스'에 대한 이해

지문 해결 전략
이 글은 영화의 서사 구조와 감독의 개성을 효과적으로 파악할 수 있게 도와주는 시퀀스에 대해 설명하고 있다. 시퀀스는 여러 개의 씬이 연결되어 영화의 전체 흐름 속에서 비교적 독립적인 의미를 지니는 것으로, 씬을 제시하는 방법에 따라 '에피소드 시퀀스'와 '병행 시퀀스'로 구분할 수 있다. 이러한 시퀀스는 디졸브 등의 기법을 사용해 자연스럽게 연결하기도 하지만, 시퀀스의 끝부분에 시공간이 완전히 다른 이미지를 연결하는 등의 방법으로 부자연스럽게 연결하기도 한다. 또 시퀀스의 길이, 각 시퀀스에서의 의미 완결 여부도 영화의 서사 구조에 영향을 미친다. 이 글은 다양한 측면에서 영화의 시퀀스에 대해 살펴보고 있으므로, 세부 항목별로 시퀀스의 특징을 정리하며 독해해야 한다.

문단별 중심 내용
1문단: 시퀀스를 구성하는 요소와 개념
2문단: 시퀀스의 종류 ① – 에피소드 시퀀스
3문단: 시퀀스의 종류 ② – 병행 시퀀스
4문단: 시퀀스의 연결 방법과 효과
5문단: 시퀀스의 길이에 따른 특징
6문단: 시퀀스 분석의 의의

주제
시퀀스의 개념과 종류 및 특징

독해 훈련 문제

> **1** 시퀀스 **2** 짧은 장면을 연결하여 긴 시간의 흐름을 간단하게 보여 주는 것 **3** 같은 시간, 다른 공간에서 일어나는 둘 이상의 별개 사건이 교대로 전개되는 것 **4** 관객들이 사건의 전개 과정을 쉽게 파악하고, 다음에 이어질 장면을 예상하는 데 도움을 줌 **5** 관객들에게 낯선 느낌을 주고 의아함을 불러일으켜 시퀀스 연결 속에 숨은 의도나 구조를 생각하게 함 **6** 느린 템포로 사건이 진행되어 서사적 이야기 구조를 안정되게 제시하는 데 적합함 **7** 영화의 서사 구조와 감독의 개성을 효과적으로 파악할 수 있음

---

01 ①　　**02** ⑤　　**03** ④　　**04** ③

01
정답 ①

(가)와 (나)는 같은 시간 다른 공간에서 일어나는 둘 이상의 별개 사건이 교대로 전개되는 '병행 시퀀스'로 볼 수 있다. 이를 사용한다고 해서, 관객들에게 낯선 느낌을 주어 시퀀스 연결 속에 숨은 의도를 생각하게 하는 '부자연스러운 시퀀스 연결'의 효과를 줄 수는 없다.

오답 피하기
② (가)와 (나)는 하나의 시퀀스로 볼 수 있는데, (나)의 끝에서는 디졸브 기법을 사용하고 있다. 4문단에서 '디졸브 등의 기법을 사용하면 관객들은 하나의 시퀀스가 끝나고 다음 시퀀스가 시작된다는 것을 자연스럽게 알게 된다'고 하였다.
③ (나)의 끝에서 디졸브 기법이 사용되었고, (다)의 앞에서 '3년 전 봄'이라는 시간 표지가 사용된 것으로 보아, (다)는 이전의 시퀀스가 끝나고 새로운 시퀀스가 시작된 것으로 볼 수 있다.
④ (다)~(마)는 짧은 장면들을 연결하여 수허와 연지의 만남에서부터 이별까지의 과정을 요약적으로 제시하고 있다. 2문단에서 '에피소드 시퀀스는 짧은 장면을 연결하여 긴 시간의 흐름을 간단하게 보여 주는 것'이라고 하였다.
⑤ (마)의 끝부분에서는 '맑은 하늘로 군인들의 모자가 치솟는 화면'을 제시

하고 있는데, 이는 (바)에 나오는 수허의 전역식 장면과 연결되는 것이다. 4문단에서 부자연스러운 시퀀스 연결은 '시퀀스의 마지막 부분에 시공간이 완전히 다른 이미지를 연결하여 급작스럽게 시퀀스를 전환'하는 것이라고 하였다.

02
정답 ⑤

4문단에서 부자연스러운 시퀀스 연결은 '시퀀스의 마지막 부분에 시공간이 완전히 다른 이미지를 연결하여 급작스럽게 시퀀스를 전환'하는 것으로, 이는 '관객들에게 낯선 느낌을 주고 의아함을 불러일으켜 시퀀스 연결 속에 숨은 의도나 구조를 생각하게 한다'고 하였다. 따라서 ⑤가 가장 적절한 이해이다.

오답 피하기
① 4문단에서 부자연스러운 시퀀스 연결은 '관객들에게 낯선 느낌을 주고 의아함을 불러일으켜 시퀀스 연결 속에 숨은 의도나 구조를 생각하게 한다'고 하였으므로, ⓒ이 ⑦에 비해 영화를 이해하기 위한 관객의 노력이 더 많이 필요할 것이다.
② 5문단에서 시퀀스의 길이에 따른 영화의 특징을 제시하기는 했지만, 이는 ⑦, ⓒ과 같은 시퀀스의 연결 방법과 관련이 없다.
③ 4문단에서 자연스러운 시퀀스 연결은 '관객들이 사건의 전개 과정을 쉽게 파악하고, 다음에 이어질 장면을 예상하는 데 도움을 준다'고 하였으므로, ⑦이 ⓒ에 비해 사건의 전개 과정을 파악하는 데 유리할 것이다.
④ 4문단에서 디졸브 등의 편집 기법을 활용하는 것은 ⓒ이 아니라 ⑦이라고 했다.

03
정답 ④

이 글은 영화의 시퀀스를 구성하는 요소와 개념(1문단)에 대해 설명한 후, 씬을 제시하는 방법에 따른 시퀀스의 종류(2, 3문단)를 제시하고 있다. 이어 시퀀스의 연결 방법과 효과(4문단), 시퀀스의 길이에 따른 특징(5문단), 시퀀스 분석의 의의(6문단) 등을 설명하고 있다. 하지만 영화의 발전 과정과 시퀀스의 상관관계는 이 글의 내용을 통해 확인할 수 없다.

04
정답 ③

E에 사용된 자막은 D와 E 사건 사이의 시간의 흐름을 보여 주는 표지일 뿐으로, A와 C의 사건에 동시성을 부여하는 것과는 아무 관련이 없다.

오답 피하기
① 3문단에서 병행 시퀀스를 사용하면 '특별한 표지가 없더라도 두 개의 사건에 동시성을 부여하여 시각적으로 통일된 단위로 묶을 수 있다'고 하였다. A와 B는 같은 시간, 다른 공간에서 일어나는 사건이 교대로 전개되는 병행 시퀀스라고 할 수 있다.
② 1문단에서 시퀀스는 '여러 개의 씬이 연결되어 영화의 전체 흐름 속에서 비교적 독립적인 의미를 지니는 것'이라고 하였다. A부터 D까지는 E, F와 구분되는 독립적인 내용을 다루고 있다는 점에서 동일한 시퀀스로 볼 수 있다.
④ 4문단에서 '디졸브 등의 기법을 사용하면 관객들은 하나의 시퀀스가 끝나고 다음 시퀀스가 시작된다는 것을 자연스럽게 알게 된다'고 하였다. D에서 디졸브가 사용되고 E에서 '2년 후'라는 자막이 나오므로, E는 새로운 시퀀스의 시작으로 볼 수 있다.
⑤ 2문단에서 에피소드 시퀀스는 '짧은 장면을 연결하여 긴 시간의 흐름을 간단하게 보여 주는 것'이라고 하였다. E와 F는 '한 달 후'라는 자막과 비슷한 장면의 반복을 통해 시간의 흐름을 짧은 장면으로 보여 주는 에피소드 시퀀스라고 할 수 있다.

p. 86~87

예술성 있는 사진을 추구한 '회화주의 사진'

지문 해결 전략
이 글은 현실의 재현에 머무는 것이 아니라 회화적 표현을 모방하여 예술성 있는 사진을 추구한 회화주의 사진에 대해 소개하고 있다. 회화주의 사진의 대표적인 작품은 스타이컨의 〈빅토르 위고와 생각하는 사람과 함께 있는 로댕〉이다. 스타이컨은 이 작품에서 명암 대비가 뚜렷이 드러나도록 촬영하고 원판을 합성하여 구도를 만들고 특수한 감광액으로 질감에 변화를 주는 등의 기법을 사용하여, 로댕의 작품도 문학 작품과 마찬가지로 창작의 고뇌 속에서 이루어진 것이라는 메시지를 주고 있다. 이를 통해 사진도 회화와 같은 방식으로 창작되고 표현될 수 있는 예술임을 보여 주고자 하였다. 이 글은 사례로 제시된 작품에 쓰인 창작 기법과 작가의 의도를 이해하며 독해해야 한다.

문단별 중심 내용
1문단: 회화주의 사진의 탄생 배경
2문단: 회화주의 사진의 대표작 〈빅토르 위고와 생각하는 사람과 함께 있는 로댕〉 소개
3문단: 작품의 창작 과정과 작품에 담긴 스타이컨의 생각
4문단: 작품에 담긴 메시지
5문단: 스타이컨의 창작 방식과 그 의도

주제
회화주의 사진을 추구했던 스타이컨의 노력

독해 훈련 문제

> **1** 회화적 표현을 모방한 예술성 있는 사진 **2** 〈빅토르 위고〉 **3** 피사체의 질감이 억제되는 감광액을 사용함 **4** 사진이나 조각이 작가의 주관과 감정을 표현할 수 있으며 문학 작품처럼 해석의 대상도 될 수 있음 **5** 로댕의 작품도 문학 작품과 마찬가지로 창작의 고뇌 속에서 이루어진 것임 **6** ① 명암 대비가 뚜렷이 드러나도록 촬영함 ② 원판을 합성하여 구도를 만듦 ③ 특수한 감광액으로 질감에 변화를 줌

01 ②	02 ③	03 ④	04 ④	05 ①

01
정답 ②

2문단에서 스타이컨은 '두 사진의 피사체들이 작가가 의도한 바에 따라 하나의 프레임 속에서 자리 잡을 수 있도록 당시로서는 고난도인 합성 사진 기법을 동원'했다고 하였다. 5문단을 참고할 때 작가인 스타이컨의 의도는 '사진이 회화와 같은 방식으로 창작되고 표현될 수 있는 예술'임을 보여 주는 것이므로, 사실적인 효과를 내고자 했다는 설명은 적절하지 않다.

오답 피하기
① 1. 2문단에서 스타이컨은 기존의 사진에 대한 인식에서 벗어나 회화주의 사진을 추구했다고 하였고, 3문단에서 로댕은 사물의 외형만을 재현하려는 당시 예술계의 경향에서 벗어났다고 하였다. 따라서 두 작가는 모두 당대의 예술적 통념에서 벗어나려 했다고 볼 수 있다.
③ 4문단에서 스타이컨은 '피사체들의 질감이 뚜렷이 살지 않게 처리하여 모든 피사체들이 사람인 듯한 느낌'을 주고자 했다고 하였다.
④ 1문단에서 '사진은 19세기 초까지만 해도 근대 문명이 만들어 낸 기술적 도구이자 현실 재현의 수단으로 인식'되었다고 하였다.
⑤ 4문단에서 원경에 있는 〈빅토르 위고〉의 밝은 모습과 근경에 있는 로댕과 〈생각하는 사람〉의 어두운 모습의 대비는, '로댕의 작품도 문학 작품과 마찬가지로 창작의 고뇌 속에서 이루어진 것이라는 메시지'를 주고 있다고 하였다.

02
정답 ③

이 글의 스타이컨(Ⓐ)이 회화적 표현을 모방하여 예술성 있는 사진을 찍겠다는 회화주의 사진을 추구했다면, 〈보기〉의 스티글리츠(Ⓑ)는 회화적 수법을 부정하며 있는 그대로를 찍겠다는 스트레이트 포토그래피를 추구하였다. 스타이컨이 자신의 의도나 주관에 따라 피사체들을 구성한 것과 달리, 스티글리츠는 대상을 사실적으로 재현하는 데 중점을 두었으므로, ③의 설명이 가장 적절하다.

오답 피하기
① Ⓑ가 광학적인 기능을 회복함으로써 사진 본연의 모습을 되찾아야 한다고 주장하기는 했지만, Ⓐ 역시 명암 대비가 뚜렷이 드러나도록 촬영하고 있으므로 광학적 기능을 부정했다고 볼 수 없다.
② 사진에서 일상적인 모습을 표현하고자 한 것은 Ⓑ이고, 합성 기법 등을 사용해 예술성을 표현하고자 한 것은 Ⓐ이다.
④ Ⓐ와 Ⓑ의 작품에는 모두 명암의 배분과 원근 구성이 나타나 있으며, 메시지를 담아내려 한 것은 Ⓐ에만 해당된다.
⑤ Ⓑ는 일상의 모습을 사실적으로 찍었으며, 연출된 형태로 촬영하여 주관을 드러낸 것은 Ⓐ에만 해당된다.

03
정답 ④

2문단에서 스타이컨은 원경의 대상인 〈빅토르 위고〉를 로댕과 함께 찍었으며, 이것과 청동상 〈생각하는 사람〉을 찍은 사진을 합성하여 하나의 작품으로 만들었다고 하였다. 따라서 원경의 대상을 따로 촬영한 것이 아니며, 인물과 함께 찍은 것은 청동상이 아니라 대리석상인 〈빅토르 위고〉이다.

오답 피하기
① 2문단에서 '두 사진의 피사체들이 작가가 의도한 바에 따라 하나의 프레임 속에서 자리 잡을 수 있도록 당시로서는 고난도인 합성 사진 기법을 동원한 것'이라고 하였다.
② 4문단에서 '원경에서 희고 밝게 빛나는 〈빅토르 위고〉는 근경에 있는 로댕과 〈생각하는 사람〉의 어두운 모습에 대비되어 창조의 영감을 발산하는 모습으로 나타난다'고 하였다.
③ 4문단에서 '로댕은 〈생각하는 사람〉과 마주하여 자신도 〈생각하는 사람〉이 된 양, 같은 자세로 묵상하는 모습을 취하고 있다'고 했으며, 이는 '로댕의 작품도 문학 작품과 마찬가지로 창작의 고뇌 속에서 이루어진 것이라는 메시지'를 주기 위한 것이라고 하였다.
⑤ 4문단에서 '피사체들의 질감이 뚜렷이 살지 않게 처리하여 모든 피사체이 사람인 듯한 느낌을 주고자 하였다'고 하였다.

04
정답 ④

4문단에서 스타이컨의 작품은 '로댕의 작품도 문학 작품과 마찬가지로 창작의 고뇌 속에서 이루어진 것이라는 메시지를 주고 있다'고 하였으므로, ④와 같은 감상은 적절하지 않다.

오답 피하기
① 3문단에서 스타이컨은 '사진이나 조각이 작가의 주관과 감정을 표현'할 수 있다고 보았음을 알 수 있다.
② 5문단에서 스타이컨은 '사진이 회화와 같은 방식으로 창작되고 표현될 수 있는 예술'임을 보여 주고자 했음을 알 수 있다.
③ 4문단에서 '원경에서 희고 밝게 빛나는 〈빅토르 위고〉는 근경에 있는 로댕과 〈생각하는 사람〉의 어두운 모습에 대비되어 창조의 영감을 발산하는 모습'으로 표현되어 있음을 알 수 있다.
⑤ 1문단에서 기술적 도구로서의 사진이라는 인식을 뛰어넘어 예술성 있는 사진을 추구한 것이 회화주의 사진이며, 2문단에서 스타이컨의 작품은 회화주의 사진을 대표하고 있음을 알 수 있다.

05
정답 ①

ⓛ은 '본래 가지고 있던 색깔이나 특징 따위가 그대로 있거나 뚜렷이 나타나다'의 의미로 쓰였다. 이와 문맥적 의미가 가장 가까운 것은 ① 이다.

오답 피하기
② '불 따위가 타거나 비치고 있는 상태에 있다'의 뜻으로 쓰였다.
③ '움직이던 물체가 멈추지 않고 제 기능을 하다'의 뜻으로 쓰였다.
④ '어느 곳에 거주하거나 거처하다'의 뜻으로 쓰였다.
⑤ '어떤 사람과 결혼하여 함께 생활하다'의 뜻으로 쓰였다.

12 실전 문제

p. 88~89

사르트르의 이미지 이론

지문 해결 전략
이 글은 이미지를 불완전하게 지각된 모사물에 불과하다고 보았던 근대 철학자들의 견해에 반박하고 있는 사르트르의 이미지 이론을 소개하고 있다. 사르트르는 현실 세계가 지각과 상상이라는 인식 방법의 차이에 따라 실재 세계와 상상 세계로 나누어진다고 보고, 늘 변할 수밖에 없는 실재 세계와 달리 상상 세계 속에서 형성된 이미지는 변하지 않는다고 하였다. 따라서 사르트르는 실재 세계가 아닌 독립된 상상 세계 속에서 예술을 대해야, 예술가가 나타내고자 했던 이미지를 그대로 전달할 수 있다고 주장하였다. 이 글은 어려운 개념이 많이 포함되어 있으므로, 사르트르의 이미지 이론에서 말하고 있는 핵심 내용을 정확히 이해하며 독해해야 한다.

문단별 중심 내용
1문단: 이미지에 대한 근대 철학자들의 견해에 반박한 사르트르
2문단: 이미지를 실재 세계에서 독립시킨 사르트르
3문단: 사르트르가 규정한 이미지의 특징
4문단: 사르트르의 관점에서 본 예술의 성격

주제
이미지와 예술에 대한 사르트르의 관점

독해 훈련 문제
1 이미지는 불완전하게 지각된 모사물에 불과하기 때문에 **2** 현실 세계를 지각과 상상이라는 서로 다른 방법으로 인식하기 때문에 **3** 공존할 수 없음(동시에 인식할 수 없음) **4** 변하지 않음, 실재 세계의 속성들과 단절되어 상상 세계에서만 나타남 **5** 실재 세계에서 인식되는 대상은 계속 변화하기 때문에 **6** 예술가가 나타내고자 했던 이미지를 그대로 전달할 수 있음

---

01 ④   **02** ④   **03** ①   **04** ②   **05** ②

01
정답 ④

4문단을 통해 사르트르는 실재 세계와 상상 세계를 독립적으로 보고, 상상 세계에서 이미지화해야 예술가가 의도한 만큼 작품을 변하지 않게 구성할 수 있으며, 이때 비로소 예술가가 나타내고자 했던 이미지를 그대로 전달할 수 있다고 보았음을 알 수 있다. 따라서 예술에 대한 사르트르의 관점으로 적절한 것은 ④이다.

오답 피하기
① 2문단에서 사르트르는 실재 세계와 상상 세계는 공존할 수 없다고 하였다.
② 4문단에서 사르트르는 실재 세계에서 인식되는 대상은 계속 변화하기 때문

에 지각에 의한 재현에 어려움이 생기는 것이고, 상상 세계에서 이미지화
해야 작가가 나타내고자 했던 이미지를 그대로 전달할 수 있다고 하였다.

③ 2문단에서 사르트르는 현실 세계를 지각에 의해 인식되는 실재 세계와 상
상에 의해 이미지로 인식되는 상상 세계로 나누고, 이 둘이 동시에 인식
될 수 없다고 하였다. 따라서 실재 세계와는 다른 상상 세계의 이미지를
정확히 지각해야 한다는 진술은 적절하지 않다.

⑤ 4문단에서 사르트르는 변화하는 실재 세계가 아닌 독립된 상상 세계에서
예술을 대해야 한다고 보았으므로, 지각된 실재 세계와 이미지화된 상상
세계를 조화시키는 것은 사르트르의 관점이 될 수 없다.

02
정답 ④

사르트르는 상상에 의해 형성된 이미지는, 지각에 의해 파악되는 실재
세계의 속성들과 단절되어 변하지 않는다고 보고 있다. 반면 〈보기〉의
바슐라르는 상상을 통해 어떤 대상이 또 다른 대상들과 연결됨으로써
그 의미가 확장될 수 있다고 보고 있다. 따라서 바슐라르의 관점을 가
장 잘 반영한 비판은 ④이다.

오답 피하기

① 〈보기〉의 바슐라르나 이 글의 사르트르는 모두 지각과 상상을 서로 다른
영역에 속한 것으로 보고 있다.

② 바슐라르의 견해 중에서 상상이 지각된 대상의 본질을 찾는 과정이라는
내용은 언급되어 있지 않다.

③ 바슐라르는 특정 대상을 바라보고 그 대상의 존재를 인식하는 것이 지각
이라고 했을 뿐, 지각이 상상으로 연결된다는 언급은 나타나 있지 않다.

⑤ 바슐라르의 견해는 대상과의 교감을 통해 상상이 확장될 수 있다는 것이
지, 교감된 대상의 가치를 찾자고 하는 것은 아니다.

03
정답 ①

㉠의 '여기다'는 '마음속으로 그러하다고 인정하거나 생각하다'의 뜻으
로, '상태, 모양, 성질 따위가 그와 같다고 여기다'의 뜻인 '간주하다'와
바꿔 쓸 수 있다.

04
정답 ②

4문단에서 사르트르는 실재 세계에서 인식되는 대상은 계속 변화하
기 때문에 지각에 의한 재현에는 어려움이 생길 수밖에 없으며, 상상
세계에서 이미지화해야 예술가가 나타내고자 했던 이미지를 그대로
전달할 수 있다고 하였다. 따라서 변화하는 실재 세계를 지각하려고
고민했다는 것은 '사르트르'의 관점에서 〈보기〉의 작품을 감상한 것이
아니다.

오답 피하기

① 4문단에서 상상 세계에서 이미지화해야 의도한 만큼 작품을 변하지 않게
구성할 수 있다고 하였다.

③ 인간을 실제와 다르게 단순하게 조각한 것은, 현실 세계를 지각이라는 인
식 방법을 통해 인식하지 않고 상상이라는 인식 방법을 통해 이미지로 인
식했기 때문에 가능한 것이다.

④ 3문단에서 이미지는 실재 세계의 속성들과 단절되어 상상 세계에서만 나
타난다고 하였다.

⑤ 3문단에서 이미지는 우리가 의도한 만큼만 구성되기 때문에 변하지 않는
다고 하였다.

05
정답 ②

2문단에서 '사르트르는 현실 세계가 우리의 의식이 지향하는 바에 따
라 실재 세계와 상상 세계로 나누어지며 이 둘이 동시에 인식될 수 없
다'고 하였으므로, ②가 ⓐ의 이유로 적절하다.

단순함과 간결함을 추구하는 '미니멀리즘'

지문 해결 전략

이 글은 간결하고 절제된 표현 기법으로 대상의 본질을 표현하고자
하는 미니멀리즘에 대해 설명하고 있다. 미니멀리즘은 예술 표현이
단순할수록 현실 세계를 더 쉽게 표현할 수 있다는 단순성의 원리와,
인간의 지각은 총체적으로 이해된다는 확장성의 원리를 바탕으로 한
다. 매개의 최소화를 통한 단순성의 원리가 구현된 미니멀리즘 조형
물은 감상자로 하여금 오히려 더 많은 대상을 떠올릴 수 있게 한다.
또 기하 추상에 의한 확장성의 원리가 구현된 미니멀리즘 조형물은
작품이 놓인 배경에까지 공간 체험을 확대하여 예술적 환경에 대한
새로운 경험을 할 수 있게 한다. 이 글은 미니멀리즘의 두 가지 원리
를 이해하고, 실제 작품에 적용할 것을 염두에 두면서 독해해야 한다.

문단별 중심 내용

1문단: 미니멀리즘의 예술적 경향
2문단: 미니멀리즘의 토대가 되는 단순성의 원리와 확장성의 원리
3문단: 미니멀리즘 조형물의 특징 ① - 매개의 최소화를 통한 단순
성의 원리
4문단: 미니멀리즘 조형물의 특징 ② - 기하 추상에 의한 확장성의
원리

주제

미니멀리즘에서 나타나는 단순성의 원리와 확장성의 원리

독해 훈련 문제

> 1 간결하고 절제된 표현 기법으로 대상의 본질을 표현하려는
> 예술적 경향 2 단순성의 원리, 확장성의 원리 3 작품 표현에
> 사용되는 매개 요소를 변형하거나 가공하지 않고 원재료에 가
> 깝게 사용하는 것 4 감상자가 떠올릴 수 있는 대상은 오히려
> 더 많아지고, 감상자의 마음속에 잠재하고 있는 이미지를 보
> 편적 형상으로 떠올리기가 더 쉬워짐 5 작품을 그 작품이 놓
> 인 공간의 관련성 속에서 감상하게 함 6 조형물이 놓인 배경
> 에까지 공간 체험을 확대하여 예술적 환경에 대한 새로운 경
> 험을 하게 됨

01 ②   02 ②   03 ④   04 ①

01
정답 ②

2문단에서 미니멀리즘은 건축에서는 단순한 색채 및 재료의 사용과
기하학적 구성으로 나타나는데, 이는 예술 표현이 단순할수록 현실
세계를 더 쉽게 표현할 수 있다는 단순성의 원리에 바탕을 두고 있다
고 하였다. 따라서 미니멀리즘 건축은 기하학적 구성을 통해 현실 세
계를 더 쉽게 표현한 것이라고 이해할 수 있다.

오답 피하기

① 1문단에서 전쟁 이후 불안이나 소외 등의 정서를 과도하게 표현하려는 예
술적 경향과 달리, 미니멀리즘은 간결하고 절제된 기법으로 본질을 표현
하려는 예술적 경향이라고 하였다.

③ 4문단에서 '작품이 놓인 공간은 감상자로 하여금 작품을 그 작품이 놓인
공간의 관련성 속에서 감상하게 한다'고 하였으므로, 미니멀리즘 조형물
이 놓인 공간이 독립적 의미를 지닌다는 설명은 적절하지 않다.

④ 3문단에서 '매개 요소가 최소화되면 감상자가 떠올릴 수 있는 대상은 오
히려 더 많아'진다고 하였으므로, 감상의 폭이 제한된다는 설명은 적절하
지 않다.

⑤ 미니멀리즘은 매개 요소를 변형하거나 가공하지 않고 원재료에 가깝게
사용하는 것이다. 3문단에서 매개 요소를 변형하는 것이 아니라, 작품에

사용되는 매개가 적고 단순할수록 감상자의 인식 속의 보편적 형상과 일치기기가 더 쉽다고 하였다.

02
정답 ①

4문단에서 미니멀리즘 조형물을 감상하는 사람은 '그것을 인지함과 동시에 작품 주위의 배경으로까지 시선이 이동되어 감상이 확대'된다고 하였다. 따라서 감상자는 벽돌과 그 벽돌이 놓인 주위의 공간을 총체적으로 감상하게 되는 것이지, 벽돌로 시선이 고정되는 것은 아니다.

오답 피하기

② 3문단에서 '매개 요소가 최소화되면 감상자가 떠올릴 수 있는 대상은 오히려 더 많아'진다고 하였다.

③ 4문단에서 작품이 놓인 공간과 감상자가 서 있는 장소는 '예술적 감상을 위한 총체적 공간'이 되며, '조형물이 놓인 배경에까지 공간 체험을 확대하여 예술적 환경에 대한 새로운 경험'을 하게 된다고 하였다.

④ 3문단에서 작품에 사용되는 매개가 단순하면 '감상자의 인식 속의 보편적 형상과 일치시키기가 더 쉽다'고 하였다.

⑤ 1문단에서 미니멀리즘은 '간결하고 절제된 표현 기법으로 대상의 본질을 표현하려는 예술적 경향'이라고 하였다.

03
정답 ④

3문단의 단순성의 원리에 대한 설명에서 '작품에서 매개 요소가 최소화되면 감상자가 떠올릴 수 있는 대상은 오히려 더 많아'진다고 하였다. 따라서 매개 요소가 다양할수록 감상의 폭이 넓어진다는 설명은 적절하지 않다.

04
정답 ①

4문단에서 미니멀리즘 조형물은 주로 바닥에 배치되는데, 이를 통해 '작품 자체가 놓인 공간과 감상자가 서 있는 장소는 관람만을 위한 전망대가 되는 것이 아니라 예술적 감상을 위한 총체적 공간'이 된다고 하였다. 따라서 일정한 위치에서 작품을 감상하도록 공간을 한정시켰다는 설명은 적절하지 않다.

오답 피하기

② 4문단에서 미니멀리즘 조형물을 감상하는 사람은 '조형물이 놓인 배경에까지 공간 체험을 확대하여 예술적 환경에 대한 새로운 경험'을 하게 된다고 하였다.

③ 4문단에서 미니멀리즘 조형물을 감상하는 사람은 '그것을 인지함과 동시에 작품 주위의 배경으로까지 시선이 이동되어 감상이 확대'된다고 하였다.

④ 3문단에서 원재료를 그대로 사용하는 것도 미니멀리즘 조형의 한 방법이며, 이를 통해 매개 요소가 최소화되면 '감상자가 떠올릴 수 있는 대상은 오히려 더 많아'진다고 하였다.

⑤ 3문단에서 단순한 기하학적 형태를 매개 요소로 사용하는 것도 미니멀리즘 조형의 한 방법이며, 이를 통해 매개 요소가 최소화되면 '감상자의 마음 속에 잠재하고 있는 이미지를 보편적인 형상으로 떠올리기가 더 쉬워'진다고 하였다.

  Ⅳ 사회

01 실전 문제

p. 94~95

소비자의 제품 선택 경향을 설명하는 '맥락 효과'

지문 해결 전략

이 글은 소비자가 제품을 선택할 때 제품을 둘러싼 상황에 영향을 받는 현상을 설명하는 맥락 효과에 대해 소개하고 있다. 맥락 효과의 대표적 유형에는 유인 효과와 타협 효과가 있다. 유인 효과는 두 개의 경쟁하는 제품이 있을 때 유인 대안의 등장으로 인해 기존에 있던 두 제품의 시장 점유율이 변하는 현상이다. 또 타협 효과는 시장에 두 가지 제품만 존재한다고 할 때 세 번째 제품이 추가되면 속성이 중간 수준인 제품의 시장 점유율이 높아지는 현상이다. 이 글은 제시된 사례를 통해 맥락 효과의 개념을 정확하게 파악하고, 이를 다른 사례에 적용할 수 있을 정도로 이해의 폭을 넓히며 독해해야 한다.

문단별 중심 내용

1문단: 맥락 효과의 대표적 유형
2문단: 유인 효과의 개념과 예
3문단: 타협 효과의 개념과 예
4문단: 맥락 효과의 의의

주제

맥락 효과의 대표적 유형과 그 의의

독해 훈련 문제

1 맥락 효과 2 새로운 제품이 추가되었을 때 기존 제품 가운데 하나는 시장 점유율이 높아지고 다른 하나는 시장 점유율이 떨어지는 현상 3 표적 대안 4 새로운 제품이 추가되었을 때 속성이 중간 수준인 제품의 시장 점유율이 높아지는 현상 5 비교하고자 하는 속성의 중간 대안을 선택하여 자신의 결정을 합리화하려고 하기 때문에 6 제품에 대한 소비자의 선택 변화 양상을 상황 맥락과 연관 지음으로써 소비 심리의 양상을 경제학적으로 밝혀냄

| 01 ① | 02 ④ | 03 ③ | 04 ③ |

01
정답 ①

2문단에서 유인 효과가 발생할 때 표적 대안을 선택한 소비자는 자신의 선택을 합리적인 것으로 생각하기 쉬워진다고 하였다. 또 3문단에서 타협 효과가 발생할 때 소비자는 중간 대안을 선택하여 자신의 결정을 합리화하려는 심리가 강하다고 하였다. 따라서 자신의 선택을 합리화하려는 소비자의 심리가 맥락 효과로 나타났음을 알 수 있다.

오답 피하기

② 유인 효과가 발생한다면, 새로운 제품이 추가될 때 기존 제품 가운데 하나는 시장 점유율이 높아지고 다른 하나는 시장 점유율이 떨어지게 된다.

③ 유인 효과가 발생할 때 소비자는 표적 대안을 선택하는 것이 유리하다고 여기게 된다.

④ 타협 효과가 발생할 때 소비자는 품질과 가격 면에서 우월한 제품이 아니라 중간 수준의 제품을 선택하게 된다.

⑤ 타협 효과는 비교하고자 하는 속성의 중간 대안을 선택하여 자신의 결정을 합리화하려는 소비자의 성향과 관련되어 있다.

02
정답 ④

〈보기〉는 타협 효과를 보여 주는 사례이다. 맛과 가격 면에서 X와 Y

의 중간 수준인 Z가 개업하면서 Z의 시장 점유율이 크게 높아졌지만, 그렇다고 주민들이 X와 Y의 차이를 느끼지 못하는 것은 아니다. 유인 대안의 등장으로 소비자가 표적 대안과 경쟁 대안의 가격 차이를 상대적으로 적게 느끼는 것은 유인 효과와 관련이 있다.

오답 피하기

① [가]에서 소비자들은 대안에 대한 평가가 어려울 때 중간 대안을 선택하는 성향이 있다고 하였다. X는 가격 면에서, Y는 맛 면에서 상대적 우위가 있었으므로, 주민들은 중간 수준의 Z가 개업하기 전까지 선택에 어려움을 겪었을 것이다.

② 중간 수준의 맛과 가격을 가진 Z의 선택 비율이 높아져 자연스럽게 X와 Y의 시장 점유율은 크게 떨어졌다.

③ 주민들은 싸지만 맛이 좀 부족한 X나 비싸지만 맛이 좋은 Y보다는, 그 중간 수준의 Z를 선택하고 있다.

⑤ [가]에서 소비자들은 비교하고자 하는 속성의 중간 대안을 선택하여 자신의 결정을 합리화하려는 심리가 강하다고 했는데, Z를 선택한 주민들 역시 자신들이 합리적이라고 생각할 것이다.

03 정답③

[A]에서 유인 대안이 추가되어 시장 점유율이 하락하는 제품을 경쟁 대안이라고 하였다. 〈보기〉에서 유인 대안인 ㉰의 출시로 인해 ㉯의 선택 비율이 52%에서 22%로 하락했으므로, ㉯는 경쟁 대안에 해당한다. 표적 대안에 해당하는 것은 선택 비율이 상승한 ㉮이다.

오답 피하기

① ㉮는 품질 면에서 우월하고 ㉯는 가격 면에서 저렴하여 우월하므로, 두 제품은 상충 관계에 있었다.

② ㉮보다 품질과 가격에서 열등한 ㉰가 추가되어 ㉮의 시장 점유율이 상승했으므로, ㉰는 유인 대안에 해당한다.

④ [A]에서 소비자들은 유인 대안의 등장으로 표적 대안과 경쟁 대안과의 가격 차이를 상대적으로 적게 느껴 표적 대안을 선택한다고 하였다.

⑤ [A]를 참고할 때, 새로 출시된 ㉰에 비해 품질이 좋고 가격도 저렴한 ㉮를 선택한 소비자는 자신의 선택이 합리적이라고 생각할 것이다.

04 정답③

㉠은 타협 효과와 관련한 소비자의 심리를 설명하고 있다. 타협 효과에 따르면, 소비자들은 대안에 대한 평가가 어려울 때 비교하고자 하는 속성의 중간 대안을 선택하여 결정하려 한다. 따라서 고기능-고가 카메라를 출시하면, 저기능-저가 카메라에 밀려 팔리지 않던 자사의 카메라는 중기능-중가가 되어 중간 속성을 가지게 되므로, 이 제품을 선택하는 소비자가 많아질 수 있다.

---

02 실전 문제

p. 96~97

국고채의 금리 결정 방식

지문 해결 전략

이 글은 정부가 자금을 조달하는 주요한 수단인 국고채의 금리 결정 방식에 대하여 설명하고 있다. 국고채의 금리는 경쟁 입찰을 통해 결정되는데, 어떤 금리 결정 방식을 선택하느냐에 따라 정부에 유리하기도 하고 투자자에게 유리하기도 하다. 금리 결정 방식에는 최저 금리를 제시한 투자자부터 순차적으로 낙찰자를 결정하여 각각의 투자자가 제시한 금리로 결정되는 복수 금리 결정 방식, 낙찰자들이 제시한 금리 중 가장 높은 금리로 단일하게 결정되어 투자자에게 유리한

단일 금리 결정 방식, 이 둘을 혼합한 차등 금리 결정 방식 등이 있다. 이 글은 국고채의 금리를 결정하는 세 가지 방법과 그 차이점에 유의하며 독해해야 한다.

문단별 중심 내용

1문단: 국고채의 개념과 금리 결정 방법
2문단: 복수 금리 결정 방식에서 금리를 결정하는 방법
3문단: 단일 금리 결정 방식에서 금리를 결정하는 방법
4문단: 차등 금리 결정 방식에서 금리를 결정하는 방법

주제

국고채의 금리 결정 방식

독해 훈련 문제

> 1 정부 2 경쟁 입찰 3 최저 금리를 제시한 투자자부터 순차적으로 결정 4 각각의 투자자가 제시한 금리로 결정 5 낙찰자들이 제시한 금리 중 가장 높은 금리로 단일하게 결정 6 단일 금리 결정 방식 7 이자 부담을 가중시킬 수 있음 8 낙찰자들이 제시한 금리들 중 가장 높은 금리를 기준으로 삼아 금리들을 일정한 간격으로 그룹화함

| 01 ⑤ | 02 ⑤ | 03 ② | 04 ③ |

01 정답⑤

㉠에서 국고채의 금리는 각각의 투자자가 제시한 금리로 결정되지만, ㉡에서 국고채의 금리는 낙찰자들이 제시한 금리 중 가장 높은 금리로 단일하게 결정된다. 따라서 ㉡에 대한 ⑤의 설명은 적절하지 않다. '투자자와 관계없이 정부가 각각의 그룹에 설정한 최고 금리로 결정'하는 것은 차등 금리 결정 방식이다.

02 정답⑤

차등 금리 결정 방식은 낙찰자들이 제시한 금리들 중 가장 높은 금리를 기준으로 삼아 금리들을 일정한 간격으로 그룹화하는 방식이다. 〈보기〉에서 국채 ㉮는 발행 예정액이 1,000억 원이므로 투자자 1부터 5까지만 낙찰을 받을 수 있으며, 그룹화 간격이 0.02%p이므로 투자자 1과 2는 3그룹, 투자자 3과 4는 2그룹, 투자자 5는 1그룹에 속한다. 기준이 되는 금리는 투자자 5가 제시한 2.07%이며, 그룹별 금리는 각 구간의 최고 금리인 2.07%, 2.05%, 2.03%이다.

또 국채 ㉯는 발행 예정액이 2,000억 원이므로 투자자 1부터 6까지 모두 낙찰을 받을 수 있으며, 그룹화 간격이 0.03%p이므로 투자자 1과 2는 3그룹, 투자자 3은 2그룹, 투자자 4, 5, 6은 1그룹에 속한다. 기준이 되는 금리는 투자자 6이 제시한 3.08%이며, 그룹별 금리는 각 구간의 최고 금리인 3.08%, 3.05%, 3.02%이다.

여기서 국채 ㉮의 투자자 5는 1그룹에 속해 본인이 제시한 2.07%의 금리로 낙찰을 받으며, 투자자 6은 이미 투자자 5에서 발행 예정액에 도달했기 때문에 낙찰을 받지 못한다. 그리고 국채 ㉯의 투자자 5와 6은 동일하게 1그룹에 속해 3.08%의 금리로 낙찰을 받기 때문에, 투자자 5는 본인이 제시한 것보다 높은 금리로, 투자자 6은 본인이 제시한 금리로 낙찰을 받는다.

오답 피하기

① ㉮와 ㉯의 투자자 1은 그룹화 결과에 따라 각각의 3그룹으로 낙찰을 받는다.

② ㉮는 낙찰자들이 제시한 금리들 중 가장 높은 투자자 5의 2.07%, ㉯는 낙찰자들이 제시한 금리들 중 가장 높은 투자자 6의 3.08%를 기준으로 삼아 일정한 간격으로 그룹화하게 된다.

③ ㉮의 투자자 2는 3그룹에 속하므로 2.03%의 금리로, ㉯의 투자자 2도 3그룹에 속하므로 3.02%의 금리로 낙찰을 받는다.

④ ⑦의 투자자 3과 4는 모두 2그룹에 속하므로 2.05%의 동일한 금리로 낙찰을 받는다. ⑭의 투자자 3은 2그룹에 속해 3.05%의 금리로, 투자자 4는 1그룹에 속해 3.08%의 금리로 낙찰을 받는다.

03

정답 ②

단일 금리 결정 방식은 복수 금리 결정 방식에 비해 투자자에게 적용되는 금리가 높아 투자자에게 유리한 방식이다. 따라서 정부가 단일 금리 결정 방식을 채택한 것은 금리를 높여 투자자들을 유인하기 위한 것임을 알 수 있다.

오답 피하기
① 정부의 손실은 정부의 이자 부담을 가중시킬 수 있는 단일 금리 결정 방식에서 발생할 가능성이 높다.
③ 지문과 〈보기〉에서 투자자들의 이익 환수에 대한 내용은 찾을 수 없다.
④ 단일 금리 결정 방식에서 금리는 낙찰자들이 제시한 금리 중 가장 높은 금리로 단일하게 결정된다.
⑤ 〈보기〉에서는 국고채의 발행을 촉진하고자 단일 금리 결정 방식을 채택했다고 하였으므로, 투자자들의 투자 규모를 확대하기 위한 노력으로 보아야 한다.

04

정답 ③

〈보기〉에서 발행 예정액이 700억 원이므로 ⓐ에서부터 ⓔ까지만 낙찰을 받을 수 있으며, 그룹화 간격이 0.03%p이므로 [ⓐ와 ⓑ], [ⓒ], [ⓓ와 ⓔ]로 그룹화할 수 있다. 기준이 되는 금리는 ⓔ가 제시한 2.06%이며, 그룹별 금리는 각 구간의 최고 금리인 2.06%, 2.03%, 2.00%이다. 따라서 ⓒ가 제시한 금리는 2.02%였지만 그룹화 결과에 따라 2.03~2.01% 그룹에 속하게 되었으므로, ⓒ는 해당 그룹의 최고 금리인 2.03%의 금리로 낙찰을 받는다.

오답 피하기
① ⓐ는 2.00~1.98% 그룹에 속해 있으므로, 이 그룹의 최고 금리인 2.00%의 금리로 낙찰을 받는다.
② ⓑ는 2.00~1.98% 그룹에 속하고, ⓒ는 2.03~2.01% 그룹에 속하므로, 서로 다른 금리로 낙찰을 받는다.
④ ⓓ와 ⓔ는 모두 2.06~2.04%의 그룹에 속하므로, 이 그룹의 최고 금리인 2.06%의 금리로 낙찰을 받는다.
⑤ ⓔ에서 이미 발행 예정액에 도달했기 때문에 ⓕ는 낙찰을 받을 수 없다.

03 실전 문제

p. 98~99.

파레토 최적

지문 해결 전략
이 글은 이탈리아의 경제학자 파레토의 경제 이론을 소개하고 있다. 아무도 더 이상 나빠지지 않고 적어도 한 사람 이상은 좋아지는 상황으로 전환되는 것을 파레토 개선이라고 하고, 더 이상 파레토 개선의 여지가 없는 상황을 파레토 최적이라고 한다. 하지만 파레토 최적은 파레토 개선 상황들 가운데 어떤 것을 선택해야 하는지에 대해 설명하지 못한다는 한계도 지니고 있다. 그럼에도 불구하고 파레토 최적은 모두에게 손해가 되지 않으면서 효용을 증가시키는 상황을 설명했기 때문에 자유 시장에서 유용한 경제학 개념으로 평가받는다. 이 글은 제시된 사례를 통해 파레토 경제 이론의 개념을 정확하게 이해하며 독해해야 한다.

문단별 중심 내용
1문단: 경제적 효용을 따져 최선의 상황을 모색하는 파레토의 이론

2문단: 파레토 개선과 파레토 최적의 개념
3문단: 파레토 최적의 의미와 한계
4문단: 자유 시장에서 파레토 최적이 가지는 경제학적 의의

주제
파레토 최적의 개념과 한계 및 의의

독해 훈련 문제

1 경제적 효용을 따져 최선의 상황을 모색함 **2** 더 이상 파레토 개선의 여지가 없는 상황 **3** 서로에게 유리한 결과를 가져오는 선택의 기회를 보장함 **4** 여러 가지 파레토 개선 상황들 가운데 어느 것을 선택해야 하는지에 대해 답을 제시하지 못함 **5** 모두에게 손해가 되지 않으면서 효용을 증가시키는 상황을 설명할 수 있음

01 ④ **02** ② **03** ② **04** ⑤

01

정답 ④

1문단에서 모두의 상황이 더 이상 나빠지지 않고 적어도 한 사람의 상황이 나아져 만족도가 커진 상황을 자원이 효율적으로 배분된 상황이라고 하였다. 그런데 컵라면과 컵밥 1개를 만족도 1로 보았을 때, ④의 경우 영희의 만족도(철수에게 받은 컵라면 2개×2배의 만족도+영희에게 남은 컵밥 5개=9)는 10에서 9로 하락한다. 따라서 이 상황은 자원을 효율적으로 배분하였다고 볼 수 없다.

오답 피하기
① 영희의 만족도는 10에서 12로 증가하고, 철수의 만족도도 10에서 12로 증가하여, 두 사람의 만족도는 동일하다.
② 영희의 만족도는 10에서 15로 증가하고, 철수의 만족도는 10에서 11로 증가한다. 두 사람의 만족도가 모두 상승했으므로 경제적 효용이 증가한 것으로 볼 수 있다.
③ 철수의 만족도는 변함없이 10이고, 영희의 만족도는 10에서 20으로 증가한다. 이는 더 이상 개선의 여지가 없는 '파레토 최적'의 상황에 해당한다.
⑤ 철수의 만족도는 변함없이 10이고, 영희의 만족도는 10에서 15로 증가한다. 이는 아무도 나빠지지 않고 적어도 한 사람 이상은 좋아지게 된 '파레토 개선'의 상황으로 볼 수 있다.

02

정답 ②

파레토 최적은 서로에게 유리한 결과를 가져오는 선택의 기회를 보장함으로써 모두에게 손해가 되지 않으면서 효용을 증가시키는 상황을 설명했다는 점에서 가치 있게 평가된다고 하였다. 하지만 3문단에 따르면, 파레토 최적은 여러 가지 파레토 개선의 상황에서 어느 것을 선택해야 하는지에 대한 답을 제시하지는 못한다고 하였다.

03

정답 ②

이 글은 이탈리아의 경제학자 파레토의 이론을 설명하고 있는 글로, 파레토 개선과 파레토 최적의 개념과 특성, 한계와 의의 등을 밝히고 있다. 그러나 파레토 이론의 발전 과정은 언급되어 있지 않다.

04

정답 ⑤

사과와 배 1개를 만족도 1로 보았을 때, 영희의 만족도는 각각 ⓐ 6, ⓑ 9, ⓒ 8로 ⓑ에서 가장 크며, 철수의 만족도는 각각 ⓐ 12, ⓑ 6, ⓒ 8로 ⓐ에서 가장 크다. 따라서 ⓒ는 더 이상 파레토 개선의 여지가 없는 상황이 아니므로 ⓒ를 파레토 최적으로 볼 수 없다.

오답 피하기

① ⓐ에서 영희의 만족도는 6, 철수의 만족도는 12이다. 따라서 만족도가 최초와 같은 영희는 ⓐ에 대해 반대한 것이다.

② ⓑ에서 영희의 만족도는 9, 철수의 만족도는 6이다. 따라서 만족도가 최초와 같은 철수는 ⓑ에 대해 반대한 것이다.

③ ⓒ에서 영희의 만족도는 8, 철수의 만족도도 8이다. 따라서 두 사람 모두 만족도가 2씩 증가하여 모두에게 이익이 되기 때문에 ⓒ에 동의한 것이다.

④ ⓐ에서 영희의 상황은 그대로이지만 철수의 상황은 개선되었고, ⓑ에서 철수의 상황은 그대로이지만 영희의 상황이 개선되었다. 따라서 ⓐ와 ⓑ 모두 파레토 개선으로 볼 수 있다.

 실전 문제

p. 100~101

인센티브 계약의 두 가지 방식

지문 해결 전략

이 글은 기업이 근로자의 노력을 반영하여 근로자에게 보상하도록 하는 인센티브 계약을 명시적 계약과 암묵적 계약으로 나누어 설명하고 있다. 명시적 계약은 객관적으로 확인할 수 있는 성과에 기초하여 근로자에게 보상하는 약속으로, 이 때문에 추가적인 성과가 늘어나면 기업의 이윤도 늘어난다. 그러나 명시적 계약은 근로자 소득의 불확실성 증가와 인센티브 왜곡 문제를 발생시켜 기업의 이윤이 줄기도 한다. 이러한 문제를 해소하기 위해 근로자의 노력에 대한 주관적 평가와 자발적 협력 관계를 기반으로 하는 암묵적 계약을 도입하기도 한다. 이 글은 명시적 계약과 암묵적 계약의 차이가 무엇인지 정확히 정리하며 독해해야 한다.

문단별 중심 내용

1문단: 인센티브 계약의 개념과 종류
2문단: 명시적 인센티브 계약의 특징
3문단: 명시적 인센티브 계약의 문제점
4문단: 암묵적 인센티브 계약의 특징

주제

인센티브 계약의 두 가지 방식과 그 특징

독해 훈련 문제

> 1 근로자가 받는 보상에 근로자의 노력이 반영되도록 하는 약속 2 근로자의 성과 3 노력을 증가시키도록 하는 강력한 동기를 부여함 4 근로자의 성과는 근로자의 노력뿐만 아니라 우연적 요인들에 의해 영향을 받기 때문에 5 근로자들이 성과 측정이 어려운 업무를 등한시할 수 있기 때문에 6 근로자의 노력에 대한 주관적인 평가 7 기업의 평가와 보상이 공정하다고 근로자가 신뢰하도록 만드는 것

01 ②	02 ②	03 ③	04 ⑤	05 ②	06 ①

01
정답 ②

2문단에서 명시적 계약은 '객관적으로 확인할 수 있는 조건에 기초'해야 한다고 언급하고 있다. 근로자의 노력에 대한 주관적 평가에 기초하여 보상하는 것은 암묵적 계약에 해당한다.

오답 피하기

① 2문단에서 명시적 계약은 '노력 대신에 노력의 결과인 성과에 기초하여 근로자에게 보상하는 약속'이라고 하였다.

③ 2문단에서 명시적 계약은 '법원과 같은 제3자에 의해 강제되는 약속'이라

고 하였다.

④ 2문단에서 명시적 계약은 '근로자에게 자신의 노력을 증가시키도록 하는 매우 강력한 동기를 부여'한다고 하였다.

⑤ 3문단에서 명시적 계약은 '중요하지만 성과 측정이 어려워 충분히 보상받지 못하는 업무를 근로자들이 등한시'하게 되는 인센티브 왜곡 문제를 발생시킨다고 하였다.

02
정답 ②

〈보기〉는 암묵적 인센티브 계약의 사례이다. 하지만 ②와 같이 인센티브 강도가 커질수록 근로자에게 주어지는 보상이 커지고, 이에 따라 근로자가 추가적인 노력을 더하게 되는 것은 명시적 인센티브 계약과 관련된 내용이다.

오답 피하기

①, ④ 암묵적 계약은 '상대방과 협력 관계를 유지하는 것이 장기적으로 이익일 경우에 자발적으로 상대방의 기대에 부응하도록 행동하는 것을 계약의 이행'으로 본다고 하였으므로 타당하다.

③, ⑤ 암묵적 계약 관계에서는 상대방의 신뢰를 잃게 되면 상대방의 자발적인 협력을 기대할 수 없으며, 어느 한쪽이 협력 관계를 끊더라도 법적으로 강제할 수 있는 방법이 없다고 하였으므로 타당하다.

03
정답 ③

ⓒ의 '초래하다'는 문맥상 '어떤 결과를 가져오게 하다'라는 뜻을 가지고 있으므로, '가져오게' 정도로 바꿔 쓰는 것이 적절하다. '이끌다'는 '목적하는 곳으로 바로 가도록 같이 가면서 따라오게 하다'의 뜻이다.

04
정답 ⑤

4문단에서 '합당한 성과 측정 지표를 찾기 힘들고 인센티브 왜곡의 문제가 중요한 경우에는 암묵적인 인센티브 계약이 더 효과적일 수 있다'고 하였으므로 ⑤는 적절하지 않다.

오답 피하기

① 1문단에서 '기업과 근로자 간의 이해가 상충되는 문제를 완화하기 위해 근로자가 받는 보상에 근로자의 노력이 반영되도록 하는 약속이 인센티브 계약'이라고 하였으므로 타당하다.

② 법이 보호할 수 있는 인센티브 계약은 '명시적 계약'을 말하는데, 3문단에서 '명시적 인센티브 계약이 갖고 있는 두 가지 문제점으로 인해 기업의 이윤이 감소하기도 한다'고 하였으므로 타당하다.

③ 2문단에서 '근로자의 노력은 객관적으로 확인할 수 없기 때문에, 노력 대신에 노력의 결과인 성과에 기초하여 근로자에게 보상하는 약속이 명시적인 인센티브 계약'이라고 하였으므로 타당하다.

④ 합당한 성과 측정 지표를 찾기 힘들 경우에는 암묵적인 인센티브 계약이 더 효과적일 수 있는데, 4문단에서 암묵적 계약은 '성과와 상관없이 근로자의 노력에 대한 주관적인 평가에 기초'하여 보상한다고 했으므로 타당하다.

05
정답 ②

4문단에서 암묵적 계약은 '성과와 상관없이 근로자의 노력에 대한 주관적인 평가에 기초'하여 보상하는 것이라고 하였으므로, ②는 적절하지 않다. 객관적으로 확인할 수 있는 조건에 기초한 약속은 '명시적 계약'이다.

06
정답 ①

가. 명시적 계약 상황에서 근로자는 고정급에 따른 기본 노력 외에도

성과급에 따른 추가적인 노력을 더하게 되므로, α가 커질수록 추가적인 성과가 더욱 늘어나 기업의 이윤은 증가하게 된다.

나. 명시적인 계약을 체결하면 기업은 위험 프리미엄 성격의 추가적인 보상을 근로자에게 지불해야 하므로, α가 커질수록 기업의 이윤은 감소하기도 한다.

다. 명시적 계약 상황에서는 근로자들이 성과 측정이 어려운 업무를 등한시할 수 있으므로, α가 커질수록 기업의 이윤은 감소할 수 있다.

실전 문제

p. 102~103

시장 구조의 구분을 위한 지표, 시장 집중률

지문 해결 전략
이 글은 시장 구조를 구분하는 데 유용하게 사용되는 시장 집중률의 개념과 의의를 설명하고 있다. 시장 집중률은 시장 내 일정 수의 상위 기업들이 차지하는 비중을 나타내 주는 수치, 즉 일정 수의 상위 기업의 시장 점유율을 합한 값이다. 시장 집중률이 높으면 그 시장은 공급이 소수 기업에 집중되어 있는 독점 시장으로, 시장 집중률이 낮으면 그 시장은 공급이 다수 기업에 의해 분산되어 있는 경쟁 시장으로 구분한다. 이 글은 실제 사례에 적용할 것을 염두에 두면서, 시장 집중률의 개념이 무엇인지 정확히 이해하며 독해해야 한다.

문단별 중심 내용
1문단: 시장 구조의 구분과 그 구분을 위한 지표 소개
2문단: 시장 점유율의 의미
3문단: 시장 집중률의 의미와 그에 따른 시장 구조의 구분
4문단: 시장 집중률을 측정하는 여러 기준
5문단: 시장 집중률의 의의

주제
시장 구조의 구분에 유용한 시장 집중률의 개념과 의의

독해 훈련 문제

> 1 독점 시장 2 시장 안에서 특정 기업이 차지하고 있는 비중
> 3 시장 내 상위 3대 기업의 시장 점유율을 합함 4 과점 시장
> 5 생산량, 매출액 6 시장 구조를 구분하는 데 유용함

---

01 ②	02 ③	03 ④	04 ②	05 ④	06 ②

01
정답②

1문단에서 Ⓐ, Ⓑ와 같은 시장의 구조는 '시장 집중률' 지표를 통해 구분할 수 있다고 하였다. '시장 점유율'은 시장 안에서 특정 기업이 차지하는 비중을 나타내는 지표이다.

오답 피하기
① 4문단에서 '생산량'이나 '매출액' 등 어느 것을 기준으로 삼느냐에 따라 시장 집중률의 측정 결과에 차이가 생긴다고 하였다. 따라서 측정 기준이 달라지면 시장 집중률에 따라 구분한 Ⓐ와 Ⓑ가 뒤바뀔 수도 있다.
③ Ⓐ와 Ⓑ는 시장 집중률을 기준으로 구분한 것이므로, 5문단에서 확인할 수 있는 것처럼 Ⓐ와 Ⓑ는 시장 내의 공급이 기업에 집중되는 양상을 파악할 수 있게 해 준다.
④ 3문단에서 '독점 시장'은 공급이 소수의 기업에 집중되어 있다고 설명하고 있다.
⑤ 3문단에서 '경쟁 시장'은 공급이 다수의 기업에 의해 분산되어 있다고 설명하고 있다.

02
정답③

3문단을 통해 상위 3대 기업의 시장 점유율을 합한 값을 시장 집중률이라고 하며, 한 산업에서 시장 집중률이 60% 미만일 때 경쟁 시장으로 구분한다는 정보를 확인할 수 있다. 〈보기〉에서 D사가 생산량을 2% 올리면 9%가 되어, 상위 3대 기업인 A사, B사, D사의 시장 점유율의 합은 59%로 여전히 60% 미만이다. 따라서 ③처럼 상황이 변한다고 해도 이 시장은 여전히 경쟁 시장에 해당한다.

오답 피하기
① 시장 집중률 측정 기준을 달리하면 측정 결과에 차이가 생긴다고 하였으므로, 측정 기준을 매출액으로 바꾼다면 시장 집중률에 변화가 생길 수 있다.
② 〈보기〉에서 상위 3대 기업의 시장 점유율을 합한 시장 집중률의 값은 58%이다. 시장 집중률이 60% 미만이면 경쟁 시장에 해당한다.
④ C사와 D사의 생산량의 합은 15%이므로 두 회사가 합병하여 생산량을 두 배 늘려 30%가 되면 시장 집중률은 80%로 증가한다. 시장 집중률이 80% 이상이면 독점 시장에 해당한다.
⑤ 미국은 상위 4대 기업의 시장 점유율을 합한 값을 시장 집중률로 채택한다고 하였으므로, 이 시장의 시장 집중률은 A사, B사, C사, D사의 시장 점유율을 모두 합한 65%이다. 따라서 시장 구조를 구분하는 기준이 한국과 동일하다면, 이 시장은 과점 시장으로 구분할 수 있다.

03
정답④

ⓐ에서 '으로'는 '지위나 신분 또는 자격을 나타내는 격 조사'로 쓰였다. ④의 '연구원으로'에서 '으로' 역시 이와 유사한 의미로 쓰였다.

오답 피하기
① '어떤 물건의 재료나 원료를 나타내는 격 조사'로 쓰였다.
② '움직임의 방향을 나타내는 격 조사'로 쓰였다.
③ '어떤 일의 원인이나 이유를 나타내는 격 조사'로 쓰였다.
⑤ '어떤 일의 방법이나 방식을 나타내는 격 조사'로 쓰였다.

04
정답②

이 글은 시장 구조를 구분하는 데 유용한 지표인 '시장 집중률'의 개념과 그 의의를 소개하고 있다. 1~4문단에서 시장 집중률의 개념과 그에 따른 시장 구조의 구분을 설명하고 있으며, 5문단에서 시장 집중률의 의의를 밝히고 있다.

05
정답④

매출액을 기준으로 볼 때, 이 시장의 시장 집중률은 상위 3대 기업인 (가), (다), (라)의 시장 점유율의 합인 75%가 되므로, 이 시장은 과점 시장에 해당한다. 그런데 시장 집중률이 10% 상승하면 이 시장의 시장 집중률은 80%가 넘게 되므로, 이 시장은 독점 시장으로 변하게 된다.

오답 피하기
① 생산량을 기준으로 할 때의 시장 집중률은 85%이고, 매출액을 기준으로 할 때의 시장 집중률은 75%이므로, 측정 기준을 바꾸면 이 시장의 시장 집중률은 변한다.
② 생산량을 기준으로 할 때의 시장 집중률은 85%이므로, 이 시장은 독점 시장에 해당한다.
③ (나) 기업과 (마) 기업이 합병하여 현재와 같은 생산량을 유지한다면 시장 점유율은 15%가 된다. 하지만 생산량을 기준으로 한 상위 3대 기업에는 변동이 없기 때문에 시장 집중률에는 변화가 없다.
⑤ 현재 매출액을 기준으로 할 때의 시장 집중률은 75%이다. 그런데 (다) 기업과 (라) 기업의 시장 점유율이 지금의 두 배가 된다면, 이 시장의 시장 점유율은 90% 이상이 되어 지금보다 시장 집중률이 높아진다.

06

정답②

3문단에 따르면, 시장 집중률은 '일정 수의 상위 기업의 시장 점유율을 합한 값'이므로 ㉠은 ㉡을 산출하기 위해 필요한 값이다.

---

06 실전 문제

p. 104~105

위험을 줄이기 위한 주식 투자 전략

지문 해결 전략

이 글은 주식 투자에 동반되는 위험을 줄이기 위해서는, 어떻게 포트폴리오를 구성하여 위험에 대응해야 하는지를 설명하고 있다. 비체계적 위험은 기업의 특수한 사정과 관련이 있는 위험으로, 분산 투자의 방법으로 위험을 최소화할 수 있다. 반면 체계적 위험은 시장의 전반적인 상황과 관련이 있는 위험으로, 주식 시장 전체의 변동에 대한 개별 주식 수익률의 민감도를 나타내는 베타 계수를 활용하여 위험을 최소화할 수 있다. 이 글은 비체계적 위험과 체계적 위험의 차이점을 이해하고, 그 위험을 최소화하기 위한 대응 방법을 파악하며 독해해야 한다.

문단별 중심 내용

1문단: 주식의 포트폴리오 구성 시 고려해야 할 위험
2문단: 비체계적 위험에 대응하는 포트폴리오 구성 전략
3문단: 체계적 위험에서 분산 투자의 한계
4문단: 베타 계수를 활용해 체계적 위험에 대응하는 방법
5문단: 베타 계수를 활용한 포트폴리오 구성 전략

주제

위험을 최소화하기 위한 주식의 포트폴리오 구성 전략

독해 훈련 문제

1 비체계적 위험과 체계적 위험 2 분산 투자(상관관계가 없는 종목이나 분야에 나누어 투자) 3 체계적 위험은 주식 시장 전반에 관한 위험이기 때문에 4 베타 계수를 활용한 포트폴리오 구성 5 베타 계수가 2인 주식 6 베타 계수가 작은 종목의 투자 비율을 높임

---

01 ⑤ 02 ④ 03 ④ 04 ⑤

01

정답⑤

2문단에서 '서로 상관관계가 없는 종목이나 분야에 나누어 투자'해야 비체계적 위험을 줄일 수 있다고 하였다. 따라서 ⑤의 ㉠에 대한 설명은 적절하지 않다. 다만 베타 계수에 대해 설명하고 있는 4문단의 내용을 참고할 때, ㉡에 대한 설명은 적절하다.

02

정답④

4문단에서 베타 계수가 클수록 개별 주식의 수익률이 시장 전체의 움직임에 민감하게 반응한다고 설명하고 있다. 따라서 〈보기〉에서 베타 계수가 1.5인 종목 2가 베타 계수가 0.5인 종목 6보다 시장 전체의 움직임에 민감하게 반응할 것이다.

오답 피하기

① 4문단을 참고할 때, 종합 주가 지수가 상승하면 베타 계수가 큰 종목일수록 개별 종목의 수익률이 크게 상승함을 알 수 있다. 〈보기〉의 투자자 A가 선택한 종목들의 베타 계수의 합은 3.2이고 투자자 B가 선택한 종목들의 베타 계수의 합은 2.7이다. 따라서 종합 주가 지수가 상승한다면 더 큰 베

타 계수를 가진 투자자 A가 투자자 B보다 수익율이 높을 것이다.

② 종합 주가 지수의 수익률이 변하지 않았다는 말은 종합 주가 지수의 수익률이 0%라는 말이므로, 〈보기〉의 투자자 A와 B가 선택한 모든 종목들의 개별 수익률도 0%가 된다. 따라서 모든 종목의 수익률은 동일하다.

③ 종합 주가 지수의 수익률이 2% 상승하면, 종목 1은 베타 계수가 1이므로 수익률이 2% 증가하지만, 종목 4는 베타 계수가 2이므로 수익률이 4% 증가한다. 따라서 종목 4가 종목 1에 비해 수익률이 2% 더 크다는 것을 알 수 있다.

⑤ 5문단에서 '불황이 예상되는 경우에는 베타 계수가 작은 종목의 투자 비율을 높여 위험을 최소화할 수 있다'고 설명하고 있다. 따라서 투자자 A는 베타 계수가 가장 작은 종목 3, 투자자 B는 베타 계수가 가장 작은 종목 5의 투자 비율을 높이는 것이 바람직하다.

03

정답④

2문단에서 비체계적 위험은 개별 기업의 특수한 사정과 관련이 있기 때문에 예측하기 어려운 상황에서 돌발적으로 일어난다고 하였으므로 ⓐ는 예측이 가능하지 않다.

오답 피하기

① 2문단에서 비체계적 위험에 대응하기 위해서는 서로 상관관계가 없는 종목이나 분야에 나누어 투자해야 하며, 종목 수가 증가할수록 비체계적 위험이 점차 감소한다고 하였다.

② 3문단에서 체계적 위험은 주식 시장 전반에 관한 위험이기 때문에 분산 투자의 방법으로도 감소시킬 수 없다고 하였다.

③ 1문단에서 투자자가 포트폴리오를 구성할 때는 비체계적 위험과 체계적 위험을 동시에 고려해야 한다고 하였다.

⑤ ㉮는 ㉯에 비해 구성 주식의 종목 수가 적고, 비체계적 위험이 더 크다. 비체계적 위험은 기업의 특수한 사정과 관련이 있으므로, ㉮는 ㉯보다 기업의 특수한 상황으로 인한 위험이 더 클 것이다.

04

정답⑤

종합 주가 시수가 상승하면 베타 계수가 큰 종목일수록 개별 종목의 수익률이 크게 상승한다. 따라서 주식 시장이 호황일 때는 베타 계수가 큰 종목이 유리하므로, 베타 계수가 1인 ⓑ보다 베타 계수가 2.2인 ⓒ의 수익률이 더 클 것이다.

오답 피하기

①, ③, ④ 베타 계수는 종합 주가 지수의 수익률이 1% 변할 때 개별 주식의 수익률이 몇 % 변하는가를 나타낸 것이므로, 종합 주가 지수의 수익률이 10% 증가할 때 ⓐ의 수익률은 9% 증가할 것이다. 또한 종합 주가 지수의 수익률이 0%라면 ⓑ의 수익률도 0%일 것이며, 종합 주가 지수의 수익률이 2% 감소할 때 ⓒ의 수익률은 4.4% 감소할 것이다.

② 5문단에서 불황이 예상되는 경우에는 베타 계수가 작은 종목의 투자 비율을 높여 위험을 최소화해야 한다고 하였으므로, 베타 계수가 가장 작은 ⓐ의 투자 비율을 높이는 것이 바람직하다.

---

07 실전 문제

p. 106~107

절대 소득 가설과 항상 소득 가설

지문 해결 전략

이 글은 대표적 소비 결정 이론인 케인스의 절대 소득 가설과 프리드만의 항상 소득 가설을 설명하고 있다. 케인스는 소득이 증가함에 따라 일정 비율로 소비도 증가한다는 절대 소득 가설을 내세웠는데, 쿠

즈네츠의 분석 결과 이러한 이론으로 명확히 설명할 수 없는 현상들이 존재하였다. 이에 프리드만은 소비는 장기적 평균 소득인 항상 소득에 의존하며, 단기적 소득인 임시 소득의 증가는 소비 증가로 이어지지 않는다는 항상 소득 가설을 내세웠다. 이 글은 절대 소득 가설과 항상 소득 가설의 내용과 그 차이를 명확하게 이해하며 독해해야 한다.

문단별 중심 내용
1문단: 총수요 증가의 필요성을 제기한 케인스
2문단: 케인스의 절대 소득 가설
3문단: 쿠즈네츠의 분석에 의해 밝혀진 절대 소득 가설의 문제점
4문단: 쿠즈네츠의 분석 결과를 설명한 프리드만의 항상 소득 가설
5문단: 장기적 재정 정책의 필요성을 주장한 프리드만

주제
케인스의 절대 소득 가설의 한계와 프리드만의 항상 소득 가설

독해 훈련 문제

> **1** 정부의 재정 정책을 통한 총수요의 증가 **2** 현재의 소득 **3** 저소득층의 소득 중 소비가 차지하는 비율이 고소득층보다 높았기 때문에 **4** 항상 소득 **5** 저축 **6** 장기적 재정 정책

> **01** ④   **02** ②   **03** ④   **04** ⑤   **05** ④   **06** ④

01
정답 ④

이 글은 케인스의 '절대 소득 가설'을 먼저 제시한 다음, 절대 소득 가설에 들어맞지 않는 현상을 설명하고 있는 프리드만의 '항상 소득 가설'을 소개하고 있다.

02
정답 ②

절대 소득 가설에서는 '소득이 없더라도 생존을 위해 꼭 필요한 소비인 기초 소비가 존재'한다고 보았으므로, 기초 소비를 기대 소득에 의해 나타나는 것으로 보는 것은 적절하지 않다.

오답 피하기
① 항상 소득 가설은 장기적인 기대 소득으로서의 항상 소득에 의존하여 소비 현상을 설명하지만, 절대 소득 가설은 현재의 소득이 소비를 결정하는 가장 중요한 요인이라고 보았다.
③ 3, 4문단에서 절대 소득 가설로는 설명하기 어려운 소비 행위가 일어나고 있으며, 이러한 현상을 설명하기 위해 항상 소득 가설을 내세웠다고 하였다.
④ 항상 소득 가설에서는 실제 소득을 구성하는 항상 소득과 임시 소득 중에서 항상 소득만을 소비와 연결시키고 있다.
⑤ 절대 소득 가설이나 항상 소득 가설은 모두 소비 증가가 소득 증가를 토대로 이루어진다고 보고 있지만, 그 소득을 무엇으로 보느냐에 대해서는 입장의 차이를 보이고 있다.

03
정답 ④

4문단에 따르면, 프리드만은 실제 소득이 항상 소득과 임시 소득으로 구성된다고 하였다. 〈보기〉에서 A 씨가 보너스로 받은 100만 원을 저축한 것은, 이것이 실제 소득에 해당하지 않기 때문이 아니라 실제 소득 중 임시 소득에 해당하기 때문이다.

오답 피하기
① 케인스는 현재의 소득이 증가하면 소비도 증가한다고 했는데, 이 이론으로는 A 씨가 보너스를 받음으로써 현재 소득이 증가했지만 소비로 이어지지 않은 사실을 설명하기 어렵다.
② 케인스는 소득이 증가함에 따라 일정 비율로 소비도 증가한다고 보았다.
③ 프리드만은 월급과 같이 자신이 평균적으로 벌어들이는 돈을 고려하여

소비를 한다고 하였으므로, A 씨는 지속적으로 50만 원을 더 벌 것이라는 예측 속에서 소비를 늘렸다고 판단할 것이다.
⑤ 프리드만은 단기적인 소득의 증가로는 소비가 늘어나지 않는다고 보았으므로, 보너스와 같은 임시적인 수입보다는 장기적인 재정 정책을 펼칠 것을 요구할 것이다.

04
정답 ⑤

케인스는 현재의 소득이 소비를 결정하는 가장 중요한 요인이라고 보는 '절대 소득 가설'을 주장했으므로 ⑤는 적절하지 않은 설명이다. 가계가 미래의 소득을 예측하여 소비를 결정한다고 주장한 것은 프리드만이다.

05
정답 ④

㉯에서는 실제 소득이 항상 소득과 임시 소득으로 구성되며, 소비가 임시 소득과는 관계가 없고 항상 소득에만 의존한다고 보았다. 김 씨는 경품 행사에서 당첨되어 실제 소득이 증가했음에도 불구하고, ⓑ를 임시 소득으로 받아들였기 때문에 ⓒ와 같이 행동한 것이다.

오답 피하기
① ⓐ는 김 씨의 장기적 기대 소득인 항상 소득으로, ㉯에서는 소비가 오직 항상 소득에만 의존한다고 보았다.
② ⓑ는 예견되지 않은 일시적인 수입이기 때문에, 양(+)의 임시 소득에 해당한다.
③ ㉯에서는 소비가 임시 소득과는 아무런 상관관계가 없다고 보았으므로, 임시 소득인 ⓑ는 ⓒ에 영향을 주지 않는다.
⑤ ㉯에서는 실제 소득이 항상 소득과 임시 소득으로 구성된다고 보았으므로, 항상 소득인 ⓐ와 임시 소득인 ⓑ는 모두 김 씨의 실제 소득에 포함된다.

06
정답 ④

프리드만은 소비가 임시 소득과는 아무런 상관관계가 없고 오직 항상 소득에만 의존하므로, 단기적인 소득의 증가로는 소비가 늘어나지 않는다고 설명하였다. 따라서 소비를 늘리기 위해서는 ㉠과 같은 정책의 시행이 필요하다.

08 실전 문제

p. 108~109

경제적 행동의 심리학적 해석, 행동 경제학

지문 해결 전략
이 글은 심리학적 관점에서 인간의 경제 행위를 분석하는 행동 경제학에 대해 설명하고 있다. 인간을 철저하게 합리적이고 이기적인 존재로 본 기존의 경제학과 달리, 행동 경제학에서는 인간이 제한적으로 합리적이고 감성적이며 예측하기 어려운 존재라고 본다. 사람들이 주먹구구식의 어림짐작으로 판단하는 것을 의미하는 '휴리스틱' 개념과, 이익과 손실의 크기가 같더라도 손실에서 느끼는 비효용을 더 크게 생각한다는 '손실 회피성' 개념은 이러한 행동 경제학의 특징을 잘 보여 준다. 이 글은 행동 경제학에서 바라보는 인간관의 특징과 주요 개념의 의미를 숙고하면서 독해해야 한다.

문단별 중심 내용
1문단: 행동 경제학에서 바라보는 인간관
2문단: 행동 경제학의 주요 개념 ① – 휴리스틱
3문단: 행동 경제학의 주요 개념 ② – 손실 회피성
4문단: 행동 경제학의 의의

독해 훈련 문제

> **1** 인간은 제한적으로 합리적이며 감성적인 존재이고, 처한 상황에 따라 선호가 바뀌기 때문에 **2** 지나치게 이상적이고 비현실적이기 때문에 **3** 소비자들이 '5'라는 숫자를 기준점으로 하여 제한된 판단을 하기 때문에 **4** 사람들의 감성을 자극하는 감정 휴리스틱 **5** 이익에서 얻는 효용보다 손실에서 느끼는 비효용을 더 크다고 생각해 손실을 피하려고 함 **6** 인간의 본성을 거스르지 않는 의사 결정을 하게 하는 단서를 제공함

---

01 ④	02 ⑤	03 ②	04 ④	05 ⑤

01
정답④

2문단에 따르면, ㉮는 사람들이 기준점을 중심으로 제한된 판단을 하는 경향을 뜻하고, ㉯는 이성이 아닌 감성이 선택에 영향을 미치는 경향을 뜻한다. 따라서 ㉮와 ㉯의 개념에는 ④와 같은 행동 경제학의 인간관이 담겨 있다고 볼 수 있다.

오답 피하기

① 인간이 이상적이고 비현실적인 존재라는 것은, 행동 경제학에서 기존 경제학이 가정하는 인간관을 비판하기 위한 것이다.
② 인간이 효용을 극대화하는 방향으로 선택하는 존재라는 것은 기존 경제학의 관점이다.
③ 인간을 합리적이고 이기적인 존재로 보는 것은 기존 경제학의 관점이다. 또 행동 경제학에서는 인간이 손실을 회피하려는 경향을 나타내는 것은 손실에서 느끼는 불만족이 이익에서 얻는 만족보다 크기 때문이라고 본다.
⑤ 인간이 일관된 선호를 보이며, 그 행동을 예측할 수 있다고 보는 것은 기존 경제학의 관점이다.

02
정답⑤

[가]는 이익과 손실의 크기가 같더라도, 이익에서 얻는 효용보다 손실에서 느끼는 비효용을 더 크게 생각한다는 '손실 회피성'에 대해 설명하고 있다. 그런데 ⑤는 전자와 후자의 절대적 손실(100만 원)을 비교하여 그 손실에 대한 민감도 차이를 보여 주는 사례에 해당하므로, '손실 회피성'과 관련이 없다.

오답 피하기

① 100%의 확률로 560만 원을 얻는 경우와 80%의 확률로 700만 원을 얻는 경우는, 확률적으로 보았을 때 기대되는 이득이 동일하다. 하지만 대부분의 사람들이 전자를 선택하는 이유는 20%의 확률로 이익을 얻지 못하는 위험을 회피하기 위함이므로, 이는 손실 회피성과 관련된 사례로 적절하다.
② 100%의 확률로 560만 원을 잃는 경우와 80%의 확률로 700만 원을 잃는 경우는, 확률적으로 보았을 때 예측되는 손실이 동일하다. 그럼에도 불구하고 대부분의 사람들이 후자를 선택하는 이유는 20%의 확률로 위험을 회피할 수 있다는 기대감 때문이므로, 이는 손실 회피성과 관련된 사례로 적절하다.
③ 사람들은 손실을 능가하는 충분한 이익이 없는 한 현재 상태를 유지하려는 경향을 보이므로 적절한 사례이다.
④ 사람들이 손실에서 느끼는 불만족은 이익에서 얻는 만족보다 2배 이상 크다고 하였으므로 적절한 사례이다.

03
정답②

㉡의 '일관(一貫)'은 '하나의 방법이나 태도로써 처음부터 끝까지 한결같음'이라는 뜻이다. '비교되는 대상들이 서로 어긋나지 아니하고 같거나 들어맞음'의 뜻을 가진 어휘는 '일치(一致)'이다.

04
정답④

㉮'기준점 휴리스틱'은 외부에서 기준점이 제시되면 사람들이 그것을 중심으로 제한된 판단을 하게 되는 것을 의미한다. 정가와 판매 가격을 같이 제시하면, 사람들은 '정가'라는 기준점을 중심으로 제한된 판단을 하게 되어 제품을 정가에 비해 싼 가격으로 샀다고 인식할 것이므로, ④는 ㉮의 사례로 적절하다.

05
정답⑤

〈보기〉의 @는 기존 경제학의 관점과 달리, 자신의 이익을 극대화하지 않고 상대방에게 최소 40% 이상의 몫을 제안하는 모습을 보이고 있다. 1문단에서 행동 경제학에서는 인간이 제한적으로 합리적이고 감성적이며, 효용을 극대화하기보다 어느 정도 만족하는 선에서 선택을 하는 존재라고 하였다. 따라서 @의 행동은 행동 경제학의 입장에서 기존 경제학의 인간관을 비판하는 근거가 될 수 있다.

오답 피하기

① 인간이 철저하게 이성적이고 합리적으로 판단한다고 보는 것은 기존 경제학의 입장에 해당하며, @가 이성에 의존하여 제안을 하고 있다고 볼 수도 없다.
② 기존 경제학의 입장에 따르면, ⓑ에게 효용을 극대화하는 선택이란 A의 제안을 무조건 수용하는 것이다. 하지만 ⓑ는 충분한 몫을 제안받지 못한 경우 수용보다 거절을 선택하였으므로, 철저하게 이기적인 존재라고 볼 수 없다.
③ ⓑ가 A의 제안을 거절한 것은 인간이 철저하게 합리적이고 이기적이라는 기존 경제학의 전제에 어긋나므로, 기존 경제학을 옹호하는 근거가 되지 못한다.
④ @가 이익을 극대화하기 위해서는 B가 거절하지 않는 범위 내에서 자신이 돈의 대부분을 차지해야 한다. 하지만 @는 B에게 최소 40% 이상의 몫을 제안하는 관대함을 보였으므로, 자신의 이익을 극대화하는 행동을 했다고 볼 수 없다.

🄋🄋 실전 문제

p. 110~111

불법 행위를 억제하기 위한 금전적 제재 수단

지문 해결 전략

이 글은 경제적 이익 추구 과정에서의 불법 행위를 억제하기 위한 금전적 제재 수단에 대해 설명하고 있다. 금전적 제재 수단의 종류로는 피해자의 구제를 위한 손해 배상, 가해자의 징벌을 위한 벌금, 법 위반 상태의 시정을 위한 과징금이 있다. 하지만 이러한 방법만으로는 한계가 있어, 불법 행위의 피해자가 손해액을 초과하여 배상받을 수 있도록 하는 '징벌적 손해 배상 제도'가 대안으로 논의되기도 한다. 하지만 이 제도는 민사적 수단인 손해 배상에 형사적 수단인 벌금의 성격이 가미된 것이어서 찬성과 반대의 입장이 맞서고 있다. 이 글은 손해 배상, 벌금, 과징금, 징벌적 손해 배상 제도의 목적과 특성을 정확하게 파악하며 독해해야 한다.

문단별 중심 내용

1문단: 불법 행위를 억제하는 데 효과적인 금전적 제재 수단
2문단: 금전적 제재 수단의 종류와 목적
3문단: 과징금의 한계를 보완할 수 있는 징벌적 손해 배상 제도

4문단: 징벌적 손해 배상 제도의 특징
5문단: 징벌적 손해 배상 제도에 대한 찬반 입장

주제
불법 행위에 대한 금전적 제재 수단으로서의 손해 배상, 벌금, 과징금과 징벌적 손해 배상 제도

독해 훈련 문제

> 1 경제적 이익 추구 과정에서 발생하는 불법 행위의 억제 2 피해자의 구제, 가해자의 징벌, 법 위반 상태의 시정 3 적발 가능성이 낮은 불법 행위에 대해 억제력을 높일 수 있음, 피해자에 대한 손해 배상을 충실히 할 수 있음 4 피해자가 손해액을 초과하여 배상받을 수 있음 5 배상금은 피해자에게 부여되는 횡재임, 배상금과 벌금이 함께 부과되면 중복 제재임 6 배상금은 피해자들이 소송을 위해 들인 시간과 노력에 대한 정당한 대가임, 배상금과 벌금이 함께 부과되어도 중복 제재가 아님

01 ④   02 ⑤   03 ④   04 ④   05 ①

01
정답 ④

2문단에서 '하나의 불법 행위에 대해 세 가지 금전적 제재가 내려질 수 있지만 제재의 목적이 서로 다르므로 중복 제재는 아니라는 것이 법원의 판단'이라고 하였으므로 타당한 내용이다.

오답 피하기
② 2문단에서 과징금은 법 위반 상태의 시정을 목적으로 한다고 하였다. 피해자의 구제를 목적으로 하는 것은 손해 배상이다.
③ 3문단에서 벌금과 과징금은 국가에 귀속되지만, 손해 배상금은 피해자에게 귀속된다는 것을 알 수 있다.

02
정답 ⑤

5문단에서 징벌적 손해 배상 제도의 찬성론자들은 '징벌적 성격이 가미된 배상금도 피해자의 구제를 목적으로 하는 민사적 제재의 성격을 갖는다'고 보았음을 알 수 있다. 징벌적 손해 배상 제도가 민사적 제재와 형사적 제재의 성격을 모두 가지고 있어 중복 제재가 된다고 주장하는 것은 징벌적 손해 배상 제도에 대한 반대론자들의 입장이다.

오답 피하기
① 3문단에서 벌금과 과징금은 국가에 귀속되어 피해자에게 직접적인 도움이 되지 못하지만, 이와 달리 손해 배상금은 피해자에게 귀속된다는 것을 알 수 있다.
② 5문단에서 징벌적 손해 배상 제도의 반대론자들은 '징벌적 성격이 가미된 배상금이 피해자에게 부여되는 횡재'로 본다고 하였으므로 타당하다.
③ 4문단에서 '일반적인 손해 배상 제도에서는 피해자가 손해액을 초과하여 배상받는 것이 불가능'하다고 하였으므로 타당하다.
④ 4문단에서 징벌적 손해 배상 제도는 피해자의 손해액에 징벌적 성격의 배상금을 더하여 배상받을 수 있는 제도라고 하였으므로, 화상으로 인한 손해 배상금인 16만 달러를 뺀 나머지 금액은 징벌적 성격이 가미된 것임을 알 수 있다.

03
정답 ④

이 글은 2문단에서 불법 행위에 대한 금전적 제재 수단의 종류(③), 3문단에서 징벌적 손해 배상 제도의 도입이 요구되는 배경(⑤), 4문단에서 징벌적 손해 배상 제도의 내용(①), 5문단에서 징벌적 손해 배상 제도와 관련한 논쟁(②)을 설명하고 있다. 하지만 징벌적 손해 배상 제도의 도입 사례와 문제점은 언급하고 있지 않다.

04
정답 ④

ⓔ은 징벌적 손해 배상 제도에서 가해자에 대한 징벌의 성격이 가미된 배상금의 의미를 드러낸 것이다. 그런데 2문단에서 가해자의 징벌을 목적으로 하는 벌금은 형사적 수단이라고 하였으므로, ⓔ은 행정적 제재 수단이 아니라 형사적 제재 수단으로서의 성격을 말하는 것이다.

05
정답 ①

〈보기〉의 '하도급 거래 공정화에 관한 법률'은 징벌적 손해 배상 제도의 성격을 가진 규정이다. 3문단에서 손해 배상금은 피해자에게 귀속된다고 하였고, 4문단에서 징벌적 손해 배상 제도는 피해자가 손해액에 해당하는 배상금에다 가해자에 대한 징벌의 성격이 가미된 배상금을 더하여 배상받을 수 있도록 한 제도라고 하였다. 따라서 배상금이 국가에 귀속된다고 한 ①은 적절하지 않다.

오답 피하기
②, ⑤ 3문단에 따르면, 징벌적 손해 배상 제도는 적발 가능성이 매우 낮은 불법 행위에 대해 억제력을 높이면서도 손해 배상을 더욱 충실히 할 수 있는 방안으로 제시된 것이므로 적절한 내용이다.
③, ④ 4문단에 따르면, 징벌적 손해 배상 제도는 불법 행위의 피해자가 손해액에 해당하는 배상금에다 가해자에 대한 징벌의 성격이 가미된 배상금을 더하여 배상받을 수 있도록 한 제도이므로 적절한 내용이다.

⑩ 실전 문제

p. 112~113

인간관계의 회복을 지향하는 '회복적 사법'

지문 해결 전략
이 글은 회복적 사법이라는 형사 사법의 새로운 관점을 설명하고 있다. 응보형론과 재사회화론 등 기존의 형사 사법은 국가와 범죄 행위자 간의 관계에 집중하기 때문에 피해자나 지역 사회에 대한 관심이 적었다. 반면 회복적 사법은 피해자와 피해의 회복에 초점을 두고, 훼손된 인간관계와 공동체의 회복을 지향한다. 이러한 회복적 사법은 가해자에게는 용서받을 수 있는 기회를, 피해자에게는 회복의 가능성을 부여할 수 있다는 점에서 의미가 있다. 이 글은 응보형론, 재사회화론, 회복적 사법이 지닌 각각의 목적과 그 차이점을 파악하며 독해해야 한다.

문단별 중심 내용
1문단: 회복적 사법의 개념
2문단: 기존 형사 사법의 한계
3문단: 회복적 사법의 특성
4문단: 회복적 사법의 의미

주제
'회복적 사법'의 특성과 의미

독해 훈련 문제

> 1 회복적 사법 2 이미 발생한 범죄와 범죄인의 처벌에만 치중하여 예방에는 미약함 3 재범률의 증가 4 범죄는 개인 또는 인간관계를 파괴하는 행위임 5 사과와 피해 배상, 용서와 화해 등을 통한 회복 6 가해자에게는 용서받을 수 있는 기회를, 피해자에게는 회복의 가능성을 부여할 수 있음

01 ③   02 ②   03 ⑤   04 ⑤

01

정답 ③

기존의 형사 사법과 회복적 사법의 차이점을 대조함으로써 회복적 사법의 특성을 밝히고 있는 글로, 형사 사법의 발전 과정을 소개하고 있지 않다.

02

정답 ②

(가)는 교정 교육을 행할 목적으로 실시되는 제도로, 형벌의 목적을 범죄인의 정상적인 구성원으로서의 사회 복귀에 두는 재사회화론과 관련이 있다. 그러나 ②는 범죄를 상쇄할 해악의 부과를 형벌의 본질로 보는 응보형론에 대한 설명이므로 적절하지 않다.

오답 피하기

① (가)는 재사회화론에 기반을 둔 제도로, 범죄를 저지른 소년들에게 교정 교육을 실시하여 사회에 복귀시키는 것을 목적으로 한다.

③ 2문단에서 재사회론은 형벌과 교육으로 범죄인의 반사회적 성격을 교화하여 장래의 범법 행위를 방지하는 것에 주안점을 둔다는 사실을 확인할 수 있다.

④ (나)는 피해자의 요구를 반영하고 당사자 간의 자율적 문제 해결의 여지를 둔다는 측면에서 회복적 사법과 관련된 내용이다. 3문단에서 회복적 사법은 범죄를 개인 또는 인간관계를 파괴하는 행위로 본다는 사실을 확인할 수 있다.

⑤ 3문단에서 회복적 사법은 가해자가 죄책감이 들어 태도에 변화가 생기면 피해자도 상처를 치유받을 수 있다고 보고, 피해자와 피해의 회복에 초점을 두고 있다는 사실을 확인할 수 있다.

03

정답 ⑤

3문단에서 '회복적 사법은 사과와 피해 배상, 용서와 화해 등을 통한 회복을 목표'로 한다고 하였으므로, 회복적 사법이 가해자에 대한 피해자의 응보 심리를 충족하는 것을 목적으로 한다는 설명은 적절하지 않다.

오답 피하기

① 3문단에서 '지금까지의 형사 사법은 주로 범인, 침해당한 법, 처벌 등에 관심을 두고 피해자는 무시한 채 가해자와 국가 간의 경쟁적 관계에서 대리인에 의한 법정 공방을 통해 문제를 해결해 왔다'고 했으므로 적절하다.

② 2문단에서 '응보형론은 범죄를 상쇄할 해악의 부과를 형벌의 본질로 보는 이론으로 형벌 자체가 목적'이라고 했으므로 적절하다.

③ 2문단에서 응보형론은 형벌 자체가 목적이라고 한 반면, 재사회론은 '형벌과 교육으로 범죄인의 반사회적 성격을 교화하여 장래의 범법 행위를 방지'하는 것에 주안점을 두었다고 했으므로 적절하다.

④ 3문단에서 회복적 사법의 기본적 대응 방법은 '피해자와 가해자, 이 둘을 조정하는 조정자를 포함한 공동체 구성원까지 자율적으로 참여하는 가운데 이루어지는 대화와 합의'라고 했으므로 적절하다.

04

정답 ⑤

3문단에 따르면, 회복적 사법에서는 '가해자가 피해자의 상황을 직접 듣고 죄책감이 들면 그의 감정이나 태도에 변화가 생기고, 이런 변화로 피해자도 상처를 치유받고 변화할 수 있다'고 보았다. 하지만 〈보기〉의 상황에서처럼 가해자가 자신에게 내려질 형벌을 감형시킬 목적으로 회복적 사법 프로그램에 참여한다면, 진정한 태도 변화나 피해자에 대한 사과가 이루어질 수 없을 것이기 때문에 프로그램의 실시 목적이 달성되기 어렵다.

---

⑪ 실전 문제

p. 114~115

현대 민주주의 사회에서 의회의 역할

지문 해결 전략

이 글은 현대 사회의 갈등을 조정하기 위한 의회의 기능과 역할에 대해 설명하고 있다. 의회는 '입법 과정'을 통해 사회 갈등을 관리할 수 있는데, 최적의 입법 과정은 발생 가능성이 있는 사회 갈등을 예방하는 '사전적 관리 기능'과 이미 발생한 사회 갈등을 조정하는 '사후적 관리 기능'을 모두 담당할 수 있어야 한다. 현대 민주주의 사회에서 의회가 시민의 참여를 보장하는 최적의 입법 과정을 정립하는 것은 사회 통합을 위해 꼭 필요하다. 이 글은 사회 갈등을 해결하기 위한 의회의 입법 과정이 구체적으로 어떻게 이루어지는지 파악하며 독해해야 한다.

문단별 중심 내용

1문단: 입법 과정을 통한 의회의 갈등 관리
2문단: 사전적 관리 기능의 특징
3문단: 사후적 관리 기능의 특징
4문단: 현대 민주주의 사회에서 의회의 역할

주제

'입법 과정'을 통한 의회의 갈등 관리 기능

독해 훈련 문제

> **1** 입법 과정 **2** 입법과 관련하여 발생할 수 있는 사회 갈등을 사전에 예방함 **3** 입법 커뮤니케이션의 활성화 **4** 이미 발생하여 현재 존재하는 사회 갈등을 해결함 **5** 참여 기구가 제시한 사회 갈등의 해결 방안 **6** 시민과의 소통과 협력을 통한 사회 갈등 해결

---

01 ②   **02** ③   **03** ⑤   **04** ⑤   **05** ②

01

정답 ②

1문단에서 최적의 입법 과정은 '사전적 관리 기능'과 '사후적 관리 기능'을 모두 담당할 수 있어야 한다고 하였다. 사회 갈등을 사전에 예방하는 것은 '사전적 관리 기능'에 해당하므로, 이것만을 가지고는 최적의 입법 과정이라고 보기 어렵다.

오답 피하기

① 1문단에서 민주주의는 갈등을 일으키는 다양한 가치와 이해관계를 조정하는 정치 체제로, 궁극적으로 사회 통합을 추구한다는 내용을 확인할 수 있다.

③ 2문단에서 평가 기관은 갈등 영향을 분석한 결과를 법률안과 함께 의회에 제출하는데, 이 내용이 부정적일 경우에는 입법이 무산될 수도 있다는 내용을 확인할 수 있다.

④ 3문단에서 참여 기구가 입법적 조치를 제시하는 경우에는 입법의 방향과 주요 내용, 쟁점 사항에 대한 의견을 의회에 제출한다는 내용을 확인할 수 있다.

⑤ 4문단에서 의회가 시민의 폭넓은 참여를 보장하는 최적의 입법 과정을 정립하는 것은 사회의 통합을 위해 꼭 필요하다는 내용을 확인할 수 있다.

02

정답 ③

〈보기〉에서 국가 개발 보고서를 작성하거나 공청회 사무국을 설치하여 갈등 영향을 분석하는 것은, 입법과 관련하여 발생할 수 있는 사회 갈등을 예방하기 위한 사전적 관리 기능과 관련된 내용이다. ③의 '발생된 갈등 현안에 적극적으로 대처'하는 것은 사후적 관리 기능에 대한 설명이므로 적절하지 않다.

① 국가 개발 보고서 작성이나 국토 개발 영향 평가 및 심사 과정에서 시민의 의견을 수렴하는 절차를 갖춤으로써, 정책 결정 과정에 시민이 참여할 수 있는 기회를 보장하고 있다.

② 전문가들로 구성된 공청회 사무의 국토 개발 영향 평가 및 영향 심사가 정책 결정 과정에 반영되고 있다.

④ 다양한 국민 의견을 청취하여 분석하고 이를 입법 과정에 반영하고 있으므로, 입법 커뮤니케이션이 활성화되어 있다고 볼 수 있다.

⑤ 〈보기〉는 정책이 사회에 미칠 수 있는 영향과 그로 인해 발생할 수 있는 갈등을 체계적으로 분석하여 예방 방안을 마련하기 위한 사전적 관리 기능을 보여 주는 사례이다.

03
정답 ⑤

ⓔ의 '현안(懸案)'은 '이전부터 의논하여 오면서도 아직 해결되지 않은 채 남아 있는 문제나 의안'이라는 뜻이다. '일을 처리하거나 해결하여 나갈 방법이나 계획'의 뜻을 가진 것은 '방안(方案)'이다.

04
정답 ⑤

2문단과 3문단에 따르면, ㉠은 '입법과 관련하여 발생할 수 있는 사회 갈등을 사전에 예방하기 위한 것'이며, ㉡은 '이미 발생하여 현재 존재하는 사회 갈등을 해결하는 것'이다. 이러한 내용을 가장 잘 정리한 것은 ⑤이다.

05
정답 ②

〈보기〉는 의회의 사후적 관리 기능을 보여 주는 사례이다. A국의 의회는 민간 의료 보험 제도를 둘러싼 사회 갈등이 발생하자, 이를 해결하기 위해 국민들의 여론을 수렴하고 참여 기구에 해당하는 '의료 보험 대책 기구'를 구성한 다음, 국가 의료 보험 제도에 관한 법률안을 만들어 통과시켰다. 따라서 의회는 이미 존재하는 사회 갈등을 해결하기 위해 입법적 조치를 내린 것이지, 입법 의제를 설정하면서 사회 갈등이 발생한 것은 아니다.

① '의료 보험 대책 기구'가 갈등의 당사자들이나 시민 대표단이 포함된 참여 기구에 해당한다.

③ 의회는 여론 조사를 실시하여 국민들의 의견을 수렴하였고, 이를 바탕으로 법률안을 만들었다.

④ 의료 보험 대책 기구에 각 정당의 대표, 보험 회사, 시민 단체, 정부 등 관련 당사자들이 다양하게 참여한 덕분에 대표성과 중립성이 담보되어 사회적 합의를 이끌어 낼 수 있었다.

⑤ 의료 보험 대책 기구는 숙의 과정을 통해 '국가 의료 보험 제도로의 전환'이라는 해결 방안을 제시하였고, 의회는 이를 바탕으로 법률안을 만들어 통과시키는 입법적 조치를 취하였다.

⑫ 실전 문제

p. 116~117

상업 광고의 규제

지문 해결 전략
이 글은 상업 광고를 규제하게 된 배경과 규제의 유형을 설명하고 있다. 광고는 기업과 소비자 모두에게 요긴한 것이지만, 기업과 소비자의 이익이 상충되거나 광고가 사회 전체에 폐해를 낳는 경우도 있

어 규제가 필요하다. 초기에는 광고로 인한 피해를 소비자가 책임져야 한다고 보았지만, 점차 기업이 책임져야 한다는 공감대가 형성되었다. 이런 공감대 속에서 행해지고 있는 광고 규제는 정부 기관의 강제적 조치인 법적 규제와 기업의 자율적 조치인 자율 규제로 나눌 수 있다. 이 글은 서로 대비되는 개념들의 특징을 정확히 파악하며 독해해야 한다.

문단별 중심 내용
1문단: 상업 광고 규제의 배경
2문단: 광고 피해의 책임 주체 ① – 소비자
3문단: 광고 피해의 책임 주체 ② – 기업
4문단: 광고 규제의 유형 ① – 법적 규제
5문단: 광고 규제의 유형 ② – 자율 규제

주제
상업 광고 규제의 배경 및 유형

독해 훈련 문제

> 1 기업과 소비자의 이익이 상충되는 경우가 있음, 사회 전체에 폐해를 낳는 경우가 있음 2 소비자는 이성적으로 광고 정보를 판단하여 구매할 수 있어야 함 3 상품 정보에 대한 소비자의 정확한 이해가 어려워졌기 때문에 4 허위 광고나 기만 광고 등을 불공정 경쟁 수단으로 간주하여 정부 기관이 법 조항을 통해 규제하는 것 5 광고의 순기능을 극대화하기 위한 자율적 조치 6 자율 규제가 법적 규제를 보완함

01 ⑤　**02** ⑤　**03** ①　**04** ①

01
정답 ⑤

㉠에서는 광고로 인한 피해를 소비자가 책임져야 하며 광고의 기만성에 대한 입증 책임도 소비자에게 있다고 본 반면, ㉡에서는 광고로 인한 피해를 기업이 책임져야 한다고 보고 있다. 따라서 ㉠이 ㉡보다 소비자에게 불리하다고 볼 수 있다.

① ㉠에서는 '광고 정보를 활용한 소비자의 구매 행위에 대해 소비자가 책임을 져야 한다'고 보았으므로 적절하다.

② ㉠에서는 '광고 정보가 정직한 것인지와는 상관없이 소비자는 이성적으로 이를 판단하여 구매'해야 한다고 보았으므로 적절하다.

③ ㉡에서는 '소비자를 보호해야 한다는 당위를 바탕으로 기업이 광고에 대해 책임을 져야 한다'고 보았으므로 적절하다.

④ ㉡은 '상품에 응용된 과학 기술이 복잡해지고 첨단화되면서 상품 정보에 대한 소비자의 정확한 이해도 기대하기 어려워'진 상황 때문에 부상하게 되었다고 하였다.

02
정답 ⑤

1문단에서 '광고에서 기업과 소비자의 이익이 상충'되는 경우가 있어 다양한 규제 방식이 모색되었다고 하였다. 따라서 기업의 이익과 소비자의 이익이 상충되는 정도가 커지면 법적 규제와 자율 규제의 필요성은 더 커질 것이다.

① 3문단에서 '기업이 광고에 대해 책임을 져야 한다는 공감대가 확산'되었고, 4문단에서 '여러 광고 규제는 이런 공감대 속에서 나온 것'이라고 하였으므로, 법적 규제와 자율 규제는 모두 광고에 대한 기업의 사회적 책임을 전제로 함을 알 수 있다.

② 4문단에서 법적 규제는 '정부 기관이 규제를 가하는 것'이라고 하였고, 5문단에서 자율 규제는 '광고주, 광고업계, 광고 매체사 등이 광고 집행 기

준이나 윤리 강령 등을 정하고 이를 준수'하는 것이라고 하였으므로, 이를 통해 규제의 주체를 확인할 수 있다.

③ 5문단에서 '법적 규제가 광고의 역기능에 따른 피해를 막기 위한 강제적 조치라면, 자율 규제는 광고의 순기능을 극대화하기 위한 자율적 조치'라고 하였다.

④ 5문단에서 '자율 규제는 법적 규제를 보완하는 효과'가 있다고 했는데, 이를 통해 자율 규제를 잘 활용하면 법적 규제의 역할이 축소될 것이라는 사실을 추론할 수 있다.

03 정답 ①

이 글은 1~3문단에서 광고 규제의 배경을, 4, 5문단에서 광고 규제의 유형을 설명하고 있다. 먼저 광고에 대한 다양한 규제 방식이 모색된 배경과 광고 피해의 책임 주체를 소비자가 아니라 기업으로 보게 된 배경을 밝힌 후, 정부 기관이 규제하느냐 기업 자율로 규제하느냐에 따라 광고 규제의 유형을 법적 규제와 자율 규제로 나누어 제시하고 있다. 이를 가장 잘 정리한 것은 ①이다.

04 정답 ①

2문단에서 소비자 책임 부담 원칙은 '광고 정보를 활용한 소비자의 구매 행위에 대해 소비자가 책임을 져야 한다'고 보았다고 하였다. 그런데 〈보기〉에서 소비자 규제는 소비자야말로 광고의 직접적인 피해자라는 점에 근거하여 광고의 폐해에 직접 대응한다고 하였으므로, 소비자 규제는 기업 책임 부담 원칙을 지지할 것이다.

오답 피하기

② 〈보기〉에서 소비자 규제는 '법적 규제와 자율 규제를 강화하도록 압박하는 방식'을 취한다고 하였으므로, 소비자 규제가 법적 규제와 자율 규제를 보완하는 역할을 함을 알 수 있다.

③ 소비자 규제의 주체는 소비자이고 자율 규제의 주체는 기업이므로, 이 둘은 서로 긴장하는 관계에 있다고 볼 수 있다.

④ 소비자 규제와 법적 규제는 모두 기업의 불공정하고 불건전한 광고로 인한 피해를 줄이기 위해 광고 주체를 견제한다는 점에서 공통점을 가지고 있다.

⑤ 소비자 규제는 '발생한 피해에 대응하는 것뿐만 아니라 피해가 예상되는 그릇된 정보의 유통 자체를 문제 삼기도 한다'고 하였으므로, 소비자 규제가 사회·문화적 측면에서도 광고에 의한 소비자의 피해를 줄일 수 있을 것임을 알 수 있다.

⑬ 실전 문제

p. 118~119

공공 임대 주택과 주택 바우처 제도

지문 해결 전략

이 글은 저소득층의 주거권을 보장하기 위한 정부의 주택 정책을 공급자 중심 전달 체계와 수요자 중심 전달 체계로 나누어 설명하고 있다. 공급자 중심 전달 체계의 대표적 예는 '공공 임대 주택'으로, 정부나 위탁 기관이 양질의 주택을 저렴한 가격으로 저소득층에게 임대하는 것이다. 또 수요자 중심 전달 체계의 대표적 예는 '주택 바우처 제도'로, 경제적 취약 계층에게 주택 임대료를 지원해 주는 것이다. 이 글은 정부의 주택 정책을 두 가지 유형으로 나누어 설명하고 있으므로, 각 유형의 특징과 문제점을 정확하게 파악하면서 독해해야 한다.

문단별 중심 내용

1문단: 주거권을 보장하기 위한 정부의 주택 정책

2문단: 공급자 중심 전달 체계의 대표적 예 – 공공 임대 주택
3문단: 공공 임대 주택의 문제점
4문단: 수요자 중심 전달 체계의 대표적 예 – 주택 바우처 제도
5문단: 주택 바우처 제도의 문제점과 해결 방안

주제

주거권을 보장하기 위한 정부의 주택 정책의 유형과 특징

독해 훈련 문제

> 1 공급자 중심 전달 체계, 수요자 중심 전달 체계 2 공급 물량을 유지하기 위한 재원의 마련 3 수요자들이 문화적으로 소외감과 고립감을 느낄 수 있음 4 수요자가 원하는 주택을 선택할 수 있음 5 임대료가 상승할 수 있음, 보조금이 임대료에 비해 부족함 6 동일한 자격 조건을 가진 사람들 중에서 바우처를 받지 못하는 경우가 생기지 않도록 하기 위해

| 01 ③ | 02 ③ | 03 ① | 04 ③ | 05 ④ |

01 정답 ③

㉠과 ㉡ 중에서 어느 제도가 양질의 주택을 선택하는 데 유리한지는 알 수 없다. ㉠에서는 수요자가 정부나 위탁 기관이 공급한 주택 중에서만 선택할 수 있지만, ㉡에서는 수요자가 보조금을 가지고 자신이 원하는 주택을 선택할 수 있다. 따라서 ㉡의 수요자가 ㉠의 수요자에 비해 양질의 주택을 선택할 수도 있다.

오답 피하기

① ㉠은 정부가 임대 주택을 지어 공급하는 제도이고, ㉡은 수요자가 선택한 주택의 임대료를 보조하는 제도이다.

② ㉡은 수요자 중심 전달 체계의 대표적인 예이다.

④ 1문단에서 정부는 주택 정책을 통해 저소득층(주거권을 제대로 누리지 못하는 사람들)의 기본적인 주거 욕구를 충족시키기 위해 도움을 제공하고 있음을 알 수 있다.

⑤ 2문단에서 ㉠을 위해서는 공급 물량의 유지와 이를 위한 재원의 마련이 필요함을 알 수 있고, 4문단에서 ㉡을 위해서는 수요자의 선택이 가능하도록 하기 위한 주택의 공급과 보조금 지급을 위한 재원의 마련이 필요함을 알 수 있다.

02 정답 ③

K시는 주택 보조금을 제공하는 수요자 중심 전달 체계의 주택 정책을 실시하고 있으며, L시는 공공 임대 아파트를 공급하는 공급자 중심 전달 체계의 주택 정책을 실시하고 있다. 먼저 K시의 주택 정책은 지원이 공정하게 이루어지지 못하고, 임대료가 많이 올라 지원되는 보조금이 현실적이지 못하다는 문제가 있다. 따라서 5문단에 언급되어 있는 것처럼, 공급 물량의 부족으로 주택 거래가 원활하게 이루어지지 않아 임대료가 상승한 것인지(ⓐ), 동일한 자격 조건을 갖춘 사람들에게 합리적이고 공정하게 지원이 이루어지고 있는지(ⓒ) 등을 점검해 보아야 한다. 또 L시의 주택 정책은 시 외곽에 위치하여 주거 환경이 만족스럽지 못하다는 문제가 있다. 따라서 3문단에 언급되어 있는 것처럼, 특정 지역에 공급되어 실질적 선택권이 보장되지 않은 것은 아닌지, 주거 환경에 대한 불만을 어떻게 개선할 것인지(ⓑ) 등을 점검해 보아야 한다.

03 정답 ①

이 글은 정부의 주택 정책을 '공급자 중심 전달 체계'와 '수요자 중심

전달 체계'로 구분한 후, 각 유형의 대표적 예인 '공공 임대 주택'과 '주택 바우처 제도'의 특징을 설명하고 있으므로, 이 글의 제목으로 가장 적절한 것은 ①이다.

04

정답 ③

4문단에서 주택 바우처 제도를 운영하기 위해서는 적절한 품질을 가진 주택이 충분히 공급되어야 하고, 5문단에서 공급 물량이 부족하여 초과 수요가 나타나면 임대료가 상승할 수 있다고 하였으므로, ㉡에서도 적절한 공급 물량이 있을 때 기대하는 효과를 얻을 수 있음을 알 수 있다.

05

정답 ④

A시는 주택 보조금을 제공하는 수요자 중심 전달 체계의 주택 정책을 실시하고 있으며, B시는 공공 임대 아파트를 공급하는 공급자 중심 전달 체계의 주택 정책을 실시하고 있다. 그런데 ④와 같이 주택 보조금을 지급하는 것은 수요자 중심 전달 체계의 방법이므로, B시의 주택 정책과 관련이 없다.

오답 피하기

①. ② A시는 주택 보조금을 상향했지만 예측에 비해 신청 가구가 적었다. 따라서 5문단에 언급되어 있는 것처럼, 보조금이 임대료에 비해 부족하여 현실적인 혜택을 바라는 수요자들의 요구를 충족시키지 못한 것은 아닌지, 또 다양한 경로를 통해 주택 바우처 제도에 대한 정보를 충분히 제공했는지 등을 점검해 볼 필요가 있다.

③. ⑤ B시는 추가로 공공 임대 아파트를 지어 분양했으나 예전에 비해 분양률이 저조하였다. 따라서 3문단에 언급되어 있는 것처럼, 공공 임대 주택이 특정 지역에 밀집됨으로써 수요자들이 소외감과 고립감을 느끼고 있는 것은 아닌지, 또 주거 환경에 대한 불만은 없는지 등을 점검해 볼 필요가 있다.

14 실전 문제

p. 120~121

소비자 권익을 위한 국가의 정책

지문 해결 전략

이 글은 소비자의 권익을 위해 국가가 집행하는 정책인 경쟁 정책과 소비자 정책에 대해 설명하고 있다. 경쟁 정책은 반경쟁적 행위를 국가가 규제함으로써 시장에서 경쟁이 활발하게 이루어지도록 하는 것으로, 그 효과는 '생산적 효율'과 '배분적 효율'로 나타난다. 하지만 이러한 경쟁 정책만으로는 소비자 권익이 충분히 실현되지 않기 때문에 소비자의 직접 보호, 소비자 피해 구제, 소비자 교육, 기업과 소비자 간의 분쟁 해결 등과 같은 소비자 정책을 실시하고 있다. 이 글은 경쟁 정책과 소비자 정책의 차이를 이해하고, 각 정책의 구체적 사례를 염두에 두며 독해해야 한다.

문단별 중심 내용

1문단: 경쟁 정책의 기능
2문단: 경쟁 정책의 효과 ① – 생산적 효율
3문단: 경쟁 정책의 효과 ② – 배분적 효율
4문단: 경쟁 정책의 한계
5문단: 경쟁 정책의 한계를 보완하는 소비자 정책의 기능

주제

소비자의 권익 실현을 위한 경쟁 정책과 소비자 정책

독해 훈련 문제

> **1** 반경쟁적 행위를 규제하여 시장에서 경쟁이 활발하게 이루어지도록 함 **2** 시장이 경쟁적이면 기업이 생존을 위해 비용 절감과 같은 생산적 효율을 추구하게 되기 때문에 **3** 경쟁이 활발해지면 생산량 증가와 가격 인하가 수반되기 때문에 **4** 일부 소비자에게는 불이익이 되는 경우가 있음. 소비자는 기업에 대한 교섭력이 약하고 상품에 대한 정보도 적으며 충동구매나 유해 상품에도 쉽게 노출됨 **5** 소비자 정책 **6** 소비자 정책

---

01 ②   **02** ⑤   **03** ④   **04** ③   **05** ⑤   **06** ④

01

정답 ②

이 글은 소비자의 권익을 위해 국가가 집행하는 정책으로 '경쟁 정책'과 '소비자 정책'이 있다는 것을 소개한 뒤, 두 정책의 기능에 대해 각각 설명하고 있다.

02

정답 ⑤

4문단에서 경쟁 정책만으로는 기업에 대한 교섭력이 약한 소비자의 문제를 해결하기 어렵다고 하였으며, 5문단에서 소비자의 지위를 기업과 대등하게 하기 위해 소비자 정책이 수립되었다고 하였다. 즉 기업에 비해 소비자가 지위 면에서 불리한 측면이 있기 때문에 이를 극복하기 위해 소비자 정책이 마련된 것이라고 볼 수 있다.

03

정답 ④

3문단에서 시장이 독점 상태에 놓이면 독점 기업이 생산을 충분히 하지 않은 채 가격을 올려 배분적 비효율이 발생할 수 있다고 하였다. ④는 시장 점유율 1위 업체가 특정 렌즈의 가격을 낮추지 못하게 함으로써 배분적 비효율을 발생시킨 사례이므로, 이를 규제하는 것은 경쟁 정책에 해당한다. 나머지는 모두 소비자 정책에 해당한다.

오답 피하기

① 기업들이 지켜야 할 소비자 안전 기준의 마련 및 유해 상품 구매로 인한 소비자 피해 구제와 관련되므로 소비자 정책에 해당한다.

② 충동구매로 발생하는 소비자 피해 구제 및 기업과 소비자 간의 분쟁 해결과 관련되므로 소비자 정책에 해당한다.

③ 소비자의 피해를 막기 위한 소비자 교육과 관련되므로 소비자 정책에 해당한다.

⑤ 판매자가 환불을 거절하여 소비자가 피해를 입지 않도록 보호하려는 것이므로 소비자 정책에 해당한다.

04

정답 ③

2문단에서 독점 기업이 생산적 효율(비용 절감)을 달성하더라도 그것이 꼭 가격 인하와 같은 소비자의 이익으로 이어지지는 않기 때문에 독점에 대한 감시와 규제는 지속적으로 필요하다고 하였다.

오답 피하기

① 3문단에서 시장이 독점 상태에 놓이면 배분적 비효율을 발생시킬 수 있다고 하였으므로, 독점을 규제하면 배분적 효율에 기여할 수 있다.

② 4문단에서 '전체 소비자를 기준으로 볼 때 경쟁 정책이 소비자 이익을 증진하더라도, 일부 소비자에게는 불이익이 되는 경우도 있다'고 하였다.

④ 5문단에 따르면, '기업들이 지켜야 할 소비자 안전 기준의 마련'은 소비자의 권익을 위한 소비자 정책 중 하나이다.

⑤ 5문단에 따르면, 소비자의 지위를 기업과 대등하게 함으로써 소비자를 보호하기 위한 정책이 소비자 정책이다.

05
정답⑤

⑪은 기업들이 지켜야 할 소비자 안전 기준의 마련, 상품 정보 공개의 의무화 등의 소비자 정책을 의미하므로, '경쟁 정책의 구체적인 수단'이라는 진술은 적절하지 않다.

오답 피하기

① ⑦은 개별 기업이 생존을 위해 비용 절감과 같은 생산적 효율을 추구하여 창출된 것이므로 적절하다.

② ⓒ은 유해 상품으로 인한 소비자 피해와 같이 경쟁 정책으로는 해결할 수 없는 문제를 뜻하므로 적절하다.

③ ⓒ은 일부 소비자에게 불이익이 되는 상황 때문에 경쟁 정책을 아예 포기하면 전체 소비자에게 피해가 발생하는 결과를 뜻하므로 적절하다.

④ ⓔ은 기업으로부터 입은 피해를 구제하여 소비자를 보호할 수 있는 별도의 정책에 대한 요구를 뜻하므로 적절하다.

06
정답④

5문단에 따르면, 상품 정보 공개의 의무화와 관련된 ㄱ, 소비자 교육의 실시와 관련된 ㄴ, 기업과 소비자 간의 분쟁 해결과 관련된 ㄷ은 모두 소비자 정책에 해당한다. 하지만 1문단에 따르면, 독점이나 담합 등과 같은 반경쟁적 행위를 국가가 규제하는 ㄹ은 경쟁 정책에 해당한다.

15 실전 문제

p. 122~123

국민을 보호하기 위한 '경찰 작용'

지문 해결 전략

이 글은 공동체의 안전과 질서를 유지하고 국민의 생명과 신체를 보호하기 위한 '경찰 작용'에 대해 설명하고 있다. 경찰 작용이 발동되기 위해서는 정상인이 참을 수 있는 한계를 넘어선 것으로 판단되는 '손해'와 위험이 발생할 수 있는 고도의 가능성을 뜻하는 '손해 발생의 충분한 개연성'이 있어야 한다. 경찰 작용의 행사는 타인의 기본권을 침해할 가능성이 있어 엄격하게 제한할 필요가 있는데, 제한 원칙에는 적법 절차의 원칙, 비례의 원칙, 권리 남용 금지의 원칙 등이 있다. 이 글은 경찰 작용의 취지와 발동 요건, 제한 원칙 등을 정리하며 독해해야 한다.

문단별 중심 내용

1문단: '경찰 작용'의 개념과 발동 요건
2문단: 발동 요건인 '손해'와 '손해 발생의 충분한 개연성'의 의미
3문단: 경찰 작용의 행사를 엄격하게 제한해야 하는 이유
4문단: 경찰 작용 행사의 제한 원칙과 그 사례

주제

경찰 작용의 발동 요건과 제한 원칙

독해 훈련 문제

1 손해, 손해 발생의 충분한 개연성 2 정상인이 참을 수 있는 한계를 넘어선 것 3 위험이 발생할 수 있는 고도의 가능성 4 타인의 기본권을 침해할 가능성이 있기 때문에 5 적법 절차의 원칙 6 얻을 수 있는 공익이 훼손되는 사익보다 클 경우 7 법에서 정해진 위험 방지 작용의 테두리를 넘을 경우

| 01 ④ | 02 ④ | 03 ③ | 04 ② | 05 ① |

01
정답④

1문단에서 '경찰 작용이 발동되면 다른 사람의 기본권을 불가피하게 제한'하게 된다고 하였다. 타인의 기본권을 침해하게 되므로 경찰 작용의 행사를 엄격하게 제한하는 것인데, 경찰 작용의 행사를 엄격하게 제한한다고 해서 타인의 기본권을 침해하지 않는 것은 아니다.

02
정답④

〈보기〉에서 헌법 재판소는 비록 불법·폭력 집회나 시위가 될 가능성이 있다고 하더라도, 국민의 기본권을 제한할 수 있는 경찰 작용은 신중하게 행사되어야 한다는 취지의 판결을 내렸다. 즉 헌법 재판소는 집회나 시위로 인해 손해가 발생할 개연성이 있기는 하지만, 그러한 손해가 시민의 통행을 제지해야 할 만큼 크다고 보지는 않은 것이다.

오답 피하기

① 1문단에서 경찰 작용이 발동되면 다른 사람의 기본권을 제한하게 된다고 했는데, 헌법 재판소는 시민의 통행을 막은 경찰청장의 조치가 국민의 기본권을 심각하게 침해했다고 보아 위헌이라고 판결한 것이다.

② 3문단에서 기본권 침해의 가능성 때문에 경찰 작용의 행사를 엄격하게 제한할 필요가 있다고 했는데, 헌법 재판소 역시 경찰의 통행 제지 행위는 거의 마지막에 취할 수 있는 수단이라고 보았다.

③ 4문단에서 모든 경찰 작용의 행사는 적법 절차의 원칙을 지켜야 한다고 했는데, 헌법 재판소는 시민의 통행을 막은 경찰청장의 조치가 법률적 근거가 없다고 보았다.

⑤ 4문단에서 비례의 원칙에 따라 경찰 작용이 허용될 수 있다고 했는데, 만약 헌법 재판소가 시민의 통행을 제지했을 때 얻을 수 있는 공익이 사익보다 크다고 판단했다면 위헌 판결을 내리지 않았을 것이다.

03
정답③

이 글은 경찰 작용의 발동 요건과 제한 원칙에 대해 소개하는 과정에서 경찰 작용이 국민의 생명과 신체를 보호하기 위한 행정 작용임을 일관성 있게 서술하고 있으므로, 경찰 작용에 관한 상반된 관점이 드러나지는 않는다.

04
정답②

2문단의 '경찰 작용이 발동되기 위한 요건인 손해는 정상인이 참을 수 있는 한계를 넘어선 것'이라는 내용을 통해, 정상인이 참을 수 있는 한계가 손해 판단의 기준이라는 것을 알 수 있다.

오답 피하기

① 1문단에서 경찰 작용은 국민의 생명이나 신체를 보호하기 위한 행정 작용이라고 했으므로, 경찰 작용이 국가의 이익을 최우선으로 한다는 설명은 적절하지 않다.

③ 2문단에서 손해란 개인 및 공동의 이익이 외부적 영향에 의해 객관적으로 감소되는 것이라고 했으므로, 손해를 공동의 이익이 감소되는 것으로만 보는 것은 적절하지 않다.

④ 2문단에서 손해는 단순한 불이익이나 부담과 구분된다고 했으므로, 정상인이 참을 수 있는 범위의 단순한 불이익이나 부담 정도로는 경찰 작용이 발동되지 않는다.

⑤ 4문단에 따르면, 경찰 작용은 위험을 제거했을 때 얻을 수 있는 공익이 훼손되는 사익보다 클 경우에 행사할 수 있다.

05
정답①

1문단에서 경찰 작용이 발동되면 다른 사람의 기본권을 불가피하게 제한하게 된다고 하였다. 〈보기〉에서 교육장이 학습 환경 보호를 위

해 갑의 신청을 거부한 것은 '영업의 자유'라는 갑의 기본권을 제한한 것으로 볼 수 있다.

오답 피하기

②, ③ 4문단의 적법 절차의 원칙에 따르면, 모든 경찰 작용의 행사는 법률을 근거로 하고 합법적 절차에 따라 발동되어야 한다. 〈보기〉에서 교육장이 학교 보건법에 의거하여 인근 학교장의 의견을 받고 심의 과정을 거쳐 갑의 신청을 거부한 것은, 정당한 법률에 근거하고 합법적인 절차에 따른 것이다.

④ 1문단에 따르면, 위험이란 예측되는 장래에 손해가 발생할 충분한 개연성이 있는 상태를 뜻한다. 〈보기〉에서 교육장은 유흥업소가 학생들의 학습 환경을 저해할 수 있는 위험이 있다고 판단하였기 때문에 갑의 신청을 거부한 것이다.

⑤ 4문단의 비례의 원칙에 따르면, 위험을 제거함으로써 얻을 수 있는 공익이 그로 인해 훼손되는 사익보다 클 경우에만 경찰 작용이 허용될 수 있다. 교육장은 유흥업소 영업 행위 금지로 인해 얻는 공익이 갑의 사익보다 더 크다고 판단한 것이다.

---

16 실전 문제

p. 124~125

기술의 발달에 따른 사회 변화

지문 해결 전략

이 글은 '사색적 삶'과 '활동적 삶'의 대비를 통해 기술의 발달이 인간의 삶에 미치는 영향을 살펴보고 있다. 근대 이전까지는 사색적 삶이 활동적 삶보다 상위에 있다고 생각했지만, 근대에 접어들어 과학 혁명과 청교도 윤리의 등장으로 사색적 삶과 활동적 삶의 위상이 대등해졌다. 산업 혁명 이후 자본주의가 사회를 전면적으로 지배하게 되면서 사색적 삶보다 활동적 삶이 중요하게 여겨졌으며, 20세기 말 기술은 더욱 발달했지만 오히려 사색적 삶은 설 자리를 잃고 활동적 삶이 폭주하게 되었다. 이 글은 시간의 흐름에 따라 내용이 전개되고 있으므로, 각 시기별로 사회의 변화에 따른 사색적 삶과 활동적 삶의 위상을 비교하며 독해해야 한다.

문단별 중심 내용

1문단: '사색적 삶'과 '활동적 삶'의 대비를 통한 사회 변화의 이해
2문단: 근대 이전 – 사색적 삶을 활동적 삶보다 중시함
3문단: 근대 – 활동적 삶과 사색적 삶이 대등해짐
4문단: 산업 혁명 이후 – 활동적 삶이 사색적 삶보다 중요해짐
5문단: 활동적 삶의 지나친 강조에 대한 비판
6문단: 20세기 말 – 사색적 삶의 몰락과 활동적 삶의 폭주

주제

기술의 발달이 인간의 삶에 미치는 영향

독해 훈련 문제

> 1 '사색적 삶'과 '활동적 삶'의 대비 2 사색적 삶 3 과학 혁명과 청교도 윤리의 등장 4 산업 혁명 5 사색적 삶의 영역에 속했던 진리 탐구가 활동적 삶의 영역에 속하는 생산 활동의 논리에 포섭되었음 6 근면과 속도 7 사색적 삶이 설 자리를 잃고 활동적인 삶이 폭주하게 됨

---

01 ④   02 ②   03 ③   04 ③

01

정답 ④

4문단에 따르면, 실용 학문과 산업체 연구소들이 출현한 것은 사색적 삶의 영역에 속했던 진리 탐구마저 활동적 삶의 영역에 포섭되었음을

보여 주는 것이다. 따라서 이를 사색적 삶이 축소되는 상황에 대응하기 위한 것으로 이해하는 것은 적절하지 않다.

오답 피하기

① 2문단에서 아리스토텔레스 이후 근대 이전까지는 진리, 즐거움, 고귀함을 추구하는 사색적 삶의 영역이 생계를 위한 활동적 삶의 영역보다 상위에 있다고 보았음을 알 수 있다.

② 3문단에서 근대 이후에는 과학 혁명과 청교도 윤리의 등장으로 사색적 삶의 영역과 활동적 삶의 영역 사이의 거리가 좁혀지고 활동적 삶에 대한 부정적 인식이 개선되었음을 알 수 있다.

③ 4문단에서 산업 혁명 이후에는 테일러의 과학적 관리론이 생산 활동을 합리적으로 조직하는 중요한 원리로 자리 잡으면서, 인간의 노동이 두뇌에 의한 노동과 근육에 의한 노동으로 분리되었음을 알 수 있다.

⑤ 6문단에서 현대에는 기술의 발달이 인간의 삶을 여유롭게 만들어 줄 것이라는 기대와는 달리, 사람들이 내면화된 강박증에 시달리고 있으며 사색적 삶이 크게 위축되었음을 알 수 있다.

02

정답 ②

4문단에서 산업 혁명 이후에는 활동적 삶이 사색적 삶보다 중요하게 여겨지고, 인간의 노동이 정신노동과 육체노동으로 분리되었다고 하였다. 따라서 활동적 삶은 정신노동과 육체노동의 분리와 관련되어 있음을 알 수 있다. 〈보기〉의 K 군은 성공을 위해 스스로를 끝까지 몰아세우는 '활동적 삶'의 모습을 보이고 있으므로, K 군이 정신노동과 육체노동의 조화를 추구하고 있다고 볼 수 없다.

03

정답 ③

㉠은 '활동적인 삶'이 지나치게 강조된 데 대한 반작용으로 등장한 것으로, 성찰에 의한 사색적 삶의 중요성을 역설하고 있는 목소리이다. ③과 같이 여유롭게 삶의 의미를 되새기는 것이 사색적 삶과 가장 가깝다.

04

정답 ③

〈보기〉에서 '자본주의 시스템의 근본적인 요구가 규율 사회에서 외적 강제에 의한 타자 착취를 통해 관철되었다면, 성과 사회에서 그 요구는 내적 유혹에 의한 자기 착취를 통해 관철'된다고 하였다. 따라서 근대의 규율 사회와 후근대의 성과 사회에서 요구가 관철되는 방식은 달라졌지만, 자본주의 시스템의 근본적인 요구는 달라졌다고 볼 수 없다.

오답 피하기

① 4문단에서 근대 사회에서는 기계의 속도에 기초하여 노동 규율이 확립되었다고 했는데, 이는 〈보기〉에서 말하는 규율 사회에서의 '외적 강제에 의한 타자 착취'와 관련이 있다.

② 6문단에서 현대인들은 자신의 능력을 극한으로 끌어올리기 위해 스스로를 몰아세우는 내면화된 강박증에 시달리고 있다고 했는데, 이는 〈보기〉에서 말하는 성과 사회에서의 '내적 유혹에 의한 자기 착취'와 관련이 있다.

④ 6문단에서 기술의 발달이 인간의 삶을 여유롭고 의미 있게 만들어 줄 것이라는 기대가 있었다고 했는데, 〈보기〉에서 현대 사회를 피로 사회로 규정한다는 것은 이러한 기대가 완전히 무너졌음을 의미하는 것이다.

⑤ 6문단에서 현대인들은 다양해진 욕구와 성취 욕망을 충족하기 위해 스스로를 소진한다고 했는데, 이는 〈보기〉에서 말하는 성과 사회에서의 '성공을 향한 내적 유혹'과 관련이 있다.

01 실전 문제

p. 128~129

완전 탄성 충돌과 완전 비탄성 충돌

지문 해결 전략
이 글은 운동량과 운동 에너지라는 물리학적 개념을 사용하여 충돌 현상을 설명하고 있다. 충돌 현상이 일어날 때 운동량은 보존되지만 운동 에너지는 보존되지 않을 수도 있다. 충돌 시 운동량과 운동 에너지가 모두 보존되는 것을 '완전 탄성 충돌'이라 하고, 운동량은 보존되지만 운동 에너지가 손실되는 것을 '비탄성 충돌'이라 하며, 비탄성 충돌 중 충돌 후 두 물체가 한 덩어리가 되어 움직이는 것을 '완전 비탄성 충돌'이라 한다. 이 글은 완전 탄성 충돌과 완전 비탄성 충돌의 개념을 이해하고, 이를 구체적인 사례에 적용할 것을 염두에 두면서 독해해야 한다.

문단별 중심 내용
1문단: 물리학적 개념을 통한 충돌 현상의 이해
2문단: 충돌 현상에서 보존되는 '운동량'
3문단: 충돌 현상에서 보존되지 않을 수도 있는 '운동 에너지'
4문단: 운동량과 운동 에너지가 보존되는 '완전 탄성 충돌'
5문단: 운동량은 보존되지만 운동 에너지가 손실되는 '완전 비탄성 충돌'
6문단: 충돌 현상에 대한 물리학적 설명의 의의

주제
운동량과 운동 에너지 개념을 통한 충돌 현상의 이해

독해 훈련 문제

1 운동량, 운동 에너지 2 충돌 전 물체들이 지닌 운동량의 합이 충돌 후에도 그대로 보존됨 3 소리나 열, 형태 변화 등이 발생하여 운동 에너지가 다른 에너지로 바뀌기 때문에 4 충돌 시 두 물체의 방향과 속력이 완전히 교환됨 5 찰흙이 지닌 운동 에너지가 다른 형태의 에너지로 바뀌기 때문에 6 충격 완화 방법을 연구하는 데 이론적 토대를 제공할 수 있음

01 ②	02 ③	03 ⑤	04 ⑤	05 ④

01
정답 ②
〈보기〉는 완전 탄성 충돌이므로 C_1은 C_2와 방향과 속력이 완전히 교환되어 멈추게 된다. 그 후 C_2는 C_3와, 다시 C_3는 C_4와, C_4는 C_5와 방향과 속력이 완전히 교환된다. 따라서 최종적으로는 움직일 수 있는 위치에 있는 C_5가 최초의 C_1과 같은 4m/s의 속력을 가지고 우측으로 움직이게 된다. 또한 충돌 전후의 운동량의 합은 4kgm/s로 동일하고, 운동 에너지의 합도 $8kgm^2/s^2$으로 동일하다.

오답 피하기
① 충돌 후에도 C_1이 함께 움직인다면 방향과 속력의 교환이 전혀 일어나지 않은 것이므로 적절하지 않다. 또한 5개의 추가 모두 4m/s 속도로 이동하면 충돌 전후 운동량의 합이 4kgm/s에서 20kgm/s로 변해 운동량이 보존되지 않으며, 운동 에너지의 합이 $8kgm^2/s^2$에서 $40kgm^2/s^2$으로 변해 운동 에너지도 보존되지 않으므로 완전 탄성 충돌에 해당하지 않는다.
③ 마지막 두 개의 추가 2m/s로 이동하면 충돌 전후 운동량의 합은 4kgm/s로 보존되었지만, 운동 에너지의 합은 $8kgm^2/s^2$에서 $4kgm^2/s^2$으로 변해 운동 에너지가 보존되지 않으므로 완전 탄성 충돌에 해당하지 않는다.
④ 4개의 추가 1m/s로 이동하면 충돌 전후 운동량의 합은 4kgm/s로 보존되

었지만, 운동 에너지의 합은 $8kgm^2/s^2$에서 $2kgm^2/s^2$으로 변해 운동 에너지가 보존되지 않으므로 완전 탄성 충돌에 해당하지 않는다.
⑤ 멈추어 있던 네 개의 추와 C_1이 충돌하면 방향과 속력이 완전히 교환되어 C_1이 멈추어야 하므로, C_1만 다시 처음 위치로 돌아온다는 것은 적절하지 않다.

02
정답 ③
ⓑ는 완전 비탄성 충돌로 충돌 후에 운동 에너지의 감소가 일어나지만, ⓐ는 완전 탄성 충돌로 충돌 후에도 운동 에너지의 합이 동일하다. 따라서 ⓐ와 ⓑ 모두 충돌 후 운동 에너지의 합이 충돌 전보다 감소한다는 설명은 적절하지 않다.

03
정답 ⑤
4문단에서 충돌 시에는 대부분 소리나 열 등이 발생하기 때문에 완전 탄성 충돌은 일상생활에서 그 예를 찾아보기 어렵다고 하였으므로, ⑤는 적절하지 않다.

오답 피하기
① 2문단에서 알짜힘이 작용하지 않으면 물체의 운동량이 변하지 않는다고 하였으므로, 알짜힘이 가해지면 물체의 운동량이 변한다는 것을 알 수 있다.
② 'P(운동량)=m(질량)×v(속도)'이고, 총알을 발사하기 전 총의 속도는 0이므로 총이 가진 운동량도 0이다.
③ 'P(운동량)=m(질량)×v(속도)'이므로, 같은 속도로 운동한다면 질량이 큰 쪽의 운동량이 많다.
④ 5문단에서 비탄성 충돌에서는 운동량은 보존되지만 운동 에너지가 손실되는데, 이는 충돌 시 물체의 운동 에너지가 다른 형태의 에너지로 바뀌기 때문이라고 하였다.

04
정답 ⑤
4문단에 따르면, 완전 탄성 충돌에서는 충돌 시 두 물체의 방향과 속력이 완전히 교환된다고 하였고, 이러한 현상은 운동하는 두 물체의 정면충돌에서도 동일하게 나타난다고 하였다. 따라서 〈보기〉에서 충돌 직후 A는 B가 지녔던 3m/s의 속력으로 충돌 지점 왼쪽으로 움직이고, B는 A가 지녔던 5m/s의 속력으로 충돌 지점 오른쪽으로 움직일 것이다.

05
정답 ④
완전 비탄성 충돌의 가장 중요한 특징은 충돌 후 두 물체가 한 덩어리가 되어 움직이는 것이다. ④는 창과 표적이 한 덩어리가 되어 움직였으므로 완전 비탄성 충돌의 사례로 적절하다.

02 실전 문제

p. 130~131

원자 모형에 대한 탐구

지문 해결 전략
이 글은 원자의 구조가 밝혀지는 과정을 시간의 흐름에 따라 서술하고 있다. 1897년 톰슨은 전자를 발견하고, 양전기가 원자에 고르게 퍼져 있을 것이라는 '건포도 빵 모형'을 제안하였다. 하지만 1911년 러더퍼드는 양전기를 띤 물질이 원자핵에 모여 있다는 사실을 밝혀내어 톰슨의 모형을 '태양계 모형'으로 수정하였다. 이후 1919년 러더퍼드는 양성자를 확인하였고, 1932년 채드윅은 중성자를 발견하였

으며, 1935년 유카와 히데키는 중성자가 양성자를 잡아당긴다는 가설을 제안하였다. 이에 따라 원자핵이 양성자와 이를 잡아당기는 중성자로 구성되었으며, 이 원자핵의 주변을 전자들이 공전한다는 원자의 구조가 밝혀졌다. 이 글은 시간의 흐름에 따른 과학자들의 연구 성과와, 그로 인해 밝혀진 원자의 구조를 정확히 정리하며 독해해야 한다.

문단별 중심 내용
1문단: 원자의 구성 요소
2문단: 전자를 발견한 톰슨이 제안한 '건포도 빵 모형'
3문단: 원자핵을 발견한 러더퍼드가 제안한 '태양계 모형'
4문단: 양성자와 중성자의 발견을 통해 완성된 원자의 구조에 대한 설명

주제
원자의 구성 요소인 전자, 양성자, 중성자의 발견 과정

독해 훈련 문제

> **1** 전자, 양성자, 중성자 **2** 전자끼리 흩어지지 않고 원자의 형태를 유지하는 이유 **3** 마리 퀴리의 라듐 발견 **4** 양전기는 원자 전체에 퍼져 있는 것이 아니라 아주 좁은 구역에 모여 있음(원자핵) **5** 전기적으로 중성이며 질량이 양성자와 비슷함 **6** 중성자가 중간자라는 입자를 통해 핵력이 작용하게 하여 양성자를 잡아당김

---

01 ③   **02** ③   **03** ②   **04** ①   **05** ①

01
정답 ③

4문단에서 채드윅은 전기적으로 중성이며 질량이 양성자와 비슷한 입자인 중성자를 발견했다고 하였다. 하지만 채드윅이 어떤 실험을 통해 중성자가 전기적으로 중성이라는 사실을 밝혀냈는지는 이 글에 나타나 있지 않다.

오답 피하기
① 4문단에서 닐스 보어가 '에너지 양자화 가설'을 통해 수소 원자의 스펙트럼을 설명했음을 알 수 있다.
② 3문단에서 마리 퀴리가 라듐을 발견했고, 이것이 계기가 되어 러더퍼드가 원자핵을 발견하게 된 실험을 진행할 수 있었음을 알 수 있다.
④ 2문단에서 톰슨이 '건포도 빵 모형'을 통해 전자끼리 흩어지지 않고 원자의 형태를 유지하는 이유를 설명했음을 알 수 있다.
⑤ 4문단에서 유카와 히데키가 '중성자가 중간자라는 입자를 통해 핵력이 작용하게 하여 양성자를 잡아당긴다'는 가설을 통해 양성자들이 흩어지지 않고 핵 안에 모여 있는 이유를 설명했음을 알 수 있다.

02
정답 ③

ⓒ은 양전기를 띠고 ⓓ은 전기적으로 중성이므로, ⓒ과 ⓓ의 전기적인 성질이 다르다는 설명은 적절하다. 또 4문단의 '질량이 양성자와 비슷한 입자인 중성자를 발견'했다는 내용을 통해, ⓒ과 ⓓ의 질량이 비슷하다는 설명도 적절함을 알 수 있다. 그러나 전기적 성질은 다르지만 서로 간의 질량이 비슷하여 원자를 안정적인 상태로 만든다는 내용은 이 글의 내용을 통해 확인할 수 없다.

오답 피하기
① 3문단의 '양성자는 전자보다 대략 2,000배 정도 무거워서 작은 에너지로 전자처럼 분리해 내거나 가속시키기 쉽지 않다'라는 내용을 통해 확인할 수 있다.
② 3, 4문단을 통해 ⓒ은 중성자와 함께 원자핵을 구성함을 알 수 있다. 또 3문단의 '양전기를 띤 원자핵도 전자를 잡아당겨 공전시킨다'와 4문단의

'전자가 핵 주위의 특정한 궤도만을 돌 수 있다'라는 내용을 통해, ⓒ이 ⓐ을 특정 궤도에서 돌 수 있게 잡아당기는 역할을 하고 있음을 알 수 있다.
④ 4문단의 '유카와 히데키는 중성자(ⓓ)가 중간자(ⓔ)라는 입자를 통해 핵력이 작용하게 하여 양성자(ⓒ)를 잡아당긴다는 가설을 제안하였다'라는 내용을 통해 확인할 수 있다.
⑤ 4문단의 '반발력보다 더 큰 힘이 있어야만 여러 개의 양성자가 핵에 속박될 수 있다'라는 내용을 통해, ⓔ은 ⓒ 사이에 존재하는 반발력보다 강한 힘을 가지고 있음을 알 수 있다.

03
정답 ②

원자를 구성하는 전자, 양성자, 중성자에 대한 설명을 통해 원자의 구조는 알 수 있지만, 이 입자들의 내부 구조에 대한 정보는 알 수 없다.

04
정답 ①

3문단에서 1898년 마리 퀴리가 라듐을 발견했다고 하였고, 1911년 러더퍼드가 라듐에서 방출되는 알파 입자를 얇은 금박에 충돌시키는 실험을 통해 원자핵을 발견했다고 하였다. 즉 라듐의 발견은 러더퍼드의 실험이 이루어질 수 있도록 한 계기를 제공했다고 볼 수 있다.

오답 피하기
② 4문단에 따르면, 질소 충돌 실험을 통해 핵에서 떨어져 나오는 양성자를 확인한 것은 러더퍼드이다. 유카와 히데키의 가설은 '중성자가 중간자라는 입자를 통해 핵력이 작용하게 하여 양성자를 잡아당긴다'는 것이다.
③ 4문단에 따르면, 채드윅은 중성자를 발견하였다. 양성자가 핵 안에서 흩어지지 않는 이유를 설명하는 가설을 제안한 것은 유카와 히데키이다.
④ 원자 모형은 1897년에 전자를 발견한 톰슨이 제안한 '건포도 빵 모형'에서 1911년 원자핵을 발견한 러더퍼드가 제안한 '태양계 모형'으로 수정되었다.
⑤ 3문단에 따르면, 러더퍼드는 라듐에서 방출되는 알파 입자를 얇은 금박에 충돌시키는 실험을 통해 양전기가 빵 반죽처럼 원자 전체에 퍼져 있는 것이 아니라 아주 좁은 구역에만 모여 있다는 것을 알게 되었다.

05
정답 ①

ⓐ의 '고르다'는 '여럿이 다 높낮이, 크기, 양 따위의 차이가 없이 한결같다'의 의미로 사용되었다. ①에서도 이와 유사한 의미로 사용되었다.

오답 피하기
② '여럿 중에서 가려내거나 뽑다'의 의미로 쓰였다.
③ '붓이나 악기의 줄 따위가 제 기능을 발휘하도록 다듬거나 손질하다'의 의미로 쓰였다.
④ '울퉁불퉁한 것을 평평하게 하거나 들쭉날쭉한 것을 가지런하게 하다'의 의미로 쓰였다.
⑤ '상태가 정상적으로 순조롭다'의 의미로 쓰였다.

⓪③ 실전 문제

p. 132~133

빛의 굴절과 관련된 재미있는 자연 현상

지문 해결 전략
이 글은 빛의 굴절을 통해 설명할 수 있는 여러 가지 자연 현상을 소개하고 있다. 먼저 별이 실제보다 높은 고도에 있는 것처럼 보이는 이유는 지표면에 가까워질수록 지구 대기의 밀도가 커져서 빛이 굴절되는 정도가 커지기 때문이다. 태양이 실제보다 일찍 뜨는 것처럼 보이는 이유도 일출 때 태양 빛의 굴절이 최대가 되기 때문이다. 그

리고 별이 반짝이는 것처럼 보이는 이유는 대기의 밀도가 고르지 못해 별빛이 지속적으로 굴절되기 때문이다. 이 글은 빛의 굴절로 인해 나타나는 자연 현상들에 어떤 원리가 적용된 것인지 이해하며 독해해야 한다.

문단별 중심 내용
1문단: 빛이 굴절되는 원리
2문단: 빛의 굴절로 인한 현상 ① – 별이 높은 고도에 있는 것처럼 보임
3문단: 빛의 굴절로 인한 현상 ② – 태양이 일찍 뜨는 것처럼 보임
4문단: 빛의 굴절로 인한 현상 ③ – 별이 반짝이는 것처럼 보임

주제
빛이 굴절되는 원리와 이를 통해 설명할 수 있는 자연 현상

독해 훈련 문제

> **1** 대기권의 밀도가 우주 공간보다 크기 때문에 **2** 지표면에 가까울수록 지구 대기의 밀도가 커지기 때문에 **3** 별 A **4** 일출 때는 태양의 위치가 지평선과 가장 가까워서 빛의 굴절이 최대가 되기 때문에 **5** 대기의 밀도가 고르지 못하기 때문에 **6** 바람 부는 날은 대기의 밀도가 고르지 못하기 때문에

---

01 ③	02 ③	03 ①	04 ②	05 ①

01
정답 ③

4문단에서 대기 상태가 안정되지 못하면 대기의 밀도가 고르지 못하게 되어 별빛이 지속적으로 상하좌우로 굴절된다고 하였다. 따라서 A와 B의 별빛은 관측자에게 도달하기까지 지속적으로 상하좌우로 굴절될 것임을 알 수 있다.

오답 피하기

① 2문단에서 굴절의 정도는 별의 위치가 지평선에 가까워질수록 커진다고 하였으므로, 지평선에 가까이 있는 별 A의 빛이 굴절되는 정도가 별 B의 빛이 굴절되는 정도보다 더 그다는 것을 알 수 있다.

② 2문단에서 '지상의 관측자는 별빛이 대기층에 들어올 때의 고도보다 더 높은 곳에 있는 것처럼 별을 보게 된다'고 하였으므로, 실제 별의 위치는 관측자의 위치에서 본 별의 각도(θ)보다 작다는 것을 추론할 수 있다.

④ 대기의 밀도가 현재보다 커진다면 빛이 굴절되는 정도가 커지므로, 별 A와 B는 실제 방향과 더 다르게 보일 것이다.

⑤ 4문단에서 대기의 밀도가 고르지 못하기 때문에 별빛이 지속적으로 상하좌우로 굴절되어 계속 깜박거리는 것처럼 보인다고 했으므로, 만약 대기의 밀도가 고르다면 별빛이 일정하게 은은히 빛날 것이라고 추론할 수 있다.

02
정답 ③

4문단에서 '대기 상태가 안정되지 못하면 대기의 밀도가 고르지 못하게 되어 별빛은 지속적으로 상하좌우로 굴절'된다고 하였고, 이 때문에 별이 계속 깜박거리는 것처럼 보인다고 하였다. 따라서 바람이 불어 대기 상태가 불안정하면 대기의 밀도가 고르지 못하게 되어 별이 더 반짝이는 것처럼 느껴진다는 것을 추론할 수 있다.

03
정답 ①

이 글은 '빛이 굴절되는 원리'를 통해 별이 실제보다 높은 고도에 있는 것처럼 보이는 현상, 태양이 실제보다 일찍 뜨는 것처럼 보이는 현상, 별이 반짝이는 것처럼 보이는 현상 등을 설명하고 있다.

04
정답 ②

2문단에서 '지상의 관측자는 별빛이 대기층에 들어올 때의 고도보다

더 높은 곳에 있는 것처럼 별을 보게 된다'고 하였으며, '수평 방향으로 들어오는 별빛의 경우에는 굴절각이 약 0.6°에 달한다'고 하였다. 따라서 최대 지평선 아래 0.6° 이상을 벗어나지 않는다면 관측자 A에게 별이 보일 것이라고 예상할 수 있다. 하지만 별 B는 이미 지평선 아래에 위치하고 있기 때문에 0.6°를 더 내려간다면 관측이 불가능하다.

오답 피하기

① 대기권의 밀도가 우주 공간의 밀도보다 크기 때문에, 빛이 대기권에 진입할 때 굴절 현상이 발생하는 것이다. 따라서 관측자 A가 대기권을 벗어난다면, 지구에서보다 정확하게 별의 방향을 인지할 수 있을 것이다.

③ 별이 반짝이는 것처럼 보이는 이유는 대기의 밀도가 고르지 못하기 때문이므로, 대기가 불안정할수록 별이 더 반짝이는 것처럼 보일 것이다.

④ 별 C는 별 D에 비하여 지평선에 가까이 있기 때문에 굴절의 정도가 더 크다. 따라서 굴절의 정도가 작은 별 D가 실제 방향에 더 가깝게 보일 것이다.

⑤ 대기의 밀도가 더 커지면 빛이 굴절되는 정도도 커지므로, 별 C와 별 D는 더 높은 고도에 있는 것처럼 보일 것이다.

05
정답 ①

2문단에서 '지구 대기는 지표면에 가까울수록 그 위에 있는 상층 대기의 무게에 의해 압축'된다고 하였으므로, ㉠의 이유로 가장 적절한 것은 ①이다.

---

04 실전 문제

p. 134~135

신생아의 체온 유지

지문 해결 전략

이 글은 갈색 지방 세포의 기능을 중심으로 하여 신생아의 체온 유지 방법을 설명하고 있다. 몸을 떠는 행동을 통해 ATP를 분해하여 열을 발생시키는 어른과 달리, 근육이 발달되지 않은 신생아는 등뼈나 신장 주변에 분포한 갈색 지방 조직을 통해 체온을 유지한다. 일반 세포와 갈색 지방 세포의 미토콘드리아는 '기질, 내막, 외막, 막간 공간' 등으로 동일하게 구성되어 있지만, 갈색 지방 세포에서는 '써모제닌'이라는 특정 단백질이 작용하여 열이 발생하게 된다. 이 글은 갈색 지방 세포의 기능을 중심으로 신생아의 체온 유지 원리를 정확히 파악하며 독해해야 한다.

문단별 중심 내용

1문단: 어른의 체온 유지 방법
2문단: 신생아의 체온 유지 방법
3문단: 신생아의 체온 유지 과정 ①
4문단: 신생아의 체온 유지 과정 ②
5문단: 신생아의 체온 유지 과정 ③

주제

갈색 지방 세포의 기능을 중심으로 한 신생아의 체온 유지 방법

독해 훈련 문제

> **1** 근육을 떠는 과정을 통해 ATP를 분해함 **2** 갈색 지방 조직 **3** 막관통 단백질 **4** 막간 공간 **5** 막간 공간과 기질에 존재하는 수소 이온의 농도 차이 때문에 **6** 써모제닌 **7** 수소 이온이 양성자 이동력에 의해 가속도가 붙어 기질의 수분 등과 부딪히게 되면 열이 발생함

01

5문단에서 ㉮는 양성자 이동력을 ATP 합성에 사용하지만, ㉯의 경우 써모제닌은 양성자 이동력을 ATP 합성에 사용하지 않아 수소 이온이 양성자 이동력에 의해 가속도가 붙는다고 하였다. 하지만 이 글을 통해 ㉮와 ㉯에서의 양성자 이동력의 크기를 알 수는 없다.

02

4문단에 따르면, 수소 이온이 기질에서 막간 공간으로 이동하면 막간 공간과 기질에 존재하는 수소 이온의 농도 차이가 발생하고, 이로 인해 양성자 이동력이 형성되는 것이다. 따라서 ④와 같이 양성자 이동력에 의해 막간 공간에서 수소 이온의 농도가 낮아진다고 설명하는 것은 적절하지 않다.

오답 피하기

① 3문단에 따르면, 지방산은 미토콘드리아의 외막과 내막을 거쳐 기질로 운반되고, 이후 지방산이 분해되면서 전자가 발생함을 알 수 있다.

② 3문단에 따르면, 기질에서 만들어진 전자가 조효소에 의해 내막에 있는 막관통 단백질로 전달되고, 이로 인해 막관통 단백질들은 자신을 통로로 하여 기질에 이미 존재하고 있던 수소 이온을 막간 공간으로 이동시키게 됨을 알 수 있다.

③ 4문단에 따르면, 막간 공간과 기질에 존재하는 수소 이온의 농도 차이가 발생하며, 이로 인해 양성자 이동력이라 부르는 에너지가 형성됨을 알 수 있다.

⑤ 4, 5문단에 따르면, 수소 이온은 양성자 이동력에 의해 막간 공간에서 써모제닌이라는 단백질 통로를 거쳐 농도가 낮은 기질로 되돌아가게 되는데, 이때 수소 이온은 양성자 이동력에 의해 가속도가 붙어 기질의 수분 등과 부딪힘으로써 열이 발생하게 됨을 알 수 있다.

03

이 글은 몸을 떠는 행동을 통해 열을 발생시키는 어른과 달리, 갈색 지방 세포에서 열을 발생시키는 신생아의 체온 유지 방법을 설명하고 있다.

04

막관통 단백질과 써모제닌은 내막에 있다고 하였으므로 ⓑ는 내막, 내막과 외막 사이에는 막간 공간이 있다고 하였으므로 ⓐ는 막간 공간, 지방산은 미토콘드리아의 외막과 내막을 거쳐 기질로 이동한다고 하였으므로 ⓒ는 기질이다. 3문단에서 지방산의 분해로 발생한 전자가 내막의 막관통 단백질로 전달되며, 막관통 단백질들은 자신을 통로로 하여 기질에 이미 존재하고 있던 수소 이온을 막간 공간으로 이동시킨다고 하였다. 따라서 수소 이온은 ⓐ에서 생성되는 것이 아니라, ⓒ에 이미 존재하고 있던 것임을 알 수 있다.

오답 피하기

① 3문단에 따르면, 지방산이 미토콘드리아의 외막과 내막을 거쳐 기질로 운반되고, 지방산의 분해로 발생한 전자는 내막의 막관통 단백질로 전달되며, 막관통 단백질들을 통로로 하여 수소 이온이 막간 공간으로 이동함을 알 수 있다.

③ 4, 5문단에 따르면, 막간 공간과 기질에 존재하는 수소 이온의 농도 차이로 인해 양성자 이동력이 형성되고, 이 힘에 의해 수소 이온은 갈색 지방 세포의 미토콘드리아에만 존재하는 써모제닌이라는 특정한 단백질 통로를 거쳐 농도가 낮은 기질로 되돌아감을 알 수 있다.

④ 5문단에 따르면, 수소 이온이 막간 공간에서 기질로 이동할 때 양성자 이

동력에 의해 가속도가 붙어서 기질의 수분 등과 부딪히게 되고 그 결과 열이 발생함을 알 수 있다.

⑤ 3문단에 따르면, 기질에 이미 존재하고 있던 수소 이온은 막관통 단백질을 통해 막간 공간으로 이동한다. 또 5문단에 따르면, 막간 공간에 있던 수소 이온은 써모제닌이라는 단백질 통로를 거쳐 기질로 이동함을 알 수 있다.

05 실전 문제

p. 136~137

어지러움과 몸의 평형

지문 해결 전략

이 글은 귀의 평형 기관을 중심으로 뇌가 몸의 평형 상태를 감지하는 원리에 대해 설명하고 있다. 귀의 평형 기관은 세 개의 반고리관과 타원주머니, 둥근주머니 등으로 구성되어 있는데, 이 중 반고리관은 머리의 움직임과 관련된 회전 가속을 감지한다. 특히 반고리관 내부의 림프액이 움직이면 털세포 속의 섬모들도 림프액과 동일한 방향으로 휘어지며, 이러한 섬모의 움직임은 뇌로 송출하는 전기적 신호를 변화시켜 우리 몸의 평형 상태 여부를 판단할 수 있게 한다. 이 글은 몸의 평형 상태를 감지하는 원리를 익숙하지 않은 용어로 설명하고 있으므로, 기출문제의 〈보기〉에 제시된 그림을 참고하며 독해해야 한다.

문단별 중심 내용

1문단: 몸의 평형 상태 판단에 중요한 역할을 하는 귀의 평형 기관
2문단: 귀의 평형 기관의 구조와 역할
3문단: 반고리관이 몸의 움직임을 감지하는 방법
4문단: 반고리관 속 털세포의 구조
5문단: 섬모의 움직임에 따른 전기 신호의 변화
6문단: 뇌가 몸의 평형 상태를 판단하는 원리

주제

귀의 평형 기관을 통해 몸의 평형 상태를 감지하는 원리

독해 훈련 문제

> **1** 귀의 평형 기관 **2** 머리의 움직임과 관련된 회전 가속 **3** 반고리관들의 각도와 그에 따른 림프액의 움직임이 다르기 때문에 **4** 운동 섬모와 부동 섬모를 연결함 **5** 섬모들이 운동 섬모 방향으로 휘어져 단백질 다리가 팽팽해지고, 이온 채널이 10% 이상 열려 탈분극 상태가 됨 **6** 뇌로 전달되는 전기 신호의 발생 빈도의 변화를 통해 몸의 평형 상태 여부를 판단함

01

5문단을 참고할 때, 〈보기〉의 Ⓐ는 분극 상태, Ⓑ는 운동 섬모와 부동 섬모들이 운동 섬모 방향으로 휘어져 있는 탈분극 상태, Ⓒ는 운동 섬모 반대 방향으로 휘어져 있는 과분극 상태임을 알 수 있다. 6문단에서 신경 전달 물질의 양은 탈분극이 발생하면 늘어나고 과분극이 발생하면 줄어드는데, 신경 전달 물질의 양에 비례하여 전기 신호의 발생 빈도도 달라진다고 하였다. 따라서 Ⓐ를 기준으로 Ⓑ는 신경 전달 물질의 양이 늘어나고 Ⓒ는 줄어들며, 이에 따라 Ⓑ는 전기 신호의 발생 빈도가 증가하고 Ⓒ는 감소한다는 것을 알 수 있다.

오답 피하기

① 5문단에서 이온 채널이 10% 정도 열린 분극 상태일 때는 일정량의 신경

전달 물질이 1차 감각 뉴런에 전달되어 일정한 간격의 전기 신호를 뇌로 송출한다고 하였으므로 적절하다.

② 5문단에서 탈분극 상태일 때는 단백질 다리가 팽팽해지고 과분극 상태일 때는 단백질 다리가 느슨해진다고 하였다. 따라서 탈분극 상태인 ⓔ는 분극 상태인 Ⓐ나 과분극 상태인 Ⓒ보다 단백질 다리가 팽팽해진다.

③ 5문단에서 탈분극 상태에서 이온 채널은 10% 이상 열리게 된다고 하였고, 6문단에서 탈분극이 발생하면 신경 전달 물질의 양이 늘어난다고 하였으므로 적절하다.

④ 6문단에서 과분극이 발생하면 1차 감각 뉴런으로 분비되는 신경 전달 물질의 양이 줄어든다고 하였으므로 적절하다.

02

정답 ③

3문단에서 측반고리관은 머리가 좌우로 움직이는 것을 감지한다고 하였다. 하지만 앞 구르기는 머리가 위에서 아래로, 다시 아래에서 위로 움직이는 운동이다. 머리가 위아래로 움직이는 것을 감지하는 귀의 평형 기관은 전반고리관이므로, 앞 구르기를 하고 나서 어지러움을 느끼는 것은 전반고리관의 림프액과 관련이 있다.

오답 피하기

① 수직 방향의 가속을 감지하는 것은 둥근주머니와 연관이 있다.

② 윗몸 일으키기와 같이 머리가 위아래로 움직이는 것을 감지하는 것은 전반고리관과 연관이 있다.

④ 수평 방향의 가속을 감지하는 것은 타원주머니와 연관이 있다.

⑤ 3문단에서 회전을 하다가 갑자기 멈추더라도 림프액의 움직임은 잠시 동안 지속된다고 하였으므로, 돌고 있는 느낌이 바로 사라지지 않는 것은 이와 관련지어 이해할 수 있다.

03

정답 ⑤

이 글은 몸의 평형 상태 여부를 판단하는 데 중요한 역할을 하는 귀의 평형 기관의 구조와 역할 등을 소개하면서, 뇌가 몸의 평형 상태를 감지하는 원리를 설명하고 있다.

04

정답 ④

㉠은 반고리관의 털세포와 관련된 설명이다. 4~6문단의 내용을 통해 ⓐ는 운동 섬모, ⓑ는 부동 섬모, ⓒ는 단백질 다리, ⓓ는 신경 전달 물질, ⓔ는 1차 감각 뉴런임을 알 수 있다. 5문단에서 단백질 다리가 팽팽해지면 탈분극 상태가 된다고 하였고, 6문단에서 탈분극이 발생하면 1차 감각 뉴런으로 분비되는 신경 전달 물질의 양이 늘어나 전기 신호의 발생 빈도도 달라진다고 하였다. 따라서 1차 감각 뉴런에서 송출되는 전기 신호의 발생 빈도가 증가하게 되어 단백질 다리가 팽팽해지는 것이 아니라, 단백질 다리가 팽팽해지면 이후의 과정을 통해 1차 감각 뉴런에서 송출되는 전기 신호의 발생 빈도가 증가하는 것이다.

오답 피하기

① 5문단에서 운동 섬모와 부동 섬모들이 운동 섬모의 방향으로 휘어지면 탈분극 상태가 된다고 하였다.

② 5문단에서 운동 섬모와 부동 섬모가 휘어지면 탈분극이나 과분극 상태가 되며, 6문단에서 탈분극이나 과분극이 발생하면 신경 전달 물질의 양이 늘어나거나 줄어들어 전기 신호 발생 빈도도 달라진다고 하였다.

③ 5문단에서 단백질 다리가 느슨해지면 이온 채널이 닫히게 되어 과분극 상태가 되며, 6문단에서 과분극이 발생하면 신경 전달 물질의 양이 줄어든다고 하였다.

⑤ 5문단에서 머리의 움직임이 없을 때 섬모의 이온 채널은 10% 정도 열려 있는 분극 상태가 되며, 이때 일정량의 신경 전달 물질이 1차 감각 뉴런에 전달되어 일정한 간격의 전기 신호를 뇌로 송출하면 뇌는 이것을 평형 상태로 인지한다고 하였다.

06 실전 문제

p. 138~139

웅화반 식물이 씨앗을 퍼뜨리는 과정

지문 해결 전략

이 글은 번식에 가장 유리한 형태로 진화한 웅화반 식물의 특징에 대해 설명하고 있다. 웅화반 식물은 평균 높이가 10cm로 작지만 그 10배의 거리까지 씨앗을 퍼뜨릴 수 있다. 이를 분석하기 위해 수행된 실험을 통해, 웅화반 식물은 빗방울이 꽃잎에 떨어졌을 때 씨앗을 가장 멀리 퍼뜨릴 수 있는 구조로 되어 있다는 것을 알 수 있다. 즉 식물들은 각자의 환경에 맞게 씨앗을 퍼뜨리는 전략을 취해 번식에 성공해 오고 있는 것이다. 이 글은 실험 과정을 이해하고, 씨앗을 멀리 퍼뜨릴 수 있는 웅화반 식물의 특징을 파악하며 독해해야 한다.

문단별 중심 내용

1문단: 웅화반 식물의 특징
2문단: 웅화반 식물이 씨앗을 퍼뜨리는 과정에 대한 실험
3문단: 씨앗의 이동 거리에 영향을 주는 요소 ① – 물방울이 떨어지는 각도
4문단: 씨앗의 이동 거리에 영향을 주는 요소 ② – 물방울이 떨어지는 위치
5문단: 번식에 유리한 형태로 진화한 웅화반 식물

주제

씨앗을 멀리 퍼뜨릴 수 있는 형태로 진화한 웅화반 식물

독해 훈련 문제

> **1** 평균 높이가 10cm 정도로 작지만 그 10배의 거리까지 씨앗을 퍼뜨릴 수 있음 **2** 원뿔 **3** 운동 에너지로 전환되며 손실되는 에너지의 양이 가장 적기 때문에 **4** 에너지가 한곳으로 집중이 되어서 비대칭적으로 퍼지기 때문에 **5** 빗방울이 떨어졌을 때 씨앗이 가장 빠르게 퍼져 나갈 수 있도록 40°~60° 사이의 꽃잎 경사면을 가짐

01 ④	02 ④	03 ⑤	04 ⑤	05 ①

01

정답 ④

5문단을 통해 웅화반 식물의 꽃잎 경사면이 40°~60° 사이라는 것을 알 수는 있지만, 5° 간격을 가지고 있는지는 확인할 수 없다. 3문단의 실험에서는 씨앗이 가장 멀리 날아가는 각도를 확인하기 위해 의도적으로 5°씩 각도에 변화를 준 것일 뿐이다.

02

정답 ④

4문단을 통해 물방울이 원뿔의 정중앙에 떨어졌을 때에는 에너지가 사방으로 거의 동일하게 분산되면서 원형이 되지만, 경사면에 떨어졌을 때에는 에너지가 한곳으로 집중이 되어서 비대칭 타원이 된다는 것을 확인할 수 있다.

오답 피하기

① ⓐ와 ⓒ는 동일한 각도와 높이의 경사면이므로 동일한 에너지를 갖는다. 하지만 4문단에서 경사면의 물방울은 떨어진 위치의 반대 방향으로 튀어 나간다고 하였으므로 운동 방향은 정반대이다.

② 4문단에서 경사면에 떨어진 물방울은 에너지가 한곳으로 집중되어 비대칭 타원이 된다고 하였다.

③ 4문단에서 물방울이 중앙에 떨어졌을 때보다 경사면에 떨어졌을 때 씨앗이 더 멀리 날아갔다고 하였다.

⑤ 3문단에서 운동 에너지로 전환되며 손실되는 에너지의 양이 가장 적은 각도가 40°라고 밝히고 있다.

03

정답 ⑤

4문단을 통해 물방울이 원뿔의 정중앙에 떨어졌을 때에는 원형의 모양이 되고, 경사면에 떨어졌을 때에는 비대칭 타원의 모양이 된다는 것을 알 수 있다. 따라서 물방울이 떨어지는 위치에 따라 꽃의 내부에서 변화하는 물방울의 모양을 관찰하는 후속 연구는 필요하지 않다.

오답 피하기
① 이 글은 웅화반 식물을 통해, 식물이 서식 지역의 기후 특성에 적응하여 번식에 유리한 최적의 구조로 진화하게 됨을 설명하고 있다.
② 3문단에서는 원뿔 모형에 물방울을 떨어뜨려 물방울의 각도에 따른 씨앗의 이동 거리를 측정하였는데, 이는 물방울이 씨앗이 날아가는 데 역학적인 작용을 한다는 가설을 기반으로 이루어진 것이다.
③ 2문단에서 '꽃의 모양과 유사한, 아래로 향하는 원뿔 모형으로 실험을 실시'했다는 것을 알 수 있다. 이를 통해 다양한 웅화반 식물들을 조사해 가장 일반적인 구조로 모형을 만들었을 것임을 추측할 수 있다.
④ 3, 4문단을 통해 물방울이 떨어지는 각도와 위치에 따라 씨앗의 이동 거리가 달라진다는 것을 알 수 있다.

04

정답 ⑤

〈그림 1〉에서 ⓐ와 ⓒ는 경사면의 각도(θ)가 같기 때문에, 씨앗의 비거리가 동일하다. 따라서 ⓐ와 ⓒ의 측정값은 ㄱ이다.

오답 피하기
① 4문단에서 물방울이 원뿔의 정중앙에 떨어졌을 때에는 에너지가 사방으로 거의 동일하게 분산되면서 원형이 된다고 하였다.
② 3문단에서 경사면에 물방울이 닿는 순간 물방울은 내부의 표면에 퍼지면서 역학적 에너지의 전환이 일어난다고 하였다.
③ 4문단에서 경사면의 물방울은 비대칭적으로 퍼지면서 떨어진 위치의 반대 방향으로 멀리 튀어 나간다고 하였다.
④ 3문단에서 각도가 40°일 때 씨앗이 가장 멀리 날아갔다고 하였으므로, 씨앗의 비거리가 최대치인 α는 40°일 것이다.

05

정답 ①

㉠의 '빌리다'는 '어떤 일을 하기 위해 기회를 이용하다'의 뜻으로 쓰였으므로, ①의 '이용하다'와 바꿔 쓸 수 있다.

 실전 문제

p. 140~141

광물의 결정 구조와 면각 일정의 법칙

지문 해결 전략
이 글은 다양한 모양의 결정들의 종류를 판별할 수 있게 하는 '면각 일정의 법칙'에 대해 설명하고 있다. 면각 일정의 법칙은 같은 광물의 결정일 경우, 모양은 조금씩 다르지만 맞닿은 결정면들이 이루고 있는 각은 항상 일정하다는 것이다. 면각이 일정해지는 이유는 결정 모양이 그 결정을 이루고 있는 내부 원자들의 규칙적인 배열 상태를 반영하고 있기 때문이다. 하지만 물질의 공급 환경이 다른 곳에서 성장할 경우, 같은 종류의 결정들이라도 서로 다른 모양을 가지게 된다. 이 글은 면각 일정의 법칙의 개념과 그 의의를 이해하며 독해해야 한다.

문단별 중심 내용
1문단: 결정 구조가 같아도 서로 다른 모양을 가지고 있는 광물들의 결정
2문단: 스테노가 발견한 면각 일정의 법칙
3문단: 면각 일정의 법칙이 나타나는 이유
4문단: 같은 종류의 결정이 서로 다른 모양으로 형성되는 이유
5문단: 면각 일정의 법칙의 의의

주제
광물의 결정을 판별하는 데 유용한 면각 일정의 법칙

독해 훈련 문제
1 동일함 **2** 면각 일정의 법칙 **3** 결정 내부의 규칙성 때문에 **4** 결정에 주입되는 물질의 공급 정도에 따라 결정면의 성장 속도가 달라지기 때문에 **5** 다른 결정면들보다 성장 속도가 더 빠르기 때문에 **6** 광물의 결정을 판별하는 데 가장 기본적이고 중요한 기준임

---

01 ②	02 ③	03 ③	04 ①	05 ②

01

정답 ②

'면각 일정의 법칙'은 같은 광물의 결정일 경우, 결정의 모양은 조금씩 다르지만 맞닿은 결정면들이 이루고 있는 각은 항상 일정하다는 것이다. 수정 결정의 모양이 다른 이유는 각 결정이 성장할 때 물질의 공급이 동일하지 않았기 때문이므로, 면각 일정의 법칙으로 동일한 광물의 결정 모양이 다른 이유를 설명하지는 못한다.

오답 피하기
① 5문단에서 '면각 일정의 법칙은 광물의 결정을 판별하는 데 가장 기본적이고 중요한 기준'이라고 하였다.
③ 3문단에서 X선이 발견되고 나서야, 결정 내부의 규칙성 때문에 면각이 일정해진다는 스테노의 가설이 맞았음을 확인할 수 있었다고 하였다.
④ 2문단에서 스테노는 등산길에서 채집한 수정의 단면들이 서로 조금씩 다른 모양을 가지고 있는 것에 궁금증이 생겨, 수집한 수정의 단면도를 그려서 비교했다고 하였다.
⑤ 3문단에서 스테노는 같은 광물의 결정일 경우 면각이 일정해지는 이유가 결정 내부의 규칙성 때문일 것이라고 가정했으며, X선의 발견으로 그 가설이 맞다는 것이 밝혀졌다고 하였다. 즉 결정 내부의 규칙성이 전제되어야 면각 일정의 법칙이 성립된다고 볼 수 있다.

02

정답 ③

4문단을 참고할 때, 〈보기〉의 ⓑ는 물질이 왼쪽 결정면에 더 많이 공급되어 왼쪽 결정면의 성장 속도가 빨라진 기형 결정이다. 이상 결정은 물질이 사방에서 고르게 공급되도록 해야 만들어지므로, 물질을 오른쪽으로 더 공급한다고 해서 이상 결정이 되는 것은 아니다.

오답 피하기
① ⓐ는 초기 모양인 A와 동일한 모양으로 성장했으므로, 물질이 사방에서 고르게 공급되어 만들어진 이상 결정이다.
② ⓑ는 왼쪽 결정면이 다른 결정면들보다 좁기 때문에 왼쪽 결정면의 성장 속도가 더 빨랐음을 알 수 있다.
④ ⓒ는 A와 면각이 서로 다르기 때문에, 애초에 다른 광물의 결정이었다고 볼 수 있다.
⑤ ⓐ와 ⓑ는 서로 면각이 동일하기 때문에 같은 종류의 광물이라고 볼 수 있다. 따라서 X선을 통해 관찰할 경우 내부 원자들의 배열 상태의 규칙성도 동일할 것이다.

03

정답 ③

1문단에서 같은 광물일 경우 결정 구조에 의해 나타나는 규칙적인 겉모양인 결정형도 동일하다고 설명하고 있지만, 광물별 결정형의 종류에 대해서는 설명하고 있지 않다.

04

정답①

스테노는 같은 광물의 결정일 경우 면각이 일정해지는 이유가 결정 내부의 규칙성 때문일 것이라고 짐작했지만, 당시만 해도 결정 내부의 원자 배열 상태를 직접 관찰할 수 없었기 때문에 이를 확인할 수 없었다고 하였다. ㉠은 그가 죽은 뒤 X선이 발견되고 나서야 확인되었다.

05

정답②

〈보기〉는 정육각기둥의 수평 단면인 정육각형 모양의 결정이 물질의 공급을 받아 기형 결정으로 성장한 모습이다. 4문단을 참고할 때, 〈보기〉의 결정 모양에서 b면의 결정면보다 a면의 결정면이 좁으므로, b면보다 a면에 더 많은 물질이 공급되었음을 알 수 있다.

오답 피하기

① a면에 더 많은 물질이 공급되고 있는 현재의 상태가 유지된다면, a면의 결정면은 점점 더 좁아질 것이다.

③ 물질이 사방에서 고르게 공급되었다면 초기의 정육각형 모양(이상 결정)으로 성장하였을 것이다.

④ 면각 일정의 법칙에 따라, 현재의 결정이 더 성장하더라도 각 c는 일정할 것이다.

⑤ 결정 모양은 그 결정을 이루고 있는 내부 원자들의 규칙적인 배열 상태를 반영하므로, 결정의 모양이 달라져도 결정 내부의 원자 배열이 가진 규칙성은 훼손되지 않는다.

08 실전 문제

p. 142~143

번개와 천둥

지문 해결 전략

이 글은 번개와 천둥의 발생 원리를 설명하고 있다. 벼락이 발생하기 위해서는 적란운과 수증기의 증발이 필요하다. 적란운이 발달하면서 적란운 하단부에 모인 음전하와 지표면에 있는 양전하의 전위차가 커지면 섬광이 발생하는데, 이것이 벼락이다. 또 번개가 발생하면 공기가 단기간에 데워져 폭발적으로 팽창하고 압축된 주변 공기와의 밀도 차이로 인해 음파로 듣게 되는 천둥이 생겨난다. 번개와 천둥은 거의 동시에 발생하지만 음파인 천둥소리는 번개보다 상대적으로 속도가 느려 나중에 들린다. 이 글은 벼락과 천둥이 발생하는 과학적 원리를 이해하며 독해해야 한다.

문단별 중심 내용

1문단: 번개와 천둥 현상에 대한 의문
2문단: 벼락이 발생하는 과학적 원리
3문단: 천둥이 발생하는 과학적 원리

주제

번개와 천둥이 생겨나는 과학적 원리

독해 훈련 문제

1 번개와 천둥의 발생 원리 2 적란운, 수증기의 증발 3 적란운 하단부에 모인 음전하를 띤 물방울로 인해 지표면의 전자가 밀려나기 때문에 4 공기의 팽창과 압축에 의한 밀도 차이 때문에 5 음파인 천둥소리는 번개보다 상대적으로 속도가 느려 약 340㎧의 속도로 공기 속을 이동하기 때문에

01 ④ 02 ⑤ 03 ① 04 ②

01

정답④

벼락은 적란운의 발달에 따른 적란운 하단의 음전하와 지표면의 양전하의 전위차에 의해 발생한다. 따라서 벼락이 적란운 상단의 양전하와 하단의 음전하의 전위차에 의해 발생한다는 ④는 적절하지 않다.

오답 피하기

① 2문단에서 적란운이 발달하면 지표면의 전자가 밀려나면서 상대적으로 양전하의 양이 증가한다고 하였다.

② 3문단에서 번개가 발생하면 공기 중에서 고밀도인 부분과 저밀도인 부분이 생기고, 이 밀도 차이로 인해 천둥이 발생한다고 하였다.

③ 2문단에서 상승한 수증기가 냉각되어 얼면서 팽창하게 되고, 이로 인해 양전하를 띤 바깥 껍질이 깨지면서 전하의 분리가 일어난다고 하였다. 따라서 얼면 부피가 커지는 물의 성질이 벼락의 발생에 영향을 미치고 있음을 알 수 있다.

⑤ 3문단에서 음파인 천둥소리는 번개보다 속도가 느려 약 340m/s의 속도로 공기 속을 이동하기 때문에, 이를 이용하면 번개가 어느 정도 먼 곳에서 발생했는지 알 수 있다고 하였다.

02

정답⑤

번개와 천둥은 거의 동시에 발생한다. 하지만 빛인 번개는 속도가 빠르기 때문에 발생 즉시 보이고, 음파인 천둥은 상대적으로 속도가 느리기 때문에 약 340m/s의 속도로 공기 속을 이동하여 나중에 들린다. 따라서 천둥소리는 빛과 소리의 속도 차이로 인하여 나중에 들리는 것이기 때문에 ⑤는 적절하지 않다.

오답 피하기

① 번개는 발생하는 즉시 바로 보인다고 하였다.

② 번개가 발생하면 공기는 즉시 과열되어 1초도 안 되는 시간에 온도가 무려 33,000℃로 상승한다고 하였다.

③ 번개가 발생했을 때 공기의 폭발적 팽창과 주변 공기와의 밀도 차이로 인해 생기는 충격파가 천둥이라고 하였다.

④ 천둥소리의 이동 속도는 340m/s이므로 번개가 발생한 지점과의 거리가 6.8km인 곳에서는 약 20초 후에 천둥소리를 듣게 될 것이다.

03

정답①

3문단에서 번개가 발생하면 과열된 공기는 팽창하고 주변의 공기는 압축되어 밀도 차이가 생기는데, 이 차이가 충격파라는 파동이 되어 공기 속에서 전해진 것이 천둥이라고 하였다. 따라서 번개가 발생하면 충격파가 생긴다는 ①은 적절하다.

04

정답②

〈보기〉는 두 구 사이의 전위차를 이용해 번개가 발생하는 원리를 보여 주는 실험이다. 그중에서 ㉡은 [A]에서 양전하를 띤 가벼운 얼음 조각이 상승 기류에 의해 적란운 상단부로 상승하는 것에 해당한다. 공기 중의 물이 수증기로 증발하는 것은 적란운의 형성과 동시에 나타나는 현상으로, 전하가 나누어지기 전의 단계에 해당한다.

오답 피하기

① ㉠은 [A]에서 적란운이 발달하기 전에 지표면의 전하가 고른 분포를 이루고 있는 것에 해당한다.

③ ㉢은 [A]에서 적란운이 발달하면서 적란운 하단부에 모인 음전하를 띤 물방울로 인해 지표면의 전자가 밀려나는 것에 해당한다.

④ ㉣은 [A]에서 적란운이 발달하여 지표면과의 전위차가 점점 증가하는 것에 해당한다.

⑤ ㉤은 [A]에서 적란운과 지표면 사이에 섬광, 즉 벼락이 발생하는 것에 해당한다.

 실전 문제

p. 144~145

'조석 간만의 차'는 왜 생기나

지문 해결 전략

이 글은 조석 간만의 차를 일으키는 힘인 '기조력'에 대해 설명하고 있다. 조석 간만의 차는 밀물과 썰물로 인한 하루 동안의 해수면 높낮이의 차이를 의미하는 것으로, 이러한 현상은 달과 태양의 인력, 지구의 원심력이 합해진 힘인 기조력 때문에 일어난다. 달과 가까운 쪽에서는 달의 인력이 크게 작용하고 달과 먼 쪽에서는 원심력이 크게 작용하기 때문에, 기조력이 해수면의 높이를 변화시키게 된다. 태양의 기조력 역시 달의 기조력에 비해 절반에 불과하지만 조석에 영향을 미친다. 이와 같은 조석의 변화는 조류의 빠르기와 방향에도 영향을 주고 있다. 이 글은 기조력의 개념을 이해한 뒤, 달의 위상에 따라 달라지는 여러 가지 현상을 정리하며 독해해야 한다.

문단별 중심 내용

1문단: '조석 간만의 차'의 개념
2문단: 조석 현상을 일으키는 기조력
3문단: 지구의 원심력과 달의 인력에 의한 기조력
4문단: 태양에 의한 기조력
5문단: 조류의 빠르기와 방향에 영향을 미치는 조석의 변화

주제

조석의 변화를 일으키는 기조력

독해 훈련 문제

> **1** 밀물과 썰물로 인한 하루 동안의 해수면 높낮이의 차이 **2** 태양의 인력, 원심력 **3** 크기와 방향이 모두 같음 **4** 달의 인력이 지구의 원심력보다 커서 해수가 달 쪽으로 끌려감 **5** 지구와 태양 간의 거리가 지구와 달 사이의 거리보다 훨씬 멀기 때문에 **6** 조금 **7** 매우 빠름

> **01** ③ **02** ② **03** ② **04** ⑤

01
정답 ③

3문단에서 달과 지구의 공통 질량 중심의 주위를 지구가 회전 운동하여 생기는 힘을 뜻하는 원심력은 모든 측정 지점에서 크기와 방향이 모두 같다고 하였다. 따라서 측정 지점마다 원심력의 크기가 다르다고 한 ③은 적절하지 않다.

오답 피하기

① 2문단에서 조석은 기조력에 의한 것인데, 기조력은 달의 인력과 태양의 인력, 원심력이 합해진 힘이라고 하였다.
② 3문단에서 그림의 3, 4 지점 사이(달과 먼 쪽)에서는 달의 인력보다는 원심력이 크기 때문에 해수가 달 반대쪽으로 끌려간다고 하였다.
④ 1문단에서 조석 간만의 차는 밀물과 썰물로 인한 하루 동안의 해수면 높낮이의 차이를 의미한다고 했고, 2문단에서 이런 현상은 기조력에 의한 것이라고 하였다. 따라서 기조력이 크면 해수면 높낮이의 차이도 커질 것임을 알 수 있다.
⑤ 4문단에서 기조력은 천체와 지구 간의 거리의 세제곱에 반비례한다고 했으므로 적절하다.

02
정답 ②

3문단에서 달과 멀리 있는 지점에서는 달의 인력보다 지구의 원심력이 크게 작용한다고 하였고, 4문단에서 삭과 망일 때는 조석 간만의 차가 최대가 된다고 하였다. 따라서 〈보기〉에서 달의 위상이 망일 때

달과 멀리 있는 B 지점은 달의 인력보다 원심력이 크게 작용하며, 조석 간만의 차가 최대가 될 것임을 알 수 있다.

오답 피하기

① 3문단에서 달과 멀리 있는 지점에서는 달의 인력보다 지구의 원심력이 크게 작용한다고 하였다. 달의 위상이 삭일 때 A 지점은 달과 멀리 있으므로 달의 인력이 아니라 지구의 원심력이 크게 작용한다.
③ 4문단에서 달의 위상이 삭이나 망일 때는 기조력이 강해지고 사리가 나타난다고 하였다.
④ 4문단에서 달의 위상이 상현이나 하현일 때는 기조력이 약해지고, 5문단에서 조석 간만의 차가 클수록 조류의 속도가 빨라진다고 하였다. 따라서 달의 위상이 상현이나 하현일 때는 조류의 속도가 느려진다.
⑤ 4문단에서 달의 위상이 상현이나 하현일 때는 조석 간만의 차가 가장 작게 되고, 삭과 망일 때는 조석 간만의 차가 최대가 된다고 하였다. 따라서 달의 위상이 삭과 망일 때가 상현과 하현일 때보다 조석 간만의 차가 크다.

03
정답 ②

이 글은 '조석 간만의 차'가 발생하는 이유를 '기조력'이라는 핵심 개념을 중심으로 설명하고 있다. 1문단에서 조석 간만의 차가 무엇을 의미하는지 간단하게 언급하고, 2문단에서 그런 현상을 일으키는 기조력의 개념을 설명한 다음, 3문단과 4문단에서 기조력을 형성하는 달의 인력, 지구의 원심력, 태양의 인력에 대해 자세히 살펴보고 있다.

04
정답 ⑤

4문단에서 달의 위상이 상현과 하현일 때, 태양에 의한 기조력이 달에 의한 기조력에 영향을 주어 그 힘을 작아지게 하고, 그 결과 조석 간만의 차가 가장 작게 되는 '조금'이 나타난다고 하였다. 따라서 달의 위상이 상현이나 하현일 때, 조석 간만의 차가 최대가 될 것이라고 이해하는 것은 적절하지 않다.

오답 피하기

① 3문단에서 그림의 3, 4 지점 사이에서는 달의 인력보다는 원심력이 크기 때문에 해수가 달 반대쪽으로 끌려간다고 하였다. 〈보기〉에서 달의 위상이 삭일 때, ㄱ 지점은 달과 멀리 있으므로 달의 인력보다는 지구의 원심력이 크게 작용한다.
② 4문단에서 달의 위상이 삭과 망일 때는 조석 간만의 차가 최대가 되고, 상현과 하현일 때는 조석 간만의 차가 가장 작게 된다고 하였다.
③ 5문단에서 조석 간만의 차가 클수록 조류의 속도도 빨라진다고 하였다. 달의 위상이 삭이나 망일 때 조석 간만의 차가 최대이므로, 해수의 조류 속도 역시 한 달 중 가장 빠르다.
④ 4문단에서 달의 위상이 삭과 망일 때는 기조력이 가장 강해지고, 상현과 하현일 때는 태양에 의한 기조력이 달에 의한 기조력에 영향을 주어 그 힘이 작아진다고 하였다.

---

10 실전 문제

p. 146~147

기체 분자의 속력 분포에 관한 맥스웰의 이론

지문 해결 전략

이 글은 기체 분자의 속력 분포에 관한 맥스웰의 이론을 설명하고, 이를 입증한 밀러와 쿠슈의 실험을 소개하고 있다. 기체 분자 하나의 정확한 운동 궤적을 아는 것은 불가능하지만, 기체 분자들이 갖는 다양한 속력 분포는 알 수 있다. 맥스웰에 따르면 기체 분자들의 속력

은 온도가 높을수록, 질량이 작을수록 빨라지는데, 이는 종 모양의 그래프로 나타낼 수 있다. 밀러와 쿠슈는 두 개의 원판을 이용한 실험 장치를 통해 맥스웰의 이론이 타당함을 증명하였다. 이 글은 맥스웰의 이론이 어떻게 종 모양의 그래프로 그려지는지, 그리고 밀러와 쿠슈가 사용했던 실험 장치의 원리는 무엇인지 이해하며 독해해야 한다.

문단별 중심 내용
1문단: 기체 분자의 운동 궤적과 속력 분포
2문단: 기체 분자의 운동 에너지의 특징
3문단: 기체 분자들의 속력 분포를 계산한 맥스웰의 이론
4문단: 맥스웰 속력 분포를 알아보기 위한 밀러와 쿠슈의 실험 장치
5문단: 실험 장치의 원리와 맥스웰 이론의 타당성

주제
맥스웰의 속력 분포 이론과 이를 입증한 밀러와 쿠슈의 실험 장치

독해 훈련 문제

> 1 특정 구간의 속력을 가진 분자 수의 비율 2 변하지 않음 3 온도, 기체 분자의 질량 4 납작해지고 넓어짐 5 특정한 속력 구간을 가진 분자들을 선택적으로 통과시킴 6 새로운 조건에 대응되는 다른 속력을 가진 분자들이 검출됨 7 맥스웰 이론의 타당성을 밝힘

01 ⑤　　02 ③　　03 ④　　04 ③　　05 ④

01
정답 ⑤

3문단에 제시된 맥스웰의 이론에 의하면, 기체 분자의 속력은 온도가 높을수록 빨라지고 질량이 클수록 느려진다. 또 기체 분자들의 속력이 빨라지면 그래프의 모양이 납작해지고 넓어지며, 속력이 느려지면 그래프의 모양이 뾰족해지고 좁아진다. 이를 〈보기〉에 적용해 보면, 질량이 가벼운 A와 C가 B보다 속력이 빠르고, 온도가 높은 C가 A보다 속력이 빠르다는 것을 알 수 있다. 따라서 속력이 가장 빠른 C는 가장 납작한 형태, A는 중간 형태, 속력이 가장 느린 B는 가장 뾰족한 형태를 보이는 그래프로 나타낼 수 있다.

02
정답 ③

5문단에서 특정한 속력 구간보다 더 빠른 분자들은 두 번째 틈이 꼭대기에 오기 전에 원판과 부딪친다고 했으므로, 두 번째 원판의 틈을 통과한다는 ③은 적절하지 않다.

오답 피하기
① 다른 조건이 동일한 상태에서 온도를 올리면 기체의 속력은 빨라지므로, 가열기의 온도를 높이면 입사되는 기체 분자들의 속력 역시 빨라질 것이다.
② 5문단에서 입사한 기체 분자들 중 조건을 만족하는 분자들만 두 번째 회전 원판의 가는 틈을 지나 검출기에 도달할 수 있다고 하였다.
④ 5문단에서 회전 원판의 회전 속력을 바꾸면 새로운 조건에 대응되는 다른 속력을 가진 분자들을 검출할 수 있다고 하였다.
⑤ 5문단에서 틈과 틈 사이의 각도를 크게 만들면 더 속력이 느린 분자들이 검출된다고 했으므로, 틈과 틈 사이의 각도를 좁히면 더 속력이 빠른 분자들이 검출될 것이라고 추론할 수 있다.

03
정답 ④

2문단에서 '분자들이 충돌을 하게 되면 각 분자의 운동 에너지는 변할 수 있지만, 분자들이 에너지를 서로 주고받기 때문에 기체 전체의 운동 에너지는 변하지 않게 된다'고 하였다.

04
정답 ③

3문단에 제시된 맥스웰의 이론에 의하면, 질량이 가벼운 아르곤은 크립톤보다 분자의 속력이 빠르고, 온도가 높은 727℃의 아르곤이 25℃의 아르곤보다 분자의 속력이 빠르다는 것을 알 수 있다. 따라서 가장 빠른 727℃의 아르곤은 가장 납작한 형태를 보이는 그래프 C, 25℃의 아르곤은 중간 형태를 보이는 그래프 B, 가장 느린 크립톤은 가장 뾰족한 형태를 보이는 그래프 A와 같은 분포를 나타낸다.

05
정답 ④

5문단에서 '첫 번째와 두 번째 틈 사이의 각도를 더 크게 만들면, 같은 회전 속력에서도 더 속력이 느린 분자들이 검출될 것'이라고 하였으므로, ④는 적절하지 않다.

오답 피하기
① 4문단에서 ㉠은 맥스웰 속력 분포를 알아보기 위한 장치라고 설명하고 있다.
② 5문단에서 첫 번째 회전 원판의 가는 틈으로 입사한 기체 분자들 중 조건을 만족하는 분자들만 검출기에 도달한다고 하였다.
③ 5문단에서 첫 번째 회전 원판의 틈을 통과하는 분자들의 속력은 다양하다고 하였다.
⑤ 5문단의 내용을 통해, 각도를 고정하고 원판의 회전 속력을 느리게 하면, 첫 번째 원판을 통과한 기체 분자들 중 느리게 움직이는 기체 분자들만 두 번째 원판을 통과할 수 있을 것임을 짐작할 수 있다.

⑪ 실전 문제

p. 148~149

남극 빙어는 왜 얼어 죽지 않을까

지문 해결 전략
이 글은 바닷물이 영하의 온도에도 얼지 않고, 혹한 지역의 생명체가 추위 속에서도 생명을 유지할 수 있도록 하는 어는점 내림 현상에 대해 설명하고 있다. 먼저 바닷물의 경우에는 많은 양의 소금이 나트륨 이온과 염소 이온으로 물에 녹아 있어 물 분자의 정렬을 어렵게 하는데, 이는 용액의 총괄성에 의한 어는점 내림이다. 또 남극 빙어의 경우에는 혈액 속에 있는 결빙 방지 단백질이 열적 평형을 가져와 얼음 결정이 커지는 것을 막는데, 이는 용질의 종류에 의한 어는점 내림이다. 이 글은 제시된 사례를 통해 어는점 내림 현상의 원리를 자세히 이해하며 독해해야 한다.

문단별 중심 내용
1문단: 어는점 내림 현상의 소개
2문단: 어는점 내림 현상의 개념과 용액의 총괄성에 의한 어는점 내림
3문단: 남극 빙어의 생명을 유지하게 하는 결빙 방지 단백질
4문단: 결빙 방지 단백질이 어는점을 낮추는 원리 ①
5문단: 결빙 방지 단백질이 어는점을 낮추는 원리 ②
6문단: 결빙 방지 단백질이 어는점을 낮추는 원리 ③

주제
용액의 총괄성과 결빙 방지 단백질에 의한 어는점 내림 현상

독해 훈련 문제

> 1 어는점 내림 현상 2 용질의 분자들이 물 분자의 정렬을 어렵게 하기 때문에 3 용액의 총괄성에 의한 어는점 내림 현상 때문에 4 결빙 방지 단백질이 혈액이나 체액 내의 얼음 결정이 커지는 것을 막아 주므로 5 볼록한 모양 6 인력이 작용하는 방향이 한정적이기 때문에 7 얼음 결정이 커지지 않음(어는점이 내려감) 8 용질의 종류(결빙 방지 단백질)

01
정답 ③

ㄴ. 바닷물에서 나타나는 어는점 내림 현상은 총괄성에 의한 것이므로, 용질의 양이 많으면 어는점이 내려갈 것이다. 따라서 염분의 농도가 3.5%인 바닷물보다 염분의 농도가 5%인 바닷물의 어는점이 더 낮을 것이라는 반응은 적절하다.

ㄷ. [가]에서 어는점 내림 현상은 '용매인 물에 용질이 녹아 있으면 용질의 분자들이 물 분자의 정렬을 어렵게 하기 때문에 물만 있을 때보다 어는점이 내려가는' 현상이라고 하였다. 따라서 물 분자의 정렬을 어렵게 하는 특정 분자가 필요하다는 반응은 적절하다.

오답 피하기

ㄱ. [가]에서 '액체 상태에서 불규칙적으로 배열되어 있던 물 분자가 규칙적으로 정렬하여 고체인 얼음'이 된다고 하였으므로 적절하지 않다.

ㄹ. [가]에서 '용질의 종류나 특성이 아닌, 용질의 양에 의해서 어는점 내림과 같은 변화가 일어나는 성질'을 용액의 총괄성이라 한다고 하였으므로 적절하지 않다.

02
정답 ⑤

6문단에서 '열적 평형이 되면 물 분자가 얼음 결정에 더 이상 결합하지 않게 되어 얼음 결정이 커지지 않는다'고 하였다. 따라서 얼음 결정이 작아지는 것이 아니라 더 이상 커지지 않기 때문에 어는점이 낮아지는 것이다.

03
정답 ⑤

ⓒ는 볼록해진 물 층에 해당한다. 5문단에서 물 층 내부에 있는 물 분자는 모든 방향으로 동일한 인력이 작용하므로 안정적인 상태이지만, 물 층 표면에 있는 물 분자는 인력이 작용하는 방향이 한정적이므로 불안정한 상태라고 하였다. 따라서 ⓒ 표면에 있는 물 분자의 인력 방향이 ⓒ 내부에 있는 물 분자의 인력 방향보다 제한적이다.

오답 피하기

① ⓐ는 결빙 방지 단백질이다. 4문단에 따르면, 결빙 방지 단백질이 결합된 부분에는 더 이상 물 분자가 결합하지 못한다고 하였다.

② 4~6문단에 따르면, ⓐ에 의해 ⓑ가 볼록한 모양의 ⓒ의 형태로 변화되면 열적 평형이 이루어져 얼음 결정이 커지지 않는 어는점 내림 현상이 나타난다고 하였다.

③ 4문단에 따르면, 평평했던 얼음 결정의 물 층인 ⓑ가 ⓒ처럼 볼록하게 되면 표면적이 넓어져 물 층의 표면에 있는 물 분자의 수도 늘어나게 되는데, 이때 물 층 표면에 있는 물 분자들은 불안정한 상태라고 하였다.

④ 6문단에 따르면, ⓒ처럼 볼록해진 얼음 결정의 물 층은 ⓑ처럼 평평한 상태일 때보다 불안정한 상태의 물 분자들이 늘어나 표면의 에너지가 더 높아지며, 이 같은 과정을 통해 물의 에너지와 얼음 결정의 물 층 표면의 에너지가 동일한 상태가 되는 열적 평형을 이룬다고 하였다.

04
정답 ①

2문단에서 어는점 내림 현상은 '용매인 물에 용질이 녹아 있으면 용질의 분자들이 물 분자의 정렬을 어렵게 하기 때문에 물만 있을 때보다 어는점이 내려가는' 현상이라고 하였다. 이를 바닷물에 적용해 보면, 물은 용매에 해당하고, 염분은 용질(a)에 해당하며, 이 용질의 나트륨 이온과 염소 이온이 물 분자(b)의 정렬을 어렵게 하기 때문에 어는점 내림 현상이 발생함을 알 수 있다.

12 실전 문제

p. 150~151

컴퓨터 CPU 스케줄링

지문 해결 전략

이 글은 컴퓨터에서 둘 이상의 프로그램을 동시에 실행할 때 사용되는 CPU 스케줄링에 대해 소개하고 있다. 둘 이상의 프로그램이 동시에 실행되는 것처럼 보이는 것은 짧은 시간 간격으로 프로그램들을 번갈아 실행하기 때문이다. 이를 위해 CPU 실행 시간을 짧은 구간으로 나누고 각 구간마다 하나의 프로그램이 실행되도록 한다. 한 프로그램이 작업큐에 등록될 때부터 종료될 때까지 걸리는 시간인 '총처리 시간'은, 프로그램의 실행에 소요되는 '총실행 시간'과 다른 프로그램의 실행을 준비하는 '교체 시간', 작업큐에서 실행을 기다리는 '대기 시간'을 합한 것이다. 이때 대기 시간을 줄이기 위해서는 작업큐에 등록할 수 있는 프로그램의 수를 제한하는 것이 좋다. 이 글은 CPU 스케줄링의 개념과 그 원리를 정확하게 이해하며 독해해야 한다.

문단별 중심 내용

1문단: CPU 스케줄링을 통한 프로그램의 교차 실행
2문단: 두 프로그램이 동시에 실행되는 것처럼 보이게 하는 방법
3문단: CPU 스케줄링의 원리 ① – 구간 실행과 구간 시간
4문단: CPU 스케줄링의 원리 ② – 교체 시간
5문단: CPU 스케줄링의 원리 ③ – 총처리 시간
6문단: CPU 스케줄링의 예
7문단: 대기 시간이 길어지는 것을 막는 방법

주제

두 프로그램이 동시에 실행되는 것처럼 보이게 하는 CPU 스케줄링의 원리

독해 훈련 문제

1 CPU 스케줄링　2 두 프로그램을 일정한 시간 간격을 두고 번갈아 실행하기 때문에　3 한 구간에서 프로그램이 실행되는 것　4 각각의 구간에서 프로그램이 실행되는 시간　5 한 프로그램의 실행이 정지된 후 다른 프로그램의 실행을 준비하는 데 필요한 시간　6 총실행 시간에 교체 시간과 대기 시간을 합함　7 A와 B의 구간 실행이 끝난 후　8 작업큐에 등록할 수 있는 프로그램의 수를 제한함

01
정답 ④

1, 2문단에 따르면, 우리가 ㉠과 같이 생각하는 이유는 CPU 스케줄링 때문이다. 즉 한 개의 CPU는 한 번에 하나의 프로그램만을 실행할 수 있지만, CPU 스케줄링에 의해 두 프로그램을 일정한 시간 간격을 두고 번갈아 실행하기 때문에 우리가 두 프로그램이 동시에 실행되고 있다고 느끼는 것이다.

02
정답 ④

ⓓ 이후 B 프로그램이 실행된 다음 A 프로그램이나 C 프로그램이 실행되지 않고 B 프로그램이 연속으로 실행되고 있다는 것은, 이전 구간에서 A 프로그램과 C 프로그램의 실행이 종료되었다는 것을 의미한다. 따라서 A 프로그램의 대기 시간이 길어졌다는 설명은 적절하지 않다.

오답 피하기

① 3문단에서 구간 시간의 길이는 일정하게 정한다는 것을 확인할 수 있다.

② 4문단에서 교체 시간은 구간 시간에 비해 매우 짧다는 것을 확인할 수 있다.

③ C는 한 번 실행된 후 다시 실행되지 않은 것으로 보아, 한 번의 구간 시간

내에 종료된 프로그램이라는 것을 알 수 있다. 5문단에서 총실행 시간이 구간 시간보다 짧거나 같은 프로그램은 한 번의 구간 시간 내에 종료된다는 것을 확인할 수 있다.

⑤ ⓔ 이후에 새로운 프로그램이 실행되면 B 프로그램의 상태를 저장하고 새 프로그램의 실행을 준비하는 교체 시간이 추가되어야 하므로 교체 시간의 총합은 늘어날 것이다.

03
정답②

1문단에서 '운영 체제는 실행할 하나의 프로그램을 작업큐에서 선택하여 CPU에서 실행하고 실행이 종료되면 작업큐에서 지운다'고 하였으므로, 프로그램 실행이 종료되면 실행 결과는 작업큐에 등록된다는 설명은 적절하지 않다.

04
정답④

3문단에 따르면, 구간 시간의 길이는 일정하게 정해지며, 구간 실행은 프로그램이 종료될 때까지 반복된다. 따라서 총실행 시간이 늘어나지 않은 채 구간 시간이 늘어나면 구간 실행 횟수가 줄어들 것이다.

오답 피하기

①, ②, ③ 5문단에서 총처리 시간은 총실행 시간에 교체 시간과 대기 시간을 모두 합한 것이라고 하였다. 따라서 교체 시간이 줄어들면 총처리 시간이 줄어들고, 대기 시간이 늘어나면 총처리 시간이 늘어나며, 총실행 시간이 줄어들면 총처리 시간이 줄어든다.

⑤ 7문단에서 '작업큐에 등록된 프로그램의 수가 많아지면 각 프로그램의 대기 시간은 그에 비례하여 늘어난다'고 하였다. 따라서 작업큐의 프로그램 개수가 늘어나면 총처리 시간은 늘어나게 된다.

05
정답④

〈보기〉에서 P가 구간 실행 중일 때 작업큐에 대기하고 있는 프로그램의 우선순위는 Q>R이다. 그런데 작업큐에 재등록되는 P의 순위를 Q보다는 낮고 R보다는 높게 설정하면, 프로그램의 우선순위는 Q>P>R이 된다. 그리고 4문단에서 구간 실행 사이에는 반드시 교체 시간이 필요하다고 하였다. 따라서 우선순위가 가장 빠른 Q의 구간 실행이 이루어진 후에 Q에서 P로의 교체가 이루어져야 한다.

⑬ 실전 문제

p. 152~153

오류가 발생한 데이터의 검출과 복구

지문 해결 전략

이 글은 무선 통신 시스템에서 오류가 발생한 데이터를 검출하거나 복구하는 방식의 종류와 그 원리를 설명하고 있다. 자동 재전송 요구 방식에서는 송신 정보 데이터와 함께 보낸 1과 0의 추가 데이터 값을 비교하여 오류를 판단하고, 순방향 오류 정정 방식에서는 송신 정보 데이터와 함께 보낸 두 번씩 복사된 추가 데이터와 비교하여 오류를 판단한다. 자동 재전송 요구 방식은 오류가 발생한 위치를 알 수 없고 오류를 정정할 능력도 없지만, 순방향 오류 정정 방식은 추가 데이터를 이용해 오류를 정정할 수 있다. 이 글은 두 가지 방식에서 오류를 검출하고 복구하는 방식의 차이를 이해하며 독해해야 한다.

문단별 중심 내용

1문단: 데이터 오류 검출 및 복구의 두 가지 방식
2문단: 자동 재전송 요구 방식의 오류 검출 방식
3문단: 자동 재전송 요구 방식의 오류 복구 방식

4문단: 순방향 오류 정정 방식의 오류 검출 및 복구 방식

주제

자동 재전송 요구 방식과 순방향 오류 정정 방식을 이용한 오류 발생 데이터의 검출과 복구 방법

독해 훈련 문제

1 자동 재전송 요구 방식, 순방향 오류 정정 방식 2 0 3 수신기는 오류가 발생한 데이터의 위치를 알 수 없고, 오류를 정정할 능력도 없기 때문에 4 두 번 5 복사된 추가 데이터를 이용해 수신기가 단독으로 오류를 정정함

01 ④   02 ③   03 ④   04 ②   05 ③   06 ②

01
정답④

이 글에 Ⓐ와 Ⓑ의 오류 복구 속도를 비교할 수 있는 내용은 언급되어 있지 않다.

오답 피하기

① 1문단에서 무선 통신 시스템에서 전파로 전송되는 신호는 왜곡될 수도 있고 다양한 열잡음으로 원하지 않는 신호가 더해질 수도 있다고 했는데, Ⓐ와 Ⓑ는 모두 이러한 오류를 검출하거나 복구하는 방식이다.

② Ⓐ는 전송할 데이터 중 1의 개수에 따라 1, 0의 추가 데이터를 포함하고 있고, Ⓑ는 전송할 데이터를 두 번씩 복사한 추가 데이터를 포함하고 있다.

③ Ⓐ는 전송할 데이터 전체의 오류를 확인할 수 있는 하나의 추가 데이터만 전송되지만, Ⓑ는 전송할 데이터를 모두 두 번씩 복사한 추가 데이터가 전송된다. 따라서 Ⓐ는 Ⓑ에 비해 추가 데이터의 양이 상대적으로 적다.

⑤ Ⓐ는 전송된 데이터의 오류가 발생한 위치를 알 수 없다. 반면 Ⓑ는 두 번 복사된 추가 데이터로부터 오류가 발생한 위치를 알 수 있다.

02
정답③

ⓔ은 오류를 확인하기 위해 전송할 데이터를 두 번씩 복사한 추가 데이터이다. 전송 데이터 중 1의 개수가 홀수이면 1을, 짝수이면 0의 추가 데이터를 할당하는 것은 '자동 재전송 요구 방식'에 해당한다.

오답 피하기

①, ② 4문단에서 순방향 오류 정정 방식은 전송할 데이터를 각각 두 번씩 복사한 추가 데이터를 함께 전송한다고 하였으므로, 두 번씩 복사된 ⓒ과 ⓔ은 추가 데이터이고, ⓐ과 ⓒ은 전송할 원래의 정보 데이터에 해당한다.

④ ⓓ은 복사된 추가 데이터와 값이 일치하므로 오류 없이 정상적으로 수신된 데이터이다.

⑤ ⓑ은 복사된 추가 데이터인 Ⓐ과 값이 다르므로 전송 중에 오류가 발생한 데이터임을 알 수 있다.

03
정답④

㉮ 두 번째와 다섯 번째 데이터에 발생한 오류를 복사된 추가 데이터를 통해 바로 잡는다면, 송신기가 전송한 실제 데이터는 '01100'이다.

㉯ 두 번째 데이터에서 복사된 추가 데이터는 11인데 수신 데이터는 0이므로 오류가 발생한 것이고, 다섯 번째 데이터에서 복사된 추가 데이터는 00인데 수신 데이터는 1이므로 오류가 발생한 것이다.

㉱ 4문단에서 '순방향 오류 정정 방식은 복사된 추가 데이터를 이용해 수신기가 단독으로 오류를 정정할 수 있다'고 하였다.

오답 피하기

㉰ 수신기에 전송하려는 데이터는 '01100'으로 모두 5개이다.

㉲ 복사된 추가 데이터는 전송 데이터를 두 번씩 복사한 것이므로 모두 10개이다.

04
정답 ②

이 글은 오류가 발생한 데이터를 검출하거나 복구하는 방식을 자동 재전송 요구 방식과 순방향 오류 정정 방식으로 구분한 다음, 각각의 기술적 원리를 자세하게 설명하고 있다.

05
정답 ③

ⓒ는 데이터 전송 과정에서 발생한 오류를 검출하기 위한 추가 데이터로, ⓑ의 데이터 비트 전체의 개수가 아니라 송신 정보 데이터 중 1의 개수에 따라 값이 결정된다. 송신 정보 데이터의 1의 개수가 홀수이면 ⓒ의 값은 1이고, 짝수이면 ⓒ의 값은 0이다.

오답 피하기
① ⓐ는 추가 데이터가 포함되지 않은 송신 정보 데이터이다.
② ⓑ는 송신 정보 데이터(ⓐ)에 전송 오류를 확인하기 위한 추가 데이터(ⓒ)를 더한 데이터이다.
④ ⓓ는 데이터 전송 과정으로, 1문단에서 전파로 전송되는 신호는 때에 따라 왜곡될 수도 있고, 다양한 잡음으로 원하지 않는 신호가 더해질 수도 있다고 하였다.
⑤ ⓔ는 수신 정보 데이터(ⓔ)와 추가 데이터(ⓒ)로 구성되어 있다. ⓔ의 1의 개수와 ⓒ의 값을 비교하여 두 값이 다르면 수신기는 전송된 데이터에 오류가 있다는 것을 알 수 있다.

06
정답 ②

ㄱ. 순방향 오류 정정 방식에서는 송신 정보 데이터와 이를 각각 두 번씩 복사한 추가 데이터를 함께 전송한다. 따라서 〈보기〉에서 송신 정보 데이터는 4개, 복사된 추가 데이터는 8개임을 알 수 있다.
ㄷ. 〈보기〉에서 세 번째 데이터의 경우 수신 데이터는 1이지만 복사된 데이터는 00이다. 따라서 송신 정보 데이터의 세 번째 데이터 비트에서 오류가 발생했으며, 실제 전송된 데이터는 0임을 알 수 있다.

오답 피하기
ㄴ. 실제 전송된 세 번째 데이터가 00이므로, 실제 전송된 송신 정보 데이터는 '1001'이다.
ㄹ. 〈보기〉는 순방향 오류 정정 방식의 예이므로 복사된 추가 데이터를 이용해 수신기기 단독으로 오류를 정정한다. 송신기에 추가 데이터 전송을 요청한 후 수신 데이터와 비교해 오류를 정정하는 것은 자동 재전송 요구 방식이다.

 실전 문제

p. 154~155

평생 변하지 않는 정보의 활용, 지문 인식 시스템

지문 해결 전략
이 글은 평생 변하지 않는 지문의 특징을 이용한 지문 인식 시스템에 대해 설명하고 있다. 지문 인식 시스템은 지문의 융선과 골이 잘 드러나 있는 지문 영상을 바탕으로, 등록된 지문과 조회하는 지문이 동일한지 판단하여 신원을 확인하는 생체 인식 시스템이다. 지문 인식 시스템의 종류로는 빛의 세기를 이용한 광학식 지문 입력 장치, 전하량을 이용한 정전형 센서식 지문 입력 장치, 온도를 이용한 초전형 센서식 지문 입력 장치 등이 있다. 지문 인식 시스템은 다른 생체 인식 시스템과 마찬가지로 생체 정보 수집, 전처리, 특징 데이터 추출, 정합의 과정을 거쳐 지문을 인식한다. 이 글은 세 가지 지문 인식 시스템의 특징과 그 차이를 중심으로 독해해야 한다.

문단별 중심 내용
1문단: 지문의 개념과 특징
2문단: 지문 인식 시스템의 원리
3문단: 지문 인식 시스템 ① – 광학식 지문 입력 장치
4문단: 지문 인식 시스템 ② – 정전형 센서식 지문 입력 장치
5문단: 지문 인식 시스템 ③ – 초전형 센서식 지문 입력 장치
6문단: 지문 인식 시스템에서의 지문 인식 과정

주제
지문 인식 시스템의 원리와 종류 및 인식 과정

독해 훈련 문제

> 1 진피 부분이 손상되지 않는 한 평생 변하지 않기 때문에 2 지문의 융선과 골이 잘 드러나야 함 3 이미지 센서에 도달한 융선 부분과 골 부분의 빛의 세기를 디지털 신호로 변환함 4 융선과 골이 접촉된 센서 간의 전하량 차이를 통해 각 센서의 전하량을 변환함 5 융선과 골의 접촉에 따라 달라지는 센서의 온도 변화를 감지해 이에 해당하는 신호를 변환함 6 전처리

01 ③ 02 ③ 03 ① 04 ④

01
정답 ③

4문단에서 '판에 손가락이 닿으면 전하가 방전되어 센서의 전하량이 줄어든다'고 하였다. 2문단의 '지문의 융선은 접촉면과 닿게 되고 골은 닿지 않는다'라는 내용을 참고할 때, 손가락이 닿는다는 것은 융선이 닿는다는 의미이다. 따라서 융선과 맞닿은 센서의 전하량이 골과 맞닿은 센서의 전하량보다 더 많이 줄어들게 된다. 이를 통해 융선과 맞닿은 센서의 전하량의 변화가 상대적으로 더 크다는 것을 알 수 있다.

오답 피하기
①, ② 3문단에서 융선 부분의 습기나 기름이 반사면에 형성한 얇은 막에 입사된 빛은 굴절되거나 산란되어 약해진 상태로 이미지 센서에 도달하는 반면, 골 부분은 반사면에 닿아 있지 않으므로 빛이 굴절되거나 산란되지 않고 반사되어 센서에 도달한다고 하였다. 따라서 융선의 위치에서 반사되어 센서에 도달하는 빛이 세기가 골의 위치에서 반사된 빛의 세기보다 약하다는 것을 알 수 있다.
④ 4문단을 통해 융선과 맞닿은 센서의 전하량이 골과 맞닿은 센서의 전하량보다 더 많이 줄어든다는 것을 알 수 있으므로, 골과 맞닿은 센서는 전하량이 상대적으로 많게 된다.
⑤ 5문단에서 '접촉면과 지문의 융선 사이에 마찰열이 발생하여 융선과 골에 따라 센서의 온도가 달라진다'고 하였으므로, 직접적인 마찰이 발생하는 융선 부분의 온도가 골 부분에 비해 상대적으로 높게 된다.

02
정답 ③

6문단에서 '전처리 단계에서는 지문 형태와 무관한 영상 정보를 제거하고 지문 형태의 특징이 부각되도록 지문 영상을 보정'한다고 하였다. 〈보기〉에서 헤어스타일이나 수염, 사람의 미세한 움직임, 빛의 각도 등은 얼굴의 특징과 무관한 정보이다. 따라서 ③과 같이 사람의 미세한 움직임이나 빛의 각도에 따라 달라지는 얼굴의 특징을 유형화할 것이 아니라, 무관한 정보를 제거하고 얼굴의 특징이 부각되도록 영상을 보정해야 한다.

오답 피하기
① 〈보기〉에서 얼굴 인식 시스템은 인식 과정에서 발생할 수 있는 오류를 차단해야 한다고 하였으므로, 얼굴의 특징을 정확히 인식할 수 있도록 성능이 좋은 카메라를 사용하는 것이 유리하다.
② 전처리 단계에서는 생체 정보와 무관한 정보를 제거하고 생체 정보의 특

징이 부각되도록 영상을 보정해야 하므로, 자주 변하는 헤어스타일이나 수염 등의 정보는 제거해야 한다.

④ 특징 데이터 추출 단계에서는 전처리 단계에서 보정된 영상으로부터 각 생체 정보가 가진 고유한 특징 데이터를 추출해야 하는데, 〈보기〉에 따르면 얼굴 인식 시스템에서는 '개인마다 다른 눈, 코, 입의 위치와 각도'가 이에 해당한다.

⑤ 정합 단계에서는 사전에 등록되어 있는 특징 데이터와 추출된 특징 데이터를 비교하여 유사도를 계산해야 하므로, 얼굴 인식 시스템에서도 유사도를 계산할 수 있는 장치가 있어야 한다.

03
정답 ①

3문단에서 '광학식 지문 입력 장치는 조명 장치, 프리즘, 이미지 센서로 구성'되어 있다고 하였으므로, 광학식 지문 입력 장치에 프리즘이 필요하다는 ①은 적절하다.

오답 피하기

② 1문단에서 홍채, 정맥, 목소리 등도 지문과 함께 신원 확인을 위한 생체 정보로 활용할 수 있다고 하였다.

③ 5문단에서 초전형 센서식 지문 입력 장치는 다른 지문 입력 장치보다 소형화할 수 있다고 하였다.

④ 3문단에서 광학식 지문 입력 장치에서는 '융선 부분에 묻어 있는 습기나 기름이 반사면에 얇은 막을 형성한다'고 하였고, 또 '땀이나 기름기가 적은 건성 지문인 경우에는 온전한 지문 영상을 획득하기 어렵다'고 하였다. 따라서 반사면에 융선 모양의 얇은 막이 형성되어야 온전한 지문 영상을 얻을 수 있음을 알 수 있다.

⑤ 5문단에서 초전형 센서식 지문 입력 장치에서는 '센서가 늘어선 방향과 직각 방향으로 손가락을 접촉시킨 채 이동시키면, 접촉면과 지문의 융선 사이에 마찰열이 발생하여 융선과 골에 따라 센서의 온도가 달라진다'고 하였다. 따라서 손가락을 센서에 접촉시킨 후 움직여야 한다는 것을 알 수 있다.

04
정답 ④

6문단에서 '특징 데이터 추출 단계에서는 전처리 단계에서 보정된 영상으로부터 각 지문이 가진 고유한 특징 데이터를 추출'한다고 하였는데, 〈보기〉를 참고할 때 홍채의 특징 데이터는 '불규칙한 무늬'라고 볼 수 있다. 홍채 근육에 의해 동공의 크기가 달라지기는 하지만 이를 통해 사람들의 신원을 확인할 수 있는 것은 아니므로, 홍채에서 동공이 차지하는 비율을 특징 데이터라고 보는 것은 적절하지 않다.

15 실전 문제

p. 156~157

친환경을 지향하는 하이브리드 자동차

지문 해결 전략

이 글은 대표적인 친환경 차인 하이브리드 자동차에 대해 설명하고 있다. 하이브리드 자동차란 내연 기관 엔진에 전기 모터를 함께 장착한 차로, 차량 속도나 주행 상태 등에 따라 두 동력 기관의 힘을 적절히 조절하여 에너지 효율을 높인다. 시동을 걸 때나 저속 정속 주행할 때는 전기 모터만 작동하지만, 가속하거나 고속 정속 주행할 때는 엔진과 전기 모터가 함께 작동하는 식이다. 아직까지 단점이 있기는 하지만, 하이브리드 자동차는 환경 오염을 줄일 수 있는 중요한 운송 수단이라고 볼 수 있다. 이 글은 주행 상태에 따라 하이브리드 자동차의 동력 기관이 어떻게 작동하는지 파악하며 독해해야 한다.

문단별 중심 내용
1문단: 하이브리드 자동차의 특징
2문단: 하이브리드 자동차의 구성 요소
3문단: 하이브리드 자동차가 에너지 효율을 높이는 방법
4문단: 하이브리드 자동차의 장단점

주제
하이브리드 자동차의 구성 요소와 특징

독해 훈련 문제

> 1 내연 기관 엔진에 전기 모터를 함께 장착함 2 전동기 역할을 할 때는 자동차를 움직이게 하고, 발전기 역할을 할 때는 배터리를 충전함 3 시동을 걸 때, 저속 정속 주행할 때 4 연료 공급이 중단되어 엔진이 정지되고 전기 모터는 배터리를 충전함 5 차체가 무거움, 가격이 비쌈, 차량 정비가 어려움, 배기가스를 배출함 6 동력 성능이 뛰어남, 배기가스를 적게 배출하여 환경 오염을 줄일 수 있음

01 ④	02 ⑤	03 ③	04 ④	05 ②

01
정답 ④

3문단에서 하이브리드 자동차는 '고속 정속 주행할 때는 엔진과 전기 모터가 함께 작동'한다고 하였다. 그런데 2문단에 따르면, 전기 모터가 전동기 역할을 할 때는 전력을 사용하여 자동차를 움직이게 하므로 고속 정속 주행할 때 전기 모터는 발전기가 아니라 전동기의 역할을 하는 것이다.

오답 피하기

① 3문단에서 하이브리드 자동차는 잠깐 정차할 때 엔진이 자동으로 정지하여 불필요한 연료 소비와 배기가스 발생을 차단한다고 하였다.

② 3문단에서 하이브리드 자동차는 감속할 때 연료 공급이 중단되어 엔진이 정지된다고 했다. 즉 내연 기관 엔진과 전기 모터의 힘을 적절히 조절하여 에너지 효율을 높이는 것이다.

③ 3문단에서 하이브리드 자동차는 시동을 걸 때 전기 모터만 사용한다고 하였으므로, 연료를 사용하는 내연 기관 자동차보다 연료 소비율이 낮다고 볼 수 있다.

⑤ 3문단에서 하이브리드 자동차는 가속하거나 등판할 때처럼 많은 힘이 필요하면 전기 모터가 엔진을 보조하여 구동력을 높인다고 하였다.

02
정답 ⑤

ⓐ의 이유는 하이브리드 자동차가 무공해를 지향하는 전기 자동차나 수소 연료 전지 자동차보다는 덜 친환경적이지만, 기존의 내연 기관 자동차보다는 동력 성능이 뛰어나고 환경 오염을 줄일 수 있기 때문이다. 따라서 하이브리드 자동차가 전기 자동차나 수소 연료 전지 자동차보다 환경 오염을 줄일 수 있다고 한 ⑤는 적절하지 않다.

03
정답 ③

4문단에서 '하이브리드 자동차는 무공해를 지향하는 전기 자동차나 수소 연료 전지 자동차가 일반화될 때까지 중요한 운송 수단이 될 것'이라고 하였다. 따라서 하이브리드 자동차를 전기 자동차에서 수소 연료 전지 자동차로 넘어가는 중간 단계의 운송 수단이라고 보는 것은 적절하지 않다.

04
정답 ④

3문단에서 하이브리드 자동차는 '감속할 때는 연료 공급이 중단되어

엔진이 정지되고 전기 모터는 배터리를 충전'한다고 하였다. 그런데 2문단에서 전기 모터가 발전기 역할을 할 때 배터리를 충전한다고 하였으므로, ⑨에서 전기 모터는 전동기가 아니라 발전기의 역할을 하는 것이다.

05
정답 ②

1문단에서 하이브리드 자동차는 내연 기관 엔진만 장착한 기존의 자동차와 달리, 내연 기관 엔진에 전기 모터를 함께 장착한 것이라고 하였다. 내연 기관 엔진은 연료를 연소시켜 배기가스를 배출하므로, 하이브리드 자동차 역시 배기가스를 배출할 수밖에 없다.

16 실전 문제

p. 158~159

전도성 고분자를 이용한 능동적 약물 방출 시스템

지문 해결 전략
이 글은 약물의 방출량이나 시간 등을 조절할 수 있는 능동적 약물 방출에 대해 설명하고 있다. 최근 심각한 부작용을 초래할 수 있는 단순 약물 방출의 한계를 극복하기 위해, 폴리피롤과 같은 전도성 고분자를 활용한 능동적 약물 방출의 연구가 활발히 이루어지고 있다. 폴리피롤은 전압을 가하면 도판트의 크기에 따라 부피가 변하게 되는데, 이러한 원리를 이용하면 도판트를 이온 상태의 약물로 대체할 경우 전압에 의해 방출량이 제어되는 능동적 약물 방출 시스템을 만들 수 있다. 이 글은 폴리피롤의 부피 변화 양상과 이를 능동적 약물 방출 시스템에 응용하는 방법을 이해하며 독해해야 한다.

문단별 중심 내용
1문단: 단순 약물 방출의 특징과 단점
2문단: '폴리피롤'이라는 전도성 고분자를 활용한 능동적 약물 방출
3문단: 도판트의 크기에 따라 달라지는 폴리피롤의 부피
4문단: 도판트의 크기가 작을 때 – 폴리피롤의 부피가 줄어듦
5문단: 도판트의 크기가 클 때 – 폴리피롤의 부피가 커짐
6문단: 폴리피롤에서 도판트가 방출되는 원리를 이용한 능동적 약물 방출 시스템

주제
폴리피롤의 도판트 방출 원리를 이용한 능동적 약물 방출 시스템

독해 훈련 문제

1 약물의 방출량이나 시간을 조절하기 어려움, 약물이 정상 조직에 작용하여 부작용을 일으킬 수 있음 2 생체 적합성이 우수하고 안정성이 뛰어날 뿐만 아니라 전압에 의해 이온들의 출입이 가능하기 때문에 3 도판트의 크기 4 줄어듦 5 폴리피롤 외부에 있는 양이온이 전기적 중성을 맞추기 위해 폴리피롤 내부로 들어오기 때문에 6 도판트로 합성이 가능한 약물의 종류에 제한이 있음 7 약물의 방출량이 적어지고 제조 공정이 다소 복잡함

01 ⑤ **02** ③ **03** ④ **04** ① **05** ⑤

01
정답 ⑤

6문단에서 도판트와 약물을 치환하는 경우에는 약물을 직접 도판트로 사용하는 경우보다 '약물의 방출량은 적어지고, 제조 공정이 다소 복잡하다'고 하였으므로, ⑤는 이 글의 내용과 일치하지 않는다.

오답 피하기
① 1문단에서 약물을 투여하는 일반적인 방법, 즉 단순 약물 방출의 방법으로는 '약물을 바르거나 복용하거나, 주사하는 것' 등이 있다고 하였다.
② 6문단에서 '폴리피롤에서 도판트가 방출되는 원리를 이용하면, 도판트를 이온 상태의 약물로 대체할 경우 전압에 의해 방출량이 제어되는 능동적 약물 방출 시스템으로의 응용'이 가능하다고 하였다.
③ 2문단에서 폴리피롤의 활용이 유력시되는 이유는 '생체 적합성이 우수하고 안정성이 뛰어날 뿐만 아니라 전압에 의해 이온들의 출입이 가능한 특징' 때문이라고 하였다.
④ 2문단에서 능동적 약물 방출은 '약물의 방출량이나 시간 등을 능동적으로 조절'할 수 있다고 하였다.

02
정답 ③

4문단에서 도판트의 크기가 작을 경우, 폴리피롤에 음의 전압을 가하면 환원 반응이 일어나고, 전기적 중성을 유지하기 위해 크기가 작은 도판트 음이온이 밖으로 빠져 나온다고 하였다. 즉 음이온이 유입되어 폴리피롤의 부피가 줄어든 것이 아니라, 음이온이 방출되어 폴리피롤의 부피가 줄어든 것이다.

오답 피하기
① 3~5문단에서 도판트의 크기에 따라 폴리피롤의 부피 변화 양상이 달라지는 원리를 설명하고 있고, 6문단에서 이러한 원리를 이용하면 능동적 약물 방출 시스템으로의 응용이 가능해진다고 하였다.
② 4문단에서 도판트의 크기가 작을 경우, 폴리피롤에 음의 전압을 가하면 음전자가 늘어나는 환원 반응이 일어나게 된다고 하였다.
④, ⑤ 5문단에서 도판트의 크기가 큰 경우, 환원 반응이 일어나더라도 도판트 음이온이 밖으로 나가지 못하고, 대신 외부의 양이온이 폴리피롤 내부로 들어와 폴리피롤의 부피가 커진다고 하였다.

03
정답 ④

ⓔ'제어(制御)'는 '상대편을 억눌러서 제 마음대로 다룸'의 뜻으로, 이 글에서는 '기계나 설비 또는 화학 반응 따위가 목적에 알맞은 작용을 하도록 조절함'의 뜻으로 쓰였다. '정도를 넘어서 나아가려는 것을 억눌러 그치게 함'의 뜻을 가지고 있는 것은 '억제(抑制)'이다.

04
정답 ①

[A]는 '음의 전압을 가함 → 음전자가 늘어나는 환원 반응이 일어남 → 음이온이 밖으로 빠져 나옴 → 폴리피롤의 부피가 줄어듦'과 같이 도식화할 수 있으므로, ㉮는 음이온 방출, ㉯는 부피 감소이다. 또 [B]는 '음의 전압을 가함 → 음전자가 늘어나는 환원 반응이 일어남 → 양이온이 내부로 들어옴 → 폴리피롤의 부피가 커짐'과 같이 도식화할 수 있으므로, ㉰는 음전압 가함, ㉱는 양이온 유입이다.

05
정답 ⑤

6문단에서 도판트와 약물을 치환하는 경우(ⓑ)에는 도판트 전부가 치환되지는 않기 때문에 약물을 직접 도판트로 사용하는 경우(ⓐ)보다 약물의 방출량이 적어진다고 하였다. 따라서 ⑤는 적절하지 않다.

www.ggumtl.co.kr

청소년들 모두가 아름다운 꿈을 이룰 그날을 위해
꿈을담는틀은 오늘도 희망의 불을 밝힙니다.

국어는 꿈틀

비문학 독서

비문학 독서 영역의 문제 접근법과 해결책을 완성하는 수능 실전서

◆ '기출 지문+기출 문항+실전 문항' 구성으로 학습 효과 극대화

◆ 문제 해결력과 수능 적응력을 키우는 실전 문제와 기출 문제

◆ 독해력을 향상시키는 '독해 훈련 문제'와 '지문 해제' 배치

◆ 최신 출제 경향을 반영한 주제 통합 고난도 지문 수록